Mon Pays Comtois

ŒUVRES D'ANDRÉ BESSON

Éditions France-Empire

Une fille de la forêt, récit, Prix des Écrivains de langue française.

Le Crépuscule des maudits, roman.

Malet l'homme qui fit trembler Napoléon, histoire.

Les Trente jours de Berlin, histoire.

Contrebandiers et Gabelous, histoire, thème de la série en six épisodes de France 3 « Les Passeurs du clair de lune » réalisée par J.-C. Morin.

La Louve du Val d'Amour, roman. Prix Louis Pergaud. Adapté pour un spectacle « Son et lumière ». Téléfilm France 3.

Éditions Mon Village

Le Secret du colporteur, roman. En gros caractères, édit. VDB.

Le Loup-Garou de la vallée des Anges, roman. En gros caractères, édit. VDB.

La Grotte aux loups, roman. Prix International du Terroir. En poche aux édit. Presses-Pocket. Paru en langue allemande sous le titre *Die Wolfshöble*. Téléfilm coproduit par TF1, RTB, TSR.

Le Moulin du Silence, roman. Prix Max du Veuzit de la Société des Gens de lettres de France. En gros caractères, édit. VDB. En poche, édit. BH.

La Dernière Neige, roman. Prix Honoré Broutelle.

Les Randonneurs, roman. Grand Prix du roman policier. En poche, édit. Fleuve-Noir.

Le Village englouti, roman. Prix Émile Zola. Grand Prix Rhodanien de littérature. Série télévisée en trente épisodes coproduite par TF1, RTB, TSR. En poche, édit. J'ai lu. Paru en langue allemande sous le titre *Das Versunkene Dorf*.

Le Vent des collines, roman. Prix Fraternité humaine.

Le Barrage de la peur, roman. Suite du *Village englouti*.

Folle Avoine, roman.

Nouvelles Éditions Latines

Marie de Bourgogne, histoire.

Marguerite d'Autriche, histoire, Prix littéraire de la ville de Dijon.

Éditions Larousse

La Franche-Comté et ses trésors, livre d'art, préface de Bernard Clavel.

Éditions Cêtre

Nos années d'espérance, souvenirs.

Éditions Ouest-France

Aimer la Franche-Comté, paru en langue anglaise sous le titre *Wonderful Franche-Comté*, en langue allemande sous le titre *Liebenswerte Freigrafschaft*.

Éditions Erti

L'Ame de feu, théâtre.

Éditions Lelouch-Art et lumière

Bêtes en liberté au pays de Louis Pergaud et de Marcel Aymé, coffret d'Art illustré par Pierre Duc.

Éditions Pierre Duc

Hiver comtois, livre d'art, illustrations Pierre Duc.

ANDRÉ BESSON

Mon Pays Comtois

ÉDITIONS FRANCE-EMPIRE
13, rue Le Sueur – 75116 Paris
http://www.france-empire.fr

Collaboration artistique :

Françoise de La Perrière

Documentation photographique :

Bibliothèque Nationale
Stainacre, Pontarlier. – Grosjean, Chaussin
Agence Bévalot, Besançon
et Collections particulières

Vous intéresse-t-il d'être tenu au courant des livres publiés par l'éditeur de cet ouvrage ?

Envoyez simplement votre carte de visite aux

ÉDITIONS FRANCE–EMPIRE
Service « Vient de paraître »
13, rue Le Sueur, 75116 Paris

et vous recevrez, régulièrement et sans engagement de votre part, nos bulletins d'information qui présentent nos différentes collections, que vous trouverez chez votre libraire.

ISBN 2-7048-0797-3

IMPRIMÉ EN FRANCE

Armes Actuelles
Othon Cte de Bourgogne
Ancien duché de Bourgogne
FRANCHE COMTÉ

INTRODUCTION

« Nous n'avons pas de Parthénon, le marbre nous manque mais nous savons prendre le cœur et l'âme à pleines mains. »

RENAN.

Il est souvent aussi difficile de parler de son pays natal que de parler de soi. Au fil des années, les décors de notre environnement, les êtres que nous côtoyons quotidiennement deviennent si familiers à nos yeux que nous en oublions leur originalité.

Avant d'entreprendre la rédaction de ce livre, il m'a donc fallu redécouvrir le Pays Comtois et le cher Jura suisse avec un regard neuf, un esprit plus large. Débarrassé des œillères de l'habitude, voyageur sans préjugés ni parti pris, j'ai parcouru à nouveau pendant un an ma région d'origine. J'ai visité ses villes, ses villages, contemplé ses monuments, admiré ses sites, avec autant d'attention que si je ne les connaissais pas. J'ai récolté ainsi une abondante moisson d'images, d'informations, d'impressions nouvelles qui sont venues s'ajouter à toutes celles que j'avais déjà mémorisées en un demi-siècle de vie jurassienne.

Nanti de ce butin, j'ai voulu que cet ouvrage soit avant tout celui d'un conteur : mieux, celui d'un amant ! D'un écrivain qui entretient depuis bientôt cinquante ans, au vu et su de tout le monde, une vieille liaison avec son pays natal. Qui ne se lasse pas de l'aimer et n'a d'autre souci que de faire partager au plus grand nombre son enthousiasme, sa passion pour ce coin de terre dont l'histoire et les traditions restent si singulièrement vivantes dans ses décors immuables.

Le court résumé qui va suivre permettra aux lecteurs originaires d'une autre région de situer la Franche-Comté dans son entité géographique, historique et humaine. Il en sera de même pour le Jura suisse dont les habitants se sentent si proches des Jurassiens français qu'ils considèrent le Pays Comtois, certains par boutade, d'autres par conviction, comme faisant partie intégrante du vingt-troisième canton helvétique.

C'est la chaîne du Jura qui forme l'épine dorsale de cette région, tandis que le Doubs, l'Orbe, l'Ain et la Saône en sont le réseau artériel.

Des plaines humides du Bas-Pays aux crêtes frontalières de la Suisse, cette contrée est née d'un combat titanesque de l'homme contre la nature et contre un climat d'une extrême rigueur. Du « Finage » céréalier au bocage bressan, du Revermont viticole aux vallées du Haut-Pays où bourdonnent nos petites cités industrielles, toute la place aujourd'hui disponible a été gagnée sur la forêt. A l'origine, celle-ci recouvrait l'intégralité du pays de sa toison dense. Elle s'étend encore de nos jours sur 650 000 hectares, soit 42 % de la surface de la province.

Ce furent les Romains, venus d'abord en alliés des Séquanes [1] pour les aider à refouler les barbares hors des bourgades construites en bordure du Doubs et de la Saône, qui furent les premiers ouvreurs de routes à travers le massif forestier comtois. Plus ou moins bien tolérée par la suite, la « pax romana » de Jules César fut pourtant profitable à la Séquanie qui s'ouvrit à l'Europe méridionale grâce à un réseau cohérent de quatre voies parallèles et de trois voies perpendiculaires à la chaîne jurassienne.

Dans cette contrée impénétrable où l'homme subsistait difficilement depuis l'âge de pierre, les routes romaines furent un progrès considérable. Elles aidèrent au développement de la civilisation. Forteresse celtique, Vesontio (Besançon) s'agrandit ; une autre cité prospère, Epomanduodurum (Mandeure), vit

1. La Séquanie était comprise entre le Jura et le Rhin à l'est, le Rhône au sud, la Saône à l'ouest et les Vosges au nord. Sa capitale était Vesontio (aujourd'hui Besançon).

le jour, de même que de nombreuses bourgades, relais de moindre importance.

Sur le versant oriental du Jura, Orbe et surtout Avenches se disputèrent le titre de « Civitas Helvetiorum ».

Partout, ces débuts de la vie urbaine s'accompagnèrent d'une expansion de l'activité artisanale, commerciale et même industrielle. Les chars romains cerclés de fer, traînés par des bœufs ou des chevaux apportèrent du sud les jarres d'huile, les vins généreux, les poteries et les étoffes. Ils repartirent vers les rivages méditerranéens chargés de viandes fumées, de fromages, de cuir et surtout de cet or blanc, le sel, dont l'extraction du sous-sol jurassien fut développée sur une grande échelle.

A ces échanges de biens matériels s'ajouta, vers l'an 50 après Jésus-Christ, un événement spirituel d'une grande importance : l'arrivée en Séquanie des premiers missionnaires chrétiens. Sans abandonner totalement leurs vieilles croyances celtiques, les peuples du Jura se laissèrent gagner par les idées venues de la lointaine Palestine via Rome. L'enracinement de la nouvelle foi basée sur le respect et la dignité de l'homme, sur la fraternité et la douceur, autant de sentiments jusque-là inconnus à travers le monde païen, fut si profond qu'il ne devait plus jamais être remis en cause.

La décadence romaine allait attirer en Séquanie, du IIIe au IVe siècle, un incroyable déferlement de peuplades barbares, Wisigoths, Francs, Saxons, Alamans, Vandales... Ils dévastèrent toute la province, brûlant notamment Vesontio que l'empereur Julien ne put sauver du désastre. Pour tenter d'endiguer le flot des envahisseurs, les Séquanes se résignèrent à faire appel à une tribu fixée depuis quelques décades à Mayence, sur les bords du Rhin. Il s'agissait des Burgondes. Ces guerriers redoutables assurèrent pendant plus d'un demi-siècle une relative tranquillité à leurs « hôtes » auxquels ils ravirent, en contrepartie de leur protection, la moitié des vignes et des bois, les deux tiers des autres terres et le tiers des esclaves.

De cette alliance forcée naquit un peu plus tard la Burgondie qui devint par la suite la Bourgogne. C'est vers cette époque qu'on vit arriver sur le pourtour des forêts jurassiennes des hommes maigres vêtus de bure et chaussés de sandales. Ces êtres aux regards étranges venaient d'Izernore, la ville romane de la plaine d'Ain (Bugey). L'un se nommait Romain et l'autre Lupicin. Prêchant au nom de Jésus-Christ, ils entraînèrent les habitants au cœur des sapinières et, dans une sorte de sanctification communautaire, les encouragèrent à créer des monastères. Ainsi naquirent Condat (futur Saint-Claude), Luxeuil (que Colomban fonda au pied des Vosges), Agaume, en Helvétie, puis plus tard Romainmôtier et Saint-Ursanne. Cette épopée mystique dura mille ans, permettant aux habitants de la contrée de défricher la moitié du pays et surtout de pouvoir communiquer de part et d'autre du massif à travers la forêt transjurane.

Tandis que des villes s'édifiaient autour des monastères et que du fond d'une gorge sauvage du Jura, de Beaume-les-Messieurs, l'abbé de Bernon s'en allait fonder Cluny qui rayonnera pendant des siècles sur le monde de la foi, de l'art et des sciences, la Burgondie inculte était en proie à d'incessantes rivalités entre ses princes. Charlemagne ayant réuni sous son sceptre les royaumes épars, une ère de prospérité succéda à l'anarchie, mais ne dura que le temps d'un règne. Le partage de son immense empire entre ses successeurs ramena les guerres fratricides et attira de nouveau les barbares. On vit déferler les Sarrazins qui s'installèrent en maîtres dans le pays au xe siècle et s'y retranchèrent dans les montagnes comme en témoignent encore de nos jours tant de noms de lieux : Baume Sarrazine, Grotte Sarrazine, Fontaine des Sarrazins, Chemin des Maures...

Avec Frédéric Barberousse, l'ancienne Séquanie se trouva liée au sort de l'Empire germanique. L'empereur, qui se fit couronner solennellement à Besançon en 1157, traita le pays avec bienveillance et fit construire à Dole un superbe château en bordure du Doubs. Ses successeurs, Othon Ier, Othon II et Othon III, d'éducation purement allemande, se rendirent si impopulaires dans la province qu'ils suscitèrent des révoltes. Ce fut une affreuse guerre de brigandage entre seigneurs, durant laquelle le peuple fut réduit à une misère atroce. Les sires de Chalon parvinrent heureusement à rétablir l'ordre. Ils devinrent bientôt les véritables maîtres du pays et leur puissance féodale supplanta celle des comtes allemands de Bourgogne. Le plus remarquable fut Jean de Chalon, dit l'Antique. Il s'appuya sur le peuple pour lutter contre les seigneurs et les réduire à l'obéissance.

En multipliant les chartes d'affranchissement, Jean de Chalon devint le grand auxiliaire du mouvement communal. Partout les serfs se libérèrent de leur joug, notamment à Besançon où les « communiers » frondeurs, dont l'abolition de la main-morte avait fait des citoyens libres, se rebellèrent contre leur évêque, vassal de l'empereur Rodolphe de Habsbourg.

Du côté helvétique du Jura, à Delémont, ville épiscopale où les princes-évêques de Bâle résidaient en été, le peuple commença également à obtenir des franchises et à gérer ses propres affaires par l'intermédiaire des « honorables, discrets, sages et prudents seigneurs MM. le Maire et Conseil ».

Bien qu'il fût intégré au royaume de Bourgogne, le Jura occidental ne tarda pas à former un Etat particulier qui avait déjà manifesté ses inclinations autonomistes au temps du comte Raynaud III lorsque celui-ci avait refusé l'hommage à l'empereur. Ce ne fut pourtant qu'en 1336 qu'on vit apparaître pour la première fois le mot Franche-Comté. Il allait contribuer à la prise de conscience des habitants de cette province dans leur appartenance à une petite « nation » à la personnalité affirmée.

Le dernier comte Othon IV ayant marié sa fille au fils de Philippe le Bel (futur Philippe le Long), la Franche-Comté tomba pour la première fois sous l'influence française qui la dota d'institutions : parlement de justice, d'abord ambulatoire et qui se fixera ensuite à Dole, université, Chambre des comptes...

La guerre de Cent Ans allait replonger la province dans un bain de sang et la peste, de 1346 à 1349, décimer sa population lors des « années de la grande mort ». Les seigneurs de Franche-Comté, avides d'indépendance, ne s'étaient par ralliés au roi de France contre les Anglais ; ils avaient au contraire soutenu l'action de ces derniers. Ils furent satisfaits lorsque la Comté passa par héritage au duc de Bourgogne, Philippe le Hardi, en 1384. Dès lors, pendant près de trois siècles, la province allait se trouver séparée de la France. D'abord associée au duché de Bourgogne, puis isolée de lui, elle ne cessa de revendiquer obstinément son indépendance.

Sous le règne des quatre grands ducs bourguignons : Philippe le Hardi, Jean Sans Peur, Philippe le Bon et Charles le Téméraire, le pays connut des jours meilleurs. Un Parlement fut établi pour l'exercice de la justice souveraine. Des ordonnances ducales précisèrent ses attributions, réglèrent sa compétence. Tous les barons durent se soumettre à la justice de cette cour dont le duc choisissait les membres parmi ses conseillers nobles, mais aussi parmi la bourgeoisie. Les coutumes générales de la Comté furent rédigées par des jurisconsultes et des hommes de loi issus du terroir local. Elles devinrent le code de justice de tous les tribunaux. La province eut aussi ses Etats Généraux. Les trois ordres y étaient convoqués. Ils votaient librement et répartissaient souverainement les impôts. A ce sujet, Charles-Quint devait déclarer, au siècle suivant, à François Ier : « Je ne tire des Comtois que ce qu'ils veulent bien me donner. » Enfin, en 1423, Philippe le Bon créa à Dole une université de hautes études qui fut célèbre dans toute l'Europe et contribua beaucoup à l'éducation de la bourgeoisie, laquelle ne tarda pas à prendre une place prédominante dans le gouvernement de la province.

Charles le Téméraire ayant passé son règne en luttes incessantes contre la France, l'Empire et les Cantons suisses, la Franche-Comté fut, à sa mort, en 1477, une proie tentante pour son rival, Louis XI. Bien qu'elle eût épousé Maximilien d'Autriche, l'héritière du duc, Marie de Bourgogne, ne put s'opposer efficacement à l'entrée des troupes françaises dans ses Etats. Louis XI pensa consacrer définitivement l'annexion de la Franche-Comté en obtenant promesse de mariage pour son fils, futur Charles VIII, avec la jeune Marguerite, fille de Maximilien d'Autriche et de Marie de Bourgogne. Charles VIII ayant rompu ces précoces accordailles pour épouser Anne de Bretagne, les Comtois se soulevèrent au cri de « Vive Bourgogne ! » et chassèrent les garnisons ennemies de leur pays.

Ce fut alors l'ère des Habsbourg. Pendant soixante-cinq

ans, la Franche-Comté fut administrée successivement par Marguerite d'Autriche, « La Bonne comtesse », puis par son neveu, le puissant Charles-Quint, qui eut un faible pour cette province : il lui accorda plus d'autonomie et éleva certains de ses fils aux plus hautes fonctions de l'Empire, tel Perrenot de Granvelle qui devint ambassadeur puis chancelier. Cette époque fut aussi celle d'une grande prospérité économique avec la reconstruction des villes démantelées, la réfection des routes, la création d'ateliers mécaniques, de moulins, de scieries, l'accélération du défrichement et le développement des cultures céréalières notamment le fameux blé de Turquie (maïs), originaire en réalité d'Amérique du Sud. On assista aussi au développement des activités artistiques et littéraires. Besançon, Dole, Salins eurent des imprimeries et les Bénédictins ouvrirent les premières bibliothèques publiques. Lié à la vie religieuse, l'art se manifesta dans la construction de nouvelles églises, de couvents et aussi dans la vogue des maisons à fenêtres en accolade avec l'anse de panier comme à Gray et Besançon.

Le règne de Charles-Quint vit la religion protestante faire son apparition en Franche-Comté. Les Suisses, Bernois et Genevois, qui l'avaient adoptée, essayèrent de répandre la nouvelle croyance dans le Haut-Pays. Ils n'y parvinrent pas et seul le pays de Montbéliard, qui appartenait aux princes de Wurtemberg se laissa gagner par la foi luthérienne et calviniste.

L'abdication de Charles-Quint fit passer la Comté à son fils, Philippe II d'Espagne. Cette dynastie devait régner durant cent vingt ans sur la province qui conserva un statut singulier avec sa capitale, ville impériale, son titre de possession espagnole sous la dépendance du gouverneur des Pays-Bas et sa neutralité perpétuelle consolidée en 1611. Un chroniqueur de l'époque a écrit :

Les habitants de Franche-Comté jouissent depuis plusieurs générations d'une sorte d'autonomie politique et administrative qui leur permet, entre autres privilèges, d'élire librement un Parlement. Aucun peuple n'a jamais été aussi jaloux de ses prérogatives et de ses libertés que celui de Franche-

Comté. Sous son toit de chaume, le plus chétif des paysans se glorifie de ne payer que sa juste part des impôts consentis par les Etats du pays. Pendant ce temps, ses voisins de Bourgogne, de Savoie, de Lorraine, succombent sous le poids des tailles, péages, gabelles et corvées. Par ces privilèges habilement concédés, l'Espagne a su s'attacher ce petit peuple fier et laborieux et s'en est fait un allié fidèle.

Cependant la France avait des vues sur le territoire comtois, ouvert à sa langue et à sa culture, et évidemment plus proche d'elle qu'il ne l'était de l'Espagne. En 1629, Richelieu écrivait à Louis XIII :

On pourrait penser à la Navarre et à la France-Comté comme nous appartenans, estant contiguës à la France et faciles à conquérir toutes fois et quantes que nous n'aurons autre chose à faire.

Ainsi la Franche-Comté sera l'un des théâtres de la guerre de Trente Ans, d'autant que, loin de préserver sa neutralité, elle avait accueilli à la tête de ses troupes Gaston d'Orléans qui pactisait avec les ennemis de la France. Cette guerre de Franche-Comté, dite guerre de Dix Ans (1635-1644), devait laisser d'effroyables souvenirs : populations martyrisées, localités et châteaux incendiés, ravages de la famine et de la peste. Après l'échec de Condé devant Dole, Bernard de Saxe Weimar, à la solde de la France, avait envahi le pays où se révélait un valeureux chef de partisans, le capitaine Prost, dit Lacuzon [1]. Mais la Franche-Comté resta à l'Espagne qui, en revanche, cédait l'Artois et le Roussillon à la France. Une nouvelle fois, à l'issue de la guerre de Dévolution et malgré une conquête rapide par les troupes de Louis XIV, l'Espagne en obtiendra la restitution en échange de la Flandre qui devenait française (1668). La Franche-Comté ne sera définitivement rattachée à la France que par le traité de Nimègue (1678).

1. Du même auteur, le roman *La Louve du Val d'Amour* (Éditions France-Empire), évoque les épisodes de cette guerre.

A Versailles, cette conquête fut considérée comme une grande victoire. Des peintres représentèrent Louis XIV, chapeau emplumé sur la tête, caracolant devant les places comtoises assiégées. A Paris, lors de l'achèvement de la Porte Saint-Martin et de la Place des Victoires, on symbolisa la prise de la Franche-Comté par une figure enchaînée personnifiant la province vaincue. Molière lui-même y alla d'un sonnet laudatif :

Ce sont faits inouïs grand roi, que tes victoires!
L'avenir aura peine à les bien concevoir...
Mais nos chansons, grand roi, ne sont pas sitôt prêtes
Et tu mets moins de temps à faire tes conquêtes
Qu'il n'en faut pour les bien louer.

Ces éloges des thuriféraires étaient en fait autant d'hommages indirects rendus aux Francs-Comtois dont le courage avait suscité l'admiration de tous. Même après la défaite, beaucoup d'entre eux refusèrent la soumission, tel le mayeur de Gray, Comtois pur sang, qui répondit au conquérant orgueilleux de son succès, en lui remettant les clefs de sa cité meurtrie : « Sire, il y a peu de gloire à conquérir une ville affamée ! »

Le cas de Montbéliard, passé sous la domination de la France, sera différent. En exécution du traité de Ryswick (1693), les seigneuries de ce nom retournèrent à leurs princes allemands qui y régnèrent jusqu'en 1793.

La capitale de la Franche-Comté qui était Dole au temps de l'administration espagnole, fut transférée à Besançon où siégèrent le Parlement, l'université et l'intendance. Les impôts augmentèrent et le Roi Soleil chargea Vauban de construire des forteresses. Pour renforcer l'action du clergé séculier contre l'hérésie protestante, dix-neuf missions furent envoyées dans les villes et dans les campagnes.

Dans une province accoutumée depuis des siècles à une autonomie qui avait modelé le caractère de ses habitants, s'imposait l'ordre monarchique au sommet de sa puissance et de sa gloire. Le peuple comtois eut du mal à s'y habituer Plusieurs complots qui tendaient soit à faire de la Franche-Comté un canton helvétique, soit à l'inclure dans le giron de l'Empire, furent réprimés dans le sang. De vieux Comtois, voulant protester jusque dans leur mort, se faisaient enterrer la face contre terre ou tournée vers l'est, afin de ne pas voir briller la France du Roi Soleil et lui offrir la vision de leur postérieur.

L'histoire de la Franche-Comté allait se fondre dans l'histoire de la plus grande France et vivre au gré des mêmes événements politiques et militaires. Elle se coupa totalement du Jura oriental qui, bien que rattaché aux évêchés de Bâle et aux princes de Neuchâtel, avait lui aussi depuis longtemps aboli bien des privilèges. Dès le 17 novembre 1384, le Jura suisse était devenu pays de franchises par la charte de l'évêque Imier de Ramstein qui avait déclaré les habitants présents et futurs : « Libres et exempts de toutes tailles et exactions ou impositions tous et singuliers, les personnes des deux sexes et leurs héritiers perpétuellement demeurant et habitant par la suite dans la Montagne du Faucon [1]. »

Mais les Jurassiens de l'Est n'allaient pas tarder à subir eux-mêmes le joug d'un autre despotisme, celui de Berne. Face à la menace de germanisation, une poignée d'hommes courageux fondèrent en 1847, à Porrentruy, la « Société jurassienne d'émulation » qui fit prendre conscience au peuple du canton de son originalité en lui rappelant ses racines, démarche s'inspirant de ces paroles de Cicéron : « Un peuple qui se complairait dans l'ignorance de son histoire se condamnerait à demeurer toujours un enfant. » Il fallut un siècle pour que cette prise de conscience débouchât sur une volonté politique et aboutît, en 1978, à la création du canton romand du Jura dont le dynamisme culturel et industriel est le plus sûr garant de son développement futur.

Quant à la Franche-Comté, tout en conservant une indéniable personnalité et en rêvant d'institutions régionales mieux adaptées, elle n'éprouve plus depuis longtemps de tentations autonomistes et se sent parfaitement intégrée à la France. Sa vitalité intellectuelle, notamment dans le domaine des

1. Aujourd'hui pays des Franches-Montagnes.

recherches biologiques, chimiques, micro-mécaniques, ses ressources naturelles, forestières et agricoles, sa culture vivante exprimée par ses peintres, ses écrivains, ses musiciens, font de cette vieille province une région à l'avenir prometteur.

En relisant, pour vous la résumer, l'histoire passionnante du Pays Comtois, je me suis vite aperçu que la narration pointilleuse de tous ces événements politiques et militaires, entrevus surtout à partir des actions des grands personnages du passé, n'offrirait pas le reflet de sa réalité profonde. Il fallait donc autre chose pour restituer, à travers les pages d'un livre, ce qui fait à la fois la spécificité et l'intemporalité de cette province. C'est la raison pour laquelle j'ai choisi d'animer l'Histoire par des histoires, les événements par des hommes, en écoutant la voix de mon vieux peuple meurtri, couturé de blessures, épuisé par des siècles d'invasions, de massacres, d'incendies, de famines et de froidures, mais néanmoins toujours vivant, créateur et attachant.

Découvrir les racines des réalités actuelles de ce pays ne fut pas une chose facile. Plus que toute autre, l'âme de la Franche-Comté est mystérieuse et multiple. Rebelle, elle se dérobe aux yeux indiscrets comme l'eau de nos torrents disparaît dans les failles des plateaux calcaires. Farouche, elle rôde dans les ruines des forteresses démantelées. Généreuse, elle se prélasse impudiquement au soleil entre les ceps de nos vignobles, en ne s'offrant, comme la Vouivre, qu'à des amants privilégiés. Folâtre, elle court la prétentaine à travers nos combes, nos forêts. Eternelle enfin, elle hiberne au fond des grottes emmurées par la neige dans le Haut-Pays.

Au cours de mes errances braconnières, j'ai quand même pu débusquer cette âme insaisissable et lui ravir quelques-uns de ses secrets. Je vais essayer de vous les dévoiler avec l'espoir de faire naître en vous l'envie d'en savoir plus, de partir à l'aventure sur les sentiers buissonniers du Pays Comtois.

Petit-fils de Céline Besson, une grand-mère que l'on disait un peu sorcière parce qu'elle guérissait par les simples, l'imposition des mains et les prières et qui animait, aux alentours des années 1880, les longues veillées paysannes avec ses histoires

Faucogney
Luxeuil
Ronchamp
Ballon d'A!
Lure
Champlitte
SAONE
Vesoul
BESANCON
Gray
OGNON
DOUBS
Pesmes
DOUBS
Dole
Ornans
LOUE
Pontarlier
Salins-les-Bains
Arbois
Poligny
Malbuisson
Mouthe
Vallorbe
Lons-le-Saunier
Les Rousses
Nyon
Lac Leman
St.Claude
Crêt de la Neige
Gex
AIN
GENEVE

LE JURA

Echelle
10 20 30 40 50 K.
RT
BÂLE
RHIN
Delémont
Bienne
-de-Fonds
hâtel
S S E
RHONE
LA PERRIERE

et ses chansons, j'ai cherché à retrouver son sens si particulier du récit qui me captivait tant, lorsque j'étais enfant.

Imaginez que vous vous trouvez à l'intérieur d'une de ces immenses fermes du Hauts-Pays isolée dans l'âpre beauté des sapinières enneigées. Cet après-midi, le colporteur du « Nouvel Almanach franc-comtois » [1] est arrivé. Il a pris son repas avec la famille et se retrouve à présent à ses côtés, devant la haute cheminée où flambe un feu clair. Eternel errant, l'homme des chemins perdus connaît par cœur l'histoire des villes, des villages et des gens. Grands et petits ont fait silence pour l'écouter. Dehors, interminablement, la bise noire continue de souffler et les loups hurlent aux carrefours de la nuit.

Après avoir bourré sa pipe d'un odorant tabac de contrebande, le colporteur commence à parler : « Il était une fois... Mon Pays Comtois... »

---

1. Était édité à Lure (70) par les Editions R.E.P.P.

A la mémoire de Guy Varlet, qui aima tant le cher « Pays Comtois », et pour Ginette, avec ma fidèle amitié.

André Besson.

I

LE PAYS D'EN BAS

« Il nous faudrait partout des topographes qui nous fissent narration particulière des endroits où ils ont été : je voudrais que chacun écrivît ce qu'il sait et autant qu'il en sait

MONTAIGNE

Puisqu'il fallait un point de départ à cette longue randonnée franc-comtoise, j'ai choisi Dole, ma ville natale. Pour tous ceux qui arrivaient de France (comme on disait à l'époque où la Franche-Comté était une province autonome sous tutelle espagnole), cette cité forteresse était la porte du Jura. Au cours des siècles, de nombreux envahisseurs cherchèrent à s'en emparer. Elle fut prise, reprise, brûlée puis reconstruite plusieurs fois. Beaucoup d'assaillants durent renoncer à l'investir ou furent taillés en pièces sous ses murailles par les Dolois opiniâtres. C'est d'ailleurs des remparts de cette ville, alors capitale de l'ancienne Comté, que fut lancée pour la première fois la fière réplique qui symbolise le caractère des Jurassiens et dont ils ont depuis fait leur devise :

Comtois rends-toi!
Nenni ma foi!

Ce courage, cette ténacité, cette loyauté, qui sont les traits dominants de l'âme jurassienne, nous aurons souvent l'occasion de les évoquer au cours de cette promenade à travers le passé et le présent de mon rude pays. Il n'y a pas si longtemps encore, lors de l'occupation allemande, en 1940-1944 [1], les habitants de Dole surent prouver qu'ils n'avaient pas trahi l'exemple de

1. Voir *Les Maquis de Franche-Comté,* même auteur, Editions France-Empire.

leurs valeureux ancêtres. Ils surent rester dignes dans l'adversité et, le moment venu, ils boutèrent eus-mêmes l'ennemi hors de leurs murs.

Cette fierté, ce refus de toute bassesse, de toute compromission, nous les retrouverons tout au long de notre route, dans le Jura français ou le Jura suisse, sur le versant occidental ou oriental. Il n'est en effet pas un seul Jurassien qui ne pourrait, comme Gustave Courbet le demandait, durant son exil sur les berges du lac Léman, faire graver cette épitaphe : « Ci-gît Courbet, qui vécut sans courbettes. » Les gens de ce pays ont toujours eu du caractère.

La légende de Roland.

A l'extrémité nord de Dole, la Nationale 5, la fameuse route blanche Paris-Genève, passe au pied d'une colline boisée que l'on appelle le Mont-Roland et au sommet de laquelle se dresse une église visible vingt lieues à la ronde. Il y a une trentaine d'années, j'allais m'y promener presque chaque semaine et je me souviens d'avoir demandé à un berger qui gardait ses moutons sur les flancs du mamelon, de me dire ce qu'il savait concernant les origines de ce sanctuaire. Le brave homme me répondit que pour lui il n'y avait aucun doute : le fondateur du lieu saint était le paladin Roland. Après avoir campé une nuit sur la colline et subi un formidable orage, au matin il avait décidé d'y faire édifier un monastère dédié à la Vierge pour accueillir les voyageurs se rendant en Helvétie. Avant que ce couvent ne fût détruit, il existait à l'intérieur une statue colossale du chevalier Roland. Armé de pied en cap, le héros de Roncevaux tenait d'une main une épée longue et plate, de l'autre un modèle du monastère. Son casque se trouvait à ses pieds et plus bas on pouvait lire cette inscription : « L'intrépide Roland, serviteur de la Vierge, fonda ce monastère... »

Du couvent, il reste aujourd'hui peu de traces car il fut ruiné par les armées de Louis XIII, au début de la guerre d'Indépendance comtoise. Depuis, on a reconstruit l'église où se déroulent chaque année deux pèlerinages importants. Le premier, en mai, regroupe tous les immigrés portugais de l'est de la France. Le second, le 2 août, attire les fidèles du Bas-Jura et des plaines bourguignonnes.

Les historiens ont toujours émis des doutes quant à l'authenticité de la version populaire rapportée par le berger. C'est dommage, car cette légende s'accordait parfaitement avec le sanctuaire du Mont-Roland...

Œuvre néogothique au style si décrié par les puristes, l'église semble pourtant à sa juste place sur cette colline verte. Elle vous accueille, paisible et rayonnante, avec sa façade blanche, sa rosace de pierre tendre, son portail flanqué de colonnades. Rebâtie au moins à quatre reprises sur les vestiges du temple gallo-romain qui s'y trouvait à l'origine, elle forme le couronnement mystique d'un des plus beaux, d'un des plus grandioses panoramas naturels existant au pied du Jura.

A l'Occident, ce sont les tours, les aiguilles légères des églises dijonnaises qui semblent veiller sur le généreux vignoble de Bourgogne. Plus près, on distingue Auxonne, avec ses maisons blanches et un long ruban d'eau qui miroite au couchant : la Saône.

A l'Orient, par temps clair, on découvre les cimes enneigées des Alpes et la masse scintillante du mont Blanc. Plus rapprochés, les sommets jurassiens dentellent l'horizon. Leurs vagues bleues et vertes déferlent jusqu'en bordure de l'immense forêt de Chaux aux frondaisons drues comme une toison.

Presque en bas de la colline enfin, le Doubs opulent, nourri de ses affluents montagnards, paresse au soleil et baigne les vieux remparts moussus de Dole.

Ce spectacle à lui seul est l'occasion de joies toujours renouvelées. J'aurais aimé pouvoir habiter en ces lieux d'où le regard embrasse la quasi-totalité du Jura, du mont Châteleu jusqu'au Crêt de la Neige.

Un mariage par procuration.

Je demeure plus prosaïquement à Dole, au creux de cette belle vallée du Doubs qui s'ouvre à perte de vue sur le Finage [1]. J'ai grandi au Poiset, un quartier qui doit son origine et son nom à un très vieux puits gallo-romain qui existe encore dans la rue du Loup, derrière la maison où j'ai vu le jour. Mon enfance insouciante s'est déroulée à l'orée de la forêt de Chaux et de ce Val d'Amour dont j'ai souvent célébré le charme.

Il est des villes dont il semble que la louange soit facile. Il en est d'autres, semblables à des courtisanes, qui ne révèlent jamais totalement leurs secrets, gardant pour leurs seuls amants les mystères de leur cœur et de leur passé. Telle est Dole, cette cité si vieille et pourtant si jeune, à l'enchantement toujours renouvelé pour ceux qui savent s'y laisser prendre.

Groupées autour de la basilique Notre-Dame, ce « Phare des antiques libertés jurassiennes » comme le rappelait la poétesse Marguerite Henry-Rosier, les maisons aux toits gris forment un ensemble architectural d'une très grande unité. Les belles demeures aristocratiques ou bourgeoises des XVe, XVIe et XVIIe siècles sont unies les unes aux autres dans une harmonie familière. Sous leur manteau de lierre, les restes massifs des remparts les enserrent d'une ceinture romantique.

Ici, le passé est partout vivant. Il affleure des pavés, il transparaît aux façades flanquées d'échauguettes, aux tourelles à poivrières, aux fenêtres à grilles ventrues et aux balcons à l'espagnole. Il faut découvrir cette ville au pas du promeneur, en flânant à travers ses venelles ombreuses, en pénétrant dans les cours intérieures de ses vieilles demeures patriciennes ou les impasses des quartiers populaires, aussi dans ses « traiges » qui sont à Dole ce que les « traboules » sont à Lyon.

La plus vieille maison de la cité, c'est l'hôtel de Vurry dont l'escalier tournant a intrigué des générations d'architectes. L'historien local Pidoux de la Maduère pense qu'elle fut

1. Plaine alluvionnaire très fertile du Doubs et de la Loue.

construite au XIVe siècle. D'autres érudits remontent encore plus loin dans le temps en attribuant son origine à un chevalier du Temple. On la situe aussi en un autre quartier.

C'est en ces lieux que Marguerite d'Autriche, petite-fille de Charles le Téméraire, épousa par procuration son troisième mari, le duc de Savoie, Philibert le Beau, le 28 novembre 1501. Ce fut l'occasion d'une bien curieuse cérémonie.

Le duc avait dépêché à Dole, pour le représenter, son demi-frère René, dit le Grand Bâtard. Après une réception offerte par les autorités de la ville, Marguerite d'Autriche et René de Savoie furent conduits dans une des chambres d'apparat de l'hôtel de Vurry. Tandis que les grands seigneurs et les belles dames qui avaient participé aux festivités se pressaient dans la pièce illuminée de flambeaux, la jeune princesse s'allongea sur le lit. Quelques instants plus tard, selon la vieille coutume des mariages célébrés par procureur, le Grand Bâtard pénétra à son tour dans la chambre. Après avoir enlevé sa botte droite et relevé jusqu'au genou son bas de chausse, il s'étendit lui aussi, la jambe nue, à côté de Marguerite d'Autriche.

Au bout d'un moment, René de Savoie descendit du lit et, s'excusant d'avoir troublé le sommeil de Madame, demanda, toujours selon la tradition, un baiser pour salaire. Cette faveur lui fut accordée sans difficulté, à la grande jubilation de l'assistance. Après quoi, le requérant se mit à genoux devant la duchesse, lui jura d'être son fidèle et loyal serviteur. Celle-ci le fit se relever et lui offrit un brillant enchâssé dans un anneau d'or.

Par cette coutume, héritée de très anciennes règles de chevalerie, Marguerite d'Autriche venait d'engager sa foi et sa parole au représentant de la puissante Maison de Savoie. Quelques jours plus tard, en l'église de Romainmôtier, sur le versant suisse du Jura, elle épousait, pour de bon cette fois, le duc Philibert le Beau [1].

1. Cet événement est lui-même évoqué dans la Ve partie de ce livre.

La Cave d'Enfer.

L'hôtel des sires de Vurry et la chapelle du couvent des Cordeliers furent les seuls édifices qui échappèrent au sac de la ville par les armées de Louis XI en 1479.

Tout avait commencé deux ans plus tôt lorsque le roi de France, désireux de recueillir l'héritage de son vieil ennemi Charles le Téméraire, était venu mettre le siège sous les murs de Dole. Le premier dimanche d'octobre, par une sombre nuit de pluie, les Dolois, conduits par quelques chefs déterminés, sortirent en silence de la ville et, trompant la vigilance des sentinelles ennemies, tombèrent à l'improviste sur le camp français dont ils se rendirent maîtres. Les douze mille assiégeants furent taillés en pièces, contraints d'abandonner les lieux en toute hâte en laissant sur place leur artillerie et deux mille cadavres.

Cette grande victoire fut célébrée comme il se doit par la population doloise qui décida de prendre cette devise : « Justicia et Armis Dola », ce qui signifie que Dole est fière de son Parlement et des armes de ses soldats.

Mais Louis XI n'était pas homme à rester sur une aussi cuisante défaite. Deux ans plus tard, il envoya une nouvelle et puissante armée commandée par le général Charles d'Amboise devant les remparts de Dole. Cette fois encore, les habitants se défendirent courageusement. Les Français comprirent qu'ils n'en viendraient pas facilement à bout, d'autant que leurs espions annonçaient l'arrivée imminente d'une forte armée de secours rassemblée par le comte Sigismond de Ferrette.

Charles d'Amboise usa alors d'un stratagème peu glorieux. Il acheta les Ferretois à l'aide des écus royaux avant qu'ils ne pénètrent dans la place. Les Dolois toutefois ne furent pas sans défiances. Ils s'étonnèrent que d'Amboise eût laissé approcher ce corps ennemi sans l'inquiéter. Ils décidèrent donc qu'ils n'admettraient pas ces auxiliaires dans leurs murs avant de s'être assurés de leur fidélité. Après avoir dressé un autel sur lequel était placé le Saint-Sacrement, ils demandèrent aux Ferretois de défendre Dole avec honneur et loyauté. Tous les soldats de l'armée de secours se prêtèrent de bonne grâce à cette formalité et jurèrent ce qu'on leur demandait.

Aussitôt entrées dans la ville, les troupes de Sigismond renièrent leur serment et s'empressèrent d'ouvrir la porte du pont aux Français. Dès lors, les habitants de Dole ne songèrent qu'à vendre chèrement leur peau. Rangés en bataille sur la grande place, ils ne tardèrent pas à succomber sous le nombre. Les vainqueurs ne firent pas de quartier. Ils passèrent au fil de l'épée les blessés, les vieillards ainsi que les femmes et les enfants. A part un petit nombre qui parvinrent à emprunter un souterrain et à rejoindre la forêt de Chaux, bien peu de Dolois échappèrent au massacre.

Seule, une poignée de combattants des deux sexes poursuivit la lutte en se retranchant dans une cave située au centre de la ville. Par les soupiraux, ils dirigèrent un feu d'enfer contre les soldats de Louis XI qui tentaient de les réduire. Attiré de ce côté par la fusillade, Charles d'Amboise comprit qu'il lui faudrait perdre beaucoup de monde pour les déloger. Il eut alors cette boutade qui se voulait magnanime : « Laissez ces enragés au fond de leur trou ! Ils serviront de graine ! » Puis il ordonna qu'on mît le feu au reste de Dole, à l'exception de l'église des Cordeliers et de la maison de Vurry où il séjourna durant le sac de la ville.

Pour commémorer l'héroïque résistance des survivants du massacre, près de quatre siècles plus tard, le conseil municipal de l'époque fit apposer sur la façade de la maison qui surmonte le réduit sacré, une plaque de marbre où l'on peut lire :

En MCCCCLXXIX
Dole-qui-appartenait-à-la-domination-d'Autriche
fust-prinse-traîtreusement-par-l'armée
de-Louis-XI
Ensuite-bruslée-détruite
quelques-habitants-se-retirèrent
dans-cette-cave
et-firent-un-feu-si-vif

qu'on-ne-put-les-en-déloger
Ce-lieu-depuis-fust-appelé
Cave-d'Enfer.

Au cœur d'un quartier populaire.

Mon ami regretté, Louis Gerriet, avait coutume de dire que le Doubs, en débouchant à Dole, y trouva des rues si étroites qu'il préféra passer à côté de la ville.

C'est dans l'une de ces rues pittoresques, au cœur d'un quartier populaire, que naquit Louis Pasteur, le seul Jurassien dont le nom soit universellement connu.

Rejet d'une souche de paysans n'ayant marqué leur passage sur le rude sol du Jura que par des pierres tombales couchées dans les cimetières du Haut-Pays, le savant est issu d'une longue lignée de gens simples qui ont de tout temps vécu de la terre. Le premier de ses ancêtres dont on ait retrouvé la trace est un Nicolet Pasteur qui signait en 1488 un traité de redevance avec le prieur de l'abbaye de Mouthe. Son arrière-grand-père, Claude Etienne, était encore serf du comte d'Udressier et acheta son affranchissement par devant notaire à Salins, en 1783.

Ces affranchis descendent peu à peu des hauteurs au rude climat, où ils gardaient les troupeaux des seigneurs, pour gagner les plateaux et le bas pays où la vie est un peu moins dure. Le bisaïeul s'embauche à Salins, comme ouvrier tanneur. Son fils, Jean-Henri, et son petit-fils, Jean-Joseph, exerceront le même métier. Ce dernier, né en 1791, sera incorporé dans les armées de Napoléon et finira ses campagnes avec le grade de sergent-major et la Légion d'honneur qui lui sera décernée pour sa conduite courageuse lors de la bataille de Bar-sur-Aube.

De retour à la vie civile, Jean-Joseph Pasteur se marie à Salins le 27 août 1816 avec Jeanne-Etiennette Roqui, mais il doit bientôt quitter cette ville pour Dole, à la suite d'une altercation politique qui le rend suspect aux yeux de la police.

Ouvrier chez le tanneur Clerc, l'ancien soldat d'Empire se

révèle un « bûcheur ». Acharné à la tâche, réfléchi, il a pour devise : « Ne penser jamais qu'à ce qu'on dit ou à ce qu'on fait dans le moment. » Il reprend bientôt à son compte l'entreprise de corroierie et la maison où vont naître ses quatre premiers enfants.

Louis Pasteur verra le jour au-dessus de l'atelier paternel, dans cette petite rue qui s'appelait alors « rue des Chevannes-Dessous » après avoir été la « rue de la Raison » sous la Révolution. Sur la centaine de familles habitant ce quartier, vingt-six avaient pour chefs d'anciens grognards de tous grades. L'Empereur déchu conservait en eux de fougueux partisans qui s'opposaient parfois durement aux tenants de la royauté regroupés autour du maire-écrivain Dusillet qui exaltait les vertus de la dynastie bourbonienne par ses harangues et des poèmes.

Dans une lettre au maréchal Vaillant, Louis Pasteur écrira plus tard : « Mon père m'a élevé dans l'admiration du grand homme et dans la haine des Bourbons. Pour lui, l'empereur était plus qu'un homme. Son dévouement lui valut toutes sortes de tracasseries après les adieux de Fontainebleau, bien qu'il ne fût qu'un modeste tanneur établi à Dole où il y avait un très grand nombre de légitimistes... »

C'est sans doute pourquoi Jean-Joseph Pasteur finit par quitter cette cité le 11 août 1825, après avoir souscrit à la mairie la déclaration suivante : « Le sieur Jean-Joseph Pasteur, Chevalier de la Légion d'honneur à Dole, y demeurant, marchand tanneur, déclare quitter cette ville et aller avec sa famille à Marnoz près de Salins. Dont acte. Signé : Pasteur. »

De ses origines, le savant conservera toute sa vie le caractère ombrageux de son père, son ardeur au travail, sa persévérance dans l'effort, aussi cette ténacité voisine de l'entêtement qui le rendront si âpre dans sa lutte contre des adversaires le pressant de critiques et de négations. Il resta bien en cela de son pays dont les gens se définissent eux-mêmes par ce vieux dicton :

Comtois, tête de bois !

Louis Pasteur ne reviendra qu'une seule fois dans sa maison natale, le 14 juillet 1883, le jour de l'inauguration de la plaque apposée sur la demeure de ses parents.

Quand il débarqua du train avec sa famille, une foule énorme se trouvait sur le quai de la gare pour l'acclamer. Il traversa la ville dont toutes les rues avaient été décorées de guirlandes, de drapeaux, d'oriflammes et d'arcs de triomphe en son honneur. Bien qu'il fût préparé depuis longtemps à cette cérémonie, lorsqu'il prit place sur l'estrade dressée devant l'humble maison qui porte le n° 43, il sentit sa gorge se serrer. Peut-être revit-il dans sa pensée, parmi les visages qui se trouvaient aux fenêtres, ceux de ses parents ? Il voulut prononcer son allocution, mais les premières phrases à peine dites, de gros sanglots entrecoupèrent sa voix. Des larmes jaillirent de ses yeux et il tendit les feuillets qu'il avait préparés à son fils. C'est celui-ci qui lut, avec lui-même une grande émotion, cet hymne immortel de piété filiale que tous les Français connaissent et qu'on a traduit dans toutes les langues :

O mon père et ma mère!
O mes chers disparus...

Nul homme civilisé conscient des valeurs humaines ne devrait passer à Dole sans réserver une heure à la visite de la maison natale du grand savant. Elle est devenue aujourd'hui un musée dans la rue qui porte son nom. Au sous-sol, au ras du canal dont on voit glisser l'eau verte, on découvre l'atelier où travaillait le père de Louis Pasteur, les fosses où il tannait les peaux, les outils qu'il utilisait pour le tanin, pour racler et apprêter le cuir. Lorsqu'on évoque le travail harassant de cet artisan, peinant comme un forçat des journées entières dans l'obscurité, le froid, l'humidité, les pieds nus dans ses sabots, foulant un sol de terre battue souvent inondé par les crues, lorsqu'on soupèse ses « marguerites », des outils si lourds en dépit de leur nom champêtre, on saisit alors, dans sa signification profonde, ce cri de reconnaissance du savant rendant hommage à ceux qui lui permirent, par leurs sacrifices, d'accéder à la science :

O mon père et ma mère!
C'est à vous que je dois tout!

La Jument Verte.

A deux pas de la maison natale de Pasteur se trouve une rue paisible qui porta longtemps le nom de Léonard Dusillet, ce maire-écrivain de Dole dont les opinions royalistes irritèrent tant le père du savant. L'œuvre littéraire de ce magistrat municipal n'a pas marqué profondément son époque, mais il a écrit *Le château de Frédéric Barberousse,* une étude romancée et poétique sur les séjours que Frédéric Ier fit à Dole entre deux Croisades. Fin lettré, Léonard Dusillet fut aussi l'animateur d'un cercle culturel où se retrouvaient plusieurs beaux esprits de la région, tels le sous-préfet Roujoux, Benjamin Constant réfugié à Brevans après sa brouille avec Mme de Staël, et Charles Nodier, futur auteur de *Trilby.*

En 1968, dans un souci de changement qui n'avait pourtant rien à voir avec les événements que l'on connaît, la municipalité doloise décida de débaptiser la rue Dusillet. A l'époque, cette idée souleva une certaine contestation dans les milieux intellectuels dolois qui pensèrent à juste raison que Dole n'avait pas, au cours de son histoire, compté tellement d'hommes de lettres parmi ses enfants, pour qu'on supprimât d'un trait de plume l'hommage rendu autrefois à l'un d'entre eux par la ville.

Heureusement, la rue resta à la littérature. Elle porte désormais le nom d'un écrivain né à Joigny dans l'Yonne au hasard d'une garnison de son père, mais qui fut l'un des plus grands écrivains jurassiens : Marcel Aymé.

C'est en effet dans cette rue, dans une propriété appartenant à sa tante, Mme Cretin, qu'il logea, durant la guerre de 1914, alors qu'il était élève au collège de l'Arc à Dole. Il avait pour condisciple Henri Besson, dit « Caisson » qui m'a raconté, avec sa faconde si particulière, quelques souvenirs de cette époque : « Le Marcel était un p'tiot un peu chahuteur. Il avait le don de nous faire rire aux larmes en faisant ses niches. Par exemple, un soir, nous étions à l'étude sous la surveillance du père Duclos, qui habitait rue du Gouvernement. Le brave homme était sourd, mais alors sourd comme il n'est plus permis de l'être. Aymé lève le doigt, depuis son banc et dans le silence le plus total demande : " M'sieur est-ce que je peux aller coucher avec votre fille ? " " Mais oui mon garçon, va ! répond le vieux qui s'est mépris sur le sens de la question. » On devine quel triomphe obtint Marcel en sortant de la classe pour aller aux toilettes...

Gravement malade, après son service militaire en Allemagne occupée et après avoir tâté de différents métiers, notamment la rubrique des chiens écrasés dans une agence de presse parisienne, Marcel Aymé revient à Dole, chez sa tante, pour se refaire une santé C'est là qu'il commence à écrire un livre, pour se distraire. Dans un texte biographique, il dira plus tard : « ... J'avais beaucoup lu et non sans méthode, ne reculant même devant aucune lecture aride... Mon bagage n'en était pas moins fort mince comparé à celui des garçons de mon âge qui avaient fait des études complètes. Petit provincial cornichon, pas plus doué pour les lettres que ne l'étaient alors dix mille garçons de mon âge, n'ayant seulement jamais été premier de ma classe... »

D'emblée, Marcel Aymé écrit pourtant un roman qui retient l'attention. Il s'agit de *Brûlebois* que lui inspire un personnage dolois pittoresque, mi-intellectuel mi-clochard, ancien haut fonctionnaire déchu par l'alcoolisme, devenu commissionnaire à la gare. *Brûlebois* ayant obtenu un prix de la Société des Gens de Lettres en 1927, d'une valeur de 3 000 francs, le nouvel écrivain fête l'événement comme il se doit en compagnie de quelques bons amis parmi lesquels Charles-Laurent Thouverey, Marius Janguillaume et Henri Besson.

Puis c'est Paris où d'autres succès attendent l'auteur de *La Table aux Crevés*. Pourtant, lui qui était la modestie personnifiée, eut sans doute été bien étonné d'apprendre que, quarante ans après son départ de Dole, on allait débaptiser la rue Dusillet pour lui donner son nom, cela afin d'immortaliser son séjour dans cette ville. Il avait d'ailleurs une indifférence totale pour la postérité. A son ami le peintre montmartrois Gen Paul qui lui avait demandé un jour : « Marcel, aimerais-tu être éternel ? » Il avait répondu : « Oh non ! Ce serait bien trop long ! »

Marcel Aymé revint souvent à Dole par la suite et dans une de ses lettres, il m'écrivit peu de temps avant sa mort qu'il aimait toujours cette cité bien que sa physionomie eût considérablement changé depuis sa jeunesse. Lors de chacun de ses passages, après avoir déposé ses valises à l'hôtel de Lyon, il filait rue Arney, chez Henri Besson qui tenait la caisse de l'Omnia-Cinéma. Aujourd'hui disparu, le « Caisson » racontait : « Marcel avait le sens des copains. On ne s'écrivait jamais. Je n'ai jamais vu sa femme. Mais il ne se passait pas une année sans qu'il vienne me voir. On allait, à trois ou quatre, boire l'apéritif chez Félix Pouthier, puis on partait ensemble casser une petite croûte dans des auberges qui ne payaient pas de mine mais où on faisait un bon p'tiot gueuleton. »

En décembre 1959, une des œuvres de Marcel Aymé fut pourtant contestée dans sa propre ville. Voilà en quels termes le journal local *Les Nouvelles* annonça l'événement :

Le fait pour la municipalité de Dole d'avoir acheté une benne toute neuve pour le ramassage des ordures semblait faire préjuger d'un souci honorable de salubrité publique. Il semble qu'il n'en soit rien et que ce souci soit uniquement pour les choses naturelles et non pour les choses de l'esprit. En effet, un cinéma dolois affiche au programme de cette semaine La Jument Verte, *tirée d'un roman – qui a fait scandale en son temps – de notre compatriote Marcel Aymé. Or, il se trouve que ce film non seulement est immoral par impudeur, mais encore que le monde paysan y est diffamé et ridiculisé au plus haut point.*

Le journal était le porte-parole d'un certain nombre d'associations qui demandaient purement et simplement à la municipalité de passer outre à la décision de la Commission de censure nationale et d'interdire la projection du film.

A l'époque, Marcel Aymé put compter sur ses partisans dolois qui étaient nombreux, à commencer par le sénateur-maire, son ami Charles-Laurent Thouverey, et Henri Besson dont le cinéma était menacé de boycottage par les ligues vertueuses. La contre-publicité faite au film lui assura un triomphe. Le soir de la première, près de mille spectateurs passèrent entre les haies hostiles d'une quarantaine d'opposants et, se moquant des quolibets, allèrent s'asseoir dans la salle de l'Omnia. « Pendant sept semaines, raconte le " Caisson ", ce fut un triomphe. On ne faisait pas moins de neuf cents spectateurs par séance. Il arrivait des bandes de cultivateurs de toute la région, en cars, en camions, même en tracteurs. »

Aujourd'hui, Henri Besson qui en a vu d'autres sur l'écran de l'Omnia, sourit en songeant à cette « bataille d'Hernani doloise ». Autres temps, autres mœurs ; *La Jument Verte*, qui était interdite à l'époque aux moins de dix-huit ans, est projeté fréquemment à la télévision sans carré blanc.

Lorsqu'on lui raconta, l'année suivante au printemps les péripéties de cette affaire, Marcel Aymé haussa les épaules et, sans autre commentaire, s'en alla de son grand pas tranquille prendre le car pour rejoindre Villers-Robert, le village de son enfance.

Le Pays des Trois Rivières.

Le canton de Chaussin, où l'auteur de *La Jument Verte* a grandi et dans le terroir duquel il a puisé une grande partie de son inspiration en faisant revivre dans son œuvre des personnages hauts en couleurs, s'appelle poétiquement « Le Pays des Trois Rivières ». C'est le lieu où viennent se rejoindre le Doubs, la Loue et l'Orain, trois des principaux cours d'eau jurassiens. Il s'agit d'une vaste plaine recouverte de forêts et parsemée d'étangs. C'est une région de chasse, de pêche, de champignons, d'escargots et de grenouilles. Les Dijonnais, qui ont pourtant sur place tout ce qu'il faut en matière gastronomique, n'hésitent pas, le dimanche, à parcourir une quarantaine de kilomètres pour venir goûter à la cuisine chaussinoise dans ses petits restaurants réputés.

C'est ici que j'ai vécu une quinzaine d'années, parmi

une population villageoise sympathique qui m'avait adopté. Chaque matin, j'ouvrais mes volets sur un paysage de pâturages bordé de peupliers et de haies vives, un horizon vierge de ces excroissances de béton qui enlaidissent tant de sites.

Petit bourg agricole, Chaussin est situé à la limite de la Franche-Comté et de la Bourgogne. C'est dire qu'il eut à subir plusieurs fois au cours des siècles le destin tragique des agglomérations frontalières. A part l'église, il ne reste aucun vestige d'une construction antérieure au XVIIe siècle. Pourtant, le village fut reconstruit après chaque désastre, souvent avec des moyens rudimentaires ou des matériaux récupérés dans les ruines. Il faut sans doute rechercher dans le grand dénuement qui suivait les invasions, l'origine de cette curieuse coutume que l'on traduit encore de nos jours par l'expression « construire en bois de lune ».

On a toujours eu l'esprit communautaire très développé dans le Jura. Nous aurons l'occasion d'en reparler lorsque nous aborderons le pays des Fruitières. Ici, dans le canton de Chaussin, un droit hérité des anciennes chartes donnait aux habitants la possibilité de bâtir une maison sans payer de redevance sur un terrain communal, à la seule condition que les murs et la toiture fussent construits en une seule nuit

Ceux qui n'avaient pas les moyens d'acheter des poutres et des chevrons se rendaient nuitamment dans la forêt et y abattaient sans bourse délier les chênes dont ils avaient besoin pour leur charpente. Ils transportaient ensuite ces matériaux sur le chantier et la nuit suivante, avec le concours de quelques amis, ils s'attaquaient à l'ouvrage. Les représentants communaux veillaient à la régularité des opérations et attestaient que la chaumière avait bien été édifiée en une nuit. Pour les différencier des maisons bâties d'une manière traditionnelle par des gens plus fortunés, on disait que ces habitations étaient construites « en bois de lune ». Dans le canton de Chaussin, on emploie encore parfois cette expression poétique à l'égard de certaines constructions préfabriquées à bon marché.

Le temps des moissons.

Au nord-ouest de Chaussin s'étend la vaste plaine céréalière du Finage. C'est un pays prospère où de grosses fermes fortes flanquées d'une tour carrée montent la garde sur des bataillons serrés d'épis lourds et denses. Jusqu'à des temps assez récents, la saison des moissons donnait à cette plaine une animation intense.

Dès les débuts de juillet, par toutes les routes descendant du premier plateau, on voyait arriver des cohortes de robustes garçons, marchant pieds nus dans la poussière du chemin, coiffés de grands chapeaux de paille, le pantalon court sur les mollets, la chemise serrée à la taille par une ceinture de flanelle. Tous portaient sur l'épaule une faux surmontée d'un « fauchon » [1]. Ils venaient en bandes, parfois depuis Nozeroy, Andelot ou Levier, par étapes de cinq lieues, en chantant pour s'entraîner.

Ils envahissaient les villages du Finage, de Champdivers à Saint-Aubin, de Peseux à Petit-Noir. Ils s'arrêtaient de ferme en ferme pour proposer leurs services. On les appelait les « Faucheux ». Certains étaient retenus d'une année à l'autre par les mêmes patrons. C'est qu'il en fallait des bras en ce temps-là pour la moisson ! Ce que les moissonneuses-batteuses coupent et engrangent aujourd'hui en quelques jours, des centaines d'hommes mettaient plusieurs semaines à le faire.

Lorsque le temps était favorable, les équipes partaient pour les champs dès la pointe de l'aube. Placés sur une seule ligne, les faucheurs rivalisaient de vitesse et de précision dans l'alignement des andains. Le repas de midi était pris à l'ombre de ces bouquets d'arbres, hélas à présent disparus, que les paysans laissaient subsister intentionnellement au milieu de la plaine. La fermière et ses servantes apportaient les « pots de camp » dans lesquels tout le monde puisait la nourriture à sa guise. Un menu composé le plus souvent de pommes de terre cuites au lard avec

1. « Fauchon », sorte de petit râteau en bois recourbé adapté sur la faux.

des oignons. On s'abreuvait à la « goulotte » des petites cruches en terre cuite remplies d'eau fraîche additionnée d'une rasade de marc de pommes.

Après avoir mangé, les hommes faisaient une heure de sieste au plus fort de la méridienne, puis, avant de reprendre le travail, ils redonnaient du fil à leur lame à l'aide d'une pierre à aiguiser entourée d'herbe et maintenue au frais dans une corne à bœuf évidée accrochée à leur ceinture. Je conserve encore pieusement l'un de ces fourreaux dont s'est servi autrefois mon grand-père. Dans chaque équipe, il y avait aussi un « bâtman », un spécialiste pourvu d'une petite enclume portative qui savait redresser les faux tordues ou ébréchées accidentellement en heurtant une souche ou un caillou.

Derrière les faucheurs, les femmes, les vieux et les enfants râtelaient les épis, les mettaient en javelles puis les liaient en gerbes avant d'en faire des tas répartis en quinconces sur le champ. Plus tard, de lourdes charrettes tirées par quatre bœufs venaient charger les bottes pour les emmener vers les fermes. Ce n'est qu'après leur départ que les glaneuses, en général des pauvresses du voisinage, avaient le droit de ramasser les épis oubliés.

Lorsque la dernière gerbe était chargée sur la voiture, on juchait au plus haut de « l'échelotte » [1] une croix de paille tressée en épis. En arrivant dans la cour de la ferme, cette croix était placée pour un an sur la fourche du puits, la « pingaule », pendant qu'on mettait le feu à l'ancienne. Les vieux disaient que le respect de cette coutume sauvait les maisons des incendies orageux.

Après les moissons venait le temps des batteurs en grange. C'étaient souvent les mêmes ouvriers qui avaient fauché le blé qui effectuaient ce travail. L'opération durait deux mois, de la Toussaint à Noël. Les hommes constituaient des équipes de quatre. Dans certaines grosses fermes, comme à Tavaux ou Saint-Aubin, trois ou quatre équipes étaient souvent employées simultanément par le même fermier.

---

1. Echelle en bois qui se trouve à l'avant de la voiture et qui permet de grimper au-dessus des bottes que l'on vient de charger.

Pour gagner leurs douze sous par jour, les batteurs devaient commencer à quatre heures du matin. Ils n'avaient qu'une crainte, celle de s'éveiller trop tard et de se faire prendre leur place. A tel point que les ouvriers d'une même brigade désignaient à tour de rôle l'un d'entre eux appelé le « coquelet » pour arracher ses compagnons au sommeil.

Dans les granges, le travail commençait à la lueur des lanternes fumeuses pendues contre les murs. Les hommes ne gardaient sur leurs épaules que leur épaisse chemise de toile de chanvre. Chacun allait décrocher son fléau après quoi les groupes de quatre entamaient leur tâche harassante. La veille, avant de partir, ils avaient pris soin de préparer un lit de trente gerbes déliées sur l'aire de battage.

Avec une cadence parfaite, comme s'ils étaient réglés par un métronome, les fléaux s'abattaient les uns après les autres. Le même bruit résonnait à travers tous les villages et cela faisait un grondement sourd que l'on entendait de très loin dans la plaine du Finage.

Lorsqu'ils jugeaient que tout le grain s'était détaché des épis, les batteurs retournaient la paille à la fourche et la mettaient en bottes avant de la monter dans les greniers. On découvrait alors un lit épais fait de grains et de balles que les hommes ramassaient à l'aide de grandes pelles en bois pour les placer dans des vans qu'ils allaient secouer dans la cour au vent frais de l'automne. Séparé de l'ivraie, le blé était ensuite ensaché puis pesé sous le regard satisfait du fermier.

Aujourd'hui, les énormes moissonneuses-batteuses, travaillant de l'aube jusqu'à la mi-nuit à la lueur des phares, ont heureusement enlevé aux gens de la terre ces corvées harassantes dont la beauté des gestes n'excluait pas la fatigue. Le seul regret que cette substitution mécanique peut nous laisser, c'est d'avoir vu disparaître peu à peu toutes les coutumes qui s'attachaient depuis toujours au temps des moissons.

Une grande foire paysanne.

Impossible de quitter le pays des Trois Rivières sans vous parler de Longwy-sur-le-Doubs, un gros village agricole proche de la Saône-et-Loire et de la Côte-d'Or. C'est ici que chaque année, le dernier week-end de septembre, se tient la plus grande foire paysanne du Jura. Selon les érudits, cette manifestation se déroulerait en ces lieux depuis l'an 1300. C'est un spectacle étonnant de couleurs, de sensations et d'odeurs que je vous recommande de ne pas manquer si vous vous trouvez à passer dans cette région au début de l'automne

Tout commence dans l'après-midi du vendredi où l'on voit affluer par toutes les routes et chemins conduisant à cette charmante localité des centaines de véhicules, camions, bétaillères, tracteurs, même des voitures hippomobiles. On y pousse aussi, à grand renfort de gueule et de trique, des troupeaux de bestiaux en provenance des campagnes voisines. Maquignons, éleveurs, vendeurs de matériel agricole, marchands de quincaillerie et de calicot, camelots et forains rejoignent hâtivement les emplacements retenus depuis longtemps sur la grande prairie située au bord du Doubs. Car la foire se tient en pleins champs, à l'extérieur du village. Attirés par la réputation de cette manifestation dont le chiffre d'affaires global s'élève à plusieurs centaines de millions anciens, les commerçants viennent ici de toute la France. Méridionaux, Bretons, Parisiens, Lyonnais et Alsaciens s'y côtoient dans une ambiance à la Bruegel qui n'a rien de comparable avec les foires aux stands numérotés des villes.

Dans la nuit, à la lueur des torches électriques et des phares des véhicules alignés côte à côte le long d'allées sinueuses sur lesquelles on a étendu des bottes de paille, une véritable ville de toile couvrant plusieurs hectares sort de terre. Dès l'aube, cette mosaïque multicolore commence à s'animer. Cela ne va pas sans quelques disputes ni horions entre forains, au moment où les marchandises sont étalées au ras du sol, d'aucuns cherchant à empiéter sur l'aire du voisin.

Vers sept heures, la grande marée paysanne commence à submerger le foirail. Les gens arrivent de tous le Bas-Jura, de la Bresse et aussi des premières côtes de Bourgogne. On vient par familles entières, en voiture, en camion, très souvent sur des remorques tirées par des tracteurs agricoles, assis tête-bêche, les pieds ballants sous le plateau. Il en arrive également à bicyclette et à pied. Traditionnellement ce samedi-là, tous les villages situés cinquante kilomètres à la ronde se vident de leurs habitants car aucun d'entre eux ne voudrait, pour tout l'or du monde, manquer « la Longwy » de l'année.

Dès l'entrée du foirail, maris et femmes se séparent, se donnant rendez-vous pour midi sous la toile d'une des innombrables buvettes qui jalonnent les allées. Tandis que les dames vont faire leurs emplettes chez les marchands de vêtements et de chaussures, les hommes vont voir l'exposition du bétail qui occupe tout le fond de la prairie.

Autrefois, Longwy-sur-le-Doubs était surtout une foire réservée aux chevaux. On y vendait des bêtes magnifiques de cette race comtoise destinées au trait, qui étaient très recherchées par les officiers de l'artillerie et du train des équipages. Les paysans de la Bresse et du premier plateau n'en achetaient guère car ils coûtaient cher et étaient d'un entretien plus onéreux que les mulets. On disait à ce propos :

Les filles et les chevaux sont des ruine-outeaux [1] !

Aujourd'hui, même si le cheval-vapeur a remplacé la plus noble conquête de l'homme, on vend encore des bourrins à Longwy. On y présente aussi des alignements impressionnants de gras charolais ainsi que de placides pies-rouges de l'Est qui composent l'essentiel du cheptel laitier jurassien. Les transactions sur le foirail se font toujours à l'ancienne, malgré les contraintes de la T.V.A. On préfère le « tope-moi-là ! » aux chèques du Crédit Agricole. Les maquignons en blouses et chapeaux noirs sortent des liasses de billets de leurs énormes porte-

1. « Outeau » : pris ici dans le sens de maison.

feuilles à chaînette, les mêmes dont leurs grands-parents faisaient déjà usage au siècle dernier.

Le quartier du matériel agricole est aussi très fréquenté le samedi matin. Des milliers de paysans défilent devant les tracteurs rutilants, les moissonneuses-batteuses, les presses, les ensileuses, tous ces engins de l'agriculture moderne qui ont si profondément bouleversé les modes d'exploitation. De nos jours hélas ! cette mécanisation à outrance a un revers. Le paysan est devenu l'esclave du crédit. Endetté souvent jusqu'au cou pour l'acquisition de ces matériels, il est obligé d'étendre de plus en plus ses aires d'exploitation. Paradoxe que les citadins ignorent sans doute : s'il y a de moins en moins de paysans, il y a aussi de moins en moins de terre cultivable à acheter et le prix de celle-ci ne cesse de monter.

A midi, comme convenu, toute la famille se retrouve au restaurant-buvette. Les femmes ont les bras chargés de paquets. Il faut dire qu'on achète à « la Longwy » à peu près tout ce dont on a besoin pour une année en matière de vêtements, chaussures, linge de maison. C'est une tradition qui ne se perd pas. Du trousseau de la fille à marier aux langes du dernier-né en passant par les chemises de nuit de la grand-mère, les forains en bonneterie font des affaires d'or.

Les innombrables buvettes aussi travaillent à plein et il est difficile de se caser sur les bancs devant les tables surchargées de victuailles. Jambon, saucisses de Morteau, coquelets de Bletterans rôtis à la broche, Morbier et Comté forment l'essentiel des menus arrosés d'un excellent Pupillin dont il est dit :

Arbois le nom – Pupillin le renom !

L'après-midi est traditionnellement réservé à la fête foraine où les attractions ultra-modernes côtoient toujours les bons vieux chevaux de bois et les « cris-cris ». Les baraques où l'on montre des phénomènes ou monstruosités physiques humaines ont beaucoup de succès de même que les danseuses nues devant lesquelles s'agglutinent des bataillons de paysans joviaux qui rient de bon cœur en se tapant sur les cuisses. Les tirs, les jeux d'adresse et les loteries sont l'apanage des gitans. Plusieurs tribus de romanichels de l'Est se retrouvent chaque année à Longwy-sur-le-Doubs. Ils y restent deux jours après la foire pour rendre hommage à leurs morts dans le petit cimetière du village. Beaucoup de ces fils du vent ont choisi en effet de reposer, pour leur dernier sommeil, dans ce coin de terre jurassienne.

Tard dans la soirée du samedi, les familles regagnent leurs fermes, tandis que les forains s'apprêtent déjà pour la journée du lendemain qui verra cette fois l'affluence des gens des villes voisines.

Quand les conscrits plantent le « mai ».

En nous éloignant légèrement du Finage, nous traversons une région parsemée de taillis et d'étangs dont les villages portent de très vieux noms qu'on dirait empruntés à des poèmes de Francis Jammes : Les Essards-Taignevaux, Pleure, Bretenière, La Chaînée-des-Coupis. C'est un pays où la terre est pauvre, où les exploitations agricoles n'ont guère qu'une vingtaine d'hectares. Ici, le revenu moyen est très inférieur au S.M.I.C. et dans les fermes, on trouve encore des logements dont le sol est en terre battue... Je trahirais l'esprit de ce livre si je ne parlais que des coutumes, des joies et des misères du temps passé. En cette fin du xxe siècle, il existe encore de grandes détresses cachées au cœur du terroir jurassien. Je connais une institutrice qui tous les ans, la veille de Noël, organise dans sa classe un goûter pour les élèves de son village. Elle dresse une grande table, avec une nappe blanche, de beaux couverts, des fleurs, des bougies. « Encore plus que les pâtisseries que je leur offre, dit-elle, ce qui les émerveille, c'est cette chose toute simple : une belle table, un décor de fête. Chez eux, ils n'ont jamais l'occasion de voir une chose pareille. »

S'il est une tradition encore bien vivante dans cette région et qui n'est heureusement pas à la veille de se perdre, c'est celle du « mai ». Certains prétendent qu'elle remonte à l'ère païenne, les anciens ayant l'habitude de célébrer le mariage du soleil avec la terre, le passage d'une saison à une autre en honorant Maïa, l'une des Pléiades.

Le 30 avril dans l'après-midi, les conscrits vont dans les bois communaux, accompagnés d'un représentant de la municipalité, et coupent un certain nombre de baliveaux de différentes espèces qu'ils chargent sur une remorque agricole. A partir de minuit commence la tournée des « mais ». Devant toutes les maisons où habitent des jeunes filles de dix-huit à vingt-cinq ans, une perche surmontée de ses rameaux est dressée contre la façade. Les conscrites de l'année ont droit en plus à un ruban tricolore. Sur la place du village, on installe un arbre de plus grande taille, généralement un hêtre, qui servira de repère pour une autre coutume pratiquée la même nuit.

En effet, à peine les conscrits ont-ils effectué leur première tournée à travers le pays, qu'ils repartent par les rues et les chemins, toujours avec leur remorque agricole, faire la « picorée » [1] de tous les objets, outils ou instruments traînant dans les cours des fermes. Malheur au paysan peu soigneux qui aura oublié, la veille, de faire le ménage devant sa porte. Le lendemain matin, tout penaud, il sera obligé d'aller rechercher son matériel parmi tout un bric-à-brac étonnant rassemblé autour de l'arbre de mai.

Une troisième tournée du village se déroule en général vers midi, au cours de laquelle les conscrits s'arrêtent devant toutes les maisons des jeunes filles qu'ils ont décorées d'un « mai » pour recevoir à la fois un baiser des demoiselles et une petite obole qui leur permet, le soir suivant, de s'offrir un repas à l'auberge locale.

Il est pourtant des demeures où on ne leur ouvre pas la porte. Car le « mai » n'est pas toujours l'expression d'un sentiment louable. Il y a des « mai » désobligeants, et même outrageants. Chaque baliveau dressé durant la nuit précédente pos-

1. « La picorée » est un terme qui est resté du langage comtois du XVIIe siècle, lorsque les partisans du capitaine Lacuzon allaient ravager la Bresse pour en rapporter du butin.

sède en effet, selon son essence, une signification particulière. C'est ainsi que le hêtre est le symbole de la vertu, le cerisier sauvage sanctionne une conduite un peu légère, le tremble s'adresse aux orgueilleuses et aux pédantes. Un petit fagot accroché à une perche désigne une sotte à la moquerie publique, tandis que les filles à histoires ou les mauvaises langues se voient gratifier d'une chaîne de coquilles d'escargots (à cause de la bave des gastéropodes). On comprend pourquoi, dans certains villages où des familles se détestent pour des raisons obscures parfois depuis des générations, cette jolie coutume des « mais » prend souvent l'aspect d'un règlement de comptes. Il n'est pas rare de voir, dès les premières lueurs de l'aube, le 1er mai, des silhouettes furtives sortir des fermes pour regarder de quelle essence est le baliveau dressé durant la nuit. S'il n'est pas à l'honneur de la jeune fille de la maison, il ne tarde pas à disparaître subrepticement et à finir, débité en morceaux, dans le bûcher familial.

Une légende pour chaque village.

A la limite est du pays des Trois Rivières, se trouve le Val d'Amour. C'est une riante région, riche en couleurs et ruisselante de vie. Adossée à la forêt de Chaux, elle déroule à perte de vue ses prairies verdoyantes, ses champs de maïs, ses vergers en fleurs et le moutonnement de ses buissons de vernes qui bordent la Loue. Tout au fond du décor, l'énorme masse bleutée du mont Poupet ferme l'horizon.

Le Val d'Amour, c'est une vaste plaine qui va de Port-Lesney à Parcey, un merveilleux pays dont la reine s'appelle la Loue. Cette rivière que nous retrouverons souvent au cours de notre périple comtois, coule à présent domptée et assagie sur des gravières de galets blancs. Il n'en a pas toujours été ainsi. Avant d'être en partie canalisée entre des enrochements artificiels, la Loue, que les anciens surnommaient la « Louve », se déchaîna plus d'une fois au cours des siècles lorsque la fonte des neiges, dans le Haut-Pays, faisait brusquement monter son lit en quelques heures.

Tous les villages de cette contrée se ressemblent, avec leurs clochers bulbeux, leurs vastes maisons à auvents sous lesquels sèchent des grappes de mais roux. Ici, la prospérité est due à la qualité de la terre d'alluvions, à la proximité de la forêt, mais aussi à une forme de polyculture qui permet aux paysans de vivre presque entièrement sur les produits de leur sol, vin compris.

Le Val d'Amour, c'est par excellence le pays des légendes. Chaque village en a retenu une dont le récit se transmet de génération en génération depuis des siècles. A Souvans, c'est celle de la Vouivre, à Belmont celle de la Dame Verte, à Montbarrey celle du Cheval Gauvain. La plus répandue, est celle de Loys et Euriette qui sont, dans la tradition locale, aussi célèbres que Tristan et Iseult.

Il y a de cela bien longtemps, paraît-il, la plaine du Val d'Amour était recouverte par un lac qui s'étendait de Salins-les-Bains jusqu'à Parcey. Son eau mirait un seul château, celui de Chissey, dont le seigneur avait une fille de toute beauté nommée Euriette. Il se trouva que celle-ci devint amoureuse d'un jeune troubadour sans fortune nommé Loys. Mais le seigneur de Chissey était avare et cruel. Il refusa de consentir au mariage de sa fille et, pour la punir, la fit enfermer dans un cul de basse-fosse au pied de son château. Chaque nuit cependant, le troubadour revenait voir sa belle pour lui parler à travers les barreaux de sa prison. Il devait pour cela traverser le lac en barque en se guidant sur la lumière d'un fanal qu'Euriette accrochait à sa fenêtre. Une nuit, une terrible tempête survint et le vent éteignit le fanal. Perdu sur le lac en furie, le malheureux amant fut englouti dans les eaux. Le chagrin d'Euriette fut immense. Elle refusa, par amour pour Loys, d'épouser un autre prétendant. Lorsque son père mourut, quelques années après ce drame, Euriette, enfin libre, décida de rechercher le corps de celui qu'elle aimait. Elle fit rompre les digues du lac et, après que les eaux se furent retirées, elle retrouva le corps de son amant. A l'endroit où il gisait, elle fit élever un oratoire (aujourd'hui l'église Saint-Christophe de Chissey-sur-Loue) [1] et décida que sur ses terres, nul père n'aurait désormais le droit d'imposer des maris à ses filles.

D'après la tradition populaire, cette légende serait à l'origine du nom de Val d'Amour. Les historiens et les étymologistes ont bien sûr une version différente. On n'en continue pas moins à se transmettre dans tous les villages de la région une complainte nostalgique qui résume en quelques couplets le drame de Loys et d'Euriette :

Quelle est la voix moult plaintive
Qui sort de la tant vieille tour ?
C'est la gente et douce captive
Qui se douloie en son amour...

Les chiens fous.

Le chef-lieu du canton du Val d'Amour, c'est Villers-Farlay, un charmant village au bord de la route de Dijon à Vallorbe. Si vous vous y arrêtez en passant, on vous contera l'incident qui s'y déroula il y a plus de cent dix ans.

Ce 14 octobre 1885, six petits bergers étaient en train de garder leurs troupeaux dans la prairie. Tout à coup, un chien de forte taille surgit d'un buisson. Aussitôt, l'un des enfants remarqua que la bête avait les yeux injectés de sang et la gueule pleine de bave. Il se mit à déguerpir en hurlant pour alerter ses compagnons : « Un chien fou ! Un chien fou ! » C'était en ces termes qu'à l'époque on désignait les chiens enragés.

En cette fin du XIXe siècle, la rage restait un terrible fléau. La maladie était surtout véhiculée par les loups qui hantaient encore la forêt de Chaux. Beaucoup d'entre eux étaient enragés

1. L'église de Chissey fut longtemps le lieu d'un pèlerinage où l'on conduisait les fous pour les guérir. Ce monument mérite une visite car on peut y voir sur toute la corniche courant de chaque côté de la nef une extraordinaire galerie de sculptures représentant des monstres aux expressions bouffonnes ou grimaçantes qui furent inspirées par les anciens pèlerins.

et transmettaient le virus en mordant de pauvres chiens qui semaient ensuite la terreur à travers les villages de la région. Dans les communes de Villers-Farlay, Ecleux et Mouchard, huit personnes atteintes de la rage avaient succombé en 1831. Les victimes mouraient dans des souffrances atroces. Les seules médications connues étaient héritées du Moyen Age. Le malheureux qui venait d'être mordu devait se précipiter chez le forgeron le plus proche. Là, en présence d'une foule de curieux horrifiés, quatre hommes musclés maintenaient le patient tandis que l'artisan appliquait un fer rouge sur la morsure et tenaillait la plaie le plus profondément possible sans se laisser attendrir par les hurlements de la victime.

A cette thérapeutique barbare, s'ajoutait parfois ce traitement recommandé par un apothicaire de Poligny : « Prendre une poule vivante, lui plumer le derrière et appliquer le cul sur le mal. La maintenir longtemps et serrer le cou jusqu'à ce qu'elle ouvre le derrière et " tire le venin ". Puis on pile de grosses noix avec du sel pour en faire un emplâtre qu'on applique sur le mal. La poule doit être brûlée, car toute personne qui la mangerait deviendrait enragée. »

Les statistiques de l'époque ne nous renseignent pas sur les résultats de ces traitements, mais il est certain que jusqu'à la fin du XIXe siècle, plusieurs dizaines de paysans moururent chaque année en Franche-Comté de la terrible maladie. Pendant des jours et des jours, les malheureux grelottaient de fièvre, bavaient, se tordaient et hurlaient de douleur sur leur lit. Il fallait les attacher aux quatre membres car ils menaçaient sans cesse de se lever et de mordre leur entourage. A la longue, pour abréger les souffrances du patient qui n'en finissait pas de passer, on avait recours à un procédé horrible : l'étouffement. Le corps de l'enragé était pris en sandwich entre deux matelas, et afin de lui faire rendre le dernier souffle, des hommes forts s'asseyaient sur lui jusqu'à ce que mort s'ensuive.

Mais revenons à cet après-midi du 14 octobre 1885, à Villers-Farlay, au moment où le chien fou venait de sortir du buisson. Le grand Jupille, le plus âgé des jeunes bergers, décida de protéger la fuite de ses petits camarades. Armé d'un fouet, il marcha courageusement sur l'animal. Il le cingla, mais le chien, au lieu de reculer, se jeta sur le garçon et le mordit à la main gauche. Une lutte sans merci s'engagea. Jupille roula sur le sol avec le fauve. De la main droite, il ouvrit la gueule du monstre pour essayer de dégager sa main gauche serrée comme dans un étau. Il y parvint enfin et bloqua la tête du chien avec son genou. Pendant le combat, son fouet était tombé. Il appela son petit frère qui le lui ramassa. De la lanière, Jupille lia la gueule écumante, puis, avec son sabot, frappa à plusieurs reprises et assomma l'animal. Ensuite, pour être bien sûr d'avoir mis définitivement la bête hors d'état de nuire, il la traîna jusqu'au ruisseau voisin et lui tint la tête sous l'eau un long instant.

Rentré chez lui, le courageux adolescent fut évidemment soigné selon les méthodes habituelles. Mais Villers-Farlay n'étant distant que d'une dizaine de kilomètres d'Arbois, les gens du village connaissaient les travaux d'un monsieur Pasteur qui avait eu récemment l'occasion de guérir un jeune berger alsacien de la rage. Contact fut pris avec le savant qui se trouvait alors à Paris.

Mis en présence de Jupille, Louis Pasteur hésita d'abord à le soigner, car il lui avait été présenté six jours après la morsure. Le savant, qui en était au début de ses expériences, ignorait quelle serait l'efficacité de son traitement après une telle période. Mais tout Paris se passionna pour le cas du héros de Villers-Farlay et cela influença Pasteur qui commença aussitôt les injections de son sérum. L'heureuse issue de ce combat de la science contre la maladie ne fut pas la seule récompense dont bénéficia Jupille. L'Académie française lui décerna un prix de vertu de mille francs, ce qui apporta un peu d'aisance dans la famille très pauvre du jeune berger.

Les « radeliers » du Val d'Amour.

Puisque nous venons d'évoquer le nom de la noble dame du Quai Conti, nous passerons par Port-Lesney, une charmante petite station estivale qui fut longtemps le fief d'un de nos plus éminents académiciens, le président Edgar Faure. Durant des années il fut maire de cette localité et son épouse, Lucie, lui succéda un peu par obligation, bien qu'elle ne fût pas candidate à la fonction. C'est dire en quelle estime, abstraction faite de toute idée politique, les habitants de ce village tenaient ce couple célèbre que seule la mort a désuni.

Depuis des temps très anciens, Port-Lesney fut le point de départ d'une extraordinaire épopée qui n'est plus guère vécue aujourd'hui sinon au Canada. Il s'agit du flottage des bois. A l'ère gallo-romaine déjà on utilisait ce procédé pour exporter les chênes de la forêt de Chaux et les sapins de la Joux. Le flottage fut pratiqué à partir de Port-Lesney jusqu'à la seconde moitié du XIXe siècle, date à laquelle la construction du chemin de fer Paris-Vallorbe permit de transporter les grumes plus régulièrement et surtout d'une manière moins dangereuse.

L'utilisation des rivières pour le flottage des bois n'était en effet pas une chose très facile. Amenés sur des chars traînés par des bœufs, les troncs étaient rassemblés le long des berges de la Loue à Port-Lesney, Cramans et Chamblay. Les « radeleurs », nom par lequel on désignait ceux qui allaient avoir la redoutable tâche de les faire descendre jusque vers la mer, construisaient d'abord un plancher fait de grumes fixées à des perches par des liens de chêne. Sur ce radeau de trois mètres de large, qui atteignait trente mètres de long, on arrimait environ cinquante mètres cubes de bois et de produits divers, des céréales, des peaux, des tonneaux de vin et même de sel. Lorsque le débit de la rivière le permettait, ce train flottant était mis à l'eau. Il fallait une dizaine d'hommes munis de grandes perches pour le conduire à destination, c'est-à-dire jusqu'à Beaucaire.

Après la Loue, les « radeliers » du Val d'Amour guidaient leur radeau sur le Doubs, puis sur la Saône, enfin sur le Rhône. Le flottage était extrêmement périlleux, il occasionnait chaque année des accidents mortels. Pour franchir un barrage ou lors des grandes crues, les nautoniers devaient se précipiter à l'arrière et, en un instant, reformer une grappe humaine à l'avant au moment où l'arrière du radeau plongeait à son tour.

Comme ce genre de voyage se pratiquait durant l'automne et l'hiver, à l'époque du plus haut débit, on devine quelles intempéries les courageux « radeliers » devaient affronter. A leur arrivée à l'embouchure du Rhône, après avoir négocié la vente des marchandises transportées, ils reprenaient sans tarder la route du Jura et, à pied cette fois, regagnaient leurs villages afin d'y préparer un autre radeau pour un nouveau voyage.

L'importance de ce flottage est attesté par le fait qu'en 1856, six cents radeaux représentant trente mille mètres cubes de bois en provenance de Salins, Levier et Pontarlier, empruntèrent le cours de la Loue et du Doubs. L'installation du chemin de fer dans cette région suscita une grave crise de l'emploi et le rude métier de « radelier », que les habitants du Val d'Amour exerçaient depuis des générations, disparut complètement.

La forêt de Chaux.

Le Val d'Amour est adossé au nord à une immense barrière végétale qui se dresse sans discontinuer de Goux à Quingey en épousant les méandres capricieux de la Loue. C'est la forêt de Chaux qui constitue avec ses vingt mille hectares d'un seul tenant le second massif boisé de France, le premier étant la forêt des Landes.

Territoire de chasse des comtes de Bourgogne, la forêt de Chaux fut longtemps l'objet de convoitises de la part des populations riveraines qui cherchaient à s'y approvisionner en bois d'œuvre et de feu et y pratiquaient le braconnage. A partir du XIIIe siècle, les paysans obtinrent le droit de pâture dans les sous-bois, ce qui se traduisit par une véritable catastrophe écologique. Un auteur du XVIIe siècle affirme qu'il entrait chaque année plus de cinquante mille têtes de bétail dans la forêt et que ces animaux dévoraient tout sur leur passage. Au début du XVIIIe siècle, cette destruction s'accentua encore avec l'installation, sur tout le pourtour du massif, de petites industries utilisatrices de bois telles que des tuileries, des poteries, des forges, une verrerie et surtout les salines d'Arc-et-Senans. La forêt de Chaux fut l'objet d'un véritable pillage, chaque usager, jaloux de ses franchises, cherchant à conserver son avantage sans se soucier de préserver la flore ni la faune.

Ce n'est qu'à partir du premier Empire que cette forêt fut protégée des déprédations et régénérée. Aujourd'hui plantée de chênes et de hêtres magnifiques, elle est devenue l'une des plus giboyeuses de France. Elle est notamment peuplée d'un millier de cerfs, de chevreuils, de sangliers, de lièvres et de bêtes à plumes de toutes espèces. On y a même repéré un loup il y a quelques années.

La flore y est également très riche. Elle offre d'inépuisables ressources en fruits sauvages, pommiers, cerisiers, framboises, myrtilles, fraises. Quant aux champignons, ils abondent, surtout les cèpes et les « jaunottes ». Ils furent, en 1970, l'objet d'un contentieux entre Jurassiens français et Jurassiens suisses. On sait que la cueillette des champignons est très sévèrement réglementée en territoire helvétique. Par contre, on y compte de nombreuses fabriques de potages en sachets dont la réputation n'est plus à faire. Afin d'approvisionner ces industries pour la confection des fameux veloutés aux cèpes, de véritables commandos de ramasseurs passèrent la frontière et envahirent la forêt de Chaux. Disposant de cartes mycologiques, reliés entre eux par des émetteurs-récepteurs, ces groupes ratissèrent systématiquement les sous bois pendant quelques années jusqu'à ce qu'une décision administrative fît cesser leurs regrettables déprédations.

A présent, le massif est surtout sillonné, été comme hiver, par les randonneurs pédestres qui mettent plusieurs jours pour le parcourir sac au dos en se guidant, de triage en triage, sur de monumentales colonnes de style toscan qui furent érigées en 1815 pour faciliter l'orientation des voyageurs perdus dans l'immensité de ces vingt mille hectares de futaies et de taillis épais.

Aujourd'hui, à part les gardes de l'O.N.F., les promeneurs ne croisent plus guère que quelques bûcherons très repérables, de loin, au son strident de leurs tronçonneuses à moteur. Il est une époque pas encore bien lointaine où, lorsque j'allais vagabonder dans la forêt de Chaux, je rencontrais, au hasard des coupes et des clairières, des artisans exerçant des métiers aujourd'hui disparus. Tels ces scieurs de long, véritables athlètes aux bras énormes qui découpaient des traverses de chemin de fer dans les troncs des chênes. Il y avait aussi des charbonniers qui habitaient de minuscules villages en plein bois, dans des sortes de chaumières appelées « baculs » construites autour d'une source. Lorsque j'ai voulu retracer la vie de l'une de ces communautés dans mon roman *La Marie des Bois* [1] j'ai retrouvé l'un de ces charbonniers qui m'a raconté non sans émotion comment il avait fabriqué du charbon de bois pendant soixante ans, jusqu'à ce que les fours industriels remplacent les meules de glaise et de gazon parsemant autrefois les séries [2] de la forêt de Chaux, et supplantent une technique qui remontait paraît-il à l'âge du bronze.

La fabuleuse cité d'Arc-et-Senans.

Architecte de Louis XV, Claude-Nicolas Ledoux était surtout connu pour avoir construit à Louveciennes, sur les ordres de Mme du Barry, un pavillon « sanctuaire de la volupté », lorsqu'il entreprit un voyage en Franche-Comté en 1773. En traversant le Val d'Amour, au nom si évocateur pour un libertin, il eut la vision d'une cité idéale qu'il aurait pu édifier en ces lieux idylliques, selon les principes de Rousseau et de quelques autres utopistes. Dans cet Eden retrouvé, tout serait à la taille de l'homme mais garderait la proportion de l'Etre suprême. On y vivrait dans le respect de la hiérarchie imposée... tout en appliquant les lois naturelles. On y construirait un temple au plaisir... tout en étant très chaste. Cela aurait pu rester un délire éveillé et

1. *La Marie des Bois*, Editions « Mon Village ».
2. Séries : en langage forestier : forêt ou portion de forêt soumise à un même mode de traitement et de gestion. Lire aussi *Une fille de la forêt* d'André Besson aux éditions France-Empire.

ne pas dépasser le stade du dessin ou de la maquette si l'architecte n'avait eu l'astuce d'inclure dans son projet une construction industrielle : une saline royale.

Géographiquement, l'endroit était fort bien choisi. Le Val d'Amour est en effet bordé au sud par les premiers contreforts du Jura au pied desquels on trouve la ville de Salins. Le sous-sol de cette cité recélait en abondance du sel gemme, produit que les Grecs et les Romains convoitaient déjà de leur temps à l'égal des métaux précieux. Cette richesse était d'autant plus appréciée que son exploitation présentait beaucoup de difficultés. Pour alimenter les chaudières servant à la fabrication du sel, il fallait de grosses quantités de bois. En construisant l'usine à l'orée de l'immense forêt de Chaux, Ledoux réglait pour longtemps le problème de l'énergie. Quant à la matière première, il suffisait de l'amener sur place depuis Salins au moyen d'une canalisation transportant les eaux saumâtres.

Claude-Nicolas Ledoux conçut donc les plans d'une superbe fabrique circulaire dont les bâtiments monumentaux seraient le noyau de la cité qu'il créerait tout autour et qui prendrait le nom de Ville de Chaux. A Paris, grâce à l'appui de Mme du Barry, l'architecte put intéresser Louis XV à son projet grandiose, cela malgré la jalousie de ses collègues et le dénigrement des courtisans.

En 1775, sur le territoire de la petite commune d'Arc, les travaux commencent. C'est d'abord la construction de l'usine idéale. La maison du directeur et les ateliers des Salines Royales sont édifiés au centre d'un cercle formé par une cité ouvrière. Selon une conception très collectiviste de l'habitat, les ouvriers et leurs familles seront groupés dans chaque bâtiment par profession. Autour de ce premier noyau industriel, Ledoux envisage de construire une ville de cinq mille âmes, avec écoles, marché, bains publics, cimetière... Une vaste agglomération qui sera traversée par une avenue de trois kilomètres bordée d'arbres, allant de la forêt de Chaux aux rives de la Loue.

Plutôt paternaliste en matière de logements sociaux, l'architecte prône la productivité, le rendement des travailleurs. Dans le rapport joint à ses plans, il écrit, au sujet de la grande galerie qui doit entourer les ateliers de fabrication : « Il faut tout voir, tout entendre, ne rien dissimuler ; il faut que l'ouvrier ne puisse se soustraire à la surveillance par la faveur d'un pilier... »

Si son projet d'organisation du travail est rigoureux, il n'oublie pas cependant que les sauniers auront besoin de se distraire. Voilà ce qu'il écrit à ce propos :

Les hommes concentrés dans ces lieux de prédilection accroissent et multiplient leur existence sous les lois naturelles. Chaque ouvrier a le secret des dieux entouré des plus douces illusions, il est avec sa femme, il est avec ses enfants pendant les heures destinées au repos... S'il quitte cette retraite chérie, c'est pour cultiver un champ productif qui remplit les intervalles du travail, amuse ses loisirs en assurant des distractions qui le mettent à l'abri des écarts et des désirs qui abrègent les jours de ceux qui vivent au milieu des tentations.

Poussant plus loin sa démonstration, dans son délire de rendre l'homme meilleur, Ledoux prévoit de construire une maison de plaisir, le temple phallique de sa ville idéale dans lequel il montrera les excès des mœurs pour mieux les fustiger. Tous les vices y seront étalés, et pour justifier ce lupanar, il écrit :

Ce qu'un gouvernement n'ose faire, l'architecte l'affronte... Il fixera les imaginations vagabondes sur un monument qui éveille le pressentiment de la pudeur, et, dans ses combinaisons, détruira les abus consentis.

Ledoux utopiste applique à la lettre les idées philosophiques de son époque. Il décrète qu'on ne fera pas l'apologie de la guerre dans sa cité. On y construira un vaste palais, le Pacifère :

Sur ses parois ne seront pas gravés les articles sanglants du code de Dracon, mais les maximes des moralistes anciens et modernes. Sur la tribune sera assis un juge aimé des hommes. Là, d'une voix aimable et douce, il accordera leurs intérêts réciproques, les forcera de s'embrasser devant lui et leur recommandera l'amour, la justice et la paix.

Les intellectuels eux-mêmes n'étaient pas oubliés par l'architecte que Louis XV avait considéré comme « le plus équilibré des insensés ». Ledoux avait l'intention de loger des écrivains, des artistes dans « un cabinet retiré, loin du bruit inséparable des soins domestiques, à l'abri d'un caprice amoureux qui pourrait retarder, anéantir l'inspiration du moment... »

En 1779, les travaux étaient déjà assez avancés pour que puisse débuter l'exploitation du sel dont on fabriqua environ quarante mille quintaux par année jusqu'en 1895 sous le contrôle permanent des gabelous. Un sel très gros, très blanc qui fut presque entièrement livré à Lausanne et à Berne pendant près d'un siècle.

Malgré des débuts encourageants au plan industriel, la Ville de Chaux ne fut jamais achevée, soit que l'état des finances royales n'en ait pas permis la réalisation ou que la Révolution en ait arrêté l'essor. Emprisonné pendant la Terreur, Claude-Nicolas Ledoux ne construira plus rien et mourra à soixante-dix ans, dans la misère qui est le lot habituel des artistes maudits.

Depuis 1900, la Saline Royale de Chaux demeura dans un pitoyable état d'abandon jusqu'à ce qu'une campagne de presse, d'abord régionale, menée par le journaliste Henri Maybon, puis nationale, par Yvan Christ et Georges Pillement, alerte les pouvoirs publics.

Aujourd'hui, la fabuleuse cité de Claude-Nicolas Ledoux a été acquise par le département du Doubs. Devenue siège de la Fondation international qui porte le nom de son créateur, la Saline Royale, entièrement restaurée, est l'un des monuments les plus visités de la région. On y a installé un musée et aménagé des salles de conférences. Venus du monde entier, les adeptes de deux sciences nouvelles, la prospective et la futurologie, y tiennent des colloques. Ainsi se trouve réalisé le rêve de l'architecte visionnaire qui avait prédit : « Ici, c'est l'art qui développera les ressources des lieux, c'est lui qui préparera l'abondance des siècles à venir. »

Le berceau de Gustave Courbet.

Si l'on sait où finit le Val d'Amour, nul n'a jamais pu dire avec précision où il commençait. Ce nom poétique semble empreint d'un tel pouvoir de séduction que nombreux sont les habitants de la vallée de la Loue qui le revendiquent pour leur village, comme s'il désignait on ne sait quel pays de Canaan.

Après Quingey, vieux bourg féodal réputé pour ses auberges où l'on déguste les meilleures truites de torrent du Jura, en remontant le cours de la rivière dans un enchantement d'ombres et de lumière, le voyageur découvre Cléron. Véritable château de légende avec ses créneaux, ses mâchicoulis, sa loggia Renaissance et sa tour de la Folle, il intrigue toujours le touriste. Ne dit-on pas que certains soirs on entend encore résonner dans la vallée ce clairon magique qui donna son nom au domaine et que Charles le Chauve offrit au seigneur des lieux pour délimiter, aux quatre vents, les limites de ses terres ?

Un peu plus haut, c'est le Miroir de Scey, vaste plan d'eau formé par une boucle de la Loue qui prend ici ses aises en réfléchissant la silhouette d'un vieux moulin et les ruines d'un autre château dont les murailles dressées semblent défier le temps. Nombreux sont les artistes du dimanche qui viennent y planter leur chevalet pour tenter de restituer sur une toile un peu de la sauvage beauté du site.

Depuis toujours, cette vallée a inspiré les peintres. Le plus célèbre d'entre eux est Gustave Courbet dont la maison familiale se trouve tout près d'ici, à Flagey. Il y a quelques années, lorsque la télévision [1] nous commanda une émission consacrée à l'illustre enfant d'Ornans, mon ami Jacques Mandrillon et moi nous nous rendîmes sur place pour interviewer l'actuel

1. *Courbet – Le Grand Chemin*, réalisé par Bob Thenault, diffusé par FR3 en 1975.

occupant de la maison Courbet. Et c'est ainsi que nous avons appris dans quelles circonstances les biens de la famille de l'artiste avaient été généreusement distribués par sa sœur aux fermiers du village.

Depuis des générations les Courbet étaient considérés comme les « seigneurs » de Flagey par la population locale car ils régnaient sur une vaste propriété de près de trois cents hectares de champs, de prairies et de bois. Après la mort du peintre, sa sœur Juliette, qui était restée célibataire, se retrouva seule héritière de ce domaine. Créature craintive et originale, elle vécut retirée du monde jusqu'en 1916, partageant son temps entre Ornans et Flagey, dans le souvenir de son père, voltairien convaincu, et de son frère que l'on avait exilé en Suisse pour avoir soutenu la Commune. Peu avant la Grande Guerre, se sentant malade, elle fit venir Félix Bourgon, l'un de ses fermiers : « Félix, lui dit-elle, par respect pour les idées du père et de Gustave, avant de mourir j'ai décidé de partager les “ touches ” [1] de mes terres entre tous les gens du village. Tu le feras savoir. Toi, tu auras en plus la maison et le jardin. A une seule condition, c'est que tu la gardes dans l'état où Gustave et moi l'avons connue et que si tu as une fille, tu lui donnes mon prénom... »

C'est ainsi qu'aujourd'hui Marcel Bourgon, fils de Félix, habite avec sa famille la maison des ancêtres de Courbet, tandis que sa sœur, qui demeure à Reugney, porte le prénom de Juliette. Dans le grenier de la grande bâtisse, toujours flanquée d'un pin noir, d'une tonnelle et d'un verger de curé, comme au temps du peintre, il y avait, paraît-il, plusieurs caisses bourrées de cartons à dessins, d'esquisses et de lettres. Petit paysan inculte, Marcel Bourgon se souvient d'avoir, durant son enfance, crayonné au dos de ces documents qui furent jetés sans égard à la poubelle. Chez ces braves gens, nul ne soupçonna à l'époque que ces vieux papiers avaient une valeur inestimable. Il faut dire que, comme pour beaucoup d'artistes, l'œuvre de Gustave Courbet traversait le temps du Purgatoire. Et puis un jour, un collectionneur vint à Flagey et proposa au père de Félix

1. « Touches » : dans le Jura, parcelles de terres mitoyennes.

de lui acheter une toile qui se trouvait dans une chambre. L'amateur d'art en offrit, nous dit Marcel Bourgon, « le prix d'une automobile ». Cela parut faramineux au vieux Félix qui vendit le tableau, bien persuadé qu'il avait fait une affaire. Aujourd'hui, son fils soupire en songeant à cette toile et aux autres dessins déchirés...

Heureusement, toute la correspondance de Gustave Courbet ne connut pas ce sort indigne. Le peintre, qui avait un joli brin de plume, aurait pu devenir écrivain. Lisez plutôt le brouillon de la lettre peu connue qu'il adressa à l'un de ses amis, le critique Champfleury, une remarquable évocation de ce terroir jurassien ou il puisait son inspiration :

C'est une bien belle saison que l'hiver. Outre que les domestiques boivent aussi frais que leurs maîtres, de tous côtés, on entend chanter des exploits qui enchanteraient Trapadou. Par ici, c'est un braconnier qui a vu un sanglier gros comme une vache ; par là, c'est un paysan qui, tenant son fusil d'une main, a pris de l'autre un loup par l'oreille ; pour moi, j'ai tué une oie sauvage qui pesait douze livres à la grande admiration du pays. Nous étions tous les deux, Fromaget et moi ; il était dix heures du soir, la neige était éclatante et la lune en son plein. Aussitôt, nous sommes revenus faire une entrée triomphale au café ; l'oie était pendue au bout du canon de mon fusil. A l'heure qu'il est, il y en a qui n'en dorment point, rien que de jalousie ; l'histoire de l'oie tuée par deux artistes se racontera aux petits-enfants de nos enfants et avec amplification.

Voilà pour la chasse, parlons des tableaux. J'ai déjà plus fait de peinture depuis que je vous ai quitté qu'un évêque n'en bénirait. D'abord c'est « Le Casseur de Pierres » qui se compose de deux personnages très à plaindre ; l'un est un vieillard, vieille machine raidie par le service et l'âge ; la tête basanée et recouverte d'un chapeau de paille noircie par la poussière et les pluies... ses bras paraissent à ressorts... dans son gilet à raies rouges se voit une tabatière de corne cerclée de cuivre... Son pantalon de droguet se tiendrait debout tout seul, ses bas bleus usés laissent voir ses talons dans ses sabots fêlés.

Celui qui est derrière est un jeune homme d'une quinzaine d'années avec la teigne... Il a aux pieds les vieux souliers de son père qui depuis bien longtemps rient par bien des côtés. Par-ci, par-là les outils de leur travail... Une hotte, un « brancard » (pioche), un « fossou » (sarcloir), une marmite de campagne... puis un morceau de pain noir sur une besace... Tout cela se passe au grand soleil, au bord du fossé d'une route. Ces personnages se détachent sur le revers vert d'une grande montagne où court l'ombre des nuages ; seulement la montagne qui penche laisse voir un peu de ciel bleu... Les vignerons, les cultivateurs, que ce tableau séduit beaucoup, prétendent que j'en ferais cent que je n'en ferais pas un plus vrai !

Quel œil avait Gustave Courbet ! Quel étonnant souci du détail ! De nos jours, un cadreur de la T.V. ne cernerait pas mieux son sujet.

Ornans.

En revenant vers les berges de la Loue, on arrive à Ornans, une charmante cité dont le visiteur n'oubliera pas de sitôt la beauté et l'originalité. Ce qui frappe immédiatement le regard, ce sont les grands rochers blancs qui entourent la ville, notamment la Roche du Mont et celle du Château, au pied de laquelle les maisons en encorbellement mirent leurs façades vieillottes, leurs toits moussus dans l'eau verte de la rivière. Ici et là, on distingue les vestiges des moulins à roue qui faisaient autrefois retentir toute la vallée de leur chanson laborieuse. Beaucoup d'entre eux avaient été construits sous Charles-Quint, pour rouir le chanvre dont la culture était fort répandue dans la région.

Aux XVe et XVIe siècles, Ornans dut une grande partie de sa prospérité à Nicolas Perrenot de Granvelle, confident et ambassadeur extraordinaire d'un empereur régnant sur un domaine où le soleil ne se couchait jamais. La ville paya très cher sa fidélité à l'Espagne puisqu'elle fut en partie détruite, de même que le château, lorsque les troupes françaises s'en emparèrent le 5 mai 1674.

De nos jours, tous les guides recommandent aux touristes de s'arrêter à Ornans pour visiter le très beau musée Courbet que l'on a créé dans une maison agréable, au bord de la Loue, et où il peignit tant de chefs-d'œuvre, à commencer par son célèbre *Enterrement à Ornans*. A propos des difficultés qu'il rencontra pour composer cette toile, il écrivait, toujours à son ami Champfleury :

Ici, les modèles sont à bon marché ; tout le monde voudrait être dans « L'Enterrement ». Jamais je ne les satisferai tous ; je me ferai bien des ennemis. Ont déjà posé : le maire qui pèse 400 livres ; un des bedeaux, avec un nez rouge comme une cerise, mais gros en proportion et de cinq pouces de longueur (sic), *le curé, le juge de paix, le porte-croix, le notaire, l'adjoint Marlet, mes amis, mon père, les enfants de chœur, le fossoyeur, des vieux de 93 avec les habits du temps, un chien, le mort* (resic) *et ses porteurs, mes sœurs, d'autres femmes aussi. Seulement je croyais me passer des deux chantres de la paroisse ; il n'y a pas eu moyen, ils étaient vexés ; ils se plaignaient amèrement, disant qu'ils ne m'avaient jamais fait de mal... Il faut être enragé pour travailler dans ces conditions. Cinquante personnages grandeur nature, avec paysage et ciel pour fond... Il y a de quoi crever !*

Pauvre Courbet. Certains lui en voulaient encore vingt-cinq ans plus tard et ne firent rien pour le défendre lorsque l'affaire de la colonne Vendôme l'obligea à s'expatrier. Au regard de l'Histoire, pour un citoyen d'Ornans, cet exil fut un paradoxe. Cette ville avait en effet été réputée pendant des siècles pour l'exercice du droit d'asile, un très ancien privilège qui se pratiqua jusqu'à la conquête française. Ce droit, dont bénéficiaient ceux qui avaient commis un délit ou un crime, appartenait surtout autrefois à certaines églises ou monastères, rarement à toute une cité. C'était pourtant le cas d'Ornans dont le rentier de la seigneurerie déclarait : « Les habitants ont droit et autorité de recevoir en franchise ceux qui, par cas fortuit, ont commis homicide par accident ou par autre circonstance méritant grâce, prenant de chacun d'eux dix florins en monnaie pour leur réception... »

Selon la tradition, les bannis qui sollicitaient asile devaient s'agenouiller et jurer de se mieux conduire devant une croix de pierre érigée au centre de la ville, au bas du grand pont. On peut encore voir le piédestal de ce monument qui fut renversé sous la Révolution. Il sert de pilier à la galerie sur l'eau d'une maison qui borde la Loue.

Gustave Courbet ne put donc pas profiter de ce singulier privilège puisqu'il mourut en exil, loin de sa patrie et des siens, à la tour de Peilz, en Suisse, le dernier jour de l'année 1877.

II

LE BON PAYS

« Marcel Aymé a pu voir le plaisir que j'ai éprouvé à le connaître par mes paroles d'accueil quand Mme Gould me l'a présenté. Il est Jurassien et, comme je m'étonnais que, de cette origine, il ait dans ses écrits cette fantaisie et cet humour, il m'a dit que l'un et l'autre sont très courants dans cette région. »

Paul LEAUTAUD *(Journal).*

Ce sont les habitants des hautes terres jurassiennes qui ont donné aux collines du Revermont ce nom de « Bon Pays » qui le caractérise si bien. Lorsque les « montagnons »[1] descendaient de leurs rudes plateaux battus par le vent, les tempêtes de neige, et abordaient cette région qui s'étend approximativement de Salins-les-Bains à Saint-Amour en passant par Arbois, Poligny et Lons-le-Saunier, ils étaient mieux que d'autres à même d'en apprécier la douceur du climat et des mœurs.

Dans cette zone tempérée, on domine les brouillards tenaces des plaines jurassiennes et bressanes sans subir les rigueurs du Haut-Pays. Sur les pentes douces des premiers contreforts d'où jaillissent mille sources d'eau claire, la vigne mûrit au soleil, sous un ciel d'une rare luminosité. Les habitants de cette région sont enjoués comme tous ceux qui sont nés dans les pays de vin. Car il y a de fameux crus par ici. Ils composent au Jura une parure royale dont les noms enchantent l'esprit et le palais : Arbois, Jacobins, Voiteur, Arlay, Mantry, l'Etoile... Ils sont tous issus des mêmes cépages, du même terroir, et pourtant quelles nuances !

Nous commencerons notre seconde randonnée à Nans-sous-Sainte-Anne, pittoresque village blotti au creux d'un val verdoyant que traverse le Lizon, un torrent à cascades où abondent les truites. En 1868, au temps des diligences, le poète

1. « Montagnons » : surnom des habitants du Haut-Pays.

salinois Max Claudet prétendait que « ce serait une profanation d'aller en voiture dans un si beau pays ». Cela reste vrai à notre époque, et c'est bien sûr à pied qu'on pourra le mieux apprécier la beauté des lieux en suivant les petits chemins ombreux qui se glissent le long des berges.

Au détour d'un méandre de cette rivière toute jeunette, on découvre soudain une vaste caverne dont l'entrée ressemble au portail démesuré d'une cathédrale. A première vue, on n'en décèle pas la profondeur, mais lorsqu'on y pénètre, on entend mugir dans le lointain un torrent caché qui fait trembler la roche. C'est la grotte Sarrazine, ainsi nommée parce qu'au VIIIe siècle les habitants de la vallée y trouvèrent refuge au moment de la grande invasion des Maures de Provence.

Un peu plus loin, c'est la source du Lizon. Elle jaillit brusquement de la muraille recouverte d'une végétation tenace en une haute et large cascade enveloppée d'une brume ascendante. Tout près de là s'élevait à la fin du Moyen Age une abbaye de femmes riches au nom singulier, « les Dames Urbanistes ». Elles ont laissé peu de traces de leur passage après la destruction de leur retraite, si ce n'est le nom de deux ou trois sentiers qui s'étirent au cœur de la forêt abbatiale où l'on peut suivre les allées des « Solitaires », des « Soupirs » et des « Repenties ». Quels péchés ces dames mélancoliques ont-elles expiés ici, sous ces frondaisons séculaires ? A leur époque, on ne badinait pas avec les défaillances de la vertu féminine. Les coupables se retrouvaient vite au couvent.

La belle marquise de Nans-sous-Sainte-Anne faillit bien connaître ce triste sort quelques siècles plus tard, lors de sa délirante liaison avec le sire Honoré-Gabriel Riquetti, passé à la postérité sous son titre de comte de Mirabeau. Cette folle histoire d'amour mérite d'être contée.

Les folles amours de Mirabeau.

Sophie Richard de Ruffey, très jolie fille mais maigrement dotée, avait été mariée à vingt ans avec le marquis de Monnier, soixante-quinze ans, président honoraire de la Chambre des Comptes de Dole, qui vivait retiré en son château de Nans. En juin 1775, le comte de Mirabeau, alors emprisonné après maintes incartades au fort de Joux près de Pontarlier, mais qui jouissait d'un régime très libéral autorisant des sorties, fit la connaissance de la belle Sophie lors d'un dîner donné en l'honneur du sacre de Louis XVI. Malgré son visage troué par la petite vérole, Mirabeau, âgé de vingt-six ans, sanglé dans un bel uniforme de capitaine de dragons, fit une forte impression à la petite marquise qui en tomba aussitôt follement amoureuse. Les deux jeunes gens se revirent à plusieurs reprises les semaines suivantes, grâce à une entremetteuse nommée Marguerite Barbaud, que le futur tribun désignait sous le sobriquet de « la Gotton ». Sophie de Monnier devint rapidement la maîtresse du prisonnier de Joux qui profitait, on en conviendra, d'une vie bien agréable pour un interné par lettre de cachet.

La passion des deux amants de l'ombre fut une aventure digne des « Amours du Chevalier de Faublas » et inspira au comte de Mirabeau quelques-unes des plus jolies lettres d'amour de la littérature. Plus tard en effet, lorsqu'il fut enfermé au donjon de Vincennes, Mirabeau rappela dans les fameuses *Lettres à Sophie* les épisodes les plus marquants de leur liaison, telle cette rencontre chez « la Gotton » :

... Le jour même où tu consentis à me rendre heureux... O dieux ! Je frissonne encore d'amour et de volupté, quand j'y pense. Ta tête appuyée sur mes bras, ton beau col, ton sein d'albâtre, livrés à mes brûlants désirs... Tes beaux yeux se ferment, tu palpites, tu frémis... Sophie ! Oserais-je ? O mon amie ! Veux-tu faire mon bonheur ?

Tu ne réponds rien, tu caches ton visage dans mon sein, la volupté t'enivre et la pudeur te tourmente. Mes désirs se consument ; j'espère... Je renais... Je te soulève dans mes bras... Inutiles efforts ! Le parquet se dérobe à mes pieds. Je dévore tes charmes et je n'en puis jouir. L'amour rendait la victoire plus difficile pour en augmenter le prix. Ah ! ces obstacles étaient bien inutiles... D'importuns voisins m'ôtaient toutes les ressources... Quels moments ! Quels délices ! Que de contraintes ! Que de transports étouffés ! Que de demi-jouissances cueillies ! Je t'appuyais contre ce lit, qui depuis fut le témoin de mon triomphe et de ma félicité...

Ces amours furent bien vite contrariées par les jaloux et Mirabeau dut s'enfuir pour éviter le cachot, d'abord en Suisse puis en Hollande. Menacée du couvent, la petite marquise l'y rejoignit bientôt, non sans avoir au préalable délesté le coffre de son mari de la coquette somme de cent mille livres. Procédurier, le marquis de Monnier se rendit célèbre à l'époque dans toute la province et se ridiculisa à force de vouloir faire prouver, par le Parlement de Besançon, que son infortune n'était pas contestable. Au jugement de la postérité, le barbon ne fut pas gagnant contre l'amour puisqu'à Nans-sous-Sainte-Anne, on désigne aujourd'hui sa gentilhommière sous le nom de. . Château Mirabeau !

Promenades au fond de l'Amer.

« L'homme peut vivre sans or, mais il ne peut pas vivre sans sel », a justement fait remarquer Jules César dans ses *Commentaires.* Est-ce parce qu'il savait que ce précieux produit existait à l'état naturel dans le sous-sol jurassien qu'il lança ses légions à la conquête des Gaules ? Certains l'ont prétendu et situé à Alaize, petit village proche de Salins, le lieu où se déroula la fameuse bataille d'Alésia. Nous nous garderons bien d'ajouter un mot de plus à cette controverse qui déchire depuis un siècle les sociétés savantes de Bourgogne et de Franche-Comté, d'autant qu'une troisième version, née récemment à la suite de l'étude aérienne d'un nouveau site, la région de Crotenay, risque de tout remettre en question.

Ce qui est sûr, c'est que les gisements salifères francs-comtois étaient exploités bien avant l'invasion romaine et faisaient la richesse des Séquanes qui peuplaient le Jura occidental. Commerçants habiles, les envahisseurs d'outre-Alpes devaient donner un nouvel essor à Salins en faisant rayonner autour de cette cité un grand nombre de routes dont on retrouve un peu partout la trace et où l'on voit les empreintes parallèles creusées dans les dalles de pierre par les roues des milliers de chariots qui y passèrent au cours des siècles.

Capitale du sel, Salins le fut jusqu'en 1800, date à laquelle sa population dépassait huit mille habitants alors qu'elle n'en compte plus guère que la moitié aujourd'hui. Cette petite cité n'en a pas moins conservé tout son charme de ville étape entre Dijon et Lausanne. Elle étire ses maisons grises, ses nouveaux quartiers habilement restaurés dans leur style d'origine entre deux hautes montagnes couronnées par d'imposantes forteresses, le fort Saint-André et le fort Belin. Perchée au flanc des rochers, l'église Saint-Anatole est l'un des plus anciens monuments de la localité, vieille collégiale fondée en 1020 et reconstruite en 1257 dans un style encore roman, massif, mais non sans agrément. On peut y admirer un charmant triforium aux petites arcades en plein cintre et une remarquable façade flanquée d'une tour.

A côté de l'établissement thermal où l'on traite de nombreuses maladies des os telles que le rachitisme, le rhumatisme dégénératif, les séquelles des accidents de la route, cela grâce aux propriétés d'une eau salée et radioactive, se trouvent les anciennes Salines nationales. C'est un beau bâtiment aux baies ogivales, dont le corps central est surmonté d'un lanternon gothique et où Nicolas Rollin, fondateur des Hospices de Beaune, avait fait construire une tour. A l'intérieur de cette maison, un escalier d'une soixantaine de marches permet de plonger dans l'histoire et le sous-sol salinois.

Depuis quelques années, grâce à des érudits locaux, on peut visiter cette curiosité industrielle sans doute unique en France, parcourir un long souterrain aux voûtes arc-boutées par d'énormes piliers en pierre dont la construction hardie remonte à une dizaine de siècles. Sous ce tunnel se trouvent les sources salées que les moines de Saint-Maurice-du-Valais mirent en exploitation au ve siècle et qui alimentent les pompes du Puits d'Amont et du Puits-à-Gray. La machinerie de ces pompes, qui rappelle les gravures du Piranèse, est impressionnante. On est étonné de voir, sous les voûtes étincelantes de concrétions salines, dans ces cryptes gigantesques, ces formidables roues avec leurs énormes balanciers en bois aux poutres grinçantes reliés à des pistons plongeant à près de deux cents mètres dans les nappes de saumure. Avant qu'on installât ce matériel de pompage, on utilisait un système encore plus archaïque de roues à godets et bien avant encore, au Moyen Age, le « griau » simple ou à balancier dont la force motrice était créée par deux femmes qui montaient sur une échelle, se suspendaient à des cordes reliées au levier et se jetaient dans le vide.

Au-dessus des puits à muire se trouvaient les cuves de stockage, grands réservoirs de pierre où l'on puisait l'eau salée au fur et à mesure des besoins, pour emplir les poêles chauffées au bois où le sel se cristallisait par différence de température.

Afin d'exploiter cette richesse d'hier, et d'en tirer le meilleur profit, l'empereur Charles-Quint avait instauré toute une juridiction composée de juges, de contrôleurs et de soldats. Le directeur du personnel et de l'exploitation s'appelait « le Pardessus », titre curieux qu'on lui donnait sans doute parce qu'il endossait toutes les responsabilités, comme les fonctionnaires d'aujourd'hui parlent du « Parapluie ». L'extraction, la fabrication, le transport et la distribution du sel étaient autrefois rigoureusement réglementés, l'Etat prélevant sur ce produit, comme il le fait de nos jours sur l'essence, un impôt rémunérateur. L'exportation du sel était également à l'époque une arme politique efficace dont Louis XIV et ses successeurs se servirent en menaçant les Suisses de ne plus les approvisionner s'ils ne se montraient pas plus soumis vis-à-vis de la France. Ce chantage fut suivi d'effet car à l'époque les vaches d'Helvétie ne pouvaient pas sentir un autre sel que celui de Salins.

Bien avant le M.L.F.

Fortement hiérarchisée et policée, cette société du sel n'était pas exempte cependant d'un certain progrès social. Les ouvriers des Salines étaient de loin les mieux payés de toute la province. Ils bénéficiaient de nombreux jours chômés et même d'une forme d'indemnisation des accidents du travail. Cette relative prospérité du peuple salinois allait de pair avec un commerce florissant et un goût très marqué dans la population pour les distractions collectives. Les fêtes religieuses ou profanes de Salins-les-Bains étaient très réputées. Elles ont pratiquement toutes disparu, à l'exception d'une fantastique foire à la vaisselle qui se tient au début de chaque été, où l'on vend, à travers toutes les rues de la ville, ces faïences anciennes et modernes, ces « émaux ombrants », ces pots et assiettes à motifs en relief polychrome ou monochrome qui sont la fierté des artisans salinois.

Il est une coutume également perdue que ne renierait pas sans doute le « Comité de Défense des femmes battues » créé à l'initiative du M.L.F. Il s'agit de la « Trottée » qui prouve qu'au Moyen Age, les mœurs salinoises ne manquaient pas non plus de sel. A l'époque, il se trouvait déjà certains maris goujats qui levaient la main ou un sarment noueux pour frapper leurs épouses. Afin de donner quelque répit à ces malheureuses et vraisemblablement pour leur procurer l'occasion de prendre de temps en temps une juste et piquante revanche, une joyeuse coutume prit naissance qui accorda aux femmes de Salins-les-Bains, pendant tout le mois de mai, une tranquillité complète, les maris étant tenus de s'abstenir de toute violence à leur égard durant le mois fleuri. Ceux qui passaient outre à cette interdiction étaient aussitôt traduits devant un tribunal féminin présidé par la femme du mayeur et dont les assesseurs étaient les épouses des échevins. Un extrait de leur code disait : « Touttes et quantes fois qu'aucun mari frappe sa femme durant le mois de mai, touttes les femmes du lieu le doivent trotter sur l'asne par joyeuseté et esbattement, ou le mettre sur chariot et trébuchet et le conduire ainsi trois jours durant en lui baillant son droit, asçavoir pain, eau et fromaige... »

Si à l'origine le mari brutal était contraint en personne sous la menace des femmes assemblées de monter sur l'âne et de se laisser traîner à travers les rues de Salins, lorsque les mœurs s'adoucirent à la fin du xve siècle on se contenta de jucher sur l'animal un mannequin habillé figurant le coupable. Le cortège était accompagné de joueuses de fifres et escorté par les femmes du pays qui ne ménageaient ni les huées ni les quolibets. On prétend que certaines années, les maris accouplés à des viragos portant la culotte à la maison, se vengeaient pareillement en faisant la « trottée » à des mannequins féminins.

L'Académie des Anes.

Puisque nous avons parlé des ânes en évoquant l'amusante coutume de la « trottée », nous poursuivrons notre randonnée à travers le « Bon Pays » en compagnie de ces charmants quadrupèdes qui furent longtemps des célébrités régionales.

A cinq kilomètres de Salins-les-Bains, par la route en lacets qui grimpe vers le fort Saint-André, se trouve niché, au creux d'une vallée étroite et oubliée, le petit village de Pretin. Au temps de l'occupation romaine, cette localité fut le siège d'un camp fortifié, le « castrum super salinas » qui défendait les Salines, en surveillant leurs voies d'accès. Beaucoup plus tard, au viie siècle, des moines vinrent y fonder un monastère qui subsista tant bien que mal jusqu'à la Révolution. Le pays étant pauvre en ressources, les religieux ne vivaient qu'en pressurant les malheureux habitants taillables et corvéables du jour de leur naissance à leur mort. On chuchotait aussi que par l'interprétation abusive d'une donation consentie par Marguerite de France en 1366, le prieur avait l'heureux privilège de conduire à l'église les jeunes épousées du village, de s'asseoir à leur côté au festin de noce et, le soir venu, d'exercer en toute légalité un droit de cuissage, de sorte que le premier né des nouveaux foyers avait souvent une ressemblance frappante avec le supérieur du couvent.

Pour compenser l'ingratitude de leur terre et payer leurs redevances aux moines du prieuré de Château-sur-Salins, les habitants de Pretin s'étaient lancés dans l'élevage des ânes qui furent bientôt réputés dans toute la province. Ces mammifères hauts sur pattes, à l'échine courte, à la tête coiffée d'oreilles particulièrement longues, étaient bons porteurs, résistants et obstinés au travail. Au temps de la grande saunerie, on les utilisait d'une manière si intensive pour le transport du sel qu'on les nommait « les chevaux de Salins ».

En 1476, Charles le Téméraire ayant prétendu unir le prieuré à la mense capitulaire de Saint-Maurice, une longue guerre de procédure s'engagea entre le monastère et le chapitre, ruinant progressivement les moines qui perdirent aussi, du fait du rachat des terres par leurs serfs, la plupart de leurs privilèges. Réduits à la misère à la suite de la grande famine de 1709, les religieux décidèrent de trouver de nouvelles sources de revenus. Dieu lui ayant paraît-il inspiré un plan, le prieur de l'époque en fit part à ses frères. Il s'agissait de remplacer les anciennes redevances par des offrandes bénévoles obtenues d'une manière plaisante susceptible de séduire le plus grand nombre.

C'est ainsi que naquit une joyeuse confrérie dont les statuts en huit articles débutent par celui-ci :

Il est établi ce jour, cinquième des calendes de janvier de l'An 1740, une Académie des Anes dont le siège sera à Pretin, maison de Château, et dont les réunions auront lieu le jeudi et le dimanche, une heure avant la réfection.

Puis vient ensuite le règlement intérieur de la compagnie :

Sont appelés à en faire partie tous les hommes maîtres de leur fortune pouvant lui consacrer annuellement cinquante livres. Ils subiront au préalable devant la Communauté au complet de la société, un examen sur diverses questions posées par huit juges et tirées au sort. Quiconque n'aura pas répondu à cinq questions au moins sera condamné à une amende de cent sols ou l'équivalent en vin de bon plant, en viandes bien choisies. Quand le candidat aura été reçu, le préchantre le proclamera membre de l'Académie. Il revêtira son chef d'un bonnet en peau de chèvre avec oreilles d'âne, attachera au bas du dos de son pourpoint une queue d'âne ; et, lui donnant de temps en temps en manière de caresses des coups de houssine, et le chassant au réfectoire, les Académiciens se mettront à braire tous ensemble. Puis le préchantre le conduira au préau touchant le monastère, où le jeune ânon se roulera trois fois par terre, chantant trois fois de toutes ses forces : Hi ! Hon ! Hi ! Hon ! Et, se relevant, recevra l'accolade de tous ses confrères et une ruade en sus. Enfin, le nouveau frère fera la dépense d'un dîner composé de viandes appétissantes, de pain bien boulangé, de vin ayant deux ans de tonneau, de brandevin sorti depuis longtemps de l'alambic, et dont seront bannis les légumes à digestion difficile, maussade ou malodorante...

Parmi les trente et une questions auxquelles chaque candidat devait donner au moins cinq réponses exactes pour éviter l'amende, beaucoup sont entrées sous forme de devinettes dans l'apport culturel du passé salinois. En voici quelques-unes :

Pourquoi Pretin a-t-il été choisi comme siège de l'Académie ?

– A cause d'une tradition disant qu'au sortir de l'Arche de Noé, les chèvres vinrent à Poligny, les ânes à Pretin et les chats à Salins.

Pourquoi Dieu a-t-il créé le monde ?

– Pour punir les plaideurs.

Y a-t-il beaucoup d'ânes à Pretin ?

– Selon le nombre de gens qui y viennent.

Quel est le meilleur médecin ?

– Celui qui tue le moins.

Que fait un âne au soleil levant sur le Mont-Poupet ?

– De l'ombre.

A qui ressemblent les membres honoraires de notre Académie qui ont droit d'assister au repas sans y toucher ?

– A un âne attaché au râtelier par la queue.

La joyeuse confrérie survécut à bien des régimes et ne s'éteignit qu'au début de ce siècle. Nombreux étaient les Salinois et les Arboisiens qui briguaient l'honneur d'en être, bien que dans ces villes on continue à dire aujourd'hui de gens particulièrement incultes ou obtus « qu'ils ont obtenu leurs diplômes à Pretin » et que dans ce village, lorsqu'un citadin, la bouche enfarinée, demande à un paysan s'il s'agit bien du pays des ânes, l'indigène ne manque jamais de répondre : « Eh oui ! mon bon monsieur, Pretin est la capitale des ânes, mais vous savez, il en passe bien plus qu'il n'en reste ! » Car dans cette pittoresque localité qui compte aujourd'hui moins de cent habitants on est toujours très fier d'avoir été le berceau d'une Académie, comme au temps du chansonnier Charles Toubin :

Les Salinois sont des malins,
Mais pas tant que ceux de Pretin.
Passant l'autre jour par Pretin,
Tintin, tintin, tintaine, tintin,
Pour aller voir ma bonne amie,
Je rencontre le sacristain :
Comment vont les gens de Pretin ?
Comment vont les gens de Salins ?
Les Pretiniers sont des malins
Pas tant que les gens de Salins !
On dit que votre Académie
Ne reçoit en son docte sein
Rien que des ânes à tout crin...
Oh ! répondit le sacristain
D'un ton de douce bonhomie,
Le fait est sûr et bien certain,
Et, pas plus tard que ce matin,
Nous avons reçu sans scrutin,

Vingt candidats !
... Tous de Salins !

Nous sommes tous chefs !

Si les habitants de Pretin ont accepté avec humour leur asinienne réputation, la rivalité entre Arbois et Salins, villes de même importance, a été de tous les temps, chaque cité s'efforçant de prendre le pas sur l'autre en usant d'arguments pas toujours très distingués. C'est ainsi qu'au XVIe siècle, comme il apparaissait qu'un plus grand nombre de Salinois que d'Arboisiens avaient été anoblis, voilà l'histoire que les habitants d'Arbois affabulèrent par jalousie pour ridiculiser leurs voisins :

Or donc, du temps qu'il parcourait la Comté, Charles-Quint se promenant aux environs de Salins, fut pris d'un de ces impérieux besoins que les empereurs eux-mêmes ne peuvent s'empêcher de satisfaire. Son chancelier l'accompagnait, portant à la main un rouleau de titres de noblesse préparés à l'avance. La signature impériale, le sceau, tout y était sauf le nom du titulaire. L'empereur s'aperçut, besoins faits, qu'il n'avait pas de papier, le chancelier pas davantage. Ma foi, les parchemins y passèrent. Le lendemain, en se rendant dans leurs vignes, les Salinois s'emparèrent des précieux titres, les lavèrent... et y inscrivirent leurs noms. Ainsi naquit la noblesse de Salins-les-Bains !

Pour se venger de cette plaisanterie d'un goût douteux, les « glorieux de Salins », ainsi que les appelaient les gens d'Arbois, ne tardèrent pas à réagir en colportant à leur tour une fable sur leurs voisins :

Chacun sait que l'esprit étant ce qu'il y a de plus léger dans l'homme, il monte toujours au plus haut sommet du corps.

Lorsqu'ils « fossurent » [1] *les vignerons arboisiens sont tellement baissés vers le sol que leur cul est toujours plus haut que leur tête, tant et si bien que leur esprit s'en échappe très vite et qu'il ne leur reste jamais rien dans la cervelle.*

De nos jours, si cette rivalité entre les deux cités s'est un peu affadie et si elles n'emploient plus ce genre d'arguments pour se brocarder, chacune d'entre elles continue à préserver son originalité et reste très fière de son passé.

S'il est une ville qui reflète bien le caractère courageux et frondeur des gens du « Bon Pays », c'est Arbois, dont les habitants épris de liberté ont toujours su enrober d'ironie leur héroïsme et combattu l'adversité avec humour.

En 1595, lorsque la garnison arboisienne fut contrainte de capituler, après un long siège, devant l'armée d'Henri IV, aucun notable ne consentit à recevoir le roi de France. Connaissant le penchant du Vert Galant pour le beau sexe, ils lui envoyèrent, selon l'usage, une délégation féminine pour lui remettre les clefs de la ville en ayant bien soin de choisir les filles les plus vilaines. Comme l'une d'elles, Mlle de Jallerey, demandait au Béarnais de prendre l'engagement de respecter l'honneur des dames, il eut cette réplique dépitée : « Par ma foi, si toutes vous ressemblent, leur sauvegarde est sur leur figure ! »

Mais une répartie dont les Arboisiens sont restés très fiers, c'est celle qu'ils adressèrent au sous-préfet de Poligny en avril 1834. Tout commença un soir vers dix heures à l'arrivée de la diligence de Lons-le-Saunier. Un clerc d'avoué mit la tête par la portière et annonça aux gardes nationaux de service que la République venait d'être proclamée à Lyon. Aussitôt, la cité entra en ébullition. L'insurrection fut décidée et les vignerons se rendirent en masse à l'hôtel de ville pour s'emparer des fusils qui y étaient entreposés. Affolé, le représentant du gouvernement fit appel à la troupe. Deux jours plus tard, huit escadrons de grenadiers et de chasseurs ainsi qu'une demi-batterie d'artillerie arrivèrent au galop, de Besançon, pour rétablir l'ordre. Lorsque les antagonistes furent face à face, le sous-pré-

1. « Fossurer » : sarcler la terre à l'aide d'une pioche appelée « fossou ».

fet de Poligny s'avança au-devant des insurgés et demanda : « Quels sont vos chefs ? » Tous les mutins lui répondirent d'une seule voix dans leur savoureux patois : « No san tous tiefs ! » (Nous sommes tous chefs !) Comme il ne pouvait pas arrêter mille meneurs, le fonctionnaire décida de passer l'éponge et tout le monde rentra chez soi. Le lendemain, la gazette locale parut avec ce titre sans complexe : « Arbois, Paris et Lyon sont tranquilles ! »

Cette fierté native, cette affirmation délibérée de leur caractère, les Arboisiens l'affichent jusque dans le moindre détail. C'est ainsi qu'on ne vit pas à Arbois comme on vit à Besançon ou La Chaux-de-Fonds. On est « en Arbois » tout comme on est « en Avignon ». Façon de vivre et de penser qui ne date pas d'hier puisque déjà, en 1651, le brave révérend père Gody évoquait la ville en ces termes :

Petite cité qui n'a point
De pareille, le verre au poingt,
Dont le bois tortu fait la gloire...

En Arbois, où le vin est roi.

Si les Romains s'approprièrent le sel de Salins, ils apportèrent par contre dans leurs bagages ce qui allait faire la richesse d'Arbois, la vigne. Sous leur impulsion, celle-ci se développa et prospéra sur tous les coteaux. Après eux, les comtes, les ducs de Bourgogne, la protégèrent et firent sa réputation en mettant le vin d'Arbois au premier rang sur leur table.

Plus tard, lorsqu'il eut pris la ville, Henri IV, en fin politique, essaya de se rallier les bourgeois en vantant les qualités de leur vin dont il venait de déguster un pichet. Il n'obtint qu'une réponse bougonne des vignerons qui lui montrèrent qu'il n'avait pas gagné leur estime : « Nous en avons gardé du bien meilleur dans nos caves. » Il ne leur en tint pas rigueur et à partir de cette campagne, fut converti au vin d'Arbois qu'il lui arriva même de chanter en un couplet que Monselet rapporte dans son *Almanach des Gourmands :*

Ça, petit page, verse à moi.
Si le sceptre est chose pesante,
Mon verre plus léger que soi,
Jamais vide ne se présente.

Ce vin n'est chrétien comme moi ;
Néanmoins pas un ne blasphème
Pour ce qu'il n'eut onc le baptême.

Voici que je bois
De mon vieil Arbois.

Chantons, messieurs, à perdre haleine
Hosanna, Bacchus et Silène.

Autant que Dole, Arbois peut se qualifier de « Cité de Pasteur » car notre illustre compatriote passa ici sa jeunesse et y revint chaque année pour les vacances. C'est en Arbois qu'il commença ses recherches sur les fermentations alcooliques en acquérant une petite vigne au lieudit Rosières. Celle-ci est toujours pieusement entretenue et donne un des meilleurs vins du terroir. Quant à la maison familiale du savant, elle est devenue un musée que l'on visite avec respect.

En 1885, Pasteur fut hélas ! impuissant pour endiguer la terrible calamité venue d'outre-Atlantique, le phylloxéra qui anéantit en moins de dix ans la totalité du vignoble de la région. Avec obstination, les Arboisiens se remirent pourtant au travail et plantèrent de nouveaux plants greffés qui produisent aujourd'hui des vins d'une grande diversité et d'une fameuse qualité. Peu connus à l'extérieur de la Franche-Comté avant la dernière guerre, ces vins d'Arbois, rouges, blancs, gris, fous, mousseux, sont vendus à présent dans le monde entier en grande partie grâce à l'extraordinaire sens de la promotion commerciale de M. et Mme Henri Maire.

Parmi les spécialités des vignerons arboisiens, les connaisseurs apprécient tout particulièrement le vin de paille. Celui-ci est produit avec les plus beaux raisins que l'on cueille très tard en novembre, souvent après les premières gelées. Les grappes sélectionnées sont étendues précautionneusement sur un lit de paille, dans un local sec et aéré. L'année suivante, en février, lorsque les grains sont suffisamment desséchés, on les presse dans un petit pressoir en bois d'où l'on tire un jus peu abondant mais sucré et parfumé, d'une très haute teneur en alcool. Logé dans des fûts spéciaux pendant trois ans, cc vin sera mis ensuite en bouteille et pourra braver le temps sans perdre de son extraordinaire saveur. Dans certaines caves, on en conserve ainsi depuis 1811, une fameuse année qui fut marquée par le passage de la grande comète. Inutile de dire que ces bouteilles-là ne sont ouvertes qu'avec parcimonie dans les grandes occasions et que pour les déguster, « il faut se mettre à genoux » comme me le disait un vieux vigneron de mes amis.

Après bien des vicissitudes dues aux maladies cryptogamiques et à la mévente du début du siècle, le vignoble arboisien est actuellement très florissant. Pour le protéger contre la grêle, on pense même à ensemencer les orages menaçants, par avion, avec un produit qui transformera la glace en pluie. Jadis, les vignerons vivaient avec la crainte permanente de ce fléau et cette terreur confinait même à la superstition. A telle enseigne que voir un chat noir à son réveil ou franchir le seuil de sa porte du pied gauche étaient de mauvais présage lorsque la vigne commençait à fleurir. Les Arboisiens n'avaient confiance qu'en leurs cloches qu'ils faisaient sonner à toutes volées lorsque le ciel commençait à se couvrir de nuages noirs.

Or, il arriva que plusieurs années de suite, le carillonnement des cloches de l'église Saint-Just, loin de repousser les nuées destructrices, sembla au contraire les attirer. D'aucuns prétendirent que le patron de la paroisse était sans doute irrité par le nombre croissant de mécréants et qu'il punissait ainsi les gens d'Arbois. Pour se garantir contre ce mauvais sort, les vignerons décidèrent qu'on ne sonnerait plus les cloches jusqu'à nouvel ordre. Mais il se trouva qu'un certain nombre de traditionalistes ne furent pas d'accord et portèrent l'affaire devant le Parlement. S'appuyant sur un traité ancien qui stipulait qu'on devait faire sonner les cloches au troisième coup de tonnerre au plus tard, les juges de Dole donnèrent raison aux plaideurs. Ce fut un cruel dilemme pour le vicomte-mayeur. Que fallait-il faire ? Obéir au Parlement ? Ruiner les gens d'Arbois qui croyaient en la malédiction de saint Just ? Il trouva une solution intermédiaire et décréta non sans malice : « A l'avenir, on sonnera les cloches comme auparavant, afin de ne point déplaire à messieurs du Parlement. Mais on les sonnera à la sourdine, de manière qu'on ne puisse pas les entendre... »

Et c'est ainsi que pendant quelques années, on enleva le battant des cloches, avant de les mettre en branle !

Un « Biou » pour les blancs, un « Biou » pour les rouges.

Si vous passez en Arbois début septembre, ne manquez surtout pas d'assister à la cérémonie du « Biou », la grande fête annuelle des vignerons. « Le Biou », abréviation de « biou raigin » (beau raisin) en patois local, est l'offrande à saint Just des prémices de la récolte des vignes. Ce jour-là, quatre solides gaillards portent sur leurs épaules une énorme grappe, faite de plusieurs centaines de grappes habilement tressées. Suivis par la fanfare ils traversent toute la ville puis gagnent l'église où le clergé les reçoit sous le porche avant de bénir le « Biou » qui est ensuite suspendu à la voûte du chœur.

Nul n'a jamais pu dire exactement quand et comment naquit cette coutume qui remonte sans doute au Moyen Age. Elle fut longtemps régentée par le marguillier de l'église prieurale qui en fut dépossédé en 1745 par le capitaine des garde-fruits. Celui-ci commandait une dizaine d'hommes désignés chaque année au début du mois d'août pour assurer la sécurité du vignoble contre les maraudeurs, notamment en effectuant des rondes nocturnes. Car la réputation du raisin d'Arbois était telle que certains n'hésitaient pas à venir voler nuitamment une partie de la récolte. De la fête de l'Assomption (15 août) à celle de saint Martin (11 novembre) les garde-fruits avaient le droit de frapper les contrevenants d'une amende mais aussi... physiquement C'était une punition souvent plus efficace que la sanction pécuniaire car les vigiles des vignes portaient de grandes hallebardes aux crocs menaçants avec lesquelles ils accrochaient facilement les malfaiteurs. Leur fonction ne fut supprimée qu'assez récemment, en 1948.

Bien qu'elle ne fût pas d'essence religieuse, la coutume du « Biou » n'en subit pas moins, à la fin du siècle dernier, les conséquences de la vague d'anticléricalisme qui s'abattit sur le Jura. En 1888, la municipalité d'Arbois, alors gérée par les « rouges », refusa de faire l'offrande traditionnelle du raisin à saint Just. Plutôt que de s'attaquer à la fête séculaire, les nouveaux édiles décidèrent la fabrication d'un « Biou » bon teint réalisé uniquement avec du raisin rouge qui fut promené en grande pompe à travers les rues de la ville. De leur côté, les traditionalistes portèrent un « Biou » blanc à l'église.

L'année suivante, pour rehausser l'éclat de leur cérémonie profane, les « rouges » conduisirent leur « Biou » à l'hôtel de ville où il reçut la consécration officielle à défaut de la bénédiction du clergé. A cette occasion, le capitaine des garde-fruits, qui avait été désigné par la municipalité, parodia l'homélie sacerdotale en prononçant un long discours dont je m'en voudrais de ne pas vous rapporter quelques extraits :

En l'honneur de la fête de notre ville, la Compagnie des Garde-Fruits d'Arbois a cru se faire un devoir d'exposer publiquement sur cette place le « Biou » traditionnel composé exclusivement des fruits du produit de nos travaux. Et nous, républicains-radicaux, combattant par notre travail à la prospérité de notre vignoble, nous aurons aussi à combattre pour le maintien de nos libertés. Quand la lutte s'engagera, vous dégagerez l'épée et, d'un bras nerveux, vous introduirez dans l'urne le nom du candidat républicain-radical !

Le « Biou » rouge ne connut qu'une vie éphémère puisque l'année suivante ce fut le « Biou » traditionnel qui l'emporta et se perpétua jusqu'à nos jours. En 1944, il fut même le prétexte d'une émouvante manifestation de résistance dont le souvenir fait encore battre le cœur de bien des Arboisiens.

Le 3 septembre la ville était sévèrement gardée par les Allemands qui subissaient depuis quelques jours le harcèlement incessant des maquis de la région. Tout rassemblement de plus de trois personnes étant interdit, beaucoup pensèrent que cette année-là, pour la première fois depuis des siècles, l'offrande traditionnelle du « Biou » n'aurait pas lieu. Pourtant, à 8 heures du matin, les Arboisiens médusés virent apparaître au milieu de la rue un énorme « Biou » coiffé d'une gerbe de fleurs bleues, blanches et rouges, porté par quatre vignerons. Et au fur et à mesure que le cortège traversait la ville, on vit les habitants sortir les uns après les autres de leurs maisons et lui faire en silence une courageuse escorte. Autour de la petite cité, la bataille faisait rage. On entendait des explosions, le bruit de la fusillade. Qu'importe ! Arbois patriotique et frondeur célébrait la fête de la vigne ! Les Allemands, sans doute impressionnés par ce courage tranquille, n'osèrent pas intervenir. Le lendemain, sous la pression des F.F.I., ils quittèrent la cité pour ne plus y revenir.

Aujourd'hui, le « Biou » est redevenu la grande fête populaire et colorée telle qu'elle existe depuis le Moyen Age et que les vignerons d'Arbois célèbrent avec la même ferveur qu'ils soient de droite ou de gauche. Le commandant Grand fut l'un de ceux qui contribuèrent à lui redonner tout son éclat après la dernière guerre. Cet érudit local, qui m'honora de son amitié, se dépensa durant toute sa vie pour conserver et défendre les traditions arboisiennes. Si le parisianisme ne faussait pas le jeu des vraies valeurs, l'œuvre de ce probe historien serait mieux connue. Isolé comme beaucoup d'autres dans sa province, il poursuivit dans l'ombre ses patientes recherches, tandis que les feux de l'actualité littéraire étaient braqués complaisamment sur de tristes vedettes, truands, homosexuels ou filles de joie en mal d'écriture. L'un des rares contacts que le commandant Grand eut avec le monde des « gendelettres » fut assez décevant et il le contait avec humour.

En juillet 1947, l'auteur de *L'Histoire d'Arbois,* alors

conservateur de la maison familiale de Pasteur, eut l'honneur de recevoir à sa table deux académiciens. D'une part son ami Louis Pasteur-Valéry-Radot, qui venait d'être récemment élu Quai Conti, et le romancier François Mauriac.

J'étais très flatté, nous raconta-t-il, d'accueillir chez moi deux aussi illustres personnages, mais encore moins que ma cousine, très « vieille-France », qui tenait la place de ma mère disparue, encadrée par les deux académiciens. A quatre-vingt-sept ans, elle ne manquait aucun de leurs propos et ne perdait pas une bouchée. Tandis que Louis et moi mangions et buvions ferme, bruyamment, Mauriac touchait à tout du bout des dents, laissant tomber des paroles distantes. Le menu était pourtant de qualité : potage velouté, quiche lorraine, truite meunière... Quant aux vins d'accompagnement, j'avais choisi un grave de Pau 1900, un vin jaune 1911, un rouge d'Arbois 1893, un vin de paille 1811 et enfin, pour clôturer le dîner en apothéose, un vin jaune... 1774 !

Lorsqu'arriva le tour du 1774, Louis Pasteur-Valéry-Radot et moi quittâmes la table avec solennité pour l'aller quérir dans ma cave. En remontant, Louis, qui le portait sur sa serviette comme un saint-sacrement, annonça le millésime... Dans le silence respectueux qui salua le vin dont le père de mon arrière-grand-père avait taillé le cep sous Louis XV, cueilli la grappe sous Louis XVI et que son fils avait mis en bouteille sous la Révolution, François Mauriac fit cette réflexion : « C'est bien facile de donner une étiquette, j'en ai tant vu qui mentent. » Interloqué et sans doute outré, Louis répondit brutalement : « Non mon cher confrère ! Pas ici ! Pas dans cette maison ! »

La Croix du Dam.

A Poligny, étape suivante de notre randonnée, le médecin vétérinaire Georges Curasson, qui fut longtemps maire de cette ville, était lui aussi féru d'histoire locale. Il y a quelques années, lorsque je résidais dans cette très vieille cité parée du titre de « capitale du gruyère de Comté », il eut souvent l'occasion de m'entretenir de ses déboires avec les éditeurs qui refusaient de publier le livre qu'il venait d'achever, *Si Poligny m'était conté*. C'est par lui que j'appris l'origine du monument qui surmonte la falaise dominant la ville, la gigantesque Croix du Dam que l'on aperçoit de très loin en arrivant par la route Paris-Genève.

On a beaucoup écrit sur le mystère de cette imposante croix métallique et sur l'orthographe du mot « Dam » qui se prononce ici « dent ». Certains font remonter ses origines à Anne de Bretagne, d'autres plus loin encore. Georges Curasson pensait qu'elle avait été élevée au début du XVIIIe siècle par la famille très pieuse d'un jeune homme qui venait d'être condamné aux galères pour viol et meurtre. Afin de racheter les fautes de ce fils indigne, ses parents fortunés avaient dédié cette construction à la mémoire des victimes et aussi du criminel mort sous les coups des gardes-chiourme. C'est la raison pour laquelle le monument ne porte aucune inscription et que, dans les archives locales, il n'est nulle part fait état de son édification. Avec le temps, le nom de « Croix du Damné » est devenu par altération « Croix du Dam »

Il y a une cinquantaine d'années, deux gais lurons polinois eurent l'idée de faire en ce haut lieu une farce macabre qui mit la population en émoi pendant toute une matinée. Durant la nuit, nos deux compères montèrent jusqu'au sommet de la falaise en empruntant le petit sentier abrupt qui suit pendant un certain temps le tracé d'une antique voie romaine encore bien conservée. Sur place, les deux jeunes gens confectionnèrent, à l'aide d'un bleu de travail rembourré de paille, d'une paire de godillots et d'une casquette surmontant un masque de Carnaval, un splendide mannequin qu'ils fixèrent par une corde à la Croix du Dam. Puis ils redescendirent tranquillement dans la vallée en évitant de se faire remarquer.

Le lendemain à l'aube, lorsque la brume matinale se fut dissipée, on aperçut depuis Poligny la silhouette sinistre qui se balançait dans le vent. Aussitôt, la nouvelle se répandit comme une traînée de poudre : « Il y a un pendu à la Croix du Dam ! » Toute la population de la ville, le nez en l'air, s'efforça, à l'œil nu ou à la jumelle, de mettre un nom sur la face en carton du mannequin : « C'est Untel... Non, il est plus gros... C'est Machin... Non, il est plus petit... » Ces suppositions durèrent jusqu'à ce que les gendarmes alertés grimpent au sommet du rocher et découvrent la supercherie. Comme ils risquaient une amende pour injure à la maréchaussée, ce ne fut qu'une dizaine d'années plus tard, alors qu'il y avait prescription, que les coupables, deux honorables personnalités locales, se démasquèrent.

Les bons médecins de Poligny.

Eminent professeur de l'Ecole vétérinaire, le docteur Georges Curasson fut envoyé à l'étranger à plusieurs reprises au cours de sa carrière, pour combattre des épidémies qui décimaient les bovins et les ovins. Il mit au point de nouveaux vaccins qui sauvèrent le cheptel de nombreux pays, notamment en Afrique et en Amérique du Sud. Aujourd'hui, un institut sénégalais porte son nom et dans le monde beaucoup de traités font référence à ses travaux.

Georges Curasson ne fut pas le seul Polinois à s'illustrer dans la branche médicale. La ville vit naître au XVe siècle Jean Voignon (ou Jean de Saint-Lothain), recteur de l'Université, doyen de la Faculté de Médecine de Paris qui devint médecin de Jean Sans Peur et aussi de Charles VI. Jean de Poligny, neveu du précédent, fut un chirurgien réputé de même que Jean et Etienne Saule qui furent respectivement médecins de Charles le Téméraire et de Charles VII. Le plus connu de tous pourtant reste Jacques Coytier qui naquit en 1440 dans le quartier où se dresse la belle église romane de Mouthier-Vieillard. Celui-ci devint barbier-chirurgien puis conseiller du roi Louis XI qui fit sa fortune.

A cette époque, la profession médicale tenait à la fois de la psychiatrie, de la diététique mais surtout de l'art de ne pas déplaire aux illustres patients. Parlant de Louis XI, Philippe de Commynes a écrit : « Six docteurs médecins servent à visiter la personne et la santé du prince. Leur rôle, quand le roi est à table est le suivant : iceux sont derrière le banc et voient de quoi et de quels mets et viandes lui sont plus profitables ; en outre, ils ont accès à toute heure à sa chambre. »

Praticien obscur à ses débuts, Jacques Coytier fut un astucieux analyste du tempérament de son maître. On a beaucoup écrit sur les causes physiques qui furent à l'origine des « humeurs » qui conduisirent le roi jusqu'au crime. Ce qu'on sait moins, c'est que l'esprit du monarque n'était pas toujours de teinte grise. Qu'il devenait à l'occasion gourmand et paillard. En effet, hors les périodes où les clercs lui prescrivaient le jeûne, il aimait les pâtés de viande et le vin. En se rendant au conseil, il lui arrivait même de fredonner après boire :

En baisant ma mie
J'ai cueilli la fleur,
La cuisse bien faite,
Le téton bien rond.

Lorsqu'en 1481, près de Chinon, Louis XI fut victime d'une attaque et demeura pendant deux heures sur une paillasse avec toutes les apparences de la mort, Coytier, qui avait obtenu de son maître de nombreuses charges et prébendes, ne quitta pas son chevet. Très affaibli par les saignées et les lavements, le roi s'enferma dans son château de Plessis-le-Parc. Un chroniqueur d'alors relate que lui furent faites « de terribles et merveilleuses médecines ». Parmi les « terribles » sans doute faut-il comprendre le sang tiré du corps de plusieurs enfants mâles, sang qui devait corriger « l'âcreté » de celui du monarque. Pour distraire celui-ci, Jacques Coytier eut l'idée d'organiser dans sa chambre des courses de souris et de rats contre lesquels on lâchait ensuite les chiens. Mais ces pratiques étranges ne furent pas les seules employées pour guérir Louis XI. Le Polinois eut recours bien souvent à la sorcellerie et à l'envoûtement. Il avait pris un tel ascendant sur son illustre patient que Philippe de Commynes, qui était pourtant l'ami de Coytier, remarqua : « Ledit médecin est si rude qu'on ne dirait point à un valet les outrageuses et rudes paroles qu'il dit au roi. »

Un jour, le souverain fut pourtant lassé de la tyrannie que son barbier exerçait sur lui. Il donna l'ordre à son prévôt de l'en débarrasser secrètement. Prévenu par l'officier qui croyait en son pouvoir maléfique, Coytier affirma que si on l'emprisonnait ou le tuait, le roi ne survivrait pas plus de quatre jours. La menace fut rapportée à Louis XI qui se garda bien d'attenter à la liberté et à la vie du sorcier.

La réputation de la médecine polinoise fut très grande jusqu'au milieu du XVIIIe siècle, de même que les médicaments fabriqués par les apothicaires locaux avec des moyens simples à base de plantes, ressemblant à ceux de la pharmacopée chinoise actuelle. On utilisait de la pommade pour hémorragies, de l'onguent jaune pour les abcès, aussi de la poudre à faire de l'eau par les yeux contre les maux de tête. Quant aux pilules, on en fabriquait un grand nombre qui étaient vendues dans toute la France et à l'étranger. Elles faisaient merveille si l'on en croit la lettre d'un patient atteint d'une crise de goutte qui écrivait à un ami, le 5 novembre 1743 : « Cette médecine m'a fait aller quinze fois, sçavoir trois fois avant le bouillon et douze fois après ; dont la dernière fois fut à 10 heures du soir, la médecine ayant été prise à 7 heures du matin. Ce fut sans trancheis (abattement) et sans étreinte, mais avec langueur... » Ah ! on savait s'étudier en ce temps-là !

La grande peste de 1636.

Malgré toute leur science, les médecins et apothicaires polinois furent cependant impuissants lorsque la terrible peste de 1636 s'abattit sur leur ville. L'épidémie, qui avait commencé à sévir dans la principauté de Montbéliard, gagna rapidement toute la Franche-Comté et la Suisse par les voies de grande communication. Poligny fut atteint cette année-là dès le début du printemps.

Aussitôt que la peste éclata, la cité prit un aspect lugubre. Les échevins, les officiers du bailliage et les bourgeois se mirent à fuir avec leurs familles vers les villages voisins. Seul parmi les notables, le maire resta à son poste ainsi qu'un vicaire nommé par le doyen du chapitre pour entendre les confessions et assister aux inhumations. La corporation des barbiers désigna deux de ses membres pour soigner les « pestilcutieux ». Le maire, investi de l'autorité suprême, eut droit de vie et de mort sur tous les habitants. Il se hâta de faire expulser les étrangers, les vagabonds.

Dès qu'une personne avait connaissance d'un « cas de peste ou de quelque autre chaulde maladie », elle devait en faire déclaration dans les quatre heures sous peine de bannissement. Les pestiférés étaient aussitôt « barrés » dans leurs maisons avec des poutres et des planches clouées sur les portes et les fenêtres. Certains refusèrent d'obéir à cet édit draconien, tel Hugues Delacroix qui cacha jusqu'à la fin la maladie de ses enfants et les enterra dans sa cave.

Il fut difficile de se nourrir pendant l'épidémie car toutes les boutiques étaient fermées. Des gens se laissèrent mourir de faim dans la crainte que la nourriture ne fût contaminée. Pendant des semaines, à travers les rues désertes, on ne vit plus passer que les soldats du guet, les nettoyeurs, les parfumeurs armés de longs bâtons blancs surmontés de grelots, les barbiers coiffés de chapeaux rouges, et les enterreurs escortant des charrettes pleines de morts. Comme pour accentuer encore cet aspect de désolation, à longueur de journée on ne cessa d'entendre les cloches des églises et couvents de la ville qui sonnaient pour les trépassés.

Pour tenter d'endiguer ce terrible fléau, les médecins polinois employèrent deux sortes de remèdes. D'abord des moyens préventifs sous forme de pilules composées d'aloès, de myrrhe, de safran et de soufre. Puis des moyens curatifs tels que lavements, saignées et sudations. On eut recours aussi à des pratiques qui relevaient plus du charlatanisme que de la médecine telles que le port de crapauds séchés ou le fait de s'enduire le corps avec de la graisse de loup dont l'odeur forte devait chasser les miasmes.

Malgré cela, la peste prit une telle extension à Poligny qu'en septembre 1636 on ne comptait plus que douze maisons non touchées. Craignant pour sa propre vie, le maire abandonna la ville à son tour. Celle-ci devint aussitôt la proie des nettoyeurs qui s'installèrent dans les plus beaux immeubles en y menant une vie de beuverie et de débauche en l'absence de toute force de police. En effet, avant de s'enfuir, « le mayeur n'avait remis à personne l'autorité de sa charge ».

Presque tous les villages voisins furent également contaminés et les survivants les abandonnèrent pour gagner les rives plus clémentes du lac Léman, car déjà un autre danger les menaçait : l'invasion des « Gris ». Il s'agissait des mercenaires suédois et allemands de l'armée française commandée par le sinistre duc de Saxe-Weimar. Un peu partout en Franche-Comté, après plus de trois siècles, on raconte encore les horreurs de cette guerre de Trente Ans qui laissa la province exsangue et dépeuplée. Voilà en quels termes un voyageur rapporta à l'époque ce qu'il avait vu :

Toutes les vignes, champs et prés sont laissés en friches à cause qu'il n'y a si osé que de sortir des bois et de travailler en campagne. La famine devient si grande que non seulement les paysans et le menu peuple ne vivent plus que d'herbes et de racines, ce qui les rend décharnés, jaunâtres et plus semblables aux morts qu'aux vivants. Les chiens, les chats, les rats sont des délicatesses ; les avortons de vaches, de juments, les charognes des régals. Cela se vend comme on fait le mouton à la foire. Bien plus, on se met à manger la chair humaine. A déterrer les morts, à en tuer d'autres, à entrer même dans les loges des pestiférés. Bref, on fait état en ce pays qu'on a mangé plus de cent corps humains durant ces malheurs. D'autres se sont servis longtemps de graisse humaine pour cuire des herbes sauvages...

Après ces trois fléaux, peste, invasion, famine, la Franche-Comté devint française et, malgré ses morts et ses ruines, la province martyre recommença à vivre. Lucien Febvre a fort bien décrit la façon dont les choses se passèrent alors : « Nombre de familles étaient éteintes, beaucoup de successions vacantes, une foule de terres sans maître. Les paysans qui reprirent la charrue ne connaissaient plus les limites des héritages. Ils labourèrent au hasard sans suivre de bornes. On eût dit une île sauvage nouvellement découverte où tout était au premier occupant. »

La « contotte » du père Mayet.

Je m'en voudrais de quitter Poligny sur ces tristes souvenirs, d'autant que cette ville, où j'ai vécu trois ans, est une des plus attachantes du Jura. Je ne parlerai pas à présent du fromage de Comté qui fait aujourd'hui sa prospérité, me réservant d'évoquer sa fabrication lorsque j'aborderai le premier plateau. Par contre, je vanterai la qualité de son vin, issu du vieux caveau des Jacobins, qui est l'un des meilleurs crus de la région.

Il faut avoir habité un pays de vigne pour savoir de quelle jovialité est faite la vie comparée à celle des habitants du Haut-Pays. Ici, malgré la dureté des travaux quotidiens aux flancs des coteaux abrupts, on ne songe qu'à plaisanter, qu'à raconter des histoires vraies ou inventées qu'on appelle dans ce canton des « contottes ». Ecoutez plutôt celle du père Mayet qu'on ne manquera pas de vous narrer si vous avez la chance d'être invité, un matin, par un vigneron pour partager, à la cave, assis sur un tonneau, son petit déjeuner composé d'andouillettes, d'une copieuse omelette au lard, d'un morceau de Comté, le tout arrosé bien sûr d'un petit blanc 76 au délicieux bouquet.

C'était en 1860, racontait le père Mayet en débouchant une bouteille. *Une fameuse année ! A la veille des vendanges, je me dis : « Jamais tu ne t'en tireras sans Hyacinthe qui fait son congé* [1]. *Le fils avait tiré un mauvais numéro* [2], *comme cavalier de 1re classe à la garde impériale. Pensez donc, vingt « œuvrés »* [3] *de vigne, deux « bosses » à l'œuvrée ! On n'avait jamais vu ça !*

Alors, je ne fais ni une ni deux. Je pars pour Paris, je débarque, je vais droit au château de l'Empereur. Bon ! Devant une grande porte cochère, un factionnaire en shako, épaulettes et pompons, me barre la route. Je lui dis : « Pardon militaire, il faut que je voye l'Empereur. C'est pressé. Je lui porte une bouteille de poulsard [4] *et une de savagnin* [5] *tout ce qu'il y a de meilleur ! »*

Ça traînait, on me faisait attendre. Enfin, on me fait conduire dans une grande chambre dorée, avec des chaises dorées et des meubles tout en or ! L'Empereur et sa femme étaient là. L'Empereur souriait en se caressant la barbiche. Je fais le salut militaire et je dis : « Bonjour mon Empereur ! Voilà, je suis le père Mayet, vigneron. C'est bientôt les vendanges à Poligny. Alors, j'ai besoin de mon garçon, Hyacinthe, qui est cavalier de 1re classe au 3e escadron. Faudrait lui accorder une permission, rapport aux vendanges. Vous le connaissez, mon fils...

– Hyacinthe Mayet ? qu'il me répond. Parbleu, c'est mon meilleur soldat. Et c'est vous son père ?... Permission de trente jours accordée, brave ! Asseyez-vous là... Eugénie, rince deux verres, on va boire la goutte !

Un trésor était caché dedans.

Parmi les villages essaimés au bord des falaises du « Bon Pays », qui forment une guirlande rousse et or sur le versant du

1. Autrefois le service militaire.
2. A l'époque, les jeunes gens tiraient au sort un numéro qui les exemptait ou non de partir à l'armée.
3. Ancienne mesure de surface indiquant la quantité de terrain qu'un homme pouvait travailler en un jour.
4. et 5. Cépages jurassiens.

premier plateau, Château-Chalon est aujourd'hui le plus vivant. Sous l'impulsion d'un jeune maire vigneron, cette localité est redevenue aussi prospère qu'autrefois. Au sommet de son rocher d'où il domine les plaines brumeuses de la Bresse, le petit bourg attire chaque année des milliers de touristes qui viennent admirer ses vieilles maisons, son église et son impressionnant panorama. Tous les étés, à la fin du mois de juillet, les Castel-Chalonnais troquent durant quelques soirées leurs vêtements d'hommes, de femmes du XXe siècle, pour revêtir les capes, les pourpoints et les robes de velours des temps anciens où leur village faisait encore partie de l'immense empire de Philippe IV, roi d'Espagne et des Indes. Ce spectacle « son et lumière » animé par plus de cent acteurs bénévoles est le plus réussi de toute la région. C'est une façon très plaisante de découvrir à la fois l'histoire et l'âme des habitants de ce pays.

Comme toutes les localités voisines, Château-Chalon connut dans son passé les horreurs et les dévastations des guerres qui ravagèrent la terre comtoise. C'était autrefois le siège d'une abbaye célèbre dont les murailles crénelées protégeaient une très riche communauté de religieuses. Pour y être admises, celles-ci devaient faire preuve d'au moins quinze quartiers de noblesse. La légende prétend pourtant qu'au Moyen Age, la vie des abbesses n'était pas des plus édifiantes et qu'elles recevaient à leur table de nombreux gentilshommes de passage. Pour les beaux yeux d'un fringant chevalier, l'une d'elles aurait même inventé le beignet soufflé qui est désigné, dans l'histoire culinaire régionale, sous la dénomination irrévérencieuse de « pet de nonne ».

Les invasions successives furent à l'origine de la destruction du couvent dont il reste aujourd'hui peu de traces. La fortune considérable des abbesses ne fut jamais retrouvée et on raconte qu'elle serait murée dans l'un des nombreux souterrains creusés sous Château-Chalon. Depuis des générations, ce fabuleux trésor fait rêver les habitants du village. Il fut même, comme dans la fable, à l'origine d'une découverte qui eut des conséquences inespérées sur le plan vinicole.

En sondant les voûtes de sa cave, un vigneron trouva, au

début du XVIIIe siècle, un tonneau de vin qu'un de ses ancêtres avait caché dans la muraille pour le soustraire aux pillards. Croyant qu'avec le temps le foudre oublié avait tourné au vinaigre, notre homme but avec prudence une première gorgée. Miracle ! Le vin s'était transformé en une liqueur ambrée, bouquetée, à l'arôme puissant et subtil. Le Château-Chalon était né !

De nos jours, les vignerons du village appliquent à leurs fûts la méthode de vieillissement découverte accidentellement par l'un d'eux et fabriquent ce vin jaune d'une qualité si exceptionnelle qu'il est connu depuis longtemps hors des limites du Jura. C'est ainsi que lorsque le prince de Metternich vint négocier le mariage de l'Empereur avec Marie-Louise, il apporta dans ses bagages plusieurs bouteilles de Johannisberg qu'il offrit à son hôte. Comme Napoléon en faisait l'éloge, le prince répondit : « Sire, vous avez en France un vin qui le surpasse. » L'Empereur, qui on le sait n'avait rien d'un gastronome, fut très surpris et demanda : « Dites-moi lequel que j'en fasse quérir sur-le-champ ! »

– « C'est le Château-Chalon, sire. » Et c'est pourquoi, la confrontation ayant été à l'avantage du cru jurassien, celui-ci figura désormais en bonne place sur la table impériale.

Vieux village vigneron, Château-Chalon perpétue aussi une très ancienne tradition qui remonterait aux premiers temps de l'ère chrétienne. Il s'agit des « fayes » que petits et grands tournent avec entrain durant la nuit de Noël. Ce sont des torches enflammées brandies à bout de bras dont le tourbillon fantastique illumine le sommet de la montagne et que les gens d'en bas regardent avec émerveillement. Lorsque la neige recouvre les flancs du Revermont, c'est un des plus beaux spectacles auxquels on puisse assister.

L'histoire de dom Juan de Watteville.

Tout près de Château-Chalon se trouve l'un des sites les plus grandioses du Jura, la reculée de Baume-les-Messieurs. Il s'agit d'une longue vallée encaissée entre deux falaises calcaires aux bords ourlés de buis et de genévriers qui dominent dans un à-pic de deux cents mètres un minuscule torrent. Dans le fond de cette dépression née des convulsions géologiques des temps primitifs, la montagne est trouée par des grottes d'une étonnante beauté où les visiteurs découvrent, non sans surprise, toutes les fantaisies que l'érosion du secondaire et les plissements du tertiaire ont modelé dans la roche.

Mais la reculée de Baume-les-Messieurs n'attire pas seulement les touristes pour ses curiosités naturelles. Depuis longtemps, on vient y visiter sa remarquable abbaye fondée au VIIe siècle. Au siècle suivant, Baume-les-Moines devint un centre intellectuel renommé d'où partit le comte de Bernon, qui allait devenir le fondateur et premier abbé de Cluny. Ravagée plusieurs fois par les invasions, l'abbaye a été heureusement relevée de ses ruines. Ses constructions qui s'échelonnent du XIIIe au XVe siècle, constituent un des ensembles monastiques les plus complets de France. Des peintres, des artistes et l'écrivain Pierre Gascar y ont trouvé un lieu de méditation et de travail.

Autour de l'abbaye, le vieux village de Baume-les-Messieurs mérite une visite pédestre, ne serait-ce que pour découvrir ses solides maisons de pierre grise aux toits de lave. Un architecte a calculé que les charpentes de ces maisons, qui ont près de quatre cents ans, supportaient plus d'une tonne de pierre au mètre carré. Qu'on en juge, puisque la technique de l'époque consistait à recouvrir d'abord d'un lit de terre le lattis de troncs de châtaigniers posé sur la charpente avant d'y ajuster les pierres taillées. Qu'en sera-t-il dans quatre siècles des toits de nos constructions modernes ? Il est fort probable qu'on ne les regardera pas avec la même curiosité, s'ils existent encore...

Les amateurs d'histoire et de légendes viennent aussi chaque été à Baume-les-Messieurs pour y retrouver la trace d'un personnage extraordinaire, digne du plus délirant roman de cape et d'épée : l'abbé Dom Juan de Watteville. C'est Saint-Simon qui a le premier parlé de ce singulier aventurier dans ses *Mémoires,* mais sa biographie mériterait plusieurs volumes. Issu de la branche comtoise d'une puissante famille bernoise,

Jean de Watteville vit le jour à Milan en 1618. Il embrassa d'abord la carrière des armes mais dut s'exiler après avoir tué en duel un grand d'Espagne ce qui l'obligea à entrer dans les ordres. De sa vie militaire, le chartreux de Bonlieu avait conservé le goût des jolies filles, c'est pourquoi il faisait souvent le mur, la nuit, pour aller retrouver les belles du voisinage. Surpris par le prieur, Watteville lui porta plusieurs coups de couteau au ventre et prit le large. Quelques années après, à Madrid, le moine défroqué eut un nouveau duel pour les beaux yeux d'une couventine qu'il enleva à sa famille avant de s'embarquer avec elle pour Smyrne. Traqué par la police du roi d'Espagne, le bel aventurier gagna Constantinople et alla proposer ses services au Sultan qui lui confia le commandement d'une armée.

Ici se place un épisode étonnant : l'ancien chartreux abjure le christianisme, se fait circoncire et devient mahométan ! Nommé gouverneur de Morée, il passe plusieurs années sous le turban, entouré d'un harem amplement garni. Puis, ayant le mal du pays, il s'abouche avec la République de Venise qu'il a reçu mission de combattre. Pour prix de sa trahison, il demande au pape l'absolution de ses crimes passés et la charge d'abbé de Baume-les-Messieurs. Ce marché étant conclu à l'issue de nombreuses tractations, le moine-pacha livre les places fortes de Morée aux Vénitiens et s'embarque pour l'Europe. Après une existence aussi mouvementée, le nouvel abbé ne pouvait pas finir ses jours sous la paisible cape d'un religieux. Devenu maître des requêtes au Parlement de Dole, il comprend que la Franche-Comté n'en a plus pour très longtemps à être indépendante et que l'Espagne sera impuissante à endiguer les visées hégémonistes de la France. Il prend des contacts avec Berne et négocie une ligue défensive. Sa grande idée est de faire entrer la province comtoise dans la Confédération des cantons helvétiques. Mais les pourparlers traînent en longueur et échouent. Dom Juan de Watteville se rallie alors à Louis XIV qui lui laissera pour prix de ses services, lors de la conquête de 1674, tous ses biens, dignités et privilèges. Et c'est dans le calme retrouvé de l'abbaye de Baume que l'abbé aventurier coulera les dernières années de sa vie avant de s'éteindre, à l'âge de quatre-vingt-quatre ans, le 4 janvier 1702.

Des générations d'historiens régionaux ont, depuis deux siècles, tenté de démêler le vrai du faux dans cette extraordinaire destinée dont tous les mémorialistes du XVIIIe siècle, Pellisson, Dangeau, Saint-Simon, ont donné la même version. Aujourd'hui, en vous montrant « les Echelles de Crançot », qui permettent de gagner le fond de la reculée de Baume, dans une descente impressionnante, les gens de la région vous raconteront comment l'abbé de Watteville avait fait tailler cet escalier dans le rocher en remplacement des véritables échelles qu'on utilisait jusqu'alors. Lorsque vint le jour de l'inauguration, en voyant ses religieux prendre mille précautions pour ne pas glisser sur les degrés abrupts, l'ancien pacha enfourcha sa mule et, couvrant d'injures les poltrons, lui fit descendre les marches sous les yeux effrayés de ses ouailles.

La falaise des faucons.

Déjà, au Moyen Age, les paysans de la vallée ne craignaient pas le vertige. Pour capturer les faucons, nombreux à nicher dans les anfractuosités des rochers, ils se laissaient glisser au bout d'une corde depuis le bord du gouffre. Les comtes de Bourgogne payaient en effet très cher ces rapaces qu'ils dressaient ensuite pour la chasse. On pratiquait aussi dans la reculée et sur les flancs de tout le Revermont la « passe au filet ». Sous l'ancien régime, les seigneurs affermaient cette pratique, en réservant « faucons, lannerets, tircelets et lannies et tous aultres oyseals de lurre ».

Pour les perdrix et les bécasses, les filets étaient disposés comme les deux panneaux d'une porte entrouverte, qu'une corde, « la tirasse », permettait de rabattre sur les oiseaux. Afin d'attirer ce gibier à plumes, on gardait quelques proies vivantes qu'on attachait par des « empâtures » à un piquet et dont les pépiements finissaient par attirer les autres. Une fois pris dans les filets, les oiseaux étaient jetés dans des sacs après que les paysans (horrible détail) les eussent « dénuqués » d'un coup de dent.

La cruelle pratique de la fauconnerie ayant disparu au cours des siècles, ces rapaces continuèrent à nicher dans l'une des falaises de la reculée de Baume-les-Messieurs et à s'y reproduire jusqu'à nos jours, protégés par des Jurassiens passionnés d'ornithologie. Il y a quatre ou cinq ans cependant, ces amis de la nature furent alertés par les étranges allées et venues d'automobilistes allemands autour des nids de faucons pèlerins. Ils comprirent vite qu'il s'agissait de braconniers. Ceux-ci étaient dotés d'un attirail d'oiseleurs impressionnant et également de postes émetteurs radio portatifs. Ces gens sans scrupule agissaient pour le compte de certains émirs du pétrole chassant encore avec des oiseaux de haut vol dans les déserts d'Arabie et qui paient très cher pour satisfaire leur passion moyenâgeuse.

A partir de cet instant, durant tout le temps de la nidification et de la couvaison, les amis jurassiens des oiseaux montèrent jour et nuit une garde vigilante au pied de la falaise. Ils durent même faire le coup de poing pour éloigner les pirates. Depuis, fort heureusement, une loi protège les faucons des prédateurs humains et la petite colonie nichée au flanc de la reculée de Baume ne cesse de s'agrandir.

Du sang de roi sur un nom.

Ce nom de Watteville, entouré de tant d'extravagance et de mystère, nous en entendrons parler bientôt dans une autre vallée puisque les descendants de l'illustre famille comtoise sont de nos jours propriétaires du château du Pin. Pour accéder à cette belle demeure féodale, on peut prendre un raccourci à travers le bois de Ronnay. C'est cet itinéraire qu'emprunta Rousset au siècle dernier, lorsqu'il fit, dans une clairière, une rencontre insolite qui l'impressionna. Il découvrit en effet une chaumière au milieu de la forêt et, s'y étant arrêté pour demander son chemin, il y fut accueilli par un vieillard à l'air taciturne et une pauvresse en haillons. Ayant engagé la conversation avec l'homme, il s'entendit répondre : « Tels que vous nous voyez, monsieur, nous sommes nobles... » Comme le promeneur s'étonnait, son hôte expliqua qu'il était un descendant de François Ravaillac, l'assassin de Henri IV. Après l'attentat de la rue de la Ferronnerie, le Parlement avait condamné le régicide à « avoir la main droite tranchée, tenant le couteau parricide, à être écartelé, à avoir les membres réduits en cendres et les cendres jetées au vent... » Dans le même arrêt, il était ordonné : « La maison où il est né sera démolie, son père, sa mère quitteront le royaume avec défense d'y revenir sous peine d'être pendus. Il est défendu à ses frères, sœurs, oncles et cousins de porter désormais le nom de « Ravaillac ». »

Où pouvaient se réfugier ces pauvres gens pour échapper aux persécutions, sinon dans un pays où le nom d'Henri IV était haï ? C'est ainsi que dans les années qui suivirent 1610, les parents de Ravaillac quittèrent Angoulême, berceau de la famille, et gagnèrent la Franche-Comté. Ils s'installèrent au milieu de la forêt de Ronnay et transformèrent leur nom en ceux de Ravaillard ou Ravoyard. Pendant plus d'un siècle les proscrits vécurent dans les bois, dans le plus total isolement en n'ayant que peu de contacts avec les autres habitants. Cette réclusion n'expliquait pas toutefois l'anoblissement dont se parait le vieillard, c'est pourquoi Rousset demanda d'autres précisions : « Parfaitement, monsieur, répéta le pauvre hère, nous sommes nobles, parce qu'il y a du sang de roi sur notre nom !... »

Etrange coïncidence de l'histoire, Henri IV aurait séjourné au château du Pin, à quelques kilomètres de là, durant l'une de ses campagnes en Franche-Comté. Il y aurait même oublié une de ses bottes. Véritable forteresse défendant la route du sel, le domaine appartint au Moyen Age à la famille des sires de Vaudrey dont les bannières portaient cette fière devise : « J'ai valu, je vaux, je vaudray ! »

Après la conquête de la province par Louis XIV, un grand nombre de places fortes furent rasées par les vainqueurs qui redoutaient l'esprit de revanche des Comtois. Le château du Pin échappa à la destruction, sans doute à l'initiative de l'abbé de Baume-les-Messieurs. C'est aujourd'hui, grâce aux restaurations intelligentes menées successivement, depuis 1923, par les barons Charles et Carlos de Watteville, l'un des plus beaux monuments du Jura avec son imposant donjon carré, son enceinte fortifiée et ses salles ombreuses tout imprégnées d'histoire.

Comme tout château qui se respecte, celui du Pin posséderait à la fois un fantôme et un trésor caché. Tous les ans, le spectre d'un maçon mort en tombant d'un échafaudage apparaîtrait sur le chemin de ronde, au mois d'août, date anniversaire de l'accident. Quant au trésor, il se composerait de coffres emplis de doublons d'Espagne et de plusieurs toiles de Velasquez que les anciens propriétaires auraient fait emmurer quelque part dans l'immense demeure avant l'invasion française.

Paix ! Paix ! Grenouilles, paix !

Au Moyen Age, il existait également tout près de là une autre forteresse imposante, celle de Garde-Chemin qui surveillait aussi la route stratégique du sel et dominait un gros village aujourd'hui totalement disparu, appelé Montanoisel. Le seigneur de ce domaine était, paraît-il, cruel et fort exigeant avec ses serfs. On a peine à imaginer de quelles servitudes les malheureux manants étaient accablés à cette époque. Renaudon, dans son fameux traité des droits seigneuriaux, ne cite pas moins de quatre-vingt-sept services différents que la basse classe devait rendre à ses maîtres.

Parmi ces corvées, il en était de fort curieuses à Garde-Chemin. Chaque fois qu'il lui prenait envie de se laver, le seigneur faisait quérir par ses archers une fille nubile du village qui devait participer aux étuves, le laver et oindre son corps de graisses odoriférantes ou de parfums. A date fixe, certains couples devaient passer une journée et une nuit entière dans la chapelle en ne cessant pas un seul instant de prier, de se lamenter en versant des larmes sur les tombeaux des défunts parents de leur maître.

Il existait aussi une corvée qui consistait à battre durant la nuit les douves du château pour empêcher les grenouilles de coasser afin de ne pas troubler le sommeil des occupants. On rapporte qu'à Garde-Chemin les paysans malicieux faisaient autant de bruit que les batraciens en chantant interminablement cette litanie :

Pâ! Pâ! Renottes, pâ!
Pou not'seigneu
Que Dieu gâ en son soum [1]*!*

Les grenouilles, elles pullulent de nos jours, dans toute la région voisine de Bletterans, parsemée de dizaines d'étangs. Les amateurs d'émotions ne manquent jamais de participer, au moment du frai, à cette très vieille manifestation du folklore de la Bresse jurassienne : la pêche à la lanterne.

Il y a d'abord l'attrait des préparatifs mystérieux, puis ceux du départ, à quatre ou cinq personnes, par une nuit sans lune, à travers les pâtis embrumés. Il y a aussi ce parfum d'aventure né du danger qu'il faut affronter en narguant les gardes fédéraux qui établissent des planques ou patrouillent dans les chemins creux. On ne risque plus comme autrefois du temps des seigneurs la bastonnade en place publique, mais une lourde amende si l'on est pris. Car la pêche à la lanterne est interdite. Même s'il s'agit d'une tradition séculaire, il vaut mieux ne pas se faire pincer. Il arrive que parfois, en entendant un bruit insolite derrière un buisson, la petite troupe s'immobilise et retienne son souffle, ou qu'elle se mette à détaler au grand galop en croyant apercevoir les képis alors qu'il ne s'agit souvent que d'une ombre. Cela donne du piquant à ce sport et rappelle à beaucoup de ceux qui le pratiquent le temps des parachutages clandestins durant la dernière guerre. A cette

1. Paix ! Paix ! Grenouilles, paix ! Pour notre seigneur Que Dieu garde en son sommeil !

époque, on n'encourait pas de procès-verbaux mais des rafales de mitraillettes, lorsqu'on était surpris à « traquer »[1] à travers champs durant les nuits sans lune.

Enfin, c'est l'arrivée au bord de l'étang où l'on pénètre en bottes, prudemment, jusqu'à mi-mollets. Les lampes s'allument une à une et balaient de leurs faisceaux les berges envahies de joncs. Les grenouilles sont là, tapies entre les herbes, le museau à fleur d'eau, leurs gros yeux éblouis par la lumière artificielle. Hop ! Hop ! les mains se tendent et les batraciens sont enfournés prestement dans la gueule des sacs qui s'alourdissent au fur et à mesure que s'égrènent les heures de la nuit aux clochers des villages lointains.

Après ces longs instants de suspense et d'excitation, comme on apprécie, le lendemain, les fricassées de cuisses au beurre et le fumet de la persillade ! Car ces grenouilles braconnées ont, croyez-moi, une autre saveur que celles qu'on vous sert au menu de certaines auberges huppées, et qui arrivent congelées des pays balkaniques.

Tous ces étangs que l'on domine depuis les villages proches du Revermont sont souvent illuminés, durant les soirées chaudes de l'été, par des clartés fugitives et mouvantes qui s'égaillent à travers la campagne. A cette époque, ce n'est pas le temps de la pêche à la lanterne, c'est pourquoi les gardes sont indifférents à ces phénomènes. Il s'agit des feux follets nés des fermentations de la vase. Il est fort impressionnant de voir dans l'obscurité ces petites flammes qui vont et viennent au gré de la brise nocturne, qui sautent au revers des talus, suivent le creux des sillons comme si elles cherchaient quelque chose.

Autrefois, les anciens désignaient ces manifestations lumineuses sous le nom de « clâs ». Ce vieux mot du terroir signifiait lanterne des morts, appel d'une âme en détresse. On prétendait en effet que les âmes condamnées à errer ainsi jusqu'à la fin des temps étaient celles de certains trépassés coupables d'avoir déplacé les bornes de leurs propriétés. A une époque où le cadastre des terres était rudimentaire, certains paysans peu scrupuleux agrandissaient parfois d'un sillon ou deux leur

1. « Traquer » en langage franc-comtois, c'est aller et venir sans but.

champ en repoussant de quelques pieds les pierres carrées qui en marquaient les limites. Dans les « touches », il y avait souvent des contestations entre voisins, différends qui se réglaient parfois en justice ou le plus fréquemment par un échange de coups. En ce coin du Jura et de la Bresse toute proche, on racontait, lors des veillées, que ceux qui déplaçaient les bornes n'allaient ni au Paradis ni au Purgatoire, mais qu'ils étaient changés en " clâs ". Les feux follets inspiraient une telle frayeur superstitieuse que cette menace était plus dissuasive que la crainte d'un procès. On disait aussi que celui qui rencontrait un « clâs » devait s'agenouiller en plein champ, faire une prière et crier : « Arrête-toi à la touche, « clâs », j'abornerai ! » Si le feu follet s'immobilisait, il fallait marquer l'endroit avec un bâton et, le lendemain, remettre la borne en place. Le jour même, l'âme en détresse était sauvée pour l'éternité et pouvait entrer au paradis. Ainsi apprenait-on en ce temps-là, aux petits et aux grands, à respecter l'intégrité de la propriété foncière.

Le pays des « ventres jaunes ».

Cette région de Bletterans, au pied du Revermont, est attachante à plus d'un titre. Les traditions y sont demeurées très vivaces et si l'on brocarde souvent les habitants pour leur pingrerie, nul ne conteste qu'il s'agit de gens scrupuleusement honnêtes qui ont le respect de la parole donnée.

Pour illustrer leur réputation d'avarice, les Bletteranois qui n'hésitent pas à se moquer de leurs propres travers, vous raconteront cette courte histoire : un fermier d'un village voisin avait invité deux convives. Sa femme avait fait cuire UN œuf et priait les invités de se servir : « Mais tirez donc du jaune ! Tirez du blanc ! » Lorsque les visiteurs furent partis, la fermière déclara à sa voisine : « Ces gens de la ville, ça ne mange presque rien... Il en est resté... »

Quant à la loyauté des Jurassiens-Bressans, elle fut amplement démontrée pendant l'Occupation, au moment où avaient lieu dans cette région les nombreux atterrissages clandestins d'avions anglais dont j'ai évoqué la magnifique épopée dans mon livre *Les Maquis de Franche-Comté.* Malgré toutes les enquêtes, toutes les rafles de la Gestapo, jamais personne ne parla. Durant plus de deux ans, au vu et su de tous les habitants de la région, cet extraordinaire pont aérien entre la France et l'Angleterre put fonctionner à la barbe des Allemands.

Si pendant la dernière guerre les Parisiens pratiquèrent le « javanais », sorte de langage codé qui consistait à faire précéder chaque voyelle du mot « av », les gens du coin n'eurent aucun mal à s'exprimer librement en présence de l'ennemi. Le canton de Bletterans est en effet un des derniers refuges du patois jurassien. Il s'agit d'un dialecte très ancien, sans orthographe précise, un langage phonétique qui s'est transmis de génération en génération depuis la nuit des temps et qu'on parle encore de nos jours, presque exclusivement, dans bien des villages. Il y a quelques mois, je me trouvais à Chapelle-Voland, une petite bourgade où Daniel Vigne tournait une courte dramatique intitulée *Le Vieux Paul* que j'avais écrite pour la télévision. Nous avions recruté quelques figurants locaux parmi lesquels des cultivateurs et la receveuse buraliste. Comme je lui demandais pourquoi elle me parlait en français, alors qu'elle s'exprimait en patois avec ses compatriotes, elle me fit cette réponse surprenante : « Si je parlais français avec eux, ils penseraient que je fais des manières. » A ce sujet, tous les instituteurs de la région vous diront qu'en donnant leurs cours, ils ont l'impression d'apprendre une langue étrangère aux enfants. En famille, depuis leur naissance, ceux-ci ne parlent que patois. Ils vous raconteront aussi comment, lorsqu'une récréation devient trop turbulente, il suffit d'obliger les élèves à s'exprimer en français pour ramener le calme, les gosses étant pris alors d'une grande gêne et incapables de reprendre leurs jeux.

A titre d'exemple, j'ai emprunté à mon ami le journaliste Pierre Fernet la traduction en patois d'une fable très connue du bon La Fontaine, texte que je livre à votre sagacité et qui sera, si vous la déchiffrez, une approche de notre langue régionale :

J'é li dans kék ândré k'un mugney déjà d'âj ave son gachon ânco p'thyo s'an nalène vand' lot' ân' sèrten jo d'fwèr. Pou q'a feus pu froe, d' mwéyou'vant', on li lèyi lé pat' on l'suspendi, épé l'oum' é son gachon l'pouthyan cman un lustr' Pôr Jan!...

Lorsqu'ils parlent des habitants de la Bresse jurassienne, les gens du Haut-Pays disent qu'il s'agit des « ventres jaunes ». Deux versions circulent pour expliquer ce surnom coloré encore qu'un tantinet péjoratif. Selon la première, il aurait pour origine la ladrerie des Bletteranois et la crainte constante qu'ils avaient de se faire voler. Pour mieux surveiller leurs écus et être en mesure de les compter chaque fois qu'ils en avaient envie, ils portaient leur or sur eux, à même la peau sous leur ceinture, d'où le sobriquet de « ventres jaunes ». Mais c'est plus vraisemblablement à leur réputation de fabricants et de mangeurs de gaudes qu'ils doivent leur surnom.

Les gaudes, il s'agit de cette fine farine de maïs à la couleur blonde qui fut durant longtemps la base de l'alimentation des gens de la région. Délayée avec du lait et de la crème, mijotée à feu doux dans des « caquelons » [1] en terre, assaisonnée selon les goûts avec du sucre ou du sel, cette bouillie ma foi fort appétissante n'est cependant pas recommandée de nos jours aux dames qui cherchent à garder la ligne. Cette nourriture fit pourtant, au cours des siècles passés, une race de Jurassiens solides aux os résistants et aux muscles d'acier. Déjà, au siècle dernier, mon devancier, le poète Charles Besson, dédiait aux gaudes ces vers charmants :

Dans la Franche-Comté, quand un enfant morveux,
Comme un prédicateur tempête, braille et crie,
Sa mère le dorlote et lui dit : « Je t'en prie
Dis-moi ce que tu veux ?
Veux-tu mon collier d'or avec ses émeraudes ?
Veux-tu le gris coucou qui chante au fond des bois ? »
Non ! répond le moutard de pur sang franc-comtois,
Je veux manger des gaudes !

1. « Caquelon », sorte de casserole en terre cuite.

Les tribulations de Rouget de Lisle.

Depuis Bletterans, pour rejoindre Lons-le-Saunier, la route traverse Montmorot, puis nous retrouvons d'autres salines nationales d'où l'on extrayait autrefois ce sel si convoité, richesse du sous-sol jurassien.

Le chef lieu du Jura est une belle ville qui a su grandir sans défigurer son cadre de verdure. Le parc de l'établissement thermal est très agréable avec ses pelouses, ses bassins, ses allées ombragées. Mais plus encore que la promenade de la Chevalerie où Ney, prince de la Moskowa, rassembla les troupes royales le 14 mars 1815 au cri de « Vive l'Empereur », signant ainsi, quelques mois d'avance, son arrêt de mort, c'est sous les arcades basses de la vieille rue du Commerce que bat le cœur de la cité. Dans l'une de ses maisons paisibles, naquit en effet, le 10 mai 1760, un bébé malingre et paraît-il bossu, nommé : Claude-Joseph Rouget de Lisle, le futur auteur de *La Marseillaise*.

C'est surtout à Montaigu, un village voisin du Revermont, que Rouget de Lisle passa son enfance. Très tôt, il commença à chanter et à jouer du violon. On raconte qu'il en jouait si bien qu'il attira l'attention d'une tribu de bohémiens qui faillit le kidnapper pour le produire dans les foires. Le rapt ayant échoué de justesse, le petit Claude put poursuivre de solides études au collège de Lons-le-Saunier puis entrer à l'école militaire de Paris d'où il sortit avec le grade de lieutenant du Génie.

Mais pour lui, l'armée était surtout ce qu'on appellerait aujourd'hui un « second métier ». Sa vraie vocation, c'était celle de poète et de musicien. En 1792, lorsqu'il composa son fameux *Chant du Rhin* que les Fédérés provençaux chantèrent en gagnant Paris, et que l'on baptisa alors *Marche des Marseillais,* l'auteur jurassien avait déjà écrit plusieurs chansons qui n'avaient eu qu'une audience restreinte. En quelques semaines, les couplets fameux furent chantés dans la France entière et le nom du poète révéré par tout un peuple avide de liberté.

Pourtant, cet hymne dans lequel se reconnurent tous les opprimés, et qui depuis a fait le tour du monde, ne rapporta pas un centime à son auteur. Il n'en tira qu'une gloire éphémère et, jusqu'à sa mort, bien des ennuis.

Paradoxe de la postérité, Rouget de Lisle n'est resté célèbre que grâce à *La Marseillaise*, alors qu'il composa durant sa vie plusieurs centaines d'autres chansons et écrivit une dizaine de pièces et même un opéra. C'est parce qu'il ne fut pas un « carriériste », comme on dirait de nos jours, que le poète franc-comtois ne sut pas tirer profit de sa notoriété. Comme Courbet, il était bien lui aussi fils d'une race qui n'a jamais produit de courtisans, mais des esprits orgueilleux, frondeurs, anticonformistes. Voici en quels termes il définissait, à la fin de son existence, ses opinions politiques : « J'ai servi la Révolution parce que c'était servir mon pays. J'ai détesté les révolutionnaires. Je n'ai rien voulu de cette Convention qui traînait sa gloire dans le sang et la fange. Je n'ai rien voulu du Directoire que je méprisais. Je n'ai rien voulu de Bonaparte dont je me suis éloigné dès le principe. »

Ce refus de s'abaisser, de quémander, faisait partie de son éthique : « Je ne veux pas devenir un saltimbanque abject comme j'en vois tant ! » écrivait-il. « Je n'ai qu'une consolation, celle de ne devoir aucune reconnaissance aux dominateurs du jour et d'être le maître de les juger à leur juste valeur, sans qu'il en coûte rien à ma délicatesse. »

Juger les grands, Rouget de Lisle ne s'en priva pas. Alors qu'il aurait pu demander sa réintégration dans l'armée, ce qui lui aurait permis de prendre rapidement des galons, voilà ce qu'il déclara à Carnot, grand chef des armées révolutionnaires : « Je suis votre ennemi, Carnot. Etranger à toute autre espèce d'ambition, je conserverai toujours celle de maintenir la dignité de mon caractère, et rien ne la dégraderait à mes propres yeux comme une réconciliation aussi visiblement intéressée. » Au Premier Consul, il n'hésita pas à adresser ce pamphlet : « Bonaparte ! Vous vous perdez, et ce qu'il y a de pire, vous perdez la France avec vous. Qu'avez-vous fait de la liberté ? Qu'avez-vous fait de la République ? »

Rouget de Lisle qui n'eut pas plus de soumission sous la Restauration et les régimes suivants vécut dans la misère. Mais son frère aîné n'eut pas ses scrupules et sut s'adapter à tous les régimes pour le bien de ses intérêts. Rouget le Batave, ainsi l'appelait-on parce qu'il avait gagné son grade de général en Hollande, détestait son cadet auquel il reprochait d'avoir nui à sa carrière. S'étant rallié à Louis XVIII, il fut interpellé un jour aux Tuileries par le roi qui lui dit : « M. Rouget, comment se fait-il qu'ayant été nommé général au début de l'Empire, vous n'ayiez pas monté plus haut dans la hiérarchie après les services que vous avez accomplis ? » Rouget le Batave répondit : « Ah ! Sire, j'ai eu une belle-sœur qui m'a fait bien du tort ! » – « Votre belle-sœur ? Qui est-ce donc votre belle sœur ? » – Sire, j'ose à peine vous le dire... Elle s'appelle... *La Marseillaise*... »

En 1826, le poète de l'hymne révolutionnaire, oublié et bafoué, sera enfermé pour dettes à Sainte-Pélagie, dans cette prison où, coïncidence curieuse de l'histoire, Gustave Courbet, cet autre jurassien ennemi des compromissions, passera lui aussi plusieurs semaines, quelques années plus tard, après la Commune. Durant ces heures sombres, Rouget de Lisle aura pourtant le réconfort d'une amitié fidèle, celle du poète Béranger qui tentera l'impossible pour le faire libérer. Béranger lui écrira ces lignes : « Ne rougissez pas d'être détenu pour dettes. C'est à la nation tout entière de rougir des malheurs qui n'ont pas cessé d'accabler l'auteur de *La Marseillaise*. Je l'ai crié bien des fois dans les salons de l'égoïsme. Peut-être qu'à la fin, un peu de pudeur le fera comprendre aux plus sourds. »

Ce ne fut qu'à la fin de sa vie qu'on accorda une petite pension au poète sans pour autant réhabiliter son œuvre. Cette ingratitude, Rouget de Lisle en ressentit les effets même dans son pays natal où on le surnommait par dérision « l'avocat des mauvaises causes ». En 1892, Gaudot, écrivain royaliste jurassien, prophétisait dans les *Annales Franc-Comtoises* : « *La Marseillaise* n'a plus, à l'heure présente de signification. Devenue incompréhensible en raison de la différence des temps et des circonstances, elle ne restera pas longtemps l'hymne national. »

On alla même à Lons-le-Saunier, jusqu'à parodier les vers de Rouget de Lisle dans cette *Marseillaise des Bouilleurs de cru* qui entraîna pendant quelques années les vignerons du Revermont dans leur révolte contre les agents du fisc :

Allons enfants de la chaudière,
Le jour d'agir est arrivé
Marchons serrés, la tête altière,
Pour défendre nos libertés (bis)
Soyons vaillants comme nos pères
Mourant pour défendre leurs droits
Et que devant nous, Francs-Comtois,
Les « rats » [1] *rentrent dans leur tanière !*

Quelle étrange malédiction s'acharne-t-elle donc sur l'auteur de *La Marseillaise ?* Aujourd'hui encore, sa maison familiale, que le général de Gaulle visita en 1962, est l'objet d'une mesquine controverse entre la commune de Montaigu qui voudrait la transformer en musée et les pouvoirs publics. Pendant ce temps, la vieille demeure où vécut le poète continue à se dégrader de jour en jour.

Le ministre manquait d'affaires.

Je ne voudrais pas qu'en lisant ce livre vous puissiez penser que je suis inspiré par je ne sais quel manichéisme, ni que tous les Jurassiens sont des caractériels ou des originaux. Pourtant, j'aimerais vous parler d'un autre personnage insolite, Philibert Buchot, né à Maynal, un village du Revermont proche de Lons-le-Saunier.

Cet homme paisible, qui était dans les ordres par tradition familiale, poursuivit des études à l'Université de Besançon et devint avocat. Nommé juge au tribunal de Lons-le-Saunier en 1792, puis procureur général syndic en 1793, il dut sa fulgu-

1. « Rats de caves » : surnom irrévérencieux par lequel on désigne, dans un certain nombre de régions, les agents des Contributions Indirectes.

rante promotion ultérieure à son amitié avec un autre Franc-Comtois né à Jussey en Haute-Saône, le terrible Dumas dit « le Rouge », l'enragé président du Tribunal Révolutionnaire de Paris. Ce magistrat qui s'illustra sinistrement pendant la Terreur, fut l'auteur d'une plaisanterie atroce que la poétesse Marguerite Henry-Rosier, qui connaissait bien son histoire, m'avait rapportée au cours d'une interview.

Dumas le Rouge avait fait comparaître devant le Tribunal Révolutionnaire la vieille maréchale de Noailles, alors âgée de plus de quatre-vingts ans, en l'accusant de conspirer contre la République. L'inculpée, qui était fort sourde, ne comprit pas ce qu'on lui reprochait et fut incapable de répondre aux questions que lui posaient les juges. Constatant cela, Dumas conclut son réquisitoire par ces mots : « Eh bien citoyens, disons qu'elle conspirait... sourdement ! » Et il l'envoya à l'échafaud.

Chaudement recommandé à Robespierre par ce fanatique, Philibert Buchot fut d'abord envoyé à Pontarlier pour y pourfendre les ennemis du peuple. Mais cet homme éloigné de tout excès, pondéré dans ses actes, tenta de ramener la paix dans les esprits par des mesures de clémence envers les prisonniers politiques qu'il fit libérer. Rappelé d'urgence à Paris, le Jurassien faillit payer très cher ses « faiblesses » et ne dut son salut qu'au soutien inconditionnel encore qu'assez incompréhensible de Dumas le Rouge.

D'abord substitut de l'agent national Payan, Philibert Buchot fut nommé ministre des Affaires extérieures, autrement dit des Affaires étrangères, le 9 avril 1794. A l'époque, ce ministère était loin d'avoir l'importance qu'il a aujourd'hui et comme ses fonctions étaient de tout repos, le Jurassien réunit son personnel et lui tint ce discours extraordinaire : « Les affaires étant à peu près nulles, je n'exige de vous qu'une chose, à savoir que vous vous présentiez tous les jours à 10 heures du matin pour vous assurer qu'on n'a pas besoin de vos services. Ensuite, vous serez libre de disposer de votre temps comme bon vous semblera. »

Et ce ministre des Affaires étrangères vraiment unique en son genre ajouta : « Mes amis, je présume que vous êtes tous peu aisés. Certains d'entre vous sont mariés, chargés de famille. Moi, je suis célibataire et habitué à vivre de peu. 2 000 livres suffiront à mes besoins. Vous vous partagerez donc le surplus de mes appointements de ministre, soit 4 000 livres... » A-t-on jamais revu depuis pareille philanthropie au Quai d'Orsay ?

Malheureusement pour les fonctionnaires du ministère des Affaires extérieures, cette époque bénie ne dura guère. La même année, en novembre 1794, Philibert Buchot fut destitué par le Comité de Salut Public et remplacé par le dénommé Miot. Il apprit la nouvelle par un journal acheté le soir dans la rue.

S'étant plaint amèrement qu'on l'eût fait venir de sa province pour le laisser sans emploi sur le pavé de Paris, le ministre déchu sollicita en vain auprès de son successeur une place dans ses bureaux. Finalement, après avoir vécu longtemps aux crochets de ses amis, Buchot entra comme commis auxiliaire de l'Octroi de Paris, sur le port au charbon, quai de la Tournelle, aux appointements de 600 francs par an. Devenu infirme, sur le point d'être licencié, son cas fut signalé à un personnage influent du nouveau régime, M. de Champagny, qui adressa à Bonaparte la lettre suivante :

Parmi les commis subalternes de l'Octroi de Paris, on trouve un M. Buchot qui a été ministre des Affaires extérieures pendant la Révolution. Quelle que soit l'époque à laquelle il a rempli ses éminentes fonctions, l'honneur de la place, peut-être la décence publique exigerait que cet homme ne figurât pas dans une classe d'employés que l'opinion a toujours regardée comme la dernière de toutes...

Bon prince, Bonaparte accorda sur ses fonds secrets, en 1800, une pension de 2 000 livres à Philibert Buchot qui put finir ses jours paisiblement jusqu'à sa mort survenue le 1er septembre 1813, à l'âge de soixante-quatre ans.

Un château radioactif.

Si vous êtes amateurs de paysages verdoyants, de vieux villages chargés d'histoire et de traditions populaires, prenez, en quittant Lons-le-Saunier, la route qui se dirige vers Saint-Julien. Ce Jura oriental est la fin du « Bon Pays ». Compris entre deux charmantes rivières affluents de l'Ain, le Suran et la Valouse, cette région qui s'étend jusqu'à Thoirette est désignée sous le nom de « Petite Montagne ». A l'écart des grands itinéraires routiers, cette terre pauvre, couverte de bois de médiocre qualité, est une des zones les moins peuplées du Jura. Elle se désertifie un peu plus chaque année et compte de nombreux villages abandonnés. Pourtant, dans ces collines entrecoupées de failles, la civilisation ne datait pas d'hier. La grande voie d'Agrippa, du Rhône au Rhin, passait par là. On a retrouvé de nombreux vestiges romains dans ces vallées perdues et on est frappé de voir que les habitations des villages ont des toits très plats couverts de ces tuiles courbes qui caractérisent les maisons méditerranéennes. Ici, nous entrons dans un pays où les légendes, les traditions sont souvent différentes des autres contrées jurassiennes. Les chevaliers du Temple en furent longtemps les suzerains. Leur souvenir mêlé d'ombre et de mystère plane encore sur ces terres inhabitées.

Après avoir au passage salué les ruines de Saint-Laurent-la-Roche, que Lacuzon, le héros des guerres de l'Indépendance comtoise au XVIIe siècle, défendit contre les envahisseurs français, nous arriverons devant les imposantes murailles de Cressia. C'est un beau château d'origine féodale intelligemment restauré. En 1949, alors qu'il était encore en partie détruit à la suite d'un incendie survenu durant les dernières semaines de l'occupation allemande, un entrepreneur de travaux publics s'y installa. Il décréta que l'antique demeure où le comte de Bussy-Rabutin, l'auteur de *l'Histoire amoureuse des Gaules,* avait résidé en 1677, s'appellerait désormais « Château Lacuzon » et deviendrait le siège national d'un organisme chargé de la restauration des vieilles pierres, le « Service de construction par les jeunes ».

Ce curieux mécène avait cependant en tête un projet moins anodin Un matin, les habitants de la commune eurent la surprise de recevoir un tract curieux :

Chers amis de Cressia et de la région – Les jeunes du Château Lacuzon faisant partie du « Service de Construction par les Jeunes » et le conseil d'administration de cette association, viennent de proposer au Commissariat à l'Energie Atomique le dépôt de déchets inoffensifs dans les galeries qui seraient creusées à une très grande profondeur sous le château.

Suivaient un certain nombre d'explications fumeuses sur les buts du groupement et des considérations philosophiques :

Le progrès veut que chacun s'adapte à ses exigences, donc trouve la solution à tous les problèmes qui lui font obstacle. Mais chaque fois qu'une chose nouvelle se présente il se trouve toujours quelqu'un pour la critiquer ou faire croire à un danger imaginaire. Exemple : aux débuts de l'automobile la plupart des gens étaient contre parce que le bruit des moteurs leur faisait peur (à eux et aux chevaux qui étaient nombreux à l'époque). Oui, cela nous fait rire à présent, mais l'histoire des déchets inoffensifs que nous parlons de mettre dans les galeries profondes sous le château est nouvelle pour tous, donc fait peur. Mais pourquoi donc ? Croyez-vous que nous serions assez fous pour vivre à côté si le moindre danger existait ? Ces déchets sont-ils plus dangereux que le purin des fumiers qui ronge les conduites et contamine l'eau ? Les déchets dont nous parlons sont ABSOLUMENT INOFFENSIFS ET SANS DANGER. Tous le reste n'est que des histoires, parce que c'est nouveau et que les gens se méfient. DEMANDEZ AUX CONSEILLERS MUNICIPAUX DE VOTER OUI CE SOIR !

Ce tract avait en effet pour but de sensibiliser l'opinion publique sur le problème des déchets atomiques afin que ce coin peu peuplé du Jura en devînt la décharge. En contrepartie, le « bienfaiteur » du château promettait de faire hâter les travaux d'adduction d'eau du village et prédisait que Cressia serait bientôt « une agglomération fière et ouverte au progrès qui deviendrait célèbre grâce à son dynamisme et son aptitude d'avant-garde ».

Mais les Jurassiens sont gens méfiants de nature. Ne dit-on pas ici : « Celui qui parle trop est comme une mauvaise vache ; il beugle plus qu'il n'a de lait. » Alors qu'à cette époque il n'y avait pas encore d'écologistes à la barbe fleurie pour mettre les populations en garde contre les méfaits de la civilisation technologique avancée, les édiles de Cressia repoussèrent à l'unanimité le projet de stockage de déchets « inoffensifs » dans les oubliettes du château. Aujourd'hui, celui-ci est devenu un centre de convalescence où les malades viennent se refaire une santé dans le calme verdoyant du Revermont, sans risques de contamination radioactive.

Après avoir « sauté les piquets ».

Cette mort, que les conseillers municipaux de Cressia refusèrent en 1949 sous son insidieuse forme radioactive, elle a pourtant toujours occupé dans la « Petite Montagne » une place plus importante que dans les autres régions du Jura. Faut-il voir dans certains de ses rites une survivance de la domination espagnole ? Car c'est un vieux débat qui a déjà fait couler beaucoup d'encre. La Franche-Comté qui fut pendant cent cinquante ans rattachée à la couronne d'Espagne a-t-elle été oui ou non influencée par la civilisation ibérique ? Plusieurs auteurs le prétendent, d'autres le contestent. J'avouerai que ce sont souvent les touristes qui nous disent en visitant certaines de nos villes, certains de nos monuments, qu'ils y retrouvent des traits d'architecture espagnole. Et puis il y a toutes ces vieilles familles comtoises, les Felez, Martinez, Perez, Réal... qui arrivèrent au XVIe siècle dans notre province, et tous ceux d'ici qui servirent dans l'administration, les armées de Charles-Quint et de Philippe IV. Ainsi auraient été apportées quelques-unes des idées et coutumes d'Espagne. En 1636, les Français ne se trompaient pas sur l'attachement des Francs-Comtois à leur suzerain. L'un d'eux écrivait : « Plaise à Dieu que les sujets du roi de France fussent aussi attachés à leur roi que ceux-ci le sont au roi d'Espagne. »

Mais revenons au cérémonial de la mort qui commençait aussitôt après le départ du prêtre venu donner au moribond les derniers sacrements. Toute la famille se réunissait au chevet du mourant et agenouillée au pied du lit récitait la prière des agonisants. A peine celui-ci avait-il rendu son dernier souffle qu'on allumait des bougies et qu'on se précipitait pour fermer les volets. On arrêtait l'horloge comtoise et on recouvrait les glaces d'un voile noir. Dans la cour, le puits de la maison était aussi fermé par un « trappon » [1]. On craignait que l'âme du mort ne vînt s'y baigner pour s'y purifier avant de monter au ciel et ne puisse plus en ressortir, se transformant pour toujours en « tirebigot ». Ce « tirebigot » était très redouté, surtout par les enfants. On racontait qu'il se montrait parfois sur la margelle du puits, monstre tout vert, moitié écaille, moitié membrane, avec des yeux glauques, et qu'il entraînait au fond de l'eau les téméraires qui osaient le regarder.

Déjà, celles qu'on appelait les « inviteuses » arrivaient à la maison mortuaire pour faire la dernière toilette du défunt. Après l'avoir revêtu de ses plus beaux habits, elles mettaient un chapelet entre ses doigts et glissaient une piécette de monnaie sous sa tête. Cette coutume était-elle une survivance du péage de la barque de Charon ? Ensuite, les « inviteuses » s'en allaient à travers le village et les hameaux pour convier les habitants à la veillée. Beaucoup d'entre eux, qui avaient été alertés par la sonnerie du glas, étaient déjà prêts à partir. Ils accompagnaient l'« inviteuse » jusqu'à la fin de sa tournée et c'est pourquoi les gens arrivaient tous en bande, la lanterne au poing à la tombée de la nuit.

La première veillée commençait, car on ne pouvait enter-

1. « Trappon », sorte de volet que l'on rabat sur les puits ou les caves.

rer un mort avant qu'il n'eût passé deux nuits entières dans sa maison. Ce délai évitait qu'on n'ensevelît des gens tombés en syncopes. Il avait remplacé la peu ragoûtante coutume du Moyen Age qui consistait à faire mordre le gros orteil du défunt par un « croque-mort », afin de s'assurer qu'il avait bien « sauté les piquets ». Cette expression dont personne n'a pu m'expliquer l'origine, signifie passer de vie à trépas dans la Petite Montagne et dans le Haut-Pays.

Après avoir aspergé le mort avec un rameau de buis trempé dans l'eau bénite, les gens du village se mettaient à prier. Au premier rang, avant la famille, les « inviteuses » avaient pris place sur des tabourets bas. Tout en récitant le « De Profondis » elles se mettaient parfois à lancer de longues plaintes modulées qui finissaient en sanglots. Dans certains villages, ces pleureuses, semblables à celles d'Espagne, glaçaient par leurs cris le sang des spectateurs. Pour se remettre de leurs émotions, ceux-ci s'attablaient, dans la cuisine, devant les mets préparés pour cette occasion. Lorsqu'il s'agissait d'une jeune fille ou d'un jeune homme, la tradition voulait que la collation fût plus copieuse et recherchée, la famille des défunts offrant ces nuits-là ce qu'on appelait « le repas de noce des morts ».

Le jour de l'enterrement, le cercueil était porté à dos d'hommes jusqu'à l'église avec pour seul ornement une croix confectionnée avec des rameaux de buis tressés. Après la messe, le mort était aussitôt descendu au fond de la fosse et chacun le saluait au passage d'un signe de croix puis jetait dans le trou une ultime poignée de terre. Lorsque le défunt était issu d'une famille aisée, les parents offraient « la donne », c'est-à-dire qu'ils faisaient distribuer quelques pièces de monnaie aux pauvres et aux enfants par les « inviteuses ». Chez les gros fermiers, les indigents avaient accès à la cuisine pour y manger « la part du pauvre ». Car après chaque enterrement, un repas d'obsèques avait lieu qui réunissait tous les membres de la famille du mort. Le vin aidant, certains de ces banquets mortuaires dégénéraient parfois en beuveries à moins qu'on y réglât de sordides questions d'héritage.

Parmi les superstitions, on redoutait surtout dans la Petite

Montagne la rencontre des trois pies qui volaient du nord au sud ou celle des deux chats noirs marchant de chaque côté du chemin. Ces animaux étaient des mauvais présages. De même, lorsque quelqu'un décédait un vendredi dans la famille, on prétendait que la mort reviendrait dans la maison avant l'année suivante. Enfin, le lendemain de l'enterrement, la coutume voulait qu'on brûlât la paillasse du défunt au pied d'un calvaire, à une croisée de routes, sans doute par souci d'hygiène. Pour prix de ce travail, les ensevelisseuses recevaient les habits du mort. Elles ne manquaient jamais de regarder de quel côté se dirigeait la fumée car, selon elles, celle-ci indiquait toujours le lieu du prochain décès.

Le voleur de cadavres.

Lorsqu'elle apprenait la fin d'un voisin, souvent plus jeune qu'elle, ma grand-mère Cornu, qui vécut jusqu'à l'âge de quatre-vingt-sept ans, avait l'habitude de dire : « Il était assez vieux pour faire un mort. » Comme tous les Jurassiens, elle acceptait le grand départ avec sérénité et je la soupçonne même d'avoir assisté à de nombreux enterrements sinon par plaisir, du moins avec l'impression de participer à une sorte de fête mystique avec l'éternité. Sur la fin de sa vie, elle vivait au jour le jour, attentive aux petites joies de l'heure présente, indifférente à ce que serait le lendemain disant : « Je suis comme l'oiseau sur la branche », mais aussi : « J'ai bien le temps de voir venir. » Ce n'est que beaucoup plus tard que j'ai retrouvé cette même expression dans la bouche du Don Juan de Tirso de Molina. Coïncidence ou survivance orale de la tradition hispanique ?

Cette accoutumance avec la mort, Xavier Bichat la connut dès son enfance, lui qui naquit à Thoirette aux confins de la Petite Montagne, le 14 novembre 1771. Parmi les nombreux médecins, qui fréquentent chaque année les fameux « Entretiens » qui portent son nom, bien peu connaissent sans doute son étonnante histoire. Evoquons-la au passage en traversant cette charmante cité qui mire ses maisons dans les eaux vertes de l'Ain.

Très tôt, le petit Xavier, qui était le fils d'un médecin de Poncin, s'intéressa à l'anatomie des êtres. Dès l'âge de huit ans, il commença à apprendre la dissection sur les chiens et les chats dont il devint la terreur. Plus tard, lorsqu'il faisait ses études au collège de Nantua, son frère rapporte que « la chasse avait pour lui peu d'intérêt. Quand il y allait, c'était dans l'espoir de tuer du gibier pour le disséquer. Alors, il s'enfermait dans sa chambre pour n'être pas distrait ». En 1791, Bichat entre à l'Hôtel-Dieu de Lyon en qualité d'apprenti chirurgien et commence à y pratiquer ses premières opérations sur cadavres humains. Puis en 1796, il « monte » à Paris et publie des *Mémoires* dans le Recueil de la Société médicale d'émulation. Peu fortuné, le Jurassien ouvre un cours de médecine (payant) rue Cujas. Ses conférences sont très suivies car, à la description pure et simple des organes, il ajoute des précisions sur leur fonctionnement. Mais rien ne valant la pratique, Xavier Bichat se voit contraint de rechercher des cadavres pour pouvoir les disséquer en public. Or, à cette époque, il existait un trafic de corps humains auquel se livraient les « emballeurs » (ensevelisseurs) des hôpitaux. Mais cela coûtait cher et le jeune professeur n'avait pas les moyens d'acheter cette macabre matière première. Alors, en compagnie de deux acolytes : Levraux, élève chirurgien, et Deschaux, assistant d'amphithéâtre, il se met à aller voler nuitamment des cadavres dans les cimetières de Paris. Cela dure plusieurs mois, jusqu'au soir du 24 novembre 1797 où la sinistre équipe de nécrophores se fit surprendre par une ronde de police et finit la nuit en prison.

Heureusement pour l'avenir de la science, les juges se montrèrent compréhensifs envers Xavier Bichat et ses complices qui furent remis peu après en liberté. L'année suivante, le Directoire, désireux de « favoriser l'instruction dans cette partie de l'art de guérir », facilita le travail des professeurs d'anatomie en mettant légalement des cadavres à leur disposition. Et c'est ainsi que Bichat put créer l'histologie, rénover l'anatomie, jeter les bases de la physiologie et inaugurer l'étude de l'anatomie pathologique. En 1800, à l'âge de vingt-huit ans, il était déjà premier médecin de l'Hôtel-Dieu de Paris. Mais ce génie précoce se passionnait aussi pour la philosophie. Ce n'était pas seulement un « ouvreur de ventres », c'était un chercheur qui s'intéressait également aux âmes et dont les écrits influencèrent Schopenhauer et Auguste Comte.

Hélas ! suite à un accident absurde, la mort allait emporter à l'âge de trente et un ans ce très grand savant dont Corvisart put dire à Napoléon : « Bichat vient de mourir. Il est resté sur le champ de bataille qui veut aussi du courage et qui compte plus d'une victoire. Personne, en si peu de temps, n'a fait tant de choses et aussi bien ! »

Xavier Bichat, qui avait, pour la science, été contraint de profaner maintes sépultures, ne devait pas lui-même connaître la paix du tombeau. Le cimetière Sainte-Catherine à Paris, où il avait été enterré, fut supprimé en 1845. Le monde médical ayant décidé de transférer ses restes au Père-Lachaise, le 16 novembre de cette année-là, on exhuma son corps en présence d'une nombreuse assistance. A la stupéfaction générale, on découvrit que la bière à moitié pourrie contenait un squelette sans tête...

C'est alors que le professeur Roux, qui avait été le brillant élève et continuateur de Xavier Bichat, sortit de dessous sa redingote le crâne du savant qu'il détenait depuis de nombreuses années en lui faisant jouer le rôle de presse-papier. Pour exercer la sagacité des disciples de Gall, le fondateur de la phrénologie, le professeur Roux ne manquait pas de présenter le macabre objet à ses confrères. Il obtint des réponses étonnantes : « Ce crâne est celui d'un être aux facultés intellectuelles peu développées » – « C'est celui d'un poète ou d'un musicien » – « C'est celui d'un assassin, un individu mal conformé qui a dû périr sur l'échafaud. »

Il est vrai que, par suite d'une déformation osseuse, la tête de Bichat était asymétrique. Lorsque le professeur Roux révéla à qui appartenait ce curieux crâne, cela créa un beau scandale dans le monde médical. La Société d'anthropologie mit des années à s'en relever, tandis que la phrénologie tombait dans un total discrédit.

Les Templiers sont revenus.

En remontant le cours de la Valouse, on découvre soudain, au détour d'un méandre, l'église de Saint-Hymetière, cette petite merveille romane perdue au fond d'une vallée que traversaient autrefois les pèlerins de Saint-Jacques de Compostelle. Toute cette région est d'ailleurs parsemée de souvenirs historiques où se mêlent ici et là les vestiges gallo-romains et les ruines médiévales. Les Templiers ont régné longtemps sur ces vieux villages qui sont aujourd'hui presque totalement dépeuplés. Pourtant, la foi a fait renaître il y a quelques années l'un de ces hauts lieux du passé : Dramelay, dont l'un des seigneurs fut grand maître de l'Ordre des Templiers. Du château, qui était l'un des plus anciens et des plus importants de la région, il ne subsista pendant cinq siècles qu'une tour à l'aspect sinistre hantée seulement par les corbeaux. Quant au village qui se trouvait à ses pieds et dont le dernier habitant avait disparu en 1940, il s'était endormi d'un lourd sommeil d'éternité au milieu des ronces, des buissons de buis et de genévriers. Et puis un jour de 1973, les dirigeants de « l'Ordre du Temple », dépositaires des secrets et des rites des chevaliers brûlés par Philippe le Bel frappés d'interdit par le pape Clément V, revinrent à Dramelay et décidèrent de relever les ruines de ce domaine sauvagement détruit par les armées de Louis XI en 1479.

Depuis quelques années, le vieux village médiéval renaît à la vie grâce au travail acharné des nouveaux chevaliers de l'Ordre du Temple. A la fin du mois d'août, une messe étonnante est célébrée dans la chapelle restaurée du château, à la mémoire de grand maître Bernard de Dramelay, mort le 16 août 1153 au cours de la prise d'Ascalon en Terre sainte. Lors de cet office insolite présidé par le vingt-troisième grand-maître de l'ordre, successeur de Jacques de Molay, les fidèles venus en grand nombre de toute la France et de l'étranger assistent à une cérémonie impressionnante. Parmi les officiants on peut voir plusieurs dizaines de chevaliers drapés dans leurs longs manteaux à capuce frappés à l'épaule gauche de la croix rouge à huit pointes. Assistent également à cette cérémonie qui nous ramène brusquement sept siècles en arrière, plusieurs « amazones blanches », nom par lequel on désigne les dames et les demoiselles admises dans « l'Ordre du Temple » et qui ont repris en son sein la place que les « discrètes » occupaient au Moyen Age [1].

Lorsqu'on parle des Templiers, il est impossible de ne pas évoquer leur fabuleux trésor que nul n'a jamais retrouvé depuis Philippe le Bel. L'actuel grand maître de l'ordre s'explique à ce sujet en ces termes : « Oui, c'est vrai, le trésor existe et nous savons où il se trouve. Mais les profanateurs doivent savoir qu'ils le rechercheront en vain jusqu'à la fin des temps car il est inaccessible aux imposteurs. »

Longtemps encore la grande ombre de Bernard de Dramelay continuera de hanter cette vallée comme elle est toujours présente, à quelques lieues de là, à la commanderie du Temple, à Falletans, dans la splendide demeure entièrement restaurée par le peintre Roland Gaubert. L'artiste et son épouse, Monique Roy-Gaubert, ont transformé les caves de ce domaine médiéval en galerie d'exposition de leurs œuvres et y accueillent les visiteurs. Lauréat du « Grand Prix du peintre » Roland Gaubert [2] est aussi un passionné de l'histoire des Templiers. Depuis une quarantaine d'années, il a retrouvé de nombreux documents concernant la commanderie de Falletans d'où partit Bernard de Dramelay. « Dans la région, nous a-t-il raconté, on prétend que tous les cent ans, le grand maître apparaît à un habitant. Je ne croyais pas trop à cette légende jusqu'à la nuit du 16 août 1953

1. On sait que l'ancien ordre du Temple fut supprimé en 1312 par le pape à la demande du roi de France Philippe IV le Bel. L'Ordre actuel du même nom revendique dans le monde entier de nombreux groupements. En France, ou il semble s'être manifesté pour la première fois en 1952 en Bourgogne, son statut juridique est celui d'une association privée régie par la loi de 1901.

2. Roland Gaubert a illustré plusieurs de mes ouvrages, en particulier *La Grotte aux Loups*.

où j'ai rêvé qu'un étrange personnage barbu, au regard triste, vêtu du manteau blanc frappé de la croix rouge, l'épaule tachée de sang, me faisait faire le tour des bâtiments de la Commanderie. Ceux-ci étaient beaucoup plus vastes qu'ils ne le sont aujourd'hui et l'homme me montra un certain nombre de tombes... Le lendemain, je constatai avec étonnement qu'il y avait des traces de pas dans le jardin alors que, comme chaque soir, toutes les grilles de la propriété avaient été fermées la veille. Un paysan d'une ferme voisine à qui j'ai raconté cette aventure, m'a appris que son père avait fait le même rêve au siècle dernier, et que le personnage mystérieux n'était autre que Bernard de Dramelay. »

Les Trois Damettes d'Oliferne.

Toutes ces vallées de la « Petite Montagne » ont encore la chance de posséder des conteurs de légendes comme ceux qui existaient autrefois dans chaque canton et auxquels on faisait appel pour égayer les veillées ou les repas de noces. L'un d'eux, le père Dalloz, m'a rapporté celle des « Trois Filles d'Oliferne », dans l'une de ses nombreuses versions qui changent souvent et assez sensiblement, d'un village, parfois d'un hameau à l'autre.

Donc, en ce temps-là, dans la région de Vescles, proche d'Arinthod, se dressait un imposant château qui dominait toute la contrée : la forteresse d'Oliferne. Le seigneur du domaine y demeurait avec ses trois filles dont la beauté n'avait d'égale que l'intrépidité. Elles parcouraient à cheval en compagnie de leur père les campagnes avoisinantes, chassaient au faucon, excellaient aussi au tir à l'arc et dans le maniement de la lance. A cette époque les revenus de la seigneurie étant peu importants, le baron d'Oliferne n'hésitait pas à rançonner les convois qui transitaient sur ses terres, ni à s'attaquer aux fiefs de ses rivaux. Les exploits de cette redoutable famille étaient connus à travers toute la Comté et c'est en vain que ses ennemis avaient essayé d'en capturer les membres. Avec des ruses diaboliques, ils déjouaient tous les plans, ferraient leurs chevaux à l'envers pour tromper leurs poursuivants, attaquaient au sud alors qu'on les croyait au nord, puis se repliaient à l'intérieur de leur repaire aussitôt après l'action. Là, ils se trouvaient en parfaite sécurité car le château d'Oliferne était réputé imprenable et de nombreux assaillants qui avaient voulu l'attaquer pourrissaient dans les douves au pied de ses murailles.

Or, il arriva qu'un seigneur voisin, Thiébaud de Chauffour, à qui la famille d'Oliferne faisait ombrage car il vivait lui aussi de rapines, décida de s'emparer de la forteresse. Là où les armes se révélaient vaines, il employa l'argent pour soudoyer l'un des soldats du château qui lui ouvrit une nuit d'automne la porte d'un souterrain secret communiquant avec l'intérieur de la place. En quelques instants, les soudards de Thiébaud de Chauffour furent maîtres des lieux, sauf du donjon où se réfugièrent Oliferne et ses filles. Redoutables archères, celles-ci parvinrent même à blesser sérieusement d'un trait le seigneur félon, ce qui le mit au comble de la rage. Finalement, la disette eut raison de la résistance des assiégés qui durent se rendre.

Le vainqueur ne fut pas magnanime. Il pendit le baron d'Oliferne au sommet du donjon, passa ses quelques compagnons au fil de l'épée et réserva un atroce supplice à ses filles. Ayant garni l'intérieur d'un gros tonneau de pointes de fer aiguës, il y fit enfermer nues les trois amazones. Puis, du haut de la montagne, la barrique fut précipitée dans l'abîme. Avec une joie féroce, Thiébaud de Chauffour vit dévaler le tonneau d'où s'échappaient des cris horribles. Il le regarda rouler le long de la pente, s'arrêter un instant, tourner, virevolter puis rebondir de rocher en rocher en laissant derrière lui une trace rougeâtre. Enfin, la course tragique prit fin dans la rivière où le tonneau s'engloutit après un ultime gargouillis sanglant.

Selon la version du père Dalloz, l'âme des malheureuses survécut à ce sort affreux. Leurs corps se muèrent en trois pics inégaux qui dominent encore la vallée et que l'on surnomme depuis « Les Trois Damettes d'Oliferne ». On raconte aussi qu'en novembre, la nuit qui précède le dimanche de l'Avent, on entend d'étranges gémissements monter du lit de la rivière et qu'il vaut mieux passer son chemin que de s'arrêter pour les écouter. Ce serait l'âme du cruel Thiébaud de Chauffour qui aurait pris pour l'éternité la place des suppliciées dans le tonneau maudit. Interminablement, depuis des siècles, il gémirait de douleur en essayant d'apitoyer les voyageurs sur son sort.

La terrible bête de la Gargaille.

Le père Dalloz m'a raconté bien d'autres légendes en dégustant le contenu d'une vieille « Clavelin » [1] et en mangeant des noix. Il m'a narré notamment celle de la Vouivre, ce serpent volant lumineux qui traverse depuis des siècles le ciel jurassien. Je vous en parlerai un peu plus tard lorsque nous arriverons dans le Haut-Pays. Il a évoqué aussi une histoire que l'on racontait souvent à la veillée durant son enfance car elle avait profondément marqué la vie des habitants de « la Petite Montagne ». Il ne s'agissait nullement d'un récit imaginaire, mais d'un fait authentique relaté par plusieurs chroniqueurs de l'époque : l'affaire de la terrible bête de la Gargaille.

Des loups, il y en eut toujours en Franche-Comté. Dans la plaine et sur les premiers plateaux, il y avait le « loup major », long environ d'un mètre quarante, avec une tête énorme, des yeux obliques jaunes d'or, des oreilles droites, un poitrail puissant garni d'une crinière érectible, un pelage gris fauve, le museau et le devant des pattes plus foncé. Le « loup minor » habitait le pays d'En-Haut. Il était plus petit, moins d'un mètre, de pelage noirâtre sur le dos, tournant au roux sous le ventre, avec des taches blanches sur le museau. Au cours des hivers rigoureux, d'autres loups non sédentaires venus d'Europe centrale par l'Allemagne et la Suisse en franchissant les fleuves gelés, arrivaient dans nos régions en quelques jours après des étapes de quarante kilomètres. J'ai déjà raconté dans l'un de

1. « Clavelin » : nom de la bouteille de forme spéciale ou l'on conserve le vin jaune.

mes livres [1], l'aventure survenue à ma grand-mère Besson qui fut encerclée plusieurs jours par les loups dans les bois durant le terrible hiver qui précéda l'invasion des Prussiens pendant la guerre 1870-1871.

On a cru longtemps que cet animal féroce avait disparu totalement et pour toujours de notre province. Or, il n'en est rien. Il suffit d'une longue période de froid et de neige pour qu'il réapparaisse. L'un de mes amis, le minotier Louis Ponard, qui est aussi capitaine de louveterie, m'a affirmé qu'un loup avait séjourné il y a quelques années seulement dans la forêt de Chaux. La bête fit des ravages durant plusieurs mois parmi les troupeaux de cerfs, de chevreuils, et échappa à de nombreuses battues. Pour ne pas effrayer l'opinion publique, les autorités parlèrent à l'époque d'un gros chien sauvage. Or, l'animal se fit tuer accidentellement en traversant la voie ferrée Paris-Vallorbe. Sa dépouille envoyée au laboratoire pour analyse révéla qu'il s'agissait bien d'un loup.

Mais revenons à l'histoire du père Dalloz. En 1819, un matin, une bête féroce énorme sortit du bois d'Alièze et déboucha dans les rues du hameau de « La Garde-de-Dieu » près d'Orgelet. En fait, ce lieudit portait un nom moins édifiant. On l'appelle La Gargaille. Selon la tradition locale, l'un des habitants du hameau avait très mauvais caractère et battait souvent sa femme en la menaçant à tout propos de « gare gaille » ! La « gaille » désignant la truie en langage comtois. Ce peu galant personnage avait donc débaptisé « La Garde-de-Dieu » par ses jurons répétés. C'est lui qui du même coup donna son nom à l'animal monstrueux qui ravagea la région pendant plusieurs mois.

Comme on était à la fin de l'automne, bergères et troupeaux se trouvaient encore aux champs. Ils furent les premières victimes de la bête sauvage, de même que plusieurs bûcherons. Toute la région ne tarda pas à être terrorisée, à tel point que les autorités s'en émurent et que le préfet, M. le chevalier de Concy, écrivit ce rapport détaillé au duc Decazes, le ministre de l'Intérieur de l'époque.

---

1. *Une fille de la forêt*, éditions France-Empire, Paris.

Un loup furieux exerce les plus grands ravages sur le territoire des communes de Dompierre, Alièze, Marnézia. Plusieurs habitants ont été attaqués et cruellement mutilés. Près du bois de La Garde-de-Dieu, il a tellement dévoré la fille de Bourguignon, garde forestier, qu'on doute qu'elle puisse échapper à la mort. Cette fille a lutté longtemps avec lui, mais épuisée, déchirée, elle s'évanouit. Puis l'animal s'est dirigé sur Dompierre, s'est jeté sur un berger sans toucher aux bêtes, lui a arraché un œil, une joue, l'a défiguré au point qu'il est méconnaissable. De là, il a couru sur Marnézia, a étendu et blessé deux hommes, dévoré des bestiaux et continué sa route.

Ordre fut donné d'abattre le fauve par tous les moyens. Les appâts empoisonnés s'étant révélés inefficaces, une battue monstre fut décidée. Le jour choisi, tous les clochers du canton se mirent à sonner le tocsin et les paysans armés de fusils, de fourches, de haches, rejoignirent le bourg d'Orgelet. A l'aube, une véritable armée de sept cent trente-quatre hommes sous les ordres de M. Bouiller de la Martinière, maire de la commune, se mit en campagne aux cris de « Vive le Roi » !

Quelques jours plus tard, M. le Préfet rendit compte de l'expédition en ces termes à son ministre :

Le loup retournait au bois d'Alièze mais ce passage était fermé par les lignes des tireurs. Il échappa aux trois premiers coups de feu, et, comme il courait sur MM. Piard et Duvillard, le premier l'atteignit de deux balles. Le loup furieux s'élança tout droit sur le second qui, l'attendant à genoux, lui porta ses deux coups dans le poitrail. Il se souleva encore et ne succomba enfin que lorsqu'un autre chasseur le perça à son tour. Ainsi périt ce terrible animal. Il a été reconnu être une louve, mais d'une espèce inconnue dans le pays.

Après ce récit officiel, le malicieux père Dalloz m'a rapporté ce qui se passa par la suite. Comment un poète du canton mit l'affaire en chanson et fit vendre plusieurs centaines de livrets à deux sous de *La Terrible Bête de Gargaille* de ferme en ferme par les colporteurs :

Un tragique événement
Est arrivé récemment
Près d'Orgelet la grande ville
Tremblez chers auditeurs
Un loup d'étrange famille
A promené ses fureurs...

Il y a ainsi une vingtaine de couplets vengeurs qui brocardent gentiment au passage la maréchaussée. « La gendarmerie a montré son sang-froid habituel dans la transmission des ordres. C'est elle qui a sollicité et obtenu de lier les pattes de l'animal... quand on fut persuadé qu'il était bien mort... Quant aux pertes, elles ont été considérables : trois chapeaux, quatre manches de fourches, six chiens de fusils et une quantité importante de saucissons, jambons, bouteilles de vin et autres comestibles sont restés sur le champ de bataille... »

Une fois de plus, cette histoire tragique finissait comme il se doit par une chanson, dans une province où l'ironie a toujours permis de faire oublier la peur.

III

LE PAYS DES LACS ET DES CASCADES

« Si tu veux parler à la terre entière, parle de ton village. »

GŒTHE

Il y a trente ans que j'écris et, cependant, je suis encore totalement incapable d'expliquer quel est l'étrange mécanisme à la fois cérébral et viscéral qui procède à l'élaboration d'un roman. Pourquoi est-on attiré par tel ou tel sujet. Un seul de mes ouvrages fait exception à cette règle car je me souviens très précisément quand et comment j'ai eu envie de l'écrire. Il s'agit du *Village englouti* [1] dont Louis Grospierre a tiré une remarquable série pour TF1 et les télévisions européennes.

Le pont de la Pyle.

Ce dimanche-là, j'étais allé me promener sur le premier plateau, dans cette région de lacs et de cascades que Charles Nodier appelait « La petite Ecosse » car il trouvait beaucoup d'analogies entre les paysages jurassiens et ceux des Highlands. Je voulais visiter les travaux en cours du barrage de Vouglans et revoir une dernière fois la pittoresque vallée de Vaucluse avant qu'elle ne disparaisse à jamais sous les eaux de la retenue du lac artificiel.

En arrivant au débouché du défilé qui domine la rivière d'Ain, je fus étonné en constatant que le vieux pont métallique de la Pyle avait été remplacé par un gigantesque ouvrage en

1. *Le Village englouti,* Editions « Mon Village » 1970 et « J'ai lu », 1979.

béton jeté comme un défi par le travers de la vallée. Je me souviens qu'en le voyant, la première question qui me vint à l'esprit fut celle-ci : « Combien de temps cet ouvrage d'art audacieux et élégant restera-t-il debout ? »

Parmi les milliers de touristes qui viennent admirer chaque été cette étonnante performance de la technique moderne, bien peu connaissent sans doute l'étrange malédiction attachée au pont de la Pyle qui fut détruit sept fois au cours des siècles, et chaque fois reconstruit au même endroit.

Ce sont les Romains qui construisirent le premier au début de notre ère et il dura jusqu'au milieu du Moyen Age. Un « navoy » (bac) lui succéda que les pèlerins se rendant à Saint-Claude empruntèrent. Il était fort dangereux, surtout l'hiver lorsque les eaux de l'Ain grossissaient.

En 1773, cent ans après l'annexion de la Franche-Comté par la France, l'ingénieur en chef des Ponts et Chaussées Bertrand dirigea les travaux d'un nouveau pont de la Pyle. Il se composait d'une seule arche en pierre de taille. L'ouvrage avança fort lentement et coûta 120 000 livres de l'époque (une fortune). Pour le payer, on frappa tous les villages de la région d'un impôt supplémentaire qui fut supporté durement par le peuple. Catastrophe ! La veille de l'inauguration, le 7 août 1778, sous le règne de Louis XVI, la clef de voûte se rompit et le pont s'écroula dans la rivière en un fracas épouvantable.

Ce fut une désolation pour toutes les populations du voisinage qu'on avait pressurées pendant cinq ans en leur laissant entrevoir les avantages qu'elles tireraient de cette construction. En 1783 eut lieu une tentative de restauration de l'ouvrage. On jeta une passerelle en bois sur ce qui restait des culées de l'ancien pont. On bâtit une seule arche formée par des poutres assemblées en forme de voûte. De chaque côté du parapet s'élevait une cloison en planches percée de fenêtres, le tout recouvert d'un toit donnant à l'ensemble l'aspect d'un long corridor, pareil à celui qu'on voit encore à Lucerne, en Suisse. En 1794, le conventionnel Lequinio, de passage dans le Jura, le trouva très beau et vanta sa solidité en disant « qu'elle lui ferait traverser les siècles ».

Paroles malheureuses. Vingt ans exactement après son inauguration, le 10 juillet 1803, le pont de la Pyle s'abîmait une nouvelle fois dans les eaux tumultueuses de l'Ain. Un quatrième lui succéda en 1811. Sa destinée fut encore plus éphémère. Construit en bois par un nommé Aubert sur le modèle du précédent, il venait juste d'être terminé lorsque se produisit la grande invasion de 1814. Pour retarder l'avance d'une forte colonne de hussards hongrois placée sous le commandement du général Bubna, qui venait de pénétrer en Franche-Comté par le col de la Faucille, le préfet du Jura ordonna de faire brûler le pont. Arrêtés dans leur progression alors qu'ils touchaient au but, c'est-à-dire à Lons-le-Saunier, les coalisés menacèrent d'incendier Moirans-en-Montagne si le pont n'était pas reconstruit. Avec des bateaux et des planches, les habitants de la région se hâtèrent de lancer une fragile passerelle au-dessus de l'Ain qui permit aux troupes ennemies de traverser la rivière.

L'année suivante, en 1815, on fit appel à l'entrepreneur Tribourg, originaire de Saint-Cergues, pour construire un cinquième pont. Il mit deux ans à l'achever, mais lorsqu'il fut terminé et après qu'on eut fait passer dessus quelques voitures chargées de pierres pour éprouver sa résistance, on le trouva si fragile que personne ne voulut plus le franchir et on le démolit aussitôt.

Trois ans après, le charpentier Girod, de la Tour du Meix, entreprenait un nouvel ouvrage en bois qui tint le coup une cinquantaine d'années et ne fut remplacé qu'en 1869 par un disgracieux tablier métallique. Pour le payer, les riverains employèrent un procédé remis en usage depuis lors par les sociétés des autoroutes, un péage de un, puis de deux sous. Ce septième ouvrage fut le premier de l'ère moderne à subsister aussi longtemps puisqu'il ne fut détrôné que par l'actuel pont de la Pyle construit cent ans plus tard exactement pour permettre le franchissement de la retenue du barrage de Vouglans. Avouez que, sans être superstitieux, on peut se demander combien de temps durera ce pont numéro 8 [1] ?

---

1. Le 27 avril 1979 les journaux régionaux ont annoncé que le nouveau pont présentait des fissurations mais « qu'il n'y avait pas lieu de s'alarmer ».

Le Village englouti.

Mais revenons à ce dimanche d'été 1968, dans cette sauvage vallée de l'Ain que les Romains avaient appelée autrefois « la vallée mauvaise » à cause des sortilèges qui contrariaient paraît-il les prières adressées à leurs dieux et où, un peu plus tard, les Chartreux avaient construit, au Moyen Age, une abbaye qui était un chef-d'œuvre d'architecture. Une nouvelle fois, le val perdu venait d'être victime d'une étrange malédiction. Parce que des technocrates avaient trouvé les lieux propices à son installation, un gigantesque barrage était sorti de terre douze kilomètres en aval. A présent, l'eau commençait à envahir la vallée, à grimper jour après jour de quelques centimètres aux flancs des monts essartés. Déjà, les vestiges de la Chartreuse de Vaucluse avaient été démontés pierre à pierre. Le village du Bourge' avec son hameau de Bellecin et celui de Brillat venaient d être rayés de la carte par les dynamiteurs.

Après avoir franchi à pied le pont de la Pyle, je remarquai sur la plate-forme d'une sorte de belvédère naturel, un petit groupe d'hommes et de femmes qui contemplaient le paysage. J'eus l'impression d'entendre des pleurs. Curieux, je m'approchai de l'attroupement et je vis parmi les touristes une vieille paysanne vêtue de sombre, au visage ridé par les ans, qui sanglotait en désignant du doigt un point situé en bas, dans la vallée. Elle montrait l'endroit où se trouvait autrefois son village, où elle avait vécu durant près de quatre-vingts ans. A travers l'eau transparente, d'un mètre cinquante de profondeur environ, on voyait encore les murs effondrés, le tracé des chemins. La pauvre femme expliquait : « Ici, voyez, c'était ma maison... Làbas celle de mon frère Joseph... Au milieu, sur cette petite place, la laiterie... Derrière la chapelle, le cimetière... Plus loin, le pré où je menais paître mes vaches... »

Toute son humble existence semblait renaître dans ses phrases courtes entrecoupées de sanglots. Elle revoyait vraiment son village, comme si le film de toute sa vie défilait devant ses yeux noyés de larmes.

Les gens l'écoutaient, gênés, brusquement conscients du drame que l'anéantissement de la petite communauté représentait pour cette pauvre femme. Je sentis moi-même qu'une profonde émotion me gagnait. J'aurais voulu pouvoir compatir à la grande douleur de cette malheureuse en prononçant quelques paroles de réconfort. Mais lorsque je l'entendis prononcer cette phrase désespérée : « A présent qu'ils ont détruit ma maison, plus rien ne me rattache à cette terre. Je n'ai plus qu'à mourir... », je sus qu'il n'y avait rien à dire. Qu'en arrachant cette grand-mère à son village, à ses habitudes, à ses souvenirs, on l'avait condamnée à mort.

Alors, j'eus brusquement un sentiment de révolte. L'idée que je devais faire un livre sur ce sujet s'imposa à moi et, en même temps que cette indignation me suggérait l'histoire, le titre du roman jaillissait dans mon esprit. Ce serait *Le Village englouti.*

Depuis que cette œuvre est parue, j'ai reçu des dizaines de lettres de lecteurs français et étrangers qui m'ont appris que le drame de la « Mala Vallis » se reproduisait chaque année de nombreuses fois à travers le monde lorsque pour construire un barrage, une usine, une autoroute, on sacrifie au dieu béton des villages, des quartiers entiers, en chassant des milliers de gens de leurs maisons.

Aujourd'hui, le lac artificiel du barrage de Vouglans est devenu un haut lieu du tourisme jurassien. Au-dessus des hameaux engloutis, comme le disait Régis Outin à Jacques Dumesnil à la fin du film : « Les bateaux voguent, dans le ciel d'avant. »

Un Jurassien de cent vingt ans.

Au cours des années qui suivirent l'engloutissement de la vallée de l'Ain, le déracinement fut fatal à de nombreux vieillards qui ne purent s'adapter dans les villages voisins où on les avait relogés. Ces pauvres gens moururent de chagrin et d'ennui bien avant leur heure alors qu'en général, les Jurassiens vivent très vieux. Fils d'une race solide habituée depuis l'enfance à affronter les rigueurs d'un rude climat, ils sont « du bois dont on fait les centenaires » comme l'écrivait Louis Gerriet. Au XVIIIe siècle, un habitant de la région des lacs, sur le premier plateau, dépassa même très largement cet âge respectable, battant un record de longévité qui ne fut jamais égalé depuis en Franche-Comté.

Jean Jacob était né le 10 novembre 1668 à Charcier, un petit village proche de Clairvaux-les-Lacs. Ebéniste, il s'était rendu à Paris à l'âge de dix-huit ans pour y parfaire ses connaissances professionnelles, puis il était revenu vivre et travailler dans son pays. En 1785, le roi Louis XVI apprit qu'il comptait ce très vieil homme parmi ses sujets. Il décida de lui octroyer une rente de deux cents francs. Par suite de retards administratifs, ce ne fut qu'au début de l'automne 1789 que le père Jacob commença à percevoir cette pension. Il décida d'aller en personne remercier Sa Majesté et prit la diligence pour gagner la capitale. Il arriva à Paris à la mi-octobre et descendit dans la même auberge qu'en 1686, un établissement de l'île Saint-Louis où il se rappelait avoir été bien traité, à bon marché, par de braves gens.

Quelques jours plus tard, Jean Jacob fut reçu par Louis XVI qu'il remercia de sa générosité. De son côté, le roi le félicita et lui demanda comment il avait fait pour atteindre un si grand âge. Le vieux Jurassien répondit : « Votre Majesté pourra vivre aussi longtemps que moi en mangeant des gaudes ! » On sait que Louis XVI n'eut pas, hélas ! l'occasion d'expérimenter ce régime franc-comtois.

Le 23 octobre 1789, le plus que centenaire fut présenté à l'Assemblée Nationale. A son arrivée, les députés se levèrent avec respect. On le plaça dans un fauteuil, devant le président, et il assista à la séance, coiffé de son grand chapeau. L'artiste Garnery immortalisa cette scène en peignant le vieillard et en gravant son portrait qui fut vendu à des centaines d'exemplaires, tandis que l'original était déposé aux archives de l'assemblée.

Mais déjà, à cette époque, des charlatans savaient tirer profit de la crédulité du peuple. Parmi les députés se trouvait un certain Bourdon (qui devait s'illustrer sinistrement sous la Terreur). Il acheta le patriarche à sa petite-fille moyennant cent écus, le recueillit dans sa maison et l'exhiba aux curieux auxquels il demanda un droit d'entrée. Le centenaire servait aussi de garant à une recette de longévité apocryphe vendue fort cher aux badauds. Loin des lacs et des montagnes de son cher Jura, le vieillard ne devait pas résister longtemps à cette vie recluse de phénomène de foire. Il mourut dans le courant du printemps 1790, dans sa cent-vingt-deuxième année.

L'histoire de Jean Jacob n'avait pas contredit l'idée que les Parisiens se faisaient depuis longtemps des Francs-Comtois. Mes compatriotes étaient considérés comme des hommes d'une race à part. On les disait solidement bâtis, fiers et farouches. Cette opinion reposait sur un certain nombre de faits historiques, tel le récit de la bataille de Pavie. On racontait comment François Ier (qui était très grand, si l'on regarde la taille de son armure conservée au musée de l'Armée), avait été ceinturé par un géant jurassien et fait prisonnier. L'historien Gollut rapporte qu'à Madrid, un gentilhomme comtois qui assistait à une corrida (laquelle ressemblait peu à celle d'aujourd'hui), s'était esclaffé en voyant un toréador s'enfuir devant un taureau. Bondissant dans l'arène, il avait pris l'animal par les cornes, l'avait tué en lui vrillant la tête puis était revenu s'asseoir tranquillement au milieu des gens de la Cour en disant : « En Franche-Comté, voilà comment on traite les taureaux méchants ! »

Cette légende de la force colossale et de la sauvagerie des Jurassiens était si répandue dans l'esprit des Parisiens qu'en 1790, lorsqu'on annonça l'arrivée de la délégation comtoise à la fête de la Fédération, on renforça la police et on ferma les boutiques sur leur passage tellement on craignit qu'ils ne se comportassent comme une horde de barbares. Tout s'étant bien passé, les badauds de la capitale furent au contraire enthousiasmés par le calme et la prestance des Francs-Comtois qu'ils applaudirent longuement au cours du défilé.

Collier de perles égrenées.

Les archéologues modernes avec leurs moyens d'investigation scientifique sont de terribles démystificateurs de l'Histoire. Ainsi, comme tous les Francs-Comtois de ma génération, j'avais appris, dès les bancs de l'école primaire, qu'il avait existé autrefois, à Chalain, à Clairvaux-les-Lacs, des cités lacustres. Je me souviens d'une illustration qui ornait mon « Lavisse » [1], où l'on voyait une bourgade composée de huttes en rondins coiffées de chaume, construite sur des pilotis au milieu de l'eau. La nuit, on retirait la frêle passerelle qui reliait le village à la terre et tout le monde dormait tranquille à l'abri des bêtes sauvages.

Or, voilà que des travaux récents menés par des chercheurs français et suisses ont tout remis en question. Dans la très sérieuse *Tribune de Genève* du 27 juillet 1967, on a pu lire cet article : « La théorie selon laquelle les maisons des hommes préhistoriques étaient construites sur les lacs et reposaient sur des pilotis s'effondre peu à peu. Les découvertes prouvent que les lacustres n'avaient pas le pied marin et qu'ils vivaient sur la terre ferme. » Ce seraient en effet les lacs jurassiens qui auraient augmenté de volume depuis l'antiquité et englouti les vestiges des habitations de nos ancêtres. Les poutres noires, dressées comme des chicots qui émergent parfois de la vase, les années de grande sécheresse, seraient les restes des cabanes que nos aïeux construisirent autrefois au bord de l'eau. Patatras ! Voilà encore une belle légende historique qui disparaît.

Bien que je sois toujours béat d'admiration devant ces gens auréolés du titre de « chercheur au C.N.R.S. » qui vous expliquent avec une grande conviction que la galaxie d'Andromède est à 1,5 million d'années-lumière du Mont-Roland ou que le site de Chalain commença à être habité en l'an 6400

1. Ouvrage d'Ernest Lavisse que l'on utilisait autrefois dans toutes les classes primaires.

avant notre ère, j'ai toujours, en les écoutant, envie de pasticher ainsi un vieux dicton comtois :

Il n'est pas savant de nature
Qui ne se trompe quand il n'assure [1].

Car enfin, depuis Ptolémée, on sait bien que les théories scientifico-historiques sont faites pour être contredites.

L'été, face à Chalain, cette turquoise enchâssée dans un diadème de verdure, je préfère garder la vision poétique qu'on avait, dans mon enfance, des mystérieuses cités lacustres. Et il m'est doux de penser que ces hommes, que l'on dit primitifs, avaient déjà assez de goût et de sensibilité pour construire leur village dans ce site grandiose qui est sans doute le plus beau du Jura.

Des lacs, dans la région, il y en a tout un collier, comme des perles égrenées au creux des vallées. Ils sont tous plus beaux, tous plus chatoyants les uns que les autres. Un certain romantisme les auréole qui inspira l'œuvre de maints poètes. Celui pour lequel j'ai le plus d'attirance, c'est Bonlieu dont la sauvage beauté m'impressionne, surtout à l'automne lorsque des teintes rousses et or apparaissent à la lisière de la forêt silencieuse qui l'entoure.

A proximité du lac se trouve un village qui porte aussi le nom de Bonlieu. Or, cette charmante localité ne s'appela pas toujours ainsi. Depuis le Moyen Age, elle était affublée du qualificatif inconvenant de « Petites-Chiettes ». Je vous laisse deviner toutes les plaisanteries d'un goût douteux que les habitants de ce pays suscitèrent durant des siècles. En 1889, las d'être la risée de leurs voisins ils entamèrent une procédure administrative afin de transformer le nom de leur village en celui de Bonlieu qui avait été choisi parce qu'au XIe siècle une abbaye de chartreux située sur le territoire de la commune s'appelait ainsi. Sadi-Carnot, alors président de la République, signa le décret par lequel fut rebaptisée la localité. Cela donna l'occasion à

1. Vieux dicton comtois dont la version réelle est : « Il n'est point Français de nature, qui ne trompe quand il n'assure. »

Albert Millau, journaliste au *Figaro*, de publier à l'époque dans son journal ce petit poème humoristique où il faisait dire à Carnot :

Messieurs des « Petites-Chiettes »,
Puisque vous vous fiez à mon
Seul jugement, ce qui me flatte,
J'en appelle au grand Salomon,
Car la matière est délicate.
En m'en inspirant quelque peu,
Dans cet embarras où vous êtes,
Aujourd'hui je veux en « Bonlieu »
Changer vos petites-chiettes.
Bonlieu, c'est un nom opportun
Rappelant celui qu'il remplace
En conservant comme un parfum
Du nom que mon décret efface.

Au pays de la Vouivre et des OVNI.

Selon l'historien local Désiré Monnier, toute la région de Bonlieu fut un haut lieu de la religion druidique qu'il appelait « l'Olympe de la Séquanie ». Cette terre mystérieuse et légendaire a été de tout temps hantée par les esprits malins ou bénéfiques. Ici, pendant des siècles, on ne parla durant les veillées que de lutins folâtres, de génies terrifiants ou de fées bienveillantes. Aux alentours du lac sombre et profond, à la lisière de la forêt impénétrable, les vieux racontaient qu'ils croisaient souvent des sylphes, d'étranges cavaliers aériens armés de pied en cap avec des casques éblouissants qui gardaient, certaines nuits d'été ou d'hiver, les environs des clairières où l'on célébrait un culte étrange autour d'une table ronde auréolée de lumière. Ici, on appelait ces génies des « Youtons » ou des « Fouletots ». Il y avait aussi la Dame blanche et la déesse verte, très belle mais méchante, qui paralysait les gens sur place simplement en levant vers eux sa baguette.

Ces phénomènes nocturnes étaient si fréquents que pendant longtemps les habitants de la région se signèrent en passant à proximité de certains lieux, notamment d'une roche située près d'un îlot dénudé où l'herbe ne repousse jamais. Sur ce bloc monolithique rectangulaire que l'on appelle « la Pierre d'Autel », on remarque le tracé de deux grands X dont on ignore la signification. Pas très loin de là, entre Bonlieu et La Chaux du Dombief se trouve un menhir intact fixé sur sa petite pointe au sommet d'un cône, tandis qu'à Ménétrux-en-Joux une énorme pierre circulaire de trois mètres de diamètre intrigue les chercheurs.

Cette région du premier plateau, située dans un triangle compris entre les villages de Crotenay, Blye et Fort-du-Plasne, est aussi depuis toujours le repaire favori de la Vouivre. Il s'agit d'un animal fabuleux, mi-oiseau, mi-serpent, dont l'œil unique est une sorte d'escarboucle grosse comme deux poings de bûcheron. D'innombrables récits populaires racontent comment la bête vient se baigner certaines nuits dans les lacs jurassiens en ayant bien soin de laisser son joyau sur la berge. Malheur aux imprudents qui tentent de le dérober ! Ils sont, soit transformés en torches vives, soit emportés dans les airs puis relâchés au milieu de l'eau où ils se noient. Car après s'être reposée quelques instants, la Vouivre reprend toujours son vol silencieux, traversant les vallées d'un coup d'aile en laissant derrière elle un long sillage lumineux.

Aucune autre légende ne fait aussi intimement partie du folklore comtois que celle de la Vouivre dont on retrace l'histoire aux quatre coins de la province. Depuis des siècles, elle a inspiré l'œuvre de presque tous les écrivains et poètes de chez nous. Marcel Aymé en a tiré un fameux roman qui porte ce nom et dans lequel l'animal fabuleux est métamorphosé en une fort jolie fille.

Il y a quelques années, à la suite d'un article que j'avais fait paraître sur ce sujet dans une revue littéraire, je reçus la visite de M. James-Edmund Lawless, un journaliste américain qui s'intéressait au phénomène des OVNI pour le compte d'un grand magazine d'outre-Atlantique. Mon confrère sembla très intéressé lorsque je lui révélai que ces passages lumineux dans le ciel jurassien ne dataient pas du xxe siècle. Déjà, vers la fin de l'année 1636, sœur Dorothée Boyvin, religieuse dans une congrégation doloise, avait vu, au-dessus du bailliage d'aval, une sorte de grosse cloche de feu. Un autre témoin avait relaté plus tard en ces termes le survol de nos campagnes par une Vouivre gigantesque : « Une nuit, mes yeux furent frappés d'une grande lumière. Je les levai vers le ciel et je distinguai le serpent de flammes. Vous l'eussiez volontiers pris pour une étoile filante, une comète, un météore. »

Mon visiteur émit l'hypothèse selon laquelle la Franche-Comté, vieille terre au relief tourmenté, au sous-sol riche en ressources minérales, pouvait émettre certaines radiations, certaines ondes mystérieuses utilisées dans la propulsion des soucoupes volantes, ce qui expliquerait l'extrême fréquence des phénomènes OVNI enregistrés dans notre province.

James-Edmund Lawless venait à peine de regagner les Etats-Unis lorsque se produisit, le 2 novembre 1972, au pied des cascades du Hérisson, un événement qui fit beaucoup de bruit dans le monde de l'ufologie [1] et dont on parla dans toute la région. Alors que très souvent ce genre d'apparition a lieu la nuit, ce jour-là, c'est à 16 h 20 qu'elle se manifesta. Elle fut observée puis décrite par un témoin digne de foi dont personne n'a pu contester qu'il était sincère et parfaitement équilibré. Au départ d'ailleurs, il était bien décidé à ne rien révéler de son aventure car il craignait d'être moqué par ses voisins. C'est l'un des membres de sa famille qui vendit la mèche et alerta la gendarmerie de Clairvaux-les-Lacs.

Ce jour-là, M. Georges Vuillien, âgé de quarante ans, pisciculteur au hameau de Val-Dessous, aperçut à l'extrémité de ses bassins remplis de truites un énorme engin immobile dans le ciel, à une dizaine de mètres seulement au-dessus d'un petit chalet en bois. « Si j'avais fait précédemment la sieste, raconta le témoin aux enquêteurs, j'aurais cru que je continuais à rêver ou que j'étais mal réveillé. Mais je ne dormais pas et, comme le

1. Science nouvelle qui traite du phénomène des Objets Volants Non Identifiés (OVNI).

ciel était parfaitement clair, dégagé, sans aucune trace de brume, je sus que je n'étais pas non plus l'objet d'une illusion d'optique. J'étais même tellement conscient de l'importance de l'événement que je vivais que je notai l'heure : 16 h 20. »

Pas très rassuré, M. Vuillien observa prudemment la « chose » depuis le portail, prêt à aller chercher son fusil de chasse pour se défendre au besoin. Mais, dans le silence le plus total, l'objet ne bougeait pas de place. Cela dura cinq bonnes minutes pendant lesquelles le pisciculteur eut le temps de bien le détailler. « Il avait, expliqua-t-il, une forme circulaire d'au moins vingt mètres de diamètre, avec un dôme sur la face supérieure, comme un œuf renversé, de 2,50 m de haut et d'une douzaine de mètres de circonférence. Cette coupole était opaque, pareille à ces matériaux qui ne permettent de voir que d'un seul côté. Tout le reste de l'appareil était d'une teinte un peu semblable à celle de l'aluminium mat, sans aucune trace de rivetage ni de soudure. »

Durant tout le temps de cette observation qui lui sembla durer une éternité, M Georges Vuillien, empreint d'un sentiment de crainte incontrôlé, eut l'impression que l'engin était habité et qu'on le regardait depuis l'intérieur. « Soudain, la coupole bascula dans ma direction, puis, sans flammes, sans chaleur, sans bruit de moteur ni appel d'air, l'engin partit presque à la verticale à une vitesse incroyable. »

L'enquête menée quelques jours plus tard à l'aide d'appareils scientifiques au-dessous de l'endroit où l'OVNI avait stationné, notamment un grillage de clôture, révéla un magnétisme de 50 gauss [1], alors que la normale n'était que 1/10e de gauss. Lorsqu'un ami, passionné par les phénomènes extraterrestres, me raconta ce qui venait de se passer près des cascades du Hérisson ce 2 novembre 1972, je ne pus m'empêcher de songer à cette phrase d'Albert Einstein que mon confrère américain m'avait rapportée lors de sa visite à Chaussin : « Les soucoupes volantes existent et le peuple qui les possède est un peuple d'humains partis de la terre il y a 20 000 ans ! »

1. « Gauss » : unité d'induction magnétique dans le système d'unité de mesure.

Une certaine misogynie.

En ce magnifique pays des lacs et des cascades où, dans un décor de verdure, on assiste à chaque détour de la route aux fêtes royales de l'eau, des rochers et de la lumière, les habitants ont pourtant toujours vécu chichement. Les ressources de cette région ont de tout temps été fort maigres et les villages ont commencé très tôt à se dépeupler. Il n'y a guère qu'une quinzaine d'années que le développement du tourisme d'été à Chalain, à Vouglans et Clairvaux-les-Lacs a permis à ce pays de trouver une relative prospérité.

Confrontés aux dures réalités quotidiennes, les hommes du plateau issus d'une longue suite de générations ayant bataillé sans cesse pour survivre contre le climat, contre l'adversité, n'ont jamais eu des mœurs très raffinées. Ils avaient surtout le sens du pratique, de l'utile, ce qui leur faisait dire par exemple : « Le balai ni le torchon ne rapportent rien à la maison. » Ou encore : « A trop récurer le chaudron, on finit par l'user. » N'ayant aucune propension à l'élégance vestimentaire, ils allaient répétant : « Mieux vaut bonne panse que belle manche. »

Dans cette contrée où les paysans étaient trop pauvres pour acheter des chevaux, on attelait non seulement les vaches aux charrues, mais aussi les femmes et les enfants. C'est dire que le beau sexe était avant tout considéré comme une main-d'œuvre d'appoint dont l'agrément passait après l'utilité. Parlant de cette infatigable et courageuse Comtoise, le poète Alphonse Gaillard a écrit :

Elle est pensive et douce et cependant tenace
A la voir si longtemps rivée à son travail
En son être on saisit l'empreinte de sa race...

Quant à Jean-Jacques Rousseau, qui les rencontrait souvent lorsqu'il voyageait dans les environs du Léman où il herborisait, il dépeignit ainsi les Jurassiennes : « Ce sont des femmes admirables qui, si elles n'ont pas la coquetterie de certaines, possèdent toutes les qualités. »

Cette flatteuse renommée des femmes franc-comtoises n'empêchait pas nos anciens d'éprouver à leur égard un sentiment de méfiance confinant à la misogynie. C'est ainsi qu'à la jeune fille qui fredonnait, en dansant le branle [1], cette vieille chanson :

Il est pourtant temps de me marier !
Que n'y songe-t-on ?
Que ne se hâte-t-on ?
Que ne me marie-t-on ?...

le prétendant possible répondait par ces maximes populaires que l'on connaît encore de nos jours dans bien des villages du plateau :

Roulier qui trop se presse
Choisit cheval malandre [2]

ou celle-ci, fort répandue dans la région des lacs :

Pour vivre heureux pas d'amourettes
Pas de procès et pas de dettes.

Si la jouvencelle insistait et faisait du charme, elle s'entendait rétorquer :

Jeune femme et vieux chevaux
Mènent l'homme au tombeau.

Même au moment de choisir épouse, le garçon pouvait se référer à un certain nombre d'aphorismes qui feraient bondir les dames du M.L.F. :

---

1. « Branle » : sorte de farandole paysanne rythmée à grands coups de talons.
2. « Malandre » : mal qui vient au pli du jarret des chevaux.

Jeune femme, bois vert et pain tendre
Font bientôt maison à vendre.

Sans oublier celui-ci qui garde un caractère utilitaire :

Quand la femme est trop belle à la maison
On n'y trouve pas de beaux cochons.

On peut imaginer que forts de ces préceptes matrimoniaux terre à terre, les Comtois choisissaient autrefois pour épouses plus volontiers les filles laides déjà d'un certain âge que les jeunes tendrons, en se disant que :

La beauté ne se mange pas à la cuillère
Et c'est dans les vieux pots qu'on fait la meilleure soupe.

Ou bien encore :

Mieux vaut dire : « Laide allons souper... »
Que : « Belle, qu'avons-nous à manger ? »

Pour la suite, en ce qui concernait la qualité de leur descendance, ils faisaient confiance en cet autre adage :

Peute [1] *chatte dit-on*
Engendre toujours beaux minons.

La curieuse coutume du mariage.

On comprend que régi par de tels principes, le mariage était considéré autrefois en Franche-Comté comme une institution avec laquelle on ne plaisantait pas. La cérémonie n'avait lieu qu'après plusieurs années de fréquentation au cours des-

1. « Peute » signifie laide en langage populaire comtois. On dit encore de nos jours « une peute femme ».

quelles les fiancés apprenaient à se connaître, à s'estimer et à se préparer à la vie commune. Tandis que les filles travaillaient activement à la confection de leur trousseau, les garçons se mettaient en quête d'un logement pour abriter leur futur foyer.

Le mariage était en fait l'aboutissement de tout un processus de coutumes et de traditions qu'il fallait respecter scrupuleusement sous peine d'être banni de la communauté villageoise.

Pour la jeune fille, tout commençait comme toujours par des rêves. Dès l'adolescence, elle s'efforçait de deviner ce que l'avenir lui réservait et avec qui elle se marierait. Pour cela, à Noël, elle ne manquait jamais de se livrer à une curieuse expérience où, comme dans la Genèse, la pomme jouait un rôle essentiel. Lors de la veillée qui suivait le retour de la messe de minuit, elle choisissait une pomme bien ronde et l'épluchait adroitement en ayant soin de ne faire qu'une seule pelure. Ensuite, debout au milieu de la cuisine et devant l'assistance attentive, elle jetait l'épluchure par-dessus son épaule gauche. Dans la forme du dessin tracé par la peau de la pomme sur le sol, elle devait chercher à déchiffrer les initiales du nom et du prénom de son promis

Si la jeune fille sortait d'une famille pauvre, la rencontre de son futur était laissée au hasard. Il en allait tout autrement lorsqu'il s'agissait d'une riche héritière. Qu'elles fussent belles ou laides, grasses ou maigres, celles-ci ne manquaient pas de prétendants. Pendant longtemps, ce furent les parents qui choisirent le fiancé de leur fille selon leur propre goût et surtout en fonction de leurs intérêts. Vers le milieu du XVIIIe siècle, une évolution des mœurs amena un peu plus de libéralisme dans cette forme de mariages de raison. Pour éviter les mésalliances, ce furent toujours les parents qui trouvèrent les prétendants ; cependant au lieu d'en proposer un seul, ils en désignèrent plusieurs, parfois une demi-douzaine, afin que leur fille puisse choisir vraiment l'homme qui lui convenait le mieux.

Cette étonnante coutume, qui fut pratiquée sur le plateau ainsi que dans la plaine bressanne jusqu'aux alentours de 1900, s'appelait le « taboulage ».

Un soir, le père de famille invitait un certain nombre de garçons à une veillée où l'on causait, chantait, jouait aux cartes, en mangeant des noix et en buvant du vin de l'Etoile. Pendant ce temps, la jeune fille de la maison restait cachée dans le fond de la pièce, assise sur une chaise derrière le rideau de l'alcôve. Elle ne perdait pas une miette de la conversation. Bien sûr, en cette circonstance cruciale, chaque candidat cherchait à se faire valoir. C'était à celui qui chanterait le mieux, qui raconterait les meilleures histoires, qui vanterait avec le plus de conviction ses qualités physiques, intellectuelles ainsi que ses espérances.

Finalement, tard dans la soirée, lorsque son choix était arrêté (mais ne l'était-il pas déjà longtemps à l'avance ?), la jeune fille rougissante sortait de son recoin et, s'adressant à l'un des gars, disait : « Vous, X..., vous pourrez rester pour la collation. »

Les autres soupirants qui n'avaient pas été choisis quittaient alors la maison tandis que le favori discutait avec les parents des conditions du mariage. Parmi les candidats évincés, certains ne prenaient pas toujours les choses du bon côté. Il leur arrivait d'attendre le préféré et de se venger de leur malchance en lui administrant une bonne raclée lorsqu'il sortait de chez sa belle.

Cette curieuse coutume du « taboulage » me remet en mémoire une pratique encore plus insolite, sinon plus osée, qui se déroulait au siècle dernier dans une autre région de Franche-Comté, celle de Baume-les-Dames et de Montbéliard. Il s'agissait de « l'auvrée » dont le docteur Perron, de Besançon, a rapporté tous les détails.

Le samedi et le lundi soir étaient traditionnellement consacrés à cette coutume. Le prétendant qui désirait faire la cour à une jeune fille se présentait au domicile des parents et demandait s'il pouvait aller à « l'auvrée ». Si la réponse était affirmative, l'amoureux enlevait ses sabots et, tout habillé, prenait place dans l'alcôve au fond de la cuisine où la demoiselle était déjà couchée. Tandis que le reste de la famille et les voisins se livraient aux menues tâches ou divertissements habituels de la veillée, les fiancés devisaient tranquillement côte à côte dans le grand lit, mais toujours sous l'œil des invités car on ne tirait pas les rideaux.

Le docteur Perron affirme que cette coutume hardie se déroulait en tout bien tout honneur et que la familiarité entre le jeune couple ne dépassait jamais les limites de la bienséance. Selon lui, à la même époque, cet usage était également en vogue dans plusieurs cantons de Suisse alémanique sous le nom de « kilt », les pratiquants étant appelés « kilteurs ». Un autre chercheur pense que les origines de cette coutume sont dues à la dureté du climat qui obligea les amoureux blottis dans leur coin à se protéger sous des couvertures, puis à se mettre tout bonnement au lit pour ne pas mourir de froid.

Enfin, après tous ces préliminaires, arrivait le jour des épousailles. Selon l'aisance des familles, on invitait la parenté des deux côtés à un degré plus ou moins éloigné. On conviait aussi les amis et les voisins. Dès les premières heures de la matinée, par toutes les routes, on voyait arriver des voitures chargées de gens endimanchés. On se rendait d'abord à la ferme des parents de la mariée avant de rejoindre l'église.

Les futurs époux pénétraient les derniers dans la nef. Le garçon avait revêtu un habit en droguet brun, dont les basques, munies de larges poches, descendaient jusqu'aux mollets, une culotte de même étoffe, des bas de laine attachés avec des jarretières et de gros souliers ornés de boucles en cuivre ; il tenait sous le bras un feutre à larges bords en forme de tricorne. Quant à la jeune mariée, elle était vêtue tout en blanc d'une robe garnie de fine dentelle, la tête ornée d'une couronne de myrte, cette plante méditerranéenne que l'on achetait aux colporteurs pour cette seule occasion. Elle était chaussée le plus souvent de très jolis sabots vernis, confectionnés spécialement pour la cérémonie et qu'elle conservait ensuite durant toute sa vie au fond d'une armoire.

Après avoir été conduits jusqu'au pied de l'autel par leurs parents respectifs, les jeunes gens agenouillés étaient dissimulés sous un immense voile blanc, leur livre ouvert sur une chaise, à côté d'eux. Quelques instants avant que le prêtre ne sorte de la sacristie pour dire la messe, les invités se levaient, quittaient leur place et, en lente théorie, défilaient devant les futurs époux. Au passage, ils déposaient sur le paroissien de l'un ou de l'autre un écu d'argent, parfois un louis d'or, offrande destinée à faciliter l'établissement du ménage.

Après avoir empoché discrètement le magot, le jeune marié disposait sur un plateau un anneau et une pièce d'or que le curé bénissait le moment venu. Ensuite, il plaçait l'anneau au doigt de sa femme et lui remettait le louis, en disant : « De cet anneau je vous épouse ma mie et de mes biens je vous doue [1]. » A cet instant se déroulait un épisode particulier de la cérémonie nuptiale. Le mari cherchait à pousser la bague d'alliance jusqu'au bas du doigt de l'épouse pour s'assurer le gouvernement du ménage. De son côté, la jeune femme s'efforçait de ne pas laisser l'anneau franchir sa première phalange, ce qui lui assurait pour la suite, selon la coutume, une part du commandement dans le foyer.

A la sortie, sur le parvis, le couple était acclamé par une foule composée d'enfants et de mendiants auxquels les jeunes gens distribuaient des morceaux de brioche et des piécettes de monnaie. Puis, dix pas en avant, deux, trois ou parfois quatre ménétriers aux chapeaux enrubannés, jouant de la viole, de la flûte et du tambourin, précédaient le cortège qui traversait le village à pied. Il s'arrêtait devant certaines fermes où les jeunes mariés recevaient la bénédiction de très vieilles gens qui prononçaient cette phrase rituelle : « Dieu vous bénisse, que sa volonté vous soit propice ! »

Lorsque la noce arrivait à domicile, elle trouvait la porte fermée. Le mari s'avançait le premier, frappait, et peu après apparaissait une cuisinière tenant à la main un « pochon » [2] contenant deux œufs durs. Pour pouvoir entrer dans les lieux, le jeune marié devait réussir à jeter les œufs par-dessus le toit de la maison. S'il y parvenait, ce serait lui le maître dans le ménage, sinon, son autorité s'en trouvait affectée. Quant à la nouvelle épouse, elle découvrait sur son passage un balai et

1. « Doue » : du verbe douer qui lui-même vient du latin dotare (doter).
2. « Pochon » : en Franche-Comté, grande louche de fer blanc ou en étain.

quelques « chenis » [1] qu'elle devait ramasser soigneusement sous peine d'être considérée comme une femme peu ordonnée.

Le repas commençait ensuite avec la traditionnelle soupe au fromage, la potée comtoise au porc fumé, les bôlons (pain de seigle cuit deux fois), les volailles, parfois le gibier sans oublier les truites de torrent, les écrevisses et les morilles. Les desserts aussi étaient variés, composés de brioches sucrées, de tartes aux pommes, de galettes au goumeau et bien sûr de beignets appelés aussi « merveilles » dont on avait rempli des corbeilles à linge. Quant aux vins, on les avait depuis longtemps réservés à la cave pour cette occasion, de même que les eaux-de-vie de marcs ou de prunelle. La qualité de ces agapes dépendait évidemment de la fortune des parents de la jeune mariée, mais même dans les milieux modestes et quitte souvent à s'endetter, le repas de noce, qui durait deux jours complets, était l'occasion d'un banquet pantagruélique dont l'abondance nous étonnerait à notre époque.

Le premier soir, peu avant de quitter la table pour passer à la grange transformée en salle de bal, le garçon d'honneur se glissait subrepticement sous la table et coupait la jarretière de la mariée, trophée qu'il fractionnait ensuite en menus morceaux et offrait en échange de l'obole versée pour le service par chaque participant. C'est en général à cet instant que retentissait au-dehors une bruyante pétarade. Il s'agissait des conscrits et conscrites du village venus « tirer la poule », c'est à-dire donner cette curieuse aubade à coups de fusil pour se mêler ensuite aux invités.

Les ménétriers, juchés sur des estrades de fortune dans le fond de la grange décorée de guirlandes et de lampions commençaient à jouer les danses rythmées souvent ponctuées de chansons que la joyeuse assistance reprenait en chœur. Tard dans la soirée, le garçon d'honneur interrompait soudain les réjouissances en poussant un grand cri : « Ils sont partis ! » Chacun feignait de s'étonner de la disparition des jeunes mariés qui s'étaient éclipsés à l'anglaise. Tous les invités partaient

1. « Chenis » : en Franche-Comté et dans certains cantons suisses, résidus destinés à être jetés à la poubelle.

alors dans la nuit à travers le village à la recherche des tourtereaux à la suite du garçon d'honneur portant sur les épaules pour la circonstance, une bouille à lait remplie de vin chaud. Bientôt trouvés au nid dans une maison amie, les jeunes mariés devaient boire quelques gorgées de l'odorant breuvage à la louche, aussitôt imités par toute la troupe. De nos jours, les « dénicheurs » remplacent dans nos campagnes le vin chaud par un saladier de crème au chocolat que les nouveaux époux doivent déguster en buvant une coupe de crémant du Jura.

Certaines noces comtoises ne se terminaient pas toujours aussi joyeusement. C'étaient celles qui faisaient l'objet d'un charivari. Il s'agissait de l'arrivée inopinée dans la salle du banquet ou du bal, d'un groupe de garçons du village portant des casseroles, des trompes de chasse, des sifflets, et qui se mettaient à tirer de ces instruments discordants un vacarme infernal pour importuner les invités. Cela jetait évidemment un froid dans l'assistance. Il n'était pas rare que les gens de la noce et les intrus s'affrontent en de mémorables batailles rangées.

A l'origine, cette coutume avait pour but de railler une veuve âgée lorsqu'elle convolait avec un homme beaucoup plus jeune qu'elle, ou à l'inverse, lorsqu'un barbon épousait une jouvencelle. Mais à la campagne où les inimitiés sont tenaces, le charivari se transforma avec le temps en un moyen de vider par l'insulte d'obscures querelles. On en vint dans certaines régions à faire le charivari pour des motifs insignifiants. Tel riche fermier qui mariait sa fille à un garçon d'un autre village, telle famille réputée pour son avarice se voyaient soumis à une impudente cacophonie. La politique aussi servit de prétexte à ces concerts disgracieux qui, au milieu de la nuit, à tous les échos des campagnes endormies, suscitaient les aboiements furieux des chiens du canton.

Fort heureusement, depuis la dernière guerre, cette coutume désobligeante a disparu presque complètement des mœurs villageoises; seule demeure encore en pratique la tradition de « la poule » tirée par les conscrits.

Après la noce, les invités s'en retournaient chez eux tandis que les nouveaux mariés commençaient paisiblement leur existence conjugale. L'épouse rangeait sa couronne de myrte, ses sabots vernis dans un tiroir et pliait avec soin la paire de draps du lit nuptial dans l'armoire. En effet, ces draps devaient servir de linceul à chacun des conjoints au moment de son décès. Ainsi, pour les anciens, cette coutume symbolisait l'union indestructible du couple, à la fois dans la vie et dans la mort.

La catastrophe du Mont-Rivel.

De lac en lac, de cascade en cascade, nous arrivons enfin à Champagnole, charmante petite cité industrieuse du plateau, renommée dans l'Europe entière pour la qualité de ses fabriques de meubles. La forêt d'où l'on tire la matière utilisée par cette industrie prospère n'est pas loin. Elle entoure la ville de ses sapins noirs qui surmontent les gorges de la Lemme, les précipices de la Billaude et la Cluse d'Entreportes. Mais c'est surtout la masse du Mont-Rivel qui attire l'attention du voyageur au détour de la route. Le temps a passé depuis les faits qui rendirent cette montagne tristement célèbre et cependant, pour beaucoup de gens, le drame des « emmurés de Champagnole » est toujours vivace dans les mémoires.

Tout commença le 27 juillet 1964, par une splendide journée d'été, alors que les touristes venaient d'arriver, très nombreux, sur les plages des lacs jurassiens. Il était midi un quart, l'heure de sortie des ateliers. Les rues de Champagnole connaissaient une grande animation.

Soudain, un énorme grondement se fit entendre, tandis qu'un tremblement prolongé secouait les quartiers nord-est de la ville. Dans cette direction, on vit s'élever peu après un nuage de poussière grise qui flotta un instant au-dessus des installations de la cimenterie. Quelques minutes seulement après l'explosion, toutes les sirènes d'alarme se mirent à mugir tandis que l'effrayante nouvelle se répandait immédiatement parmi la population : « Le Mont-Rivel vient de craquer ! » Pour tous les habitants de Champagnole, cette petite phrase avait une redoutable signification.

Aussitôt, ce fut une ruée générale vers la montagne dominant le plateau et d'où l'on extrayait par d'immenses galeries souterraines une roche friable employée dans la fabrication du ciment. En arrivant sur les lieux, les premiers sauveteurs constatèrent avec stupeur que d'énormes crevasses s'étaient creusées au flanc du Mont-Rivel, couchant des sapins, lézardant les murs d'une ferme toute proche. Un souffle puissant exhalé par les entrailles de la terre avait renversé des baraquements en bois tandis que, de la voûte béante par laquelle on accédait aux chantiers intérieurs, s'étaient détachés des blocs de pierre qui obstruaient complètement l'entrée.

Qu'étaient devenus les mineurs travaillant sous la montagne ? Cette angoissante question fut bientôt sur toutes les lèvres. On ne tarda pas à apprendre qu'il y en avait quatorze bloqués quelque part dans les trente-sept kilomètres de galeries. Celles-ci faisaient du Mont-Rivel une gigantesque meule de gruyère, un lieu dangereux où d'autres éboulements s'étaient déjà produits précédemment.

D'après le plan de travail examiné par les sauveteurs, il apparut qu'une équipe se trouvait, au moment de l'accident, dans la partie nord de la mine, assez loin de la galerie d'extraction et de la sortie. Pour rejoindre la poche où pensait-on les hommes avaient pu se réfugier, il n'y avait que deux solutions : déblayer des tonnes et des tonnes d'éboulis, ou percer perpendiculairement la montagne afin d'atteindre le front de taille. Mais, étant donné les dégâts importants visibles en surface, on pouvait se demander s'il y avait bien des rescapés sous le Mont-Rivel.

Ils étaient pourtant neuf à survivre au fond du trou, groupés autour d'André Martinet, le contremaître carrier. Neuf, emmurés comme des taupes, à quatre-vingt-trois mètres sous terre, sans vivres, sans vêtements chauds alors qu'il ne faisait que 13° dans la mine, avec seulement quelques outils et une unique lampe à carbure.

La littérature a parfois du bon. Parce qu'ils se souvenaient d'un livre consacré au récit de la catastrophe de Courrières en 1906, les ouvriers champagnolais gardèrent l'espoir de s'en sortir et, en se relayant, se mirent à taper contre la voûte pour signaler leur présence aux sauveteurs.

En surface, les secours commencèrent très vite à s'organiser, sous la direction d'André Socié, ce maire admirable de Champagnole qui devait mourir quelques années plus tard des suites de la grave maladie dont il souffrait déjà à cette époque. En déplacement dans la région, j'ai suivi heure par heure en juillet 1964, le déroulement de cette catastrophe. Elle m'a si profondément bouleversé que je lui ai consacré l'un de mes livres et qu'aujourd'hui encore, il m'arrive souvent d'y songer.

Grâce à l'extraordinaire élan de solidarité qui se manifesta dans l'Europe entière, grâce au concours des médias, beaucoup de gens se sentirent solidaires. Des moyens considérables furent mis en œuvre pour sauver les emmurés. Le 4 août vers le milieu de l'après-midi, par l'étroit orifice vertical pratiqué dans la montagne au moyen d'une foreuse pétrolière, une fragile nacelle remontait les uns après les autres les neuf mineurs rescapés. Pour la première fois dans le monde, les caméras de télévision permirent à des millions de téléspectateurs d'assister en direct à cet événement bouleversant.

Aujourd'hui l'extraction de la roche se poursuit toujours sur le Mont-Rivel ; mais elle se fait dans des carrières à ciel ouvert car il aura fallu cette catastrophe pour que l'on comprenne que la vie des hommes valait bien quelques dizaines de millions d'investissements.

Lorsqu'il m'arrive de repasser au pied de la montagne maudite, je ne peux m'empêcher de songer aux cinq autres malheureux restés ensevelis sous les galeries effondrées. Etaient ils encore vivants comme certains l'ont prétendu, lorsque les foreuses se sont arrêté de creuser ? Les coups perçus dix jours après l'éboulement étaient-ils leur ultime appel de détresse ou de nouveaux craquements de rochers ? C'est un terrible secret que le Mont-Rivel gardera sans doute éternellement dans ses flancs.

Le chasseur de vipères.

C'est l'écrivain anglais John Ruskin qui a sans doute célébré avec le plus de lyrisme la région de Champagnole. Dans son livre intitulé *Les sept lampes de l'architecture*, il écrivait en effet :

Il y a des heures de ma vie auxquelles je me reporte avec une gravité particulière. Parmi celles-ci, il en est une passée au moment du coucher du soleil, au milieu des masses accidentées de la forêt qui borde les cours de l'Ain au-dessus de Champagnole, dans le Jura. Ce coin a toute la solennité, sans l'âpreté des Alpes. Ce sont les premiers accents des puissantes symphonies des monts qui doivent bientôt s'élever plus bruyantes et follement se briser le long des créneaux des Alpes. Mais leur force est encore contenue ; les crêtes étendues des montagnes aux riches pâtis se succèdent les unes aux autres comme la longue ondulation gémissante qui, soulevée au loin sur la mer par la tempête, voit enfler les flots encore paisibles. Une profonde tendresse règne en cette monotone étendue. Les moelleux pâturages du Jura ne sont pas ravinés par ces sentes poussiéreuses d'anciens glaciers. Patiemment, par une succession de remous, ses ruisseaux verts et limpides suivent les détours bien connus de leur lit ; et sous le calme ombreux de leurs sapins tranquilles, surgit une réunion de fleurs joyeuses telle que je n'en connais point de pareille parmi toutes les bénédictions de la terre. C'était au printemps, il y avait assez de place pour elles toutes. C'était l'anémone des bois dont, tour à tour, chaque étoile se formait en nébuleuse ; c'était l'oxalide, comblant les profondeurs des crevasses verticales de la pierre calcaire teintée d'un lierre aussi gracieux et léger qu'une vigne ; et c'était encore, de-ci, de-là, un jaillissement bleu de violettes et des clochettes de primevères dans les coins ensoleillés. Dans les coins les plus découverts, les petits boutons de saphir de la poligala-alpina et la fraise sauvage, juste une fleur

ou deux, diaprant l'or du tapis moelleux, épais et chaud de mousse ambrée.

Cette flore jurassienne si bien vantée par John Ruskin attire de plus en plus les amateurs de botanique. Il n'est pas rare de rencontrer au détour des sentiers forestiers ou des pâtures, de jeunes herboristes porteurs d'un coûteux matériel de prises de vues qui viennent photographier toutes les plantes sauvages poussant au printemps dans les creux des rochers ou les sous-bois.

Il y a quelques années, on pouvait voir aussi déambuler le long des « murgers »[1] un personnage pittoresque, sorte de braconnier hirsute, portant une espèce de goujonnière en bandoulière et tenant à la main un bâton articulé relié par deux lanières. C'était le père Ticko, chasseur de vipères, qui pratiquait son dangereux mais nécessaire métier aux abords des villages. Dès qu'un homme ou un animal domestique avait été mordu par un de ces reptiles ou qu'on en signalait une prolifération excessive, le maire de la localité faisait appel au vieux légionnaire pour nettoyer les environs du pays de ces hôtes indésirables. Il arrivait sur place au petit matin, et, à midi, on était sûr qu'il avait capturé tous les serpents de la commune.

« Je ne crains pas les morsures, disait le père Ticko, d'ailleurs elles ne sont pas si méchantes que ça. Il faut simplement savoir les prendre. »

De fait, la vipère du plateau est un animal très pacifique, plutôt craintif, qui n'attaque jamais l'homme si on ne lui fait pas de mal, contrairement à la couleuvre beaucoup plus agressive, dont la charge est très impressionnante et dont la morsure, si elle n'est pas mortelle, vous donne quand même un bon quarante de fièvre.

Adulte, la vipère jurassienne mesure entre 80 et 90 cm de long. Elle possède une tête triangulaire et des crochets à venin qu'elle projette en avant pour se défendre. Ses amours ont lieu en mai. Après une gestation de quatre mois, vers la fin de l'été,

1. « Murgers » : petits murs de pierres servant à délimiter les champs ou les prés communaux.

elle donne naissance à une dizaine de petits, ce qui lui permet de proliférer rapidement dans certains coins qu'elle affectionne, tels les revers des talus, les vignes en friches et les vieux murs.

Le père Ticko excellait dans la capture de ces bestioles. Pour chaque prise, il recevait une prime de cinquante centimes offerte généreusement par le département, de deux francs versés par la commune intéressée et d'environ deux francs cinquante de l'Institut Pasteur, soit un total de cinq francs par tête, ce qui n'était pas le Pérou, on en conviendra, pour un métier aussi dangereux. Mais le brave homme opérait surtout pour le plaisir. Il était très fier de montrer ses prises à ses amis. Il lui arrivait même de lâcher ses belles captives à la terrasse des cafés de Champagnole sous le regard pas très rassuré des consommateurs.

Un jour cependant, le père Ticko eut un différend avec le maire d'un village de la région qui refusa de payer la prime promise en mettant en doute le fait que le bonhomme ait pu capturer toutes les vipères entassées dans sa goujonnière sur le seul territoire de sa commune. La discussion s'étant envenimée – si l'on peut dire – Ticko à bout d'arguments ouvrit toute grande sa boîte et répandit les reptiles au beau milieu de la salle de la mairie. Horrifié, le magistrat municipal n'eut d'autres ressources que de grimper lestement sur son bureau et de s'y tenir à genoux tel un naufragé sur son radeau. Comme Ticko s'apprêtait à quitter la pièce, sa victime s'écria : « Je paye ! Je paye ! » Goguenard, l'ancien légionnaire déclara : « Dans ce cas, il faudra doubler la prime car dame ! je vais être obligé de faire deux fois le travail ! » Méfiant, il tendit la main en direction du maire qui dut sortir de son propre portefeuille le montant de ce qui était devenu sa rançon.

Cette histoire amusante m'avait inspiré un conte il y a quelques années et le réalisateur Claude Him eut l'idée de le mettre en images. Dans cette petite dramatique qui fut projetée en 1976 par FR3, Henri Lambert assurait le rôle du chasseur de vipères et Max Montavon celui du maire.

Les philosophes de Bief-du-Fourg.

Situé à l'est de Champagnole, le Val de Miège est une région fort pittoresque consacrée presque exclusivement à l'élevage car les cultures y sont maigres, peu favorisées par la rudesse du climat régnant sur ce plateau cerné par les noires sapinières. Elle fut cependant une contrée prospère durant le Moyen Age, le siège d'une puissante baronnie comprenant quarante villages et hameaux.

Vers la fin du XIIe siècle, la famille des Chalon, branche cadette de la Maison ducale de Bourgogne, décida de quitter les rives de la Saône et de l'Yonne, trop exposées aux invasions, pour s'établir à Nozeroy, sur une éminence dominant le moyen plateau du Jura. Jean Chalon, dit « l'Antique », y fit construire une forteresse formidable dont on mesure aujourd'hui l'importance à la longueur et à l'épaisseur des murailles effondrées. Selon Gilbert Cousin, chanoine en cette place : « C'était un superbe édifice, de forme carrée, avec huit tours, des fossés profonds au-dehors et une enceinte crénelée se réunissant aux remparts du bourg. » Cette citadelle fut cependant rasée au XVe siècle pour être remplacée par un palais splendide qui, s'il existait encore de nos jours, serait sans doute aussi visité que les châteaux de la Loire.

En 1440, Louis III de Chalon, surnommé « Louis le Bon », jouissait de la plus grosse fortune de toute la Chrétienté. Ses domaines s'étendaient sur presque tout le Jura, sur une partie du Dauphiné et du pays de Vaud. Il ne possédait pas moins de vingt-quatre châteaux, mais il fit de Nozeroy sa résidence préférée. C'est en ces lieux qu'il cela son trésor dont il fallait vingt gros chariots tirés chacun par douze paires de bœufs pour le transporter. Cette fortune immense qui lui permettait de traiter d'égal à égal avec le roi de France et les Habsbourg provenait en grande partie des revenus des salines de Salins-les-Bains.

Pour construire son palais inspiré du style italien, Louis de Chalon fit appel aux plus grands artistes de Bourgogne, Claus de Werve, Conrad Meït, Jean de la Huerta. De ce dernier subsiste encore dans les ruines de Nozeroy un magnifique escalier sculpté. C'est à peu près le seul vestige de tant de splendeurs passées. En effet, dès l'année 1636, lors de la première invasion française des guerres de l'Indépendance comtoise au XVIIe siècle, le château Renaissance du dernier des grands Chalon fut la proie des flammes. Avec lui disparaissait la prospérité et le rayonnement du Val de Miège dont on avait vanté le charme et la richesse à travers toute l'Europe. De nos jours encore, dans le sous-sol de Nozeroy truffé de souterrains effondrés, de puits comblés de gravats, des radiesthésistes amateurs recherchent inlassablement, pendule en main, le fabuleux trésor des Chalon. Il aurait été emmuré quelque part sous les décombres avant l'invasion des soldats du cardinal de Richelieu.

Des légendes, il en court un peu partout dans ce pays où les hivers rigoureux incitent aux longues veillées au coin de l'âtre. La plus amusante est celle des « philosophes de Bief-du-Fourg », village sis à proximité de la route forestière rejoignant la Suisse romande. Voici comment M. Longchamp la racontait :

« Après des années et des années de guérillas, d'incendies et de famines, la paix commença enfin à régner en Franche-Comté après la signature du traité de Nimègue par lequel Louis XIV avait annexé notre province. Peu après la fin des hostilités, le Roi Soleil décida d'entreprendre un long voyage afin de faire connaissance avec ses nouveaux sujets, puis de visiter la Suisse.

Sa Majesté ne s'arrêta que quelques jours à Dole, qui se relevait de ses ruines, puis se mit à gravir les premières marches des plateaux jurassiens. Le roi venait de dépasser Censeau quand le carrosse royal se renversa dans une fondrière au Crêt de Communailles.

Pendant qu'un charron faisait la réparation, le monarque prit un autre véhicule et gagna le village de Bief-du-Fourg où il demanda l'hospitalité au curé du pays que ses ouailles appelaient familièrement « Sans Souci ». Sur un ton ironique, Louis XIV lui demanda pourquoi on le surnommait ainsi. Le brave curé bredouilla une laborieuse explication que Sa Majesté prit de travers en s'imaginant, à tort, que son interlocuteur se moquait de lui. Entrant dans une froide colère, il déclara : « Je suis, monsieur le curé, ravi de rencontrer sur ma route un de mes sujets qui n'a pas de souci, alors que j'en ai tant. J'estime que ce n'est pas juste, c'est pourquoi je vais faire en sorte de vous créer des soucis. Dans une semaine, je reviendrai par ce même chemin. Si, lors de mon second passage, vous ne répondez pas plus intelligiblement à ma question, je demanderai à votre évêque de vous envoyer dans une paroisse moins agréable ! »

Le lendemain de cette diatribe, le carrosse royal enfin réparé quitta Bief-du-Fourg en direction de l'Helvétie.

A peine l'imposant cortège avait-il disparu au détour des bois que le pauvre curé commença à se lamenter sur son sort. C'est alors qu'un de ses paroissiens eut l'idée de lui suggérer d'aller trouver le meunier de Frainiaux, qu'on disait un peu sorcier. Il guérissait les maladies et on le sollicitait aussi pour la manière intelligente avec laquelle il réglait certains différends.

Après avoir hésité quelques jours sans trouver de solution à son problème, le prêtre se résolut finalement à se rendre en consultation au moulin. Assis sur un sac de farine, le maître des lieux l'écouta raconter son histoire. Il réfléchit un long instant en hochant la tête, puis questionna : « Pendant combien de temps êtes-vous resté avec le roi ? – « Une heure, au plus. » – « En plein jour ? » – « Non, la nuit, à la lueur d'une chandelle. » – « Alors, nous sommes sauvés ! s'exclama le meunier. Le roi qui voit sans cesse de nouvelles têtes au cours de son voyage ne se souviendra pas de vos traits. Nous sommes du même âge, à peu près la même taille. Vous allez me prêter votre soutane. Je m'installerai à la cure et vous resterez au moulin. Pendant quelques heures, je serai le curé de Bief-du-Fourg. Quant aux questions du roi, j'en fais mon affaire ! »

Le jour du retour de Sa Majesté, le curé intérimaire lisait religieusement son bréviaire tandis qu'au moulin le faux meunier ne cessait de trembler, de marmonner des prières pour implorer l'aide de Dieu. S'il était persuadé que son remplaçant s'en tirerait avantageusement lors de l'interrogatoire royal, la substitution des personnages l'inquiétait. Si la supercherie était découverte, lui et son compère étaient bons pour finir aux galères.

Louis XIV, qui venait de faire un beau voyage à travers les montagnes jurassiennes était de bien meilleure humeur que lors de son premier passage. Après avoir étanché sa soif au presbytère en buvant un verre d'Arbois, il questionna :

– Alors, monsieur le curé ? Etes-vous prêt à me répondre ?

– Sire, je l'espère, afin que votre infinie bonté me permette de vivre encore longtemps à Bief-du-Fourg.

– Nous verrons ! dit le roi qui enchaîna : combien pèse la terre ?

– Sire, enlevez tous les sots qui la peuplent et moi, dans les deux heures, je vous donnerai son poids exact.

– Très bien, très bien ! fit le roi étonné. Et combien me faudrait-il de temps pour en faire le tour à cheval ?

– Sire, on dit que vous êtes le Roi Soleil. Il ne vous faudra pas plus de vingt-quatre heures pour en faire le tour.

– Parfait, parfait ! fit Louis XIV flatté. Vous semblez m'admirer à ce que j'entends et me tenir en très haute estime. Puisqu'il en est ainsi, dites-moi donc, monsieur le curé, combien je vaux ? Ce sera ma dernière question.

C'était aussi la plus difficile. Celle qui présentait le plus de pièges. Tous les courtisans firent silence pour écouter la réponse du brave ecclésiastique. Sans doute s'attendaient-ils à entendre un chiffre faramineux, c'est pourquoi ils furent tous consternés lorsque le meunier-curé claironna :

– Sire, vous valez vingt-neuf deniers !

Toute l'assistance eut un haut-le-corps et le roi lui-même pâlit sous l'outrage.

– Pourquoi m'estimez-vous à ce prix ridicule ?

– Sire, parce que le Christ-Jésus, roi du monde, fut vendu pour trente deniers. Un roi de France ne peut donc valoir plus de vingt-neuf deniers !

Rasséréné, Louis XIV apprécia cette spirituelle répartie et s'écria :

– Bravo ! monsieur le curé « Sans Souci » vous êtes un très fin philosophe ! Vous resterez donc dans ce village afin que ses habitants bénéficient de vos très sensés préceptes.

Et c'est pourquoi, dit la légende, depuis cette époque, les gens de Bief-du-Fourg sont appelés les « philosophes ».

Au grand galop derrière l'évêque.

Si la répartie du Roi Soleil ressortit plus de l'affabulation que de l'histoire, la visite de Mgr de Chamont, évêque de Saint-Claude, fut par contre bien réelle. Dans certaines familles de Bief-du-Fourg, on en conserve une relation qu'on ne manquera pas de vous rapporter si vous passez par ce charmant pays du Val de Mièges.

Donc, en cet été 1840, les « philosophes » s'apprêtaient à recevoir en grande pompe le plus haut dignitaire ecclésiastique du Jura. Le maire, Elysée Mesny, et l'abbé Vausse, curé de la paroisse, n'avaient pas ménagé leurs peines pour mobiliser toutes les énergies locales afin d'organiser une fête religieuse et profane dont on se souviendrait longtemps. A l'entrée du village, on avait dressé un gigantesque arc de triomphe de verdure portant en gros caractères l'inscription « Honneur à Monseigneur ». Toutes les maisons étaient décorées de guirlandes et un tapis de fleurs naturelles devait recouvrir la rue principale.

En l'absence d'une clique municipale, on avait chargé la compagnie de sapeurs pompiers de rendre les honneurs à l'illustre visiteur, c'est pourquoi quelques jours avant la réception, le capitaine Brayard réunit ses hommes et leur tint ces propos :

« Samedi, astiquage et revue de détail. Faut que tout brille ! Dix d'entre vous qui savent monter se choisiront chacun un cheval convenable dans le village et fourbiront leur harnachement. Dimanche matin, tout le monde en grande tenue. Les fantassins avec le fusil et la baïonnette, les cavaliers avec le sabre-briquet. Tandis que les hommes à pied feront la haie devant l'arc de triomphe sous le commandement du lieutenant, les cavaliers sous mon commandement iront accueillir Sa Grandeur à la limite de notre territoire et lui serviront d'escorte. Que chacun fasse honneur à son uniforme ! Songez aussi que vous serez la première compagnie du Jura à posséder un corps de sapeurs à cheval ! »

Loin de consterner les habitants de Bief-du-Fourg, l'idée de constituer une garde montée fut adoptée avec enthousiasme. Lorsque le grand jour arriva, pas un des braves soldats du feu ne manqua à l'appel de la revue matinale. Tous avaient fière allure dans leur splendide uniforme de pompiers louis-philippards, avec l'habit à basques bleu et plastron rouge, les épaulettes d'or ou d'argent selon le grade, le pantalon blanc et le casque à chenille.

Tandis que l'infanterie allait prendre position à l'entrée du village, les sapeurs à cheval accompagnés de deux trompettes partaient au petit trot au-devant de Mgr de Chamont.

L'endroit de la rencontre avait été soigneusement choisi, près de Communailles, sur une aire plane où la cavalerie allait se déployer et d'où l'on pouvait d'assez loin voir arriver l'équipage de l'évêque. Sans difficulté, les dix bidets villageois étant de paisibles animaux, la troupe se rangea de chaque côté du chemin et attendit.

A l'heure prévue, débouchant de Communailles, la calèche de monseigneur attelée de deux trotteurs gris pommelé apparut au détour de la route poudreuse. Sur la banquette arrière se trouvaient Mgr de Chamont et M. le vicaire général.

« Sabres au clair ! » commanda le capitaine Brayard.

Dans un ensemble parfait les lames d'acier jaillirent de leur fourreau. Lentement, la voiture des visiteurs se rapprocha du groupe.

« Aux champs ! » ordonna l'officier.

Portant leurs instruments à hauteur de leurs bouches moustachues, les deux trompettes se mirent, à pleins poumons, à émettre de leurs cuivres des sons aussi énergiques que discordants.

Que se passa-t-il alors ? Les chevaux de monseigneur étaient-ils d'anciennes montures de cavalerie légère ? Eurent-ils brusquement des réminiscences de charges héroïques ? Furent-ils tout simplement effrayés par la cacophonie qui éclatait à leurs oreilles ?

Toujours est-il que les braves bêtes échappèrent brusquement au contrôle de leur cocher et s'emballèrent, passant à un train d'enfer – ce qui était un comble pour de tels personnages – devant les pompiers stupéfaits.

Le brave capitaine Brayard recouvra vite ses esprits : « Cavaliers ! Au galop ! » cria-t-il.

Eperonnant leurs chevaux de trait comme s'il s'agissait de fringants coursiers, les pompiers de Bief-du-Fourg se lancèrent aussitôt à la poursuite de l'attelage épiscopal.

Las ! le spectacle de cette cavalcade effrénée n'eut rien de très pompeux malgré la qualité de ses participants. Les malheureux bourrins, peu habitués à ce traitement, partirent au galop, mais souvent à contresens. Le reste du peloton s'étira au fur et à mesure des kilomètres parcourus sans jamais parvenir à rejoindre la calèche. Secoués comme des pruniers, la plupart des sapeurs-pompiers avaient lâché les brides pour se cramponner à la selle ou à la crinière de leurs montures. Certains balançaient dangereusement leurs sabres-briquets pour conserver un semblant d'équilibre. Les splendides casques à chenille mal assujettis sautaient sur les crânes tels des couvercles de marmite ou aveuglaient complètement leurs peu glorieux propriétaires. Il y eut bien sûr plusieurs chutes fort heureusement sans gravité et aussi des jurons clamés à la cantonade qui n'avaient rien de bien édifiants.

Les habitants de Bief-du-Fourg, en assistant de loin à cette course poursuite, n'en crurent pas leurs yeux. En voyant foncer vers eux, tel un ouragan, le nuage de poussière de cette cavalcade fantastique, ils pensèrent tout d'abord que monseigneur avait hâte d'arriver à destination. Mais quand la calèche franchit en trombe l'arc de triomphe, ils s'écartèrent vivement pour la laisser passer en se demandant si un drame n'allait pas se dérouler un peu plus loin. La place de l'église étant noire de monde, on pouvait redouter que le bolide n'y écrasât quelques dizaines de fidèles.

C'est alors qu'un miracle se produisit. En débouchant dans la rue principale jonchée de fleurs, en entendant la chorale paroissiale qui venait d'entamer un hymne de circonstance, les chevaux de la voiture épiscopale se calmèrent brusquement, et c'est au pas, avec plusieurs longueurs d'avance sur ses poursuivants, que la calèche effectua, sous les bravos des spectateurs, la dernière partie du parcours.

Lorsque Mgr de Chamont mit pied à terre, il fit en sorte de ne pas montrer à ses hôtes par quelles transes il venait de passer. Quant à M. le vicaire général, pâle comme un mort, le front en sueur, il se mit à chercher du regard le capitaine des pompiers, sans doute pour lui adresser des reproches véhéments. Le brave Brayard, désarçonné par sa monture, n'arriva qu'un long moment après sur la place, en tirant la jambe. L'officier des pompiers fit en sorte de passer inaperçu parmi la foule, mais Mgr l'évêque l'y repéra et s'adressa à lui en ces termes :

« Mes compliments, capitaine, vos hommes montent comme des centaures. Vous m'excuserez de vous avoir distancé. J'avais hâte d'arriver à Bief-du-Fourg, c'est pourquoi j'ai fait presser mes chevaux. Cependant, je dois convenir que jusqu'à ce jour, on ne m'avait jamais réservé une réception aussi... cavalcadante ! »

Le paysan soldat Joliclerc.

Pour expliquer de quelle trempe étaient les volontaires de la Révolution qui parvinrent à repousser l'envahisseur et à vaincre les coalisés, l'académicien Pierre Gaxotte, dans son admirable *Histoire des Français,* a choisi un humble témoin, le paysan soldat Joliclerc, de Mignovillard, un village du canton de Nozeroy. Grâce aux lettres que le jeune engagé adressa à sa mère restée au pays, on comprend mieux aujourd'hui quel était l'état d'esprit de ces garçons arrachés à leur vie pastorale pour être jetés dans la tourmente qui balayait la France.

Lorsqu'il s'enrôla au 7e bataillon du Jura, le 28 novembre 1791, notre héros n'avait jamais quitté les quelques lieues délimitant son horizon. Agé de vingt-cinq ans, il n'avait plus que sa vieille mère pour toute famille. Pendant cinq ans, il fit successivement partie des armées du Rhin, du Nord et de l'Ouest, se battant sans répit. Bien qu'il fût cultivé et capable, comme il l'écrivait, de s'entretenir « par le moyen des livres avec des hommes sages qui souvent n'existent plus mais peuvent encore inspirer quelques sentiments vertueux », François-Xavier Joliclerc n'eut pas, au cours de sa carrière militaire, l'avancement que méritaient ses connaissances. Peu porté à la flagornerie, comme la plupart des Francs-Comtois, il n'eut pas l'échine assez souple pour se faire valoir et ne dépassa jamais le grade de caporal-fourrier.

Pourtant, ni le courage ni l'esprit ne manquèrent jamais à notre compatriote. Voici comment il conta la mésaventure de la première de ses blessures, qu'il reçut à Courtrai : « C'est de race que les Joliclerc " marchent large ". J'en veux remercier la nature car j'étais perdu sans cette conformation. Un boulet qui a tué le camarade qui était derrière moi a passé entre mes cuisses sans me casser les jambes. »

Assez sérieusement brûlé et écorché par le projectile, le volontaire de la Révolution resta cependant plusieurs semaines à l'hôpital avant de retourner au combat. Un peu plus tard, à la bataille de Wattignies, il fut à nouveau touché, ce qui lui inspira ces bons mots : « J'ai reçu un coup de mitraille sur le nez. Comme il était un peu bossu, cela m'ôtera ce que j'avais de trop. J'en serai quitte à bon compte à ce que je crois. »

Enrôlé dans l'armée chargée de « pacifier » la Vendée, François-Xavier Joliclerc n'approuve pas toujours les exactions auxquelles se livre la soldatesque. D'une honnêteté scrupuleuse, il ne cherche jamais à tirer profit de la situation : « Il y a quantité de soldats qui ont déjà fait fortune. Moi, je n'ai pas encore trouvé à changer de chemise. »

Pourtant, lorsqu'il est à nouveau blessé et transporté à l'hôpital de Nantes, sa bonne humeur s'assombrit. La dépréciation des assignats reçus en paiement de sa solde, le pain pourri, son uniforme loqueteux lui dictent ces réflexions critiques : « Avec 100 000 livres en assignats on n'a même pas droit à une livre de pain... » Et il termine ainsi cette lettre à sa mère, en 1796 : « Je suis votre fils, pas trop rassasié... Il est vrai que c'est le jour des Cendres... »

Au milieu de la folie révolutionnaire, le jeune paysan a conservé sa foi et, lorsqu'il assiste à Josselin, en Bretagne, à la première messe entendue depuis deux ans, il note : « La cérémonie a remis bien de la gaieté dans le militaire ainsi que dans l'habitant. » A sa mère, qui lui envoie des images pieuses en lui recommandant de ne pas oublier ses prières, il répond : « Je mets ma confiance entre les mains de celui qui régit cet univers, de celui qui veille à notre bonheur ; il sait ce qu'il nous faut, ce qui nous convient. Que sa sainte volonté s'exécute ! » Il demande aussi à la brave femme de ne pas oublier les pauvres du village pendant son absence. Quant à lui, le fait de risquer chaque jour sa vie au combat pour la patrie ne l'autorise à aucune faveur particulière. C'est ainsi que lorsque l'intendance lui attribue enfin deux chemises et une culotte neuve, il exprime ce scrupule : « Je devrai gros à la Nation ! »

Après cinq années de cette existence dangereuse, de tueries incessantes et de grande misère, François-Xavier Joliclerc regagna Mignovillard où il vécut ensuite paisiblement jusqu'à l'âge de soixante-cinq ans.

Si j'ai tenu à vous résumer en quelques ligues cette vie de paysan soldat, c'est parce qu'elle témoigne des qualités de courage, de franchise et de loyauté qui animent les habitants de cette province.

IV

LE HAUT-PAYS

« Nous n'avons pas de frontières. Seuls, les pays arriérés sont bornés. »

Mme Gabrielle Pourchet,
Présidente de la République du Saugeais.

Le Grandvaux est un long et étroit plateau qui s'étend entre le pays des lacs et les gorges de la Bienne. Il s'agit d'une sorte de lande immense parsemée de rochers gris, bordée de forêts noires que l'on appelle ici les Joux. La neige recouvre cette région de la mi-novembre aux ides de mars et un vent sauvage y souffle en permanence, accumulant des congères infranchissables le long des chemins.

Les Grandvalliers.

Pour que des gens parviennent à vivre depuis des siècles en des lieux aussi déshérités, il faut vraiment qu'ils soient bâtis à chaux et à sable. En fait, ils ne furent longtemps que les survivants d'une mortalité infantile effrayante et d'une famine qui sévissait d'une manière endémique. Mais ces rescapés de la maladie et de la misère étaient des êtres d'une race exceptionnelle. Des hommes, des femmes à la carrure imposante, taillés en force pour surmonter les intempéries, les privations, pour effectuer les besognes les plus pénibles.

La taille des Grandvalliers faillit bien leur jouer un sale tour le 18 floréal de l'an VIII (8 mai 1800) lors du passage à Saint-Laurent du général Bonaparte en route pour l'Italie. Aux abords de « L'Ecu de France », l'hôtel où il devait passer la nuit, le Premier Consul remarqua la présence d'un grand nombre de solides gaillards qui l'observaient sans enthousiasme particulier ni animosité.

« Citoyen, demanda-t-il au nommé Mathieu qui commandait la Garde nationale du canton, avec quoi se nourrissent donc les Grandvalliers ? »

« Avec des " bôlons " mon général ! »

On expliqua à Bonaparte qu'il s'agissait de boules de pain d'orge et de seigle séchées au four après cuisson, d'une dureté extrême, que l'on mangeait trempées dans du lait après avoir été frottées à l'ail.

« Eh bien dites-leur que je serais très heureux de les avoir pour soldats ! »

Une servante de l'hôtel ayant entendu cette conversation s'empressa d'aller avertir ses compatriotes :

« Rentrez vite chez vous, dit la femme, le général veut vous emmener à la guerre ! »

Elle ne le répéta pas deux fois et durant le reste de son séjour à Saint-Laurent, le Premier Consul ne revit pas un seul Grandvallier.

Comme il n'y avait pas assez de travail sur le plateau pour occuper tous ces colosses, beaucoup d'entre eux furent obligés de s'expatrier. Pour ne pas couper définitivement les ponts avec leur cher Grandvaux, ils choisirent un métier qui leur permettait d'y revenir de temps en temps. Ils devinrent rouliers, autrement dit voituriers, transportant sur des chariots bâchés tirés par des chevaux toutes sortes de marchandises en provenance du Haut-Pays. Au début, ce fut grâce à eux que la contrée sortit de son isolement car il n'y avait presque pas de routes pour accéder au plateau. Les Grandvalliers, permirent aux « montagnons » [1] de commercer avec les Suisses ainsi qu'avec le reste de la France.

Durant très longtemps, les communications n'en demeurèrent pas moins fort précaires dans cette région. En 1850, de Dijon à Genève, il n'y avait que deux départs de diligences par semaine. Toutes les six lieues, les voitures devaient changer ou

1. « Montagnon » : nom que les Francs-Comtois donnent aux habitants du Haut-Pays.

compléter leurs attelages. L'hiver, pendant des mois, les voyageurs restaient bloqués au pied du premier plateau.

Les rouliers du Grandvaux véhiculaient surtout des marchandises. Ni les intempéries ni les mauvais chemins ne les arrêtaient. Ils parcouraient toute la France, de Lyon à Strasbourg, de Bâle au Havre.

Dans son *Histoire du Consulat et de l'Empire*, Adolphe Thiers raconte que lors de la fameuse retraite de Russie, tandis que le matériel était précipité dans la Bérézina pour le soustraire aux cosaques, les Grandvalliers réussirent, malgré le froid glacial, à retirer un certain nombre de canons de la rivière et à les ramener jusqu'à Paris où ils furent exposés aux Invalides comme des trophées.

Au cours de cette terrible campagne napoléonienne, l'un de mes aïeux dut la vie aux rouliers du Grandvaux. Blessé lors d'une attaque russe, il fut laissé pour mort au revers d'un talus. La nuit suivante, une douleur atroce le réveilla. C'étaient les loups qui cherchaient à le dévorer. Il commença à se défendre avec son sabre contre les fauves en appelant au secours. Ses cris furent heureusement entendus par des Grandvalliers qui le chargèrent sur leur voiture et parvinrent à le ramener en France.

C'est par ma grand-mère côté paternel que j'ai su l'histoire, qu'elle avait connue dans sa jeunesse, de cet ancêtre Chaniet. Cette brave grand-mère Céline, à qui je dois sans doute mes penchants littéraires, était une merveilleuse conteuse. Avant de mourir, à l'âge de quatre-vingt-six ans, le jour de Noël 1943, elle avait enchanté mon enfance de ses souvenirs étonnants. Permettez-moi de vous rapporter l'un d'eux qui m'avait fort impressionné.

L'un des frères de ma grand-mère s'était enrôlé, en 1871, dans les rangs des francs-tireurs qui menaient une lutte de partisans sur les arrières des troupes prussiennes lors de l'invasion de la Franche-Comté. Sérieusement blessé à un genou, il dut subir par la suite une amputation et porter un pilon. Cet homme, qui était très pieux, dans la crainte de comparaître plus tard avec un membre en moins devant le Seigneur, fit enterrer sa jambe coupée au cimetière du village, dans un petit cercueil fabriqué tout exprès pour cette circonstance. Ensuite, durant toute sa vie qui se prolongea longtemps, le mutilé ne manqua pas d'aller fleurir la tombe où reposait une partie de lui-même. J'avoue que pendant des années, cette histoire hanta les méditations de ma petite enfance. Je me demandais souvent comment, après sa mort, mon grand-oncle avait pu recoller sa jambe à son corps pour monter au ciel.

Pour revenir à nos Grandvalliers, on les rencontrait sur toutes les routes de France et d'Europe. Vêtus de la « roulière » bleue, une sorte de blouse courte très étoffée, portant le foulard rouge, le feutre noir à larges bords, chaussés d'épais souliers ferrés, ils abattaient leurs huit ou dix lieues chaque jour par n'importe quel temps. Autour de leur cou pendait un long fouet tressé qu'ils utilisaient très peu pour stimuler l'attelage mais qui leur servait souvent comme arme de défense. Ils étaient passés maîtres dans le maniement de ces lanières et pouvaient arracher la pipe de n'importe quel quidam à sept ou huit mètres.

Tirées par de robustes chevaux, les voitures bâchées de blanc des Grandvalliers ressemblaient beaucoup à celles des conquérants du Far West. Leur épopée avait d'ailleurs bien d'autres points communs avec celle des pionniers américains. Comme eux, ils couchaient le plus souvent à la belle étoile autour de feux de camp et il leur arrivait d'être attaqués par des bandits de grands chemins qui en voulaient à leurs chargements. De retour dans leurs villages, que d'aventures extraordinaires ne racontèrent-ils pas après leurs incessants périples à travers les montagnes bernoises, les Carpates ou les plaines italiennes !

S'il faut en croire les chroniqueurs parisiens du début du siècle dernier, les rouliers du Grandvaux étaient aussi bons enfants qu'ils étaient robustes. Dès qu'ils les voyaient arriver aux portes de la capitale, les gamins se précipitaient pour regarder passer les hommes barbus et leurs pittoresques attelages. L'un des amusements favoris des gosses de Paris était, paraît-il de crier : « Comtois ! Comtois ! Ta roue tourne ! »

Aussitôt, sur un signe du voiturier, les chevaux s'arrêtaient au carrefour. On voyait le montagnard placide et crédule faire plusieurs fois le tour de la voiture pour regarder ce qui avait pu se passer.

Alphonse Gaillard, le regretté barde du Haut-Jura, a rendu hommage dans l'un de ses poèmes à ces colosses tranquilles dont la fière devise claquait aussi clairement que leurs fouets : « Grandvalli vire-tes en devant ! » (Grandvallier tourne-toi vers l'avant !)

Dans les cités où résonnaient leurs voix bourrues
Les pâles citadins bourgeois et commerçants
Prenaient plaisir à voir défiler ces géants
Qui leur semblaient les fils de races disparues
Et là, dans ce Paris, si quelques mauvais drôles
Voulaient les plaisanter avec un air narquois
Les ayant écoutés gravement, nos Comtois
Leur tournaient les talons en haussant les épaules.

D'étranges métamorphoses.

Cette vieille terre celtique du Grandvaux a depuis toujours été une région privilégiée pour l'exercice de la sorcellerie. Les moines défricheurs et évangélisateurs de Condat ne parvinrent jamais à abolir tout à fait certains rites empruntés à la religion druidique qui se pratiquaient avant leur arrivée sur ce plateau déshérité. Une légende, dont la bande dessinée fut gravée sur les magnifiques stalles de la basilique-forteresse de Saint-Claude [1], raconte comment saint Romain et saint Lupicin, s'étant retirés au pied du mont Bayard pour y vivre dans la solitude et la prière, furent attaqués par les armées du Malin. Du haut de la montagne, Satan et ses démons leur lancèrent d'énormes blocs de rochers pour écraser leur monastère.

1. Les stalles sculptées de Saint-Claude sont considérées, après celles d'Amiens, comme les plus belles de France. Œuvres de l'artiste genevois Jean de Vitry, elles occupent tout l'espace compris entre le sanctuaire et la troisième travée, développant une longueur de quinze mètres avec une double rangée de quarante-quatre stalles hautes et de trente stalles basses.

N'étant pas parvenus à leurs fins, les suppôts du diable se répandirent dans la région et s'adonnèrent à la sorcellerie.

C'est alors qu'on vit des choses extraordinaires dans le Grandvaux. Des hommes, des femmes, perdirent leur forme humaine pour se métamorphoser en loup, en chien, en chat, en aigle. Ce fut sous l'aspect d'un énorme loup que les bergers de Chaux-des-Prés tuèrent un sorcier malfaisant, dont le fantôme continue à la fin de chaque hiver, au moment du dégel, à venir laver ses plaies dans l'eau du lac de l'Abbaye.

Toujours à Chaux-des-Prés, les gens évitaient de se rendre dans les étables durant la nuit de Noël. On disait que les animaux, vaches, moutons, chèvres et même les chiens conversaient entre eux en langage humain. Malheur à celui qui surprenait leur dialogue mystérieux, il était sûr de mourir avant la nouvelle lune.

A Prénovel, on parla longtemps le soir à la veillée des êtres étranges arrivés sur des aigles immenses qui s'étaient posés au creux de la Combe de Trémontagne. Ces personnages bizarres avaient des pieds de chèvre, ressemblaient à des spectres et tenaient une chandelle à la main avec laquelle ils arrêtaient les balles tirées contre eux.

A La Rixouse, au Moyen Age, des diables facétieux transformés en loups arrivaient par troupes nombreuses dans le village, ouvrant les portes des fermes, s'asseyant à la table familiale, demandant aux habitants terrorisés de leur donner à manger et à boire. On racontait même que certains s'isolaient ensuite au fond de l'alcôve ou dans la grange avec les filles de la maison.

Au printemps, sorciers et sorcières se réunissaient très souvent la nuit dans une clairière au milieu des sapinières. Dans son livre, *Discours exécrables des sorciers*, paru en 1602, Henri Boguet nous a laissé une description saisissante de ces assemblées démoniaques :

Pour aller au sabbat qui se tient dans la nuit du lundi au mardi, les sorciers se frottent tout le corps avec de la graisse de petits enfants. Ils s'envolent sur un bâton après avoir prononcé ces paroles : « Bâton blanc ! bâton noir ! gaber siloc fandu ! Halaton, malatas, dinors ! »

Arrivés dans une clairière qu'arrose un ruisseau, ils commencent par adorer Satan sous forme d'un grand homme noir qui a le bas du corps en bouc. Ils lui offrent des chandelles dont la flamme est bleue, lui baisent le derrière et l'épaule. Le diable à son tour leur donne à baiser une image noire et leur rend parfois leurs chandelles qui s'évanouissent.

Puis ils se mettent à danser dos à dos pour ne pas se reconnaître. Les boiteux et les bossus dansent mieux que les autres. Les démons, changés en béliers noirs, donnent la patte aux sorcières et c'est merveille de les voir bondir et sauter. On danse ordinairement à la voix mais parfois Satan joue de la flûte. Les sorciers et les sorcières copulent dans la boue. S'il naît des enfants de cet hymen infernal, on les saigne, on brûle leur corps et on se sert de leur sang et de leurs cendres pour assaisonner viandes et breuvages.

Les sorciers, après s'être vautrés dans ces plaisirs immondes, se festent et banquettent. Leur festin se compose de beurre, de fromage et de viande de cheval, mais celle-ci est fade car le sel est exclu. Satan le déteste vu qu'il sert au baptême chrétien.

Ensuite, les sorciers font la grêle. Ils battent l'eau avec une baguette de coudrier, pissent dans un trou et remuent leur urine avec des mots magiques. C'est la pire grêle de toutes. Ils disent ensuite une messe de dérision. Le célébrant est revêtu d'une chape noire, sans croix et, après avoir rempli le calice d'eau sale, il tourne le dos à l'autel et élève au lieu d'hostie un rond de rave tandis que les sorciers crient : « Maître aidez-nous ! » Le diable finit par les asperger de son urine avec un goupillon noir. Mais dès que le coq chante au plus proche village, tous les participants se dispersent et disparaissent.

Ces pratiques se développèrent librement jusqu'à la fin du XVIe siècle, c'est-à dire jusqu'à l'arrivée d'Henri Boguet, grand juge de la terre de Saint-Claude venu pour les exorciser. De cet Inquisiteur redoutable, Michelet a dit dans *La Sorcière* : « Il fit du pays un désert. Il n'y eut jamais un juge plus consciemment exterminateur. » D'autres historiens affirmèrent que Boguet fut l'homme de mille cinq cents autodafés. Même si ce chiffre paraît exagéré dans une contrée déjà peu peuplée à l'époque, il est certain que les archives régionales ont conservé trace de nombreux procès de sorcellerie. Dans beaucoup de villages de la région, on vous montrera les emplacements où se dressaient les fourches patibulaires et les bûchers purificateurs.

De nos jours encore, sur ce plateau rude et sauvage, la sorcellerie reste présente. Dans bien des familles on se transmet d'âge en âge *Le Grand Albert* ou *Le Petit Albert*, deux livres de magie souvent complétés d'annotations et de signes cabalistiques. On ne vous parlera pas facilement de ce sujet tabou dans les fermes, surtout si vous êtes étranger au pays. Mais pour peu que vous insistiez et mettiez vos interlocuteurs en confiance, vous finirez par apprendre « que le père X... a hérité du “ don ”. Qu'il guérit par l'imposition des mains et la prière de nombreuses maladies ». On vous dira aussi « qu'il se passe de drôles de choses certaines nuits chez les Untels. Qu'on y entend des hurlements, qu'on y voit rôder des spectres... » Ou bien encore « que dans une petite maison proche du lac de l'Abbaye, des gens se réunissent fréquemment pour communiquer avec l'au-delà ».

Bien que les siècles et les siècles se soient succédé sur le Grandvaux depuis les temps celtiques, une aura de mystère continue d'envelopper ce pays. Elle n'est pas près de se dissiper.

Le capitaine Lacuzon.

S'il est un personnage du passé dont le souvenir est resté vivace dans les mémoires jurassiennes, c'est bien celui du capitaine Lacuzon. Dans les villes et les villages, un grand nombre de rues, de places, d'immeubles, portent son nom. De génération en génération, sa légende, presque aussi fantastique que celle d'Homère, est rapportée par les poètes et les conteurs locaux. Je n'ai personnellement pas manqué à cette tradition, mais c'est en images que j'ai raconté son épopée à mes contemporains [1].

Si cet homme qui mourut il y a trois cents ans n'est pas oublié au XXe siècle, contrairement à tant de célébrités de son époque, c'est parce qu'il fut le personnage historique qui incarna le mieux l'un des traits du caractère franc-comtois : l'esprit d'insoumission.

Jean-Claude Prost était né en 1607, dans une modeste famille, à Lonchaumois, un gros village situé entre Morez et Saint-Claude, à près de mille mètres d'altitude. Il fut, dit-on, profondément marqué dans son enfance par une exécution capitale à laquelle il assista, celle de la sorcière Antoinette Gandillon : « Convaincue d'avoir estée en la Georgière pour y tenir sabbat avec les sorciers du Grandvaux, avoir empoisonné les fonctaines et battu son urine pour faire tomber la gresle, fût estranglée, bruslée par le feu du bûcher et ses cendres dispersées au vent. »

En 1636, lorsque les armées de Louis XIII pénétrèrent en Franche-Comté pour tenter de s'emparer de la libre province comtoise, Jean-Claude Prost fut parmi les premiers à s'enrôler dans la milice populaire de la terre de Saint-Claude chargée de s'opposer à l'avance des Français. Il ne tarda pas à s'illustrer par sa bravoure dans les combats et à gagner successivement le grade de sergent, puis celui de capitaine.

Pendant plus de trente ans, il ne quittera guère les grottes et les repaires des montagnes jurassiennes. Tous les portraits le représentent comme un gaillard osseux, maigre, large d'épaules, portant la courte barbe poivre et sel de l'époque, vêtu d'un long manteau noir, coiffé d'un large chapeau, l'épée espagnole au côté et deux énormes pistolets dans la ceinture. Ce qui frappe surtout dans ces gravures, c'est l'air sévère, rébarbatif du personnage. Si l'on en croit ces portraits, Jean-Claude Prost méri-

1. André Besson, dans le cadre des manifestations marquant le tricentenaire du rattachement de la Franche-Comté à la France, a écrit le scénario et les dialogues d'un film intitulé *Le Capitaine Lacuzon*. Réalisée par Alain Charroy, avec Jean-Paul Andréani dans le principal rôle, cette œuvre fut diffusée par FR3 en 1978 dans la série « Histoire de France » produite par M. Arthur Conte.

tait bien son surnom de Lacuzon. « Lacuzon », en patois local, signifie en effet le souci. On dit dans ce langage : « Tu as la cuzon ? », autrement dit, on demande : « Tu es triste ? »

Des soucis, le chef des partisans franc-comtois n'allait pas tarder à en causer de sérieux à ses ennemis, dont il se mit à harceler les convois et les garnisons. Puisque « les Gris », ainsi appelait-on les mercenaires suédois du duc de Saxe-Weimar combattant pour la France, opéraient dans le Haut-Jura, le capitaine Lacuzon alla porter la guerre sur leurs arrières en Bresse et en Bourgogne. Il enleva des châteaux, des villes, ramena des prisonniers, un butin considérable qu'il entassa dans ses forteresses de Saint-Laurent-la-Roche et de Montaigu. Rendant coup pour coup, il fut aussi impitoyable avec les populations adverses que les envahisseurs l'étaient avec les habitants de Franche-Comté. Il devint si redouté que les paysans bressans et bourguignons ne tardèrent pas à adresser au ciel cette prière : « De la peste, de la famine et de Lacuzon, délivrez-nous Seigneur ! »

Durant toute la guerre de Trente Ans, la célébrité du capitaine d'aventure ne cessa de croître. Ses ennemis tentèrent mille actions pour essayer de le tuer ou de le capturer. Ils n'y parvinrent jamais. C'est alors que la légende de Lacuzon commença à se répandre à travers la province. Il faisait preuve d'une telle témérité, il bénéficiait d'une telle chance qu'on racontait que les balles ricochaient contre ses vêtements, que les lances, les épées les mieux trempées se rompaient lorsqu'on cherchait à le transpercer. On prétendit bientôt qu'il était protégé par la Vouivre, cette créature fantastique qui hante les plaines et les montagnes jurassiennes et dont la grosse pierre rivée au milieu du front, tel un troisième œil étincelant, paralyse les imprudents de ses rayons. Lorsqu'un danger menaçait le hardi défenseur des libertés comtoises, la Vouivre apparaissait et, après avoir crié par trois fois « Lacuzon ! Lacuzon ! Lacuzon ! », elle l'emportait avec elle dans le ciel, à la grande rage de ses poursuivants.

Cependant, malgré tout le courage déployé par les partisans franc-comtois, au terme de trente années de lutte et de misère durant lesquelles plus de la moitié de sa population fut décimée par la peste, la famine et les massacres, la Franche-Comté fut obligée de capituler devant l'écrasante supériorité française.

Comme tous les militaires, magistrats et autres dignitaires comtois, Lacuzon dut venir à Dole, siège du parlement de la province vaincue, pour y prêter serment d'allégeance au roi de France. L'abbé de Balerme, un chroniqueur de l'époque, a rapporté cette scène pénible dans ses Mémoires : « C'est une grande pitié de voir les plus résolus fléchir avec obéissance. Mon cœur se flétrit lorsque je vois le capitaine Lacuzon être appelé des premiers pour reconnaître la France. Je lui prends la main l'ayant en rencontre et il me la serre sans que nous parlions ni l'un ni l'autre. Moi parce que je regarde ceux qui sont autour de nous. Lui, parce qu'il est comme un homme tombé des nues... »

Le héros des guerres de l'Indépendance comtoise ne put se résoudre à servir ces nouveaux maîtres qu'il avait tant combattus. Plutôt que de s'humilier comme certains pour obtenir un titre, une charge de Louis XIV, il préféra s'exiler. Abandonnant sa famille, tous ses biens, il partit avec quelques-uns de ses partisans vers l'Italie, et se fixa à Milan où il mourut le 21 décembre 1681.

En 1810, deux petits bergers du village de la Frasnée, près de Clairvaux-les-Lacs, trouvèrent par hasard, en jouant dans les falaises, l'entrée d'une caverne inconnue. Ils y pénétrèrent en s'éclairant à l'aide d'une torche et découvrirent non sans frayeur au fond de cette grotte, le squelette blanchi d'un homme gigantesque à côté duquel se trouvait une grande épée. Lors de l'enquête ultérieure, les gendarmes notèrent que la tête du cadavre avait été tournée vers l'est, selon l'habitude des anciens Comtois qui, en se faisant enterrer, refusaient, même dans la mort, de regarder du côté de la France du Roi Soleil leur ennemi de toujours. Quant à l'épée, il fut reconnu qu'elle venait de Cordoue.

C'est sur cette scène assez macabre que s'achève la légende du capitaine Lacuzon. La nouvelle de la découverte du squelette de La Frasnée s'étant répandue à travers toute la Franche-Comté, beaucoup pensèrent qu'il s'agissait des restes du héros régional dont les partisans avaient pieusement ramené la dépouille depuis l'Italie, afin qu'il reposât dans cette province pour l'indépendance de laquelle il avait tant lutté.

De la mainmorte à la coopération.

En arrivant à Saint-Claude, le voyageur pénètre dans un des sites les plus majestueux du Jura. Lamartine, qui fréquenta souvent cette région où sa famille possédait un domaine, la décrivit ainsi :

La ville de Saint-Claude se confond, au fond d'une gorge, avec les falaises grises de ses rochers. La vallée a une profondeur, des tournants, des abîmes, des vertiges qui fascinent les yeux. Je n'ai jamais vu de pareils effets de perspectives dans les profondeurs sinon au Liban...

Pendant des millénaires, cette vallée de la Bienne vécut hors du temps et du monde, rendue inaccessible à la civilisation par des forêts impénétrables peuplées d'ours et de loups. Puis vinrent les moines, au Vᵉ siècle, qui créèrent autour de leur monastère une petite communauté de défricheurs composée d'Helvètes et de Savoyards. Ceux-ci remontèrent ensuite la chaîne du Jura en suivant la vallée du Joux, essaimant en cours de route d'autres centres de vie religieuse jusqu'à l'Abbaye sœur de Romainmôtier. La plus grande partie du Haut-Pays était encore déserte au Xᵉ siècle, sur une vingtaine de kilomètres de part et d'autre de la frontière actuelle entre la France et la Suisse. Le défrichement se poursuivit jusqu'au XVIIIᵉ siècle. La nouveauté du peuplement de cette région étant d'ailleurs un fait assez peu courant puisqu'il n'y a pas plus de quatre cents ans que Les Rousses, Bois d'Amont ou Le Chenit en Suisse virent s'installer leurs premiers colons sédentaires.

Loin de bénéficier des privilèges généralement offerts aux pionniers, les défricheurs devinrent au contraire les esclaves de ceux qui les commanditaient. La région de Saint-Claude fut ainsi durant des siècles celle d'un horrible servage. Plus de quatre-vingt-dix pour cent de la population était soumise au régime de la mainmorte. Les habitants ne pouvaient cultiver les champs qu'ils avaient essartés que moyennant un cens ou droit de location. En aucun cas ils n'en devenaient propriétaires.

Tant qu'ils vivaient en communauté familiale et entretenaient correctement les terres des chanoines, les serfs pouvaient se considérer comme jouissant de leurs biens propres. Mais si leurs enfants les quittaient pour aller vivre ailleurs ou s'ils partaient eux-mêmes de leur maison pour plus d'un an et un jour, les autorités monastiques prenaient possession des lieux et y installaient une autre famille. Il en allait de même pour un mainmortable qui décédait sans héritier vivant sous son toit.

Il fallut la courageuse campagne de l'avocat Christin demandant à Louis XV « la liberté de la France contre des moines bénédictins devenus chanoines de Saint-Claude », et le soutien de Voltaire révélant que « chaque maison, dans ces contrées, ne semble être qu'un haras où des êtres enfermés et associés, souvent malgré eux, les uns aux autres se multiplient dans l'intérêt et l'utilité des religieux qui les y retiennent », pour que cessât cette scandaleuse exploitation humaine. La requête révéla, entre autres, une affaire extraordinaire. Selon l'une des règles de la mainmorte, « quiconque venait occuper une maison dans l'empire des moines et y demeurait plus d'un an et un jour, devenait leur serf à jamais ». Or, il arriva qu'un négociant de Bourgogne ayant pris maison à loyer dans ce pays pour venir y traiter des affaires et étant mort à quelques années de là dans sa province, sa femme vit arriver des huissiers qui saisirent les meubles et chassèrent veuve et enfants de la maison du défunt puis la vendirent au profit des moines de Saint-Claude.

Est-ce parce qu'ils avaient subi pendant des siècles une cruelle tyrannie ? Les habitants de cette région se sentirent tout de suite attirés par les idées révolutionnaires, et participèrent activement à leur libération. Devenus des hommes à part entière, ils durent résoudre bientôt un autre problème : celui de trouver des activités leur permettant de continuer à vivre dans leur rude pays. Les pâturages, la forêt ne pouvant assurer entièrement leur subsistance, ils eurent le génie de développer de petites activités manuelles en utilisant une matière première abondante dans la région, le bois, la corne et le cuir. Pendant les longues journées d'hiver où la neige bloquait les chemins, chaque ferme se transforma en atelier. On se mit à fabriquer des objets de faible volume, mais de prix élevé, exigeant un maximum de main-d'œuvre. Cet artisanat qui exigeait beaucoup de patience et d'ingéniosité était parfaitement adapté à l'esprit des Francs-Comtois. Il développa à la fois leur dextérité et leur caractère inventif.

Dès la fin du XVIIIe siècle, les Sanclaudiens étendirent leur gamme de production en se mettant à fabriquer des pipes, des tabatières et à tailler les pierres précieuses.

Comme ils ne pouvaient à la fois assurer durant l'été le travail de la ferme, celui de l'atelier durant l'hiver et commercialiser eux-mêmes leurs produits, ils eurent l'idée de se regrouper. C'est ainsi que naquirent les premières coopératives ouvrières de production. Celle du diamant, baptisée « Adamas » par allusion à l'extrême dureté de la pierre précieuse, fut créée en 1892 par vingt-trois lapidaires. Ils constituèrent leur société en apportant chacun 500 francs, somme déjà appréciable à l'époque. Ces fonds permirent à l'entreprise d'acheter du diamant brut et d'envoyer l'un de ses membres en Angleterre pour placer les premières pierres taillées.

L'esprit coopératif ayant trouvé à Saint-Claude un terrain favorable, d'autres entreprises autogérées virent le jour, notamment « La Pipe » qui connut un bel essor. Dans le domaine de la consommation aussi ce mouvement se développa. A cette occasion se révéla un homme exceptionnel qui se dévoua pendant quarante ans pour une cause admirable dont il est resté le symbole : Henri Ponard. Cet ouvrier syndicaliste fonda en effet « La Fraternelle », première coopérative d'alimentation créée en France, dont les bénéfices servirent, bien avant l'instauration d'une législation sociale, à alimenter des caisses de retraites, de maladie ainsi que des services médicaux et pharmaceutiques. Et c'est justice que la ville rende aujourd'hui un hommage unanime à la mémoire d'Henri Ponard, cet homme simple et probe que tous les ouvrages consacrés à la naissance des mouvements coopératifs et mutualistes considèrent comme un précurseur.

Saint-Claude

Il n'est bonne pipe que de Saint-Claude

A toutes les entrées de Saint-Claude, un panonceau indique clairement que cette ville est la « Cité de la pipe et du diamant ». Pendant plusieurs décennies, la majorité des Sanclaudiens tirèrent en effet leurs revenus de travaux destinés au plaisir de leurs contemporains : plaisir du tabac avec la pipe, plaisir des yeux avec le diamant. De se consacrer ainsi à l'agrément de leurs semblables, les gens de cette vallée ont acquis non seulement un goût artistique très développé, mais également un caractère jovial tout à fait exceptionnel dans une province dont les habitants sont plutôt réservés, voire austères.

L'histoire de la pipe, à Saint-Claude, est étroitement liée à la vie monastique qui fit de cette cité, au Moyen Age, un important centre de pèlerinage. C'est parce que des dizaines de milliers de fidèles, parmi lesquels se comptaient des princes et des rois, en particulier Louis XI, vinrent faire leurs dévotions devant le tombeau des saints, que naquit en ces lieux une petite industrie d'objets cultuels. Les moines utilisèrent d'abord les bois du pays, hêtre, merisier, buis pour fabriquer des chapelets, des croix et des crosses. De nos jours encore, les crucifix des frères Rosset sont très recherchés par les collectionneurs dans tout le Haut-Pays et valent de petites fortunes.

Lorsque le Nîmois Jean Nicot, ambassadeur de France au Portugal, introduisit en Europe l'usage de la pipe et du tabac, les pèlerins de Saint-Claude apportèrent dans leurs bagages un curieux appareil appelé houka, importé d'Orient. Il s'agissait de l'ancêtre de la pipe. Il se composait d'une cloche de métal incrusté, à moitié remplie d'eau, à laquelle s'adaptaient deux tuyaux, l'un droit, supportant un récipient en argent ; l'autre plus flexible, formé d'une longue spirale de fil de fer dans une écorce de bouleau recouverte de soie, et terminée par un bec d'or ou d'argent. Avant de fumer le houka, on versait toujours un peu d'eau de rose dans le tuyau. Quant au tabac introduit dans le récipient, il n'en avait guère que le nom. Il n'y existait qu'en dose parcimonieuse, étant surtout mêlé à une pâte sèche composée de feuilles de roses, d'opium et de pommes sauvages râpées. Cette mixture ne pouvant brûler seule, on en entretenait la combustion au moyen de boules de farine de riz mélangées à une poussière de charbon de bois.

On comprend que pour voyager avec un appareil aussi volumineux et compliqué que le houka, il fallait tout un équipage. Son usage ne pouvait être réservé qu'aux princes. En voyant ceux-ci prendre plaisir à fumer, les artisans de Saint-Claude eurent l'idée de miniaturiser, sinon de démocratiser le réchaud et le chalumeau destinés à brûler « l'herbe à la Reine ». Pour le tuyau, ils utilisèrent d'abord l'os et la corne et pour le foyer, des bois du pays : hêtre, alisier, érable. Mais ces essences se révélèrent peu résistantes et ne firent pas très long usage. On employa ensuite le buis, d'abord la tige, puis la racine, cela jusqu'à la découverte d'une matière première qui allait faire la renommée internationale de la pipe de Saint-Claude : la bruyère.

Jules Ligier, historiographe local, a raconté cet événement en ces termes :

C'était dans les premiers jours d'octobre 1858. Un voyageur aux manières un peu exubérantes, à l'accent méridional très prononcé, se présente un matin dans les magasins Gay aîné, place de l'Abbaye. Il venait faire ses offres de souches de buis, appelées communément « broussins », que ce négociant achetait en assez grande quantité pour la fabrication de ses tabatières.

Après avoir pris une commande de 10 000 kilos de ces souches, parlé de la pluie et du beau temps et des vendanges dans le Midi, le sieur Taffanel, c'était son nom, sort mystérieusement de sa poche un petit morceau de bois, taillé à six pans au moyen d'une scie, dans la forme d'un éteignoir, le grand côté percé grossièrement avec une mèche, le petit côté avec un perçoir, et muni d'une tige de bambou formant embouchure.

Voilà, dit-il, une pipe dans laquelle un berger de mon village m'a certifié avoir fumé du tabac pendant plus d'une année, et qui, vous le voyez, n'est ni brûlée, ni détériorée. Elle a été prise dans une souche de bruyère, semblable aux souches de buis que vous venez de me demander et qu'on trouve en abondance dans ma région du Midi.

Intrigué, M. Gay, qui s'intéressait vivement à tout ce qui concernait l'évolution de ses fabrications, commanda au sieur Taffanel dix grosses d'ébauchons semblables qui servirent un mois plus tard à la confection de pipes qui se révélèrent d'une étonnante longévité.

La bruyère arborescente, dont le nom scientifique est Erica Arborea, est un arbrisseau pouvant atteindre un à quatre mètres de hauteur sur trente à soixante centimètres de circonférence à la base. Il orne de ses fleurs d'un blanc rosé les landes ou les coteaux de l'ouest et du midi de la France. Son bois dense, à grain fin, serré, de couleur rouge cramoisi contient une forte proportion de salicylate, c'est pourquoi il est très résistant à la combustion.

L'emploi des ébauchons en racine de bruyère allait révolutionner complètement l'industrie de la pipe et éclipser presque complètement les autres essences indigènes.

On ne compte plus les célébrités politiques, militaires ou artistiques qui popularisèrent l'usage de la pipe de Saint-Claude [1] à travers le monde. Jean Bart fut l'un des premiers à la faire connaître dans l'entourage de Louis XIV. Jusque-là, l'usage du tabac était sévèrement prohibé à la cour. Le roi, qui avait essayé une seule fois de fumer, s'était dit-on rendu malade. Un matin, le fameux corsaire se présenta la pipe au bec à l'œil-de-bœuf à Versailles. Avant de l'introduire dans la salle d'audience, les gardes voulurent lui faire éteindre et cacher sa pipe. Le capitaine le prit comme un affront et il se mit à crier : « Hola ! marauds ! Sachez que j'ai contracté cette habitude en courant les mers au service de notre roi. Si j'ai vaincu si souvent l'ennemi, c'est parce que la pipe me donnait des idées claires ! Le roi est trop juste pour ne pas s'en souvenir ! » Informé de l'incident, Louis XIV, qui tenait à conserver la fidélité de son chef d'escadre, s'empressa d'aller le faire quérir et déclara publiquement que « la pipe étant pour M. Jean Bart un attribut de la vaillance, je l'autorise à fumer en ma présence. » A partir de ce jour, dit-on, certains courtisans se mirent à fumer la pipe pour se donner l'apparence de la bravoure.

Des petits et des gros cailloux.

Paradoxalement, Louis XIV, qui avait tant fait au début de son règne pour acquérir la Franche-Comté, fut à l'origine d'une activité qui allait apporter à cette province une prospérité enviable. Lors de la révocation de l'Edit de Nantes, la corporation des diamantaires de Paris, composée de juifs et de protestants, fut obligée de s'expatrier précipitamment pour échapper aux galères. Ces artisans de talent, qui jouissaient d'un grand renom à travers l'Europe, s'enfuirent en majeure partie en Hollande, tandis que quelques-uns d'entre eux trouvaient asile à Genève. Les gens d'Amsterdam ne manquèrent pas de profiter

1. Il y a quelques années Saint-Claude a créé une confrérie des fumeurs de pipe, dont le caricaturiste Jacques Faizan est l'un des membres assidus.

de cette aubaine et, pendant près de deux siècles, leur ville conserva un fructueux monopole en matière de négoce et de taille du diamant. Les émigrés en Suisse ne se fixèrent pas tous sur les bords du Léman. Beaucoup d'entre eux revinrent en France une fois la tourmente passée. Ils découvrirent Saint-Claude, dont la rivière allait leur fournir l'indispensable force motrice et, à défaut de diamants, se mirent à tailler d'autres pierres fines.

Dans la seconde moitié du XIXe siècle, des joailliers parisiens s'avisèrent d'utiliser l'habileté de nos lapidaires montagnards et installèrent dans le Haut-Jura plusieurs ateliers de taille de diamant. Les fastes et les folies du second Empire incitant les femmes fortunées de la nouvelle bourgeoisie à se parer des bijoux les plus merveilleux et les plus coûteux, les fabriques sanclaudiennes furent assaillies de commandes. On embaucha tant et si bien qu'il y eut dans la région jusqu'à quatre mille ouvriers diamantaires. Le métier était à ce point rémunérateur que les apprentis devaient payer pour l'apprendre. Aux alentours de 1900, un bon diamantaire se faisait par mois jusqu'à 450 francs or, alors qu'un instituteur ne gagnait guère que 70 francs. Le peu d'encombrement du matériel et de la matière première permettait à beaucoup d'artisans de travailler à façon à leur domicile. C'est ainsi que de nombreux habitants des fermes isolées de Septmoncel, de Lamoura, de Valfin, passèrent les longs hivers jurassiens à polir ces magnifiques joyaux que portèrent les reines des soirées parisiennes de la Belle Epoque. On appela cette activité « le travail sur la fenêtre ».

On raconte, mais n'est-ce pas une légende ? que certains artisans devenaient amoureux des pierres qu'ils taillaient. Qu'ils se privaient de tout et achetaient pour leur propre compte des diamants bruts dont ils faisaient ensuite, pour leur plaisir, des bijoux de rêve. On dit aussi que des acquéreurs de fermes montagnardes, lors de leur transformation en résidences secondaires par des bricoleurs du dimanche, ont eu soudain l'émerveillement de voir jaillir sous leur pioche, en abattant un vieux mur, une source de lumière, un ruissellement digne des contes des Mille et Une Nuits.

Comme l'or, le diamant a toujours hanté l'imagination humaine. Cette pierre que les Grecs appelaient « adamas » (indomptable) et dont Lavoisier disait avec un certain détachement qu'elle n'était pas autre chose que du carbone cristallisé, devient entre les mains des artistes qui le façonnent comme une étoile arrachée à ces espaces infinis qui effrayaient Pascal. Du plus gros au plus petit, tous les diamants ont une histoire. Ils sont tous entourés d'un halo, bénéfique pour certains, maléfique pour d'autres. Au passage, permettez-moi de vous rapporter la légende du « Régent » l'un des plus lourds diamants du monde, puisqu'il pesait, à l'origine, 400 carats brut.

C'était au XVIIIe siècle, aux Indes, dans les mines d'un maharadja où travaillaient plusieurs centaines d'esclaves. L'un de ceux-ci trouva un jour sous son pic une pierre d'une grosseur inhabituelle qu'il dissimula à ses gardiens en se faisant une profonde entaille à la jambe ce qui l'obligea à porter un bandage sous lequel il cacha le caillou. Quelques mois plus tard, s'étant évadé de la mine grâce à la complicité d'un marin auquel il avait raconté son histoire, il fut occis par son confident qui lui vola le diamant. L'assassin vendit alors la pierre, pour une somme assez dérisoire, à William Pitt, à l'époque gouverneur de Madras, lequel fit pendre le voleur.

De retour en Europe, Pitt s'occupa de faire tailler la pierre fabuleuse. L'opération ne prit pas moins de deux années et réduisit le diamant brut de 400 à seulement 137 carats. L'Anglais ayant eu de forts besoins d'argent se mit en quête d'un acquéreur fortuné qu'il trouva en la personne de Philippe d'Orléans, Régent de France pendant la minorité de Louis XV. Il acheta la pierre pour la somme de 375 millions.

Le diamant appartenait au trésor royal lorsque la Révolution de 1789 éclata. Puis on en perdit la trace jusqu'au jour où le conventionnel Grégoire Jagot, né à Nantua au pied du Jura, fut nommé dans l'Ain, membre de la Sûreté générale. Une lettre lui parvint, en 1793, dans laquelle un prisonnier lui promettait, en échange de la liberté, de lui révéler qui avait volé le fameux diamant « le Régent » disparu lors du pillage des appartements de Louis XVI. Jagot accepta le marché et se rendit auprès du détenu. Celui-ci lui permit de recouvrer la pierre précieuse. Le conventionnel la rapporta lui-même à l'Hôtel de Ville de Paris et reçut les félicitations unanimes des administrateurs pour « son patriotisme et sa haute probité ».

Le caillou magnifique passa ensuite entre les mains de bien des « collectionneurs », suscitant la convoitise, provoquant le vol, la mort, pour aboutir enfin sur le pommeau de l'épée de Napoléon Ier, avant d'achever sa carrière au Musée du Louvre. Quant à Jagot, qui avait retrouvé le plus beau joyau du trésor de France, il mourut à Toul, en 1838, à l'âge de quatre-vingt-sept ans, presque dans la misère. Pour la pierre fabuleuse estimée de nos jours à plusieurs milliards de centimes, il avait eu (et c'est à cela sans doute qu'il dut de vivre si vieux) la même indifférence que le savant Lavoisier ou le fabuliste bressan J.H. Rossand, lequel écrivait en 1860 :

Le diamant, honneur des mines de Golconde
Parut brut à la cour, son prix fut ignoré,
Facetté, scintillant, le strass fut préféré
Il faut être poli pour plaire dans le monde
Au fond le diamant n'est qu'un verre luisant.

Des hommes fidèles à leurs idées.

Je m'en voudrais de traverser Saint-Claude en votre compagnie sans évoquer le souvenir de deux hommes qui marquèrent profondément de leur empreinte l'histoire culturelle de notre province.

Le premier fut le poète contemporain Alphonse Gaillard, chantre du Haut-Jura, de ces rudes montagnes que nul n'avait su avant lui dépeindre avec autant de force et de talent. Cet écrivain modeste et effacé ne quitta guère notre province, sinon pour quelques voyages à Paris pour y rencontrer ses éditeurs, ou à Maillane, en Provence, car il était l'ami de Frédéric Mistral. Lorsqu'il s'éteignit sans bruit, à l'âge de quatre-vingt-huit ans, c'est à M Jean-Pierre Salvat, talentueux directeur et rédacteur du *Courrier de Saint-Claude*, qu'il confia le soin de rendre public son testament littéraire. Ce document émouvant dépeint bien le probe écrivain, l'homme profondément bon qu'il a été :

Je désire être enterré aux Bouchoux mon village natal, où les miens reposent depuis des siècles, où j'ai tant travaillé depuis mon plus jeune âge, où j'ai fait mes études, seul, en dehors de mes occupations professionnelles et où j'ai composé mes premiers ouvrages. Ce désir de mon retour à mon village natal n'enlève rien d'ailleurs à l'affection profonde que je garde à la population de Saint-Claude, en particulier à ses petits commerçants et à sa classe ouvrière... A tous ceux qui m'ont aidé ou suivi, j'exprime par-delà la tombe, l'expression de ma reconnaissance la plus émue..

Alors que tant d'auteurs qui bénéficièrent de leur vivant d'une publicité outrancière sont aujourd'hui totalement oubliés, l'œuvre d'Alphonse Gaillard est toujours présente dans la mémoire et le cœur des Francs-Comtois. Les journaux, les revues de notre région continuent de reproduire ses poésies et dans bien des écoles, les enfants récitent encore ces vers du barde jurassien :

Mon beau Jura, joyau du bon terroir comtois,
Harmonieux pays dont le charme me hante,
Toi que depuis longtemps ma muse évoque et chante,
Laisse-moi t'exalter une dernière fois...

Si Alphonse Gaillard vanta dans son œuvre le charme de sa ville d'adoption, deux peintres, nés dans la cité de la pipe, font depuis longtemps le renom artistique de Saint-Claude. Il s'agit de Guy Bardone, lauréat du prix Fénéon, et de Pierre Klemczynski, prix de la Critique et prix Léonard de Vinci, tous deux exposants dans les grandes galeries internationales. Le Haut-Jura est d'ailleurs pour ces deux artistes une source inépuisable d'inspiration. Nos sapinières, nos villages ensevelis sous la neige, font l'émerveillement des critiques et des amateurs d'art du monde entier grâce à Bardone et à Klemczynski.

Bien qu'il ne fût pas lui-même un créateur, un autre homme aujourd'hui disparu bénéficia du climat artistique particulier qui baigne la vallée de Saint-Claude. Il s'agit du regretté George Besson, qui sut au-delà de la mort rester fidèle aux idées généreuses qu'il professa durant sa vie.

Fils d'un petit fabricant de pipes, mon homonyme et lointain parent était né en 1882. Obligé de quitter l'école très tôt, il compléta son instruction en fréquentant les cours du soir et la bibliothèque de la Maison du Peuple. Son vrai maître, celui dont il évoquait toujours le souvenir avec émotion, fut un vieil ouvrier diamantaire nommé Pernier qui vivait dans une maison isolée sur la montagne dominant Saint-Claude. Dans l'atelier de l'artisan, au-dessus des meules, étaient rangés des dizaines de livres et de revues, notamment les œuvres de Jules Vallès, Hugo, Zola et Proudhon. George Besson montait chaque semaine pour converser avec cet homme, pour parler de leurs lectures communes. Il rappela souvent par la suite que c'était auprès de cet être intelligent et généreux qu'il avait découvert l'enrichissement de la culture intellectuelle et la grandeur du dévouement militant.

Socialiste, syndicaliste convaincu, George Besson fut l'un de ceux que la coopérative ouvrière sanclaudienne envoya à Paris en 1905 pour vendre ses pipes. Entre deux clients, le jeune représentant de commerce continua de s'instruire dans les bibliothèques et les musées. Passionné de peinture, il commença aussi à courir les expositions, attiré par des artistes non conformistes qui s'appelaient Monet, Manet, Bonnard, Marquet... Ce fut vers cette époque qu'il publia ses premiers articles dans des journaux engagés avant de fonder, en 1912, sa propre revue *Les Cahiers d'Aujourd'hui*. Ce périodique littéraire allait paraître jusqu'en 1926 et compter parmi ses collaborateurs Octave Mirbeau, Colette, Verhaeren, Tristan Bernard, Maeterlinck, Léon-Paul Fargue... Dans *Les Cahiers*, dont l'esprit fut à l'image de celui qui les animait, c'est-à-dire réfractaire, impertinent, acquis aux idées sociales les plus avancées, mais d'une franchise, d'une rectitude absolue, George Besson tenait lui-même la chronique artistique. C'est l'époque où il devint l'ami de Renoir, Dufy, Matisse, Rodin, Vuillard, Rouault, Picasso, Gromaire...

Critique d'art déjà beaucoup lu et apprécié, directeur artistique chez Crès, puis chez Braun, le Sanclaudien ne se servit cependant pas de ses articles ou de ses relations pour obtenir gratuitement des tableaux des jeunes peintres quasi inconnus dont il louait le talent. En amateur, pas du tout en collectionneur, il commença à acheter pour son plaisir et pour offrir à Adèle, sa jeune épouse, plusieurs toiles qui lui plaisaient. Lors d'une de nos rencontres, comme je lui demandais ce qui avait guidé ses choix, il m'avait fait cette réponse :

Je n'ai jamais acheté que les peintures de mes amis, tous figuratifs, même Picasso, tel qu'il l'était à ses débuts. Je les achetais non seulement parce que je les aimais, mais aussi pour leur signifier ma confiance, pour leur manifester mon estime autrement qu'avec ma plume. La plupart d'entre eux à l'époque étaient jeunes, inconnus. Ça ne veut pas dire que certaines fois je n'ai pas fait des folies. Par exemple, lorsque j'ai demandé à Van Dongen de faire le portrait de ma femme, il m'en a coûté six cents francs. Or, mes gains personnels cette année-là, en 1906, n'avaient pas excédé deux mille francs. Douze ans plus tard, en 1918, Auguste Renoir, qui était mon ami, mais dont la célébrité était déjà acquise, me demanda deux mille francs pour un autre portrait d'Adèle. Celle-ci partageait entièrement mes goûts. Elle aimait mieux une toile qu'un bijou. Moi qui venais d'un pays de diamantaires, je ne lui ai jamais offert un seul brillant.

Pendant soixante ans, dans leur modeste appartement trois-pièces-cuisine du 27 quai de Grenelle à Paris, George et Adèle Besson vécurent environnés de chefs-d'œuvre, à côté de cartons bourrés d'esquisses signées des plus grands noms de la peinture contemporaine. Durant toute sa vie, Besson continua d'écrire dans des revues littéraires et artistiques, notamment *Les Lettres*

Françaises, des articles consacrés à de jeunes peintres, à de jeunes écrivains. Je lui dois personnellement plusieurs analyses pertinentes de mes ouvrages et je suis très fier d'avoir été son ami pendant vingt ans.

Tous ceux qui fréquentaient parfois le petit appartement du n° 27 quai de Grenelle s'étonnaient du manque de protection de l'extraordinaire collection rassemblée. Dufy, Renoir, Marquet, Matisse et tant d'autres étaient simplement accrochés contre les murs ou posés sur des meubles comme s'il s'agissait de vulgaires chromos. Et pourtant, à l'époque, cela représentait déjà une fortune de plus d'un milliard d'anciens francs !

Et puis, un jour le vieux couple prit la décision qui allait le faire entrer par la grande porte dans l'histoire de l'art. George Besson l'a raconté ainsi :

Lorsque nous avons eu quatre-vingts ans, comme nous n'avions pas de descendance directe, ma femme et moi, nous nous sommes demandé ce qu'allaient devenir, après nous, les peintures et les sculptures (en moins grand nombre) qu'il nous avait été donné, en nous privant quelquefois, de pouvoir acquérir. Les vendre ? Nous y avions été très souvent invités. Mais qu'aurions-nous fait de tant d'argent ? Nous avons une 3 CV, qui nous suffit. Et nous sommes attachés à cette maison où nous vivons depuis plus d'un demi-siècle. Les enchères publiques après décès ? Tous les marchands et les autres, dont je m'étais systématiquement plu à repousser les propositions, auraient pris ce jour-là une fière revanche. Nous avons préféré donner. Et, conformément à nos idées, mettre à la disposition du public ce que, toujours, nous avons considéré comme des richesses trop pures pour être monnayables.

J'ai d'abord songé à Saint-Claude, ma ville natale. Mais la municipalité, qui ignorait sans doute l'importance du cadeau que j'allais lui faire, se récusa sous prétexte qu'elle ne disposait pas de locaux suffisants. J'objectai que pour en construire, il eût suffi de négocier un seul de nos Renoir. Les pourparlers traînant en longueur, je me suis décidé pour Besancon, capitale de ma province. Le musée de Besançon possède déjà, grâce au cardinal Granvelle, à l'architecte Paris, à Jean Gigoux, un fond de premier ordre, mais qui s'arrête à Gustave Courbet. Il importait de le compléter. Voilà pourquoi j'ai choisi Besançon, ou, plutôt, Besançon et Bagnols-sur-Cèze, pays de mon ami Albert André où se trouve l'un des musées les plus représentatifs de l'art vivant.

Besançon et Bagnols-sur-Cèze ne boudèrent pas, comme Saint-Claude, cette manne artistique inespérée. Dans les deux villes, on aménagea vite de nouveaux locaux pour accueillir ces trésors. Avant que la donation Besson ne quitte pour toujours les bords de la Seine, le musée du Louvre tint à en faire pour le public parisien une exposition regroupant deux cents œuvres des plus grands peintres contemporains, notamment Renoir, Picasso, Matisse, Dufy, Seurat, Van Dongen, Marquet, Bonnard...

Hélas ! la cérémonie du vernissage, qui aurait dû apporter une consécration bien méritée à ce couple exceptionnel fut un jour tragique. Le jeudi 10 décembre 1964, au moment où André Malraux, ministre de la Culture, venait chercher les donateurs à leur domicile, quai de Grenelle, pour les conduire au Louvre à bord d'une voiture officielle, Adèle Besson s'écroulait, terrassée par l'émotion et ne pouvait être ranimée. Ainsi s'acheva ce peu commun roman d'amour d'un couple avec la peinture.

Aujourd'hui, s'il vous arrive de passer par Besançon ou Bagnols-sur-Cèze, ne manquez pas de visiter, au musée de ces villes, les salles réservées à la donation « George et Adèle Besson ». Vous y apprécierez avec quelle sûreté de goût ces « mécènes » francs-comtois avaient su acquérir, durant leur existence, les toiles innombrables qui décoraient leur modeste trois-pièces-cuisine parisien.

Avant la frontière.

Le département du Jura a ceci de particulier, que sur son territoire arbitrairement découpé par des administrateurs peu soucieux de respecter les limites naturelles, il ne compte aucun des sommets culminants de la chaîne. Le Grand Colombier, le Crêt de la Neige se trouvent dans l'Ain, la Dole et le Chasseron en Suisse. Déjà, sous Charlemagne, les ducs de Savoie et ceux de Bourgogne, ces derniers alliés provisoirement aux « Messieurs de Berne », discutèrent interminablement du tracé des frontières entre ces Etats.

En 1612, à la suite d'un traité conclu entre la France et l'Espagne, on planta au-dessus du Crêt de Chalam une énorme borne encore visible de nos jours, portant sur une face le lion de la Comté, de l'autre les trois fleurs de lys. Actuellement, « la Borne au Lion » marque toujours la limite administrative entre la région Rhône-Alpes et celle de Franche-Comté. Ce site est chaque été très fréquenté par les touristes. Ils viennent y admirer les magnifiques paysages où persiste le souvenir des F.F.I. de l'Ain et du Jura qui défendirent ici avec acharnement contre cinq mille S.S. leur inexpugnable réduit.

Jusqu'au XIe siècle de notre ère, il n'y eut pas de frontière entre la Suisse et l'actuelle Comté. Vers l'an 60 avant J.-C., Jules César décrit une situation politique où les Helvètes et les Séquanes apparaissent comme deux tribus du même peuple gaulois. En 238, la Provincia Maxima Sequanorum s'étendait d'un seul tenant de la basse vallée du Doubs aux rives du Léman et du lac de Neuchâtel.

Les Burgondes s'installèrent également au Ve siècle des deux côtés du Jura. Les versants oriental et occidental du massif se retrouvèrent encore unis dans la Lotharingie que créa en 843 le traité de Verdun. Cela dura pendant tout le début du Moyen Age où une même civilisation régna de part et d'autre de la montagne.

Puis vint l'époque féodale au cours de laquelle le Grand Jura se morcela en d'innombrables fiefs taillés à la mesure des appétits des petits seigneurs locaux. De leur côté, les moines chartreux et cisterciens s'approprièrent d'immenses domaines aussi bien en Comté qu'en Helvétie. Au XIIIe siècle, après la décadence du pouvoir impérial, monastères et abbayes cherchèrent des protecteurs auprès des châtelains qui avaient été pourtant très souvent leurs rivaux C'est ainsi qu'on vit les sire de La Sarraz protéger l'abbaye du lac de Joux, tandis qu'Aymon de Prangins, seigneur de Nyon, devenait défenseur de Bonmont et d'Oujon. Plus au nord, les religieux faisaient alliance avec les comtes de Neuchâtel.

A partir du xve siècle, les seules puissances véritables qui subsistèrent dans toute cette région furent, à l'ouest, les ducs de Bourgogne, à l'est et au sud les ducs de Savoie régnant sur le pays de Vaud, le Bugey et la Bresse et au nord-est les évêques de Bâle. Héritiers de la vieille Lotharingie, ces seigneurs s'efforcèrent de maintenir coûte que coûte, face à la France expansionniste, une bande de terre indépendante au pied occidental du Jura. Ainsi, la Comté devait servir d'Etat tampon, de glacis, à des gens qui se soucièrent peu, par ailleurs, d'apporter à ceux qui gardaient leurs avant-postes un soutien efficace.

Pendant deux siècles, le drame des Francs-Comtois fut de soutenir, presque toujours seuls, une lutte sans merci contre les ambitions françaises pour conserver leur chère indépendance. Les princes protecteurs étant loin, dans les Flandres, en Autriche, en Espagne, les Comtois recherchèrent sans cesse l'assistance d'un allié plus proche : les ligues des cantons suisses. Mais ces dernières renâclèrent toujours à lier leur sort aux Jurassiens du versant comtois. En 1477, lorsque les Etats de Comté envoyèrent des députés à Berne pour solliciter leur admission parmi les confédérés, ils n'obtinrent pas satisfaction. Le rusé Louis XI avait su habilement profiter de la division et de la cupidité des Helvètes pour tenter de s'emparer contre rançon du malheureux pays franc-comtois.

Ce fut un tournant de l'Histoire. Alors que jusque-là les Jurassiens habitant de part et d'autre du massif étaient fortement conscients d'appartenir à un même peuple. Alors qu'il n'y avait à l'époque pas plus de différence entre un Loclois et un Mortuacien, entre un colon de Romainmôtier ou de Saint-Laurent qu'entre un habitant de Salins ou de Pontarlier, la rupture politique amena une séparation définitive pour les populations des deux versants. La Réforme allait encore ajouter ses haines, ses rancœurs à ce clivage. Après la conquête de la

Franche-Comté par les armées de Louis XIV, la coupure fut totale et les montagnes du Jura commencèrent à jouer leur rôle de frontière.

La forêt du Massacre.

Si l'on excepte le massif du Risoux, dont je vous parlerai dans un prochain chapitre, la forêt du Massacre est l'une des plus sauvages et des plus mystérieuses du Haut-Pays. Tous ceux qui la traversent éprouvent, on ne sait pourquoi, un étrange malaise, une impression d'isolement, de danger latent.

Bien qu'elle ne soit pas la plus étendue des sapinières frontalières et qu'on y ait aménagé des chemins carrossables, elle est celle qui donne au visiteur l'image la plus exacte de ce qu'était la forêt comtoise avant le défrichement. Barrière infranchissable, véritable forteresse végétale, elle se dressa durant des siècles entre Genève et Saint-Claude, rebutant même les Romains, ces audacieux ouvreurs de routes.

L'auteur anonyme de la *Vita Patrum Jurensium* (Vie des pères du Jura), un manuscrit datant du VIe siècle de notre ère, parle à plusieurs reprises de la forêt immense, peuplée de cerfs, d'ours et de loups, qui séparait Condat (Saint-Claude) des plaines de l'Helvétie. Aucun sentier ne traversait ce massif, et cet auteur raconte quelles difficultés les religieux de Nyon qui s'y aventurèrent rencontrèrent en essayant de rejoindre l'ermitage de Saint-Romain.

La forêt du Massacre, située à une altitude moyenne de treize à quatorze cents mètres, subit un climat d'une extrême rigueur avec près de deux cents jours de gelées par an et un enneigement de sept mois, de la mi-octobre à la mi-mai. Par endroits, certains hivers, on a mesuré jusqu'à quatre mètres de neige. Exposée aux vents d'ouest et à la bise, la sapinière est ravagée périodiquement, en moyenne une fois tous les siècles, par des tempêtes dévastatrices qui culbutent en quelques minutes des dizaines d'hectares d'épicéas. Le dernier de ces cataclysmes, que les Anciens désignaient au Moyen Age sous le nom d' « Orval », date du 15 janvier 1946 vers 21 heures, quand dix-huit mille mètres cubes de bois furent détruits, ouvrant sur la montagne une longue saignée dont on voit encore la trace.

Contrairement à ce qu'on pourrait croire, ce n'est pas ce phénomène climatique meurtrier qui incita les habitants du Haut-Pays à donner le nom de forêt du Massacre à ce massif boisé. Jusqu'en 1535, on l'appela forêt de Septmoncel ou de la Frasse. Cette année-là, la sapinière fut le théâtre d'un drame atroce dont on parla ensuite durant des générations au coin de l'âtre dans les fermes du voisinage.

François Ier, qui était à l'époque en querelle avec le duc de Savoie, décida d'envoyer du secours aux Genevois alors assiégés par les Savoyards. Un premier détachement, commandé par le sire de Veray, remonta la Valserine par Lélex, Mijoux, et franchit la Faucille. Le baron de La Sarraz, en patrouille dans la région, tomba à l'improviste sur l'unité française. Il la tailla en pièces. Une partie des vaincus parvint cependant à s'échapper et à rejoindre Genève, mais sans grand profit pour la cité assiégée qui avait déjà assez de mal à nourrir ses habitants.

Dépité par l'échec de cette première expédition, le roi de France envoya une nouvelle troupe forte d'environ un millier d'hommes, composée en grande partie de mercenaires italiens sous la conduite du capitaine Rance de Serre. Après avoir emprunté comme la première fois la vallée de la Valserine, la troupe entreprit de gravir la Faucille. Mais les Savoyards avaient eu soin de placer des observateurs aux principaux points de passage. Ils attendaient l'ennemi en embuscade au sommet du col. Dès le début de l'attaque, l'armée de secours se débanda. Ses soldats tentèrent, comme leurs devanciers, de rejoindre Genève. Les hommes du duc de Savoie s'opposant à ce projet, les mercenaires de François Ier refluèrent alors en direction de la forêt de Septmoncel autrement dit du territoire comtois. Les Savoyards n'eurent aucun scrupule à les y poursuivre et les traquèrent sans pitié pendant plusieurs jours. Selon une estimation de l'époque, plus de cinq cents Italiens furent occis durant cette opération de ratissage. Beaucoup eurent la tête tranchée à l'aide de haches dont les Savoyards étaient de redoutables usagers.

Cette tuerie eut un tel retentissement dans tout le Haut-Pays qu'on débaptisa la forêt de Septmoncel qui s'appelle depuis cette époque la forêt du Massacre. Une légende racontée dans la région au début de notre siècle prétendait que parfois, dans cette sapinière maudite, les bûcherons faisaient d'étranges rencontres : celles de grands spectres déambulant par les sentiers en tenant leur tête sous le bras.

La Vallée des rennes.

A quelques kilomètres à vol d'oiseau de la forêt tragique, se trouve une région que le tourisme a complètement transformée ces dernières années. Avec quatre siècles de recul, on a assisté ici à un nouveau massacre : celui de la nature. Des architectes, des technocrates ont eu l'idée criminelle de construire des H.L.M. hideux sur un fond de sapinières. De Lamoura à Prémanon, on ne compte plus le nombre de ces blocs de béton où l'instinct grégaire fait s'entasser, comme dans les banlieues ouvrières, de malheureux citadins méritant mieux que ces vacances encasernées. On a essaimé aussi ici et là sur les flancs du massif, des chalets pas toujours du meilleur goût, qui sont loin de s'intégrer dans le paysage comme nos vieilles fermes jurassiennes.

Avec un certain nombre d'écrivains et d'artistes franc-comtois, j'ai souvent protesté contre ceux qui, au nom du développement touristique, altéraient nos sites. Mais alors qu'on aurait pu, avant d'édifier ces bâtiments horribles, demander l'avis de nos peintres régionaux, lesquels connaissent parfaitement l'équilibre, la beauté de nos panoramas, on fit appel à des « paysagistes » de Paris ou d'autres grandes villes n'ayant sans doute jamais mis les pieds dans le Jura, et qui implantèrent leurs constructions sur plans, depuis leurs bureaux.

Il n'y eut heureusement pas que des échecs dans cette boulimie bétonnière. Certaines réalisations sont très réussies. Cela démontre bien qu'avec un peu de bon sens et de respect pour la nature, il est possible d'arriver à un juste équilibre en matière d'architecture montagnarde.

Le développement touristique de la Combe du Lac et de Prémanon a donné naissance, il y a quelques années à une expérience originale : celle de la réadaptation des rennes au climat jurassien. Ces grands cervidés des contrées arctiques avaient vécu autrefois dans notre région au paléolithique supérieur, pendant la période de froid sec qui suivit la dernière glaciation. Des archéologues ont d'ailleurs retrouvé ici et là en Franche-Comté des vestiges d'une civilisation remontant à une quinzaine de millénaires, notamment des outils et des pointes de sagaies confectionnées avec des bois de rennes.

Auteur d'un remarquable ouvrage sur la Laponie, M. Pierre Marc, un jeune ethnographe, après avoir passé plusieurs années dans le Grand Nord, eut l'idée de créer une réserve dans le Haut-Pays et d'y élever des rennes. A ceux qui lui demandèrent les raisons de ce pari basé sur le fait que ces cervidés pouvaient très bien s'acclimater et surtout se reproduire dans nos montagnes, M. Pierre Marc répondit : « Ne pouvant vivre perpétuellement avec mes amis Lapons, j'ai imaginé un jour de transporter un morceau de Laponie dans le Jura. »

Ce rêve, qui était au départ plus celui d'un idéaliste que d'un homme d'affaires, s'est réalisé point par point. En 1972, plusieurs rennes mâles et femelles arrivèrent en avion des régions polaires. Ils furent lâchés en liberté sur un vaste domaine situé au pied du mont Fier dans la vallée de Prémanon. Au début, pour ne pas bouleverser trop vite leur mode de vie, il fallut les nourrir avec des lichens importés de l'arctique ; mais, dès le premier printemps, les animaux prirent très vite goût aux herbages savoureux du Haut-Pays. Pour s'occuper du petit troupeau, M. Pierre Marc eut recours aux conseils de ses amis Lapons dont plusieurs couples se relayèrent sur le plateau et l'aidèrent lors de la naissance des premiers bébés rennes qui naquirent à nouveau dans le Jura, près de dix mille ans après la disparition en ces lieux de leurs derniers congénères.

Aujourd'hui, si vous passez dans cette région durant l'hiver, n'omettez pas de faire un détour par Prémanon. Vous pourrez y effectuer, sur d'authentiques traîneaux lapons tirés par des rennes aux harnais multicolores, une extraordinaire randonnée sous nos sapinières. Et je vous assure que vous assisterez à un spectacle peu commun : celui de la caravane d'une quinzaine d'attelages surgissant silencieusement au revers de la combe enneigée, transformant ce coin du terroir jurassien en paysage de Laponie.

Lamartine : nostalgies jurassiennes.

J'ai vécu trois années à Morez, au creux de cette gorge ombreuse où la ville s'étire sur trois kilomètres de chaque côté d'une voie unique. Des administrateurs et de hardis urbanistes ont bien tenté de désenclaver la cité en la sortant de sa longue ornière. L'agglomération nouvelle construite à flanc de montagne n'est, malgré ses lignes futuristes, qu'un quartier dortoir. Le cœur de Morez continue à battre le long des berges de la Bienne, en bordure de ce torrent jaseur où les premiers colons défricheurs s'implantèrent au XVIe siècle.

Mon séjour de jeunesse dans le Haut-Pays m'a beaucoup plus marqué que mon passage dans d'autres villes comtoises. Je n'ai jamais oublié les longs hivers de cette vallée austère ni mes promenades dans le Risoux ni mes escapades sur les plateaux du Grandvaux et des Rousses. C'est en ces lieux que j'ai puisé la sève nourricière de plusieurs livres, où j'ai rencontré tant de personnages attachants issus d'un terroir qui subit l'un des plus rudes climats de France.

Vingt ans avant moi, et bien qu'il ne fût pas originaire de Franche-Comté, un autre écrivain avait également situé dans cette région l'une de ses œuvres les plus connues. Il s'agit de Romain Roussel, l'auteur de *La Vallée sans Printemps*. Il me disait, peu d'années avant sa mort, combien il était heureux de revenir à Morez, cette ville qui l'avait fait citoyen d'honneur.

Déjà, au siècle dernier, la Combe à Morel (nom du fondateur de Morez), avait impressionné Alphonse de Lamartine dont une partie des ancêtres vivait en ces lieux depuis la guerre de Trente Ans. Au XVIIe siècle, sa famille possédait d'immenses domaines en Franche-Comté, notamment la forêt du Fresnoy, des terres à Moirans-en-Montagne et à Poligny ainsi que plusieurs fabriques, forges et tréfileries en bordure de la Bienne.

Le 25 août 1749, en l'église de Morez, « Messire Louis-François de La Martine, chevalier, seigneur de Monceau, capitaine au régiment de Monaco-Infanterie, chevalier de l'ordre de Saint-Louis », épousa Jeanne Dronier de Pratz, issue d'une vieille famille du Haut-Pays, les Dolard, qui avaient su rendre l'activité à la région après les dévastations de la guerre d'Indépendance.

De ce mariage devaient naître trois fils et trois filles. Pierre de Lamartine, le cadet, fut le père du poète qui, lui, vit le jour en Bourgogne à Mâcon, le 10 octobre 1790.

Mais revenons au grand-père de l'illustre poète. Louis-François de La Martine, après avoir été un officier valeureux lors des guerres de succession de Pologne et d'Autriche, se révéla dans le civil un piètre industriel lorsqu'il lui fallut gérer les biens considérables apportés en dot par son épouse née Dronier. Il eut par exemple l'idée de reconstruire une tréfilerie sise aux Combes, à quatre lieues de Morez. Alors qu'il sollicitait l'autorisation d'entreprendre les travaux, il apprit qu'un négociant suisse, le sieur Abraham Müller, venait d'acheter à Champagnole un bâtiment et une chute d'eau pour y créer une manufacture de fil de fer.

Fou de rage, l'aïeul du poète tenta aussitôt de s'opposer à l'octroi d'un privilège à cet intrus. Il adressa au roi une « requête » dans laquelle il s'efforça de démontrer que la production des quatorze manufactures de fil de fer autorisées par l'arrêt du Conseil de 1764, était plus que suffisante pour la consommation du royaume. Il concluait en sollicitant le renouvellement de son privilège pour quatre-vingt-dix-neuf ans, en ce qui concernait la manufacture de fil de fer et de « fer noir » aux Combes et à Morez, avec défense à toute personne de s'établir à moins de dix lieues pour ne pas venir le troubler lui et les siens.

En dépit de cette tentative de protectionnisme industriel, les affaires de Louis-François de La Martine ne firent que péricliter d'année en année. Il dut vendre une grande partie de ses biens, notamment la tirerie du Bas de Morez. Elle fut acquise par un négociant nommé Perrard. Celui ci en fit don à sa nièce Jeanne Séraphine Besson, laquelle devait devenir plus tard l'épouse de Pierre-Célestin Vandel, maître de forges, maire et conseiller général de Morez.

Lorsque le poète des *Méditations* vint en 1815 dans le pays de ses ancêtres, il n'y possédait plus aucun bien. Ce n'est pas sans regret qu'il évoqua l'immense fortune dispersée :

En Franche-Comté, mon grand-père tenait par sa femme de belles possessions antiques et seigneuriales qui vaudraient aujourd'hui plusieurs millions. J'ai vu vendre, dans ma première jeunesse, la forêt du Fresnoy dont les sapins montaient de Saint-Claude à Saint-Cergues, cela pour une soixantaine de mille francs, à un ancien fermier, par dégoût de quelques lieues de distance pour aller l'administrer...

C'est pendant les Cent Jours qu'Alphonse de Lamartine traversa cette région qu'il ne connaissait pas. Il avait alors vingt-cinq ans. Monarchiste comme tous les siens, il venait avec eux d'échapper miraculeusement aux massacres de la Révolution. Dès le début de la Restauration, il avait fait partie de la Maison militaire de Louis XVIII. A ce titre, il avait accompagné le roi podagre durant sa peu glorieuse chevauchée vers un second exil. Licencié par l'ordonnance royale du 27 mars, il s'était retiré à Mâcon où il espérait se consacrer entièrement aux muses en attendant des temps moins troublés. Las ! on ne tarda pas à l'avertir qu'il était recherché par la police impériale et qu'à défaut de servir « l'usurpateur », il serait emprisonné.

Une nuit, déguisé en femme, Lamartine quitta la vieille cité des bords de Saône, pour tenter de rejoindre la Suisse par le

Jura. Evitant les routes, en marchant toujours à travers les champs et les bois, il arriva chez son ami Guigne, à Maisod dont le château aux deux tours grises dominait les berges escarpées de l'Ain. De là, aidé par Léon Chavériat, le notaire de Moirans-en-Montagne, il se rendit à Saint-Claude et fut impressionné par cette vallée sauvage. Poursuivant son chemin à travers les forêts qui avaient appartenu à ses ancêtres, il arriva à l'Es-Sabrons (l'Essart Brun), une propriété des Dolard au-dessus de Morez. Il ne fit qu'entrevoir la ville sans jamais y descendre. Elle était étroitement surveillée par la gendarmerie qui recherchait les transfuges.

Pour tromper la surveillance des policiers de l'Empereur, Alphonse de Lamartine troqua ses vêtements féminins contre un costume de chasseur puis, toujours accompagné de Léon Chavériat, traversa clandestinement la frontière. Il rejoignit Saint-Cergues et enfin Nyon, où il trouva refuge au château de la famille de Vincy.

Cette traversée du Haut-Pays avait beaucoup ému le poète. Il devait se souvenir longtemps de ce voyage et lui consacrer ultérieurement plusieurs pages :

Moirans, Saint-Claude où j'avais encore des parents, le Fresnoy, le château de Villars, celui des Amorandes, la petite ville de Morez dont le conseil municipal m'a envoyé naguère ses souvenirs reconnaissants pour ma famille qui y avait fondé les premières usines, tout ce pays était plein de l'influence et des domaines des miens avant la Révolution. Nous y avions des fermes, dont je voyais, dans mon enfance, les bons fermiers nous apporter à Mâcon le miel et le beurre salé...

... Moi aussi j'ai la moitié de mon sang à cette source des montagnes ; j'ai la moitié de mes aïeux dans ces forêts, dans ces torrents, dans ces donjons de la vallée de Saint-Claude et jusque dans cette ville aujourd'hui si riche, si industrielle et si pastorale de Morez...

Ces portions de mon pays natal se sentirent frémir à la nouvelle de mon arrivée !... Les chênes n'ont pas plus de racines que les hommes dans certaines terres. La Franche-

Comté est du nombre. Je l'aime comme le chêne aime son sol. Combien je regrette d'avoir vu moi-même, peu d'années après la mort de mon grand-père, mes parents vendre, pour quelques morceaux de pain, ces roches, ces lacs, ces forêts de sapins superbes qui rachèteraient aujourd'hui cinq ou six fois mon patrimoine anéanti par les révolutions...

Durant toute sa vie, Alphonse de Lamartine, qui mourut, comme on le sait, presque dans la misère, éprouva toujours une grande nostalgie pour le Haut-Pays :

Du haut des collines de la Saône, confessait-il dans son Cours Familier de Littérature, *je ne jette jamais mes regards sur la chaîne lointaine du Jura, nivelée à l'horizon comme une falaise de l'éther, au-dessous de la pyramide de granit rose du mont Blanc, sans me reporter en esprit dans la vallée de Saint-Claude, dans la forêt du Fresnoy, dans les décombres de nos châteaux, sans me dire avec amertume : Pourquoi ma famille est-elle descendue dans la plaine ? Que ne suis-je resté moi-même aux Amorandelles ? J'aurais fait par le monde un peu moins de bruit et ma vie aurait été plus heureuse !*

Un Anglais à l'origine du ski jurassien.

Si l'on en croit certains historiens, l'usage du ski comme moyen de déplacement hivernal était déjà pratiqué bien avant notre ère. On a notamment retrouvé dans la tourbe, à Hoting en Suède, un ski datant de 2 500 ans avant J.-C., large de vingt centimètres et long d'un mètre dix. Une peinture rupestre vieille de 4 000 ans représente également des hommes chaussés de longs patins grâce auxquels ils pouvaient poursuivre le gibier sur la neige.

Selon ces bons auteurs, la patrie d'origine de ce mode de locomotion se situerait quelque part sur les bords du lac Baïkal, et des peuplades asiatiques l'auraient fait connaître aux Lapons durant les grandes invasions ainsi qu'aux habitants de Suède et de Norvège.

Dès l'an 980, une légende scandinave exaltait les exploits de Skade, la déesse chasseresse qui, rapide sur ses lattes de frêne, abattait à l'arc les rennes forcés à la course. Quant au nom donné aux patins de bois, il viendrait d'un idiome germano-scandinave, les termes schiff, schiessen, skip, skill évoquant l'idée d'un mouvement par glissade en langue allemande et norvégienne.

Bien avant l'introduction de la pratique du ski dans le massif jurassien, les habitants du Haut-Pays avaient trouvé un moyen de se déplacer sur la neige durant les longs hivers ensevelissant les montagnes parfois sous deux à trois mètres de neige. Ils utilisaient les « cercles », sortes de raquettes en bois et en cuir que l'on fixe sous des brodequins et qui permettent de ne pas s'enfoncer dans l'épaisseur de la meurtrière toison recouvrant la campagne. A Saint-Cergues, au début du siècle dernier, le père Vandel avait acquis une réputation d'endurance dans la pratique de ce sport utilitaire. Il n'hésitait pas à s'aventurer chaque hiver à travers la Combe des Amburnex pour aller piéger la sauvagine. Les jeunes gens des villages de la Vallée de Joux en Suisse avaient pris l'habitude de se mesurer à la course des raquettes, le vainqueur étant gratifié à la fin de l'épreuve d'un magnifique porcelet.

Ce fut très paradoxalement un Anglais, un des fameux majors de l'Armée des Indes, qui fit connaître le ski aux Jurassiens. Souffrant de paludisme, le Britannique était venu en convalescence en Europe où, selon les prescriptions de son médecin, il séjournait dans des régions au climat sec et froid. Après quelques semaines passées en Scandinavie, il s'était installé, au cours de l'hiver 1901-1902, au grand hôtel du Pont, en bordure du lac de Joux. C'est à partir de là qu'on commença à le voir se déplacer sur la neige d'une manière fort curieuse avec deux grandes planches sous les pieds et un unique bâton à la main qu'il utilisait comme un marin se sert de la godille.

On vint bientôt de toute la région pour voir l'Anglais glisser sur la neige et, lorsqu'il entreprit un jour de gravir puis de descendre sur ses skis la Dôle, ce sommet qui culmine à 1 677 mètres, l'exploit eut un grand retentissement. Félix Péclet, qui était en ce début du siècle, maire du village des Rousses, s'intéressa immédiatement à ce qu'on appelait à l'époque « la marche sur planches ». Il se rendit au Pont où il rencontra le fameux major de l'Armée des Indes qui lui fit expérimenter son matériel. A l'issue de cette entrevue, le Rousseland rentra chez lui convaincu que le ski allait prendre dans la région une extension d'autant plus rapide que ce mode de locomotion se révélerait vite très utile aux populations du Haut-Pays.

De fait, dès l'hiver suivant, des menuisiers locaux se mirent à confectionner, à l'aide de douves de tonneaux, des lattes grossièrement façonnées munies d'attaches rudimentaires en cuir. Les premiers à utiliser ces « glissières de traîneaux » furent des enfants des Rousses et de Bois d'Amont. Puis les grands s'intéressèrent à ce nouveau jeu et s'ingénièrent à perfectionner le matériel. Certains se rendirent compte qu'on pouvait aller encore plus vite en enduisant les lames de bois avec de la cire d'abeille chauffée ou de la bougie. Un facteur, dont la tournée s'étendait sur plusieurs kilomètres tout au long des fermes essaimées en bordure de la frontière, eut l'idée de chausser ses skis pour effectuer sa distribution. Il gagna ainsi deux heures sur son itinéraire quotidien et rentra moins fatigué à la maison. Denis Vandelle fut le premier facteur-skieur de France et l'administration des P.T.T. ne tarda pas à s'intéresser à cette méthode, de même que la Douane et la Gendarmerie.

Heureux de constater ces premiers résultats, Félix Péclet entrevit dès le début quel extraordinaire moyen de distraction le ski allait devenir. Il s'employa sans relâche à le propager, surtout parmi les jeunes. Le 27 janvier 1907, il organisa aux Rousses la première course de fond qui connut un succès encourageant et fut remportée par... le facteur Denis Vandelle. Celui-ci pratiquait ce sport chaque jour en travaillant et bénéficiait d'un entraînement très supérieur à ses concurrents.

Au cours du même hiver, Félix Péclet démontra par l'exemple combien la généralisation et l'encouragement à la pratique du ski pourrait rendre service à ses administrés. Dans la nuit du 28 au 29 janvier 1907, par moins 25° , une formidable tempête de neige s'abattit sur le Haut-Pays. Aux Rousses, la couche atteignit la hauteur du premier étage des maisons. Pendant dix jours, toutes les communications par route furent coupées avec Morez.

Ses administrés commençant à manquer de certains médicaments et ne recevant plus de courrier, le maire des Rousses téléphona au directeur des Postes pour lui proposer de descendre à ski jusqu'au bureau de Morez afin d'y prendre possession des sacs postaux. Ce service fut accepté, mais préalablement, Félix Péclet fut obligé de prêter serment par téléphone devant le préfet du Jura avant qu'on ne lui confiât les lettres en souffrance dans la vallée.

Entre les deux guerres, le ski allait se développer de plus en plus dans la région. C'est surtout à partir des années 50 que le massif jurassien s'équipa de coûteuses installations pour la pratique du ski alpin. Seuls, quelques autochtones continuèrent de skier à la jurassienne. Pendant longtemps, nos randonneurs locaux, véritables lévriers des neiges avec leurs silhouettes filiformes se détachant en rouge, en bleu, sur le satin blanc des plateaux, étonnèrent sans les convaincre les touristes de passage qui ne soupçonnaient pas l'attrait de ce sport. Durant trois décennies, aux Rousses, au Sentier, à Jougue, il n'y eut que quelques moniteurs pour enseigner la pratique de ce ski traditionnel et peu d'élèves préférèrent leurs cours aux disciplines alpines.

Puis vinrent les jeux Olympiques d'hiver de 1968 et la diffusion des merveilleuses images enregistrées par les caméras de la télévision à Autrans. La vue des jeunes champions venus des pays nordiques, glissant comme dans un rêve au milieu de féeriques paysages de neige sur des pistes sans traces, fut une révélation pour les Français. Beaucoup comprirent à ce moment-là quelles joies pourraient leur procurer, au contact de la nature, dans le grand silence blanc des solitudes du Haut-Pays, le ski de randonnée.

Dès les années suivantes, un grand nombre de ceux qu'un

instinct grégaire poussait à se retrouver dans l'univers balisé, policé, surtaxé des pistes alpines, de ceux qui piétinaient interminablement au bas des téléskis surchargés, se muèrent en randonneurs On vit apparaître aussi une catégorie de nouveaux adeptes venus de tous les coins de France, des gens de tous âges qui s'arrachèrent les skis à écailles et s'élancèrent joyeusement, en famille, à travers les combes et les sapinières. Car le ski de promenade a ceci d'avantageux qu'il est peu coûteux, pas dangereux, son initiation est très rapide et on peut le pratiquer sans contrainte seul ou en groupe.

Aujourd'hui, nos stations jurassiennes ont acquis une juste renommée de chaque côté du massif, aussi bien en France qu'en Suisse. Des pistes totalisant plusieurs milliers de kilomètres ont été tracées. On a même créé pour les plus forts « La Haute Route du Jura » qui chemine sur près de cent kilomètres, des hauteurs de Bellegarde au Chasseron et même au-delà.

Chaque semaine durant l'hiver, des groupes de garçons et de filles partent sac au dos, skis de randonnée aux pieds pour effectuer la transjurassienne. Exaltante aventure des temps modernes, cette traversée leur permet de découvrir d'étape en étape, de gîte rural en bergerie, pendant cinq ou six jours, les magnifiques paysages de notre région et de partager en toute simplicité la vie rude de nos montagnards.

Dans le Jura, la neige autrefois source d'isolement, de pauvreté, est devenue une richesse. L'or blanc, qui recouvre chaque hiver à profusion le Haut-Pays, remplace avantageusement le diamant que l'on taillait dans les fermes. De nombreux paysans sont devenus moniteurs ou aubergistes pour répondre au formidable développement de ski de randonnée.

Hélas ! les hommes sont ingrats et oublieux. Bien peu se souviennent aujourd'hui de Félix Péclet ; quant à l'Anglais qui « importa » le ski dans le Jura, l'excentrique major de l'Armée des Indes qui fut le premier à descendre la Dôle sur des lattes, la petite histoire elle-même n'a pas retenu son nom.

Le passage des proscrits.

La station des Rousses, dernière localité jurassienne avant la frontière franco-suisse, est construite sur une éminence séparant la vallée de l'Orbe, lointain affluent du Rhin, de celle de la Bienne qui va grossir l'Ain et le Rhône. De ce fait, une partie des eaux de ce village ira dans la mer du Nord, alors que l'autre finira sa course en Méditerranée.

Terre de partage des eaux, sinon de civilisations, le pays des Rousses fut aussi un lieu de passage pour les nombreux proscrits que les guerres et les révolutions poussèrent à déserter le sol français. Dans cette région, la frontière est souvent une notion subjective et, à travers bois, il a toujours été facile de pénétrer en Suisse.

Pour juguler cette libre circulation entre les deux versants du Jura, les partisans du nouveau régime révolutionnaire firent dresser, quelques semaines après la prise de la Bastille, des barrages par les gardes nationaux, en bordure de toutes les routes conduisant vers le Haut-Pays. Ils avaient pour consigne d'arrêter au passage tous les voyageurs sans passeport régulier, d'intercepter les voitures de grains, les transports de fonds et les messages à destination des émigrés.

Malgré cette surveillance renforcée, nombreux furent les nobles et les ecclésiastiques qui purent rejoindre la Suisse souvent dans des conditions dramatiques ou pittoresques, comme le comte de Maucoux : il se déguisa en berger et atteignit Saint-Cergues sans encombre en menant paître un troupeau en bordure de la frontière.

Durant la Terreur, le conventionnel Dulaure fut lui aussi contraint de s'enfuir outre-Jura pour échapper à la guillotine. Décrété d'accusation le 31 octobre 1793, il se fabriqua un faux passeport au nom de Dubreuil, négociant au Puy, ainsi qu'un diplôme de la Société des jacobins. Après diverses péripéties et alors qu'il arrivait sur le plateau des Rousses, il fut arrêté par des paysans. Ne sachant pas lire, ceux-ci s'obstinèrent à nier la validité de son passeport et pensèrent qu'il était un ci-devant. En désespoir de cause, pressentant qu'on allait lui faire un mauvais parti, Dulaure s'écria : « Je suis un bon républicain, d'ailleurs regardez, j'ai un diplôme des Jacobins ! »

S'il avait su ce que ce nom signifiait pour les Jurassiens, le conventionnel se serait bien gardé d'exhiber le papier qu'il s'était délivré lui-même.

« J'avais bien vu que tu étais noble, ou prêtre, ou quelque chose comme ça ! » s'exclama l'un des paysans, en brandissant un pistolet.

« Tu viens au moins du couvent de Poligny ? »

Le malheureux Dulaure ignorait en effet qu'il y avait dans cette ville un riche monastère portant ce nom de Jacobins. Il lui fallut beaucoup de diplomatie pour que ses gardes, qui menaçaient de le trucider, acceptent de le conduire auprès d'un prêtre constitutionnel. Celui-ci eut bien du mal à expliquer aux excités quelle différence il y avait entre les moines jacobins et les membres du Club révolutionnaire dont se réclamait l'ex-conventionnel. Dulaure fut néanmoins relâché et put passer en Suisse quelques jours plus tard.

Parmi les personnages célèbres qui s'arrêtèrent aux Rousses, il y eut Napoléon Bonaparte. Le Premier Consul fit halte dans ce village le soir du 9 mai 1800, lors de sa deuxième campagne d'Italie. Il prit une rapide collation à l'auberge Pierre Lizon avant de poursuivre sa route vers Saint-Cergues et Nyon.

A propos de ce passage, on raconte une anecdote assez piquante, exemple de cet humour comtois qui s'apparente souvent, par sa manière imperturbable, à l'humour anglo-saxon. A cette époque, le ravitaillement des armées était aléatoire et les troupes devaient vivre le plus souvent sur l'habitant. Aux Rousses, village fort pauvre, les rabatteurs de l'Intendance ne trouvèrent pas beaucoup de nourriture à acheter, d'autant qu'on n'y aimait pas tellement les militaires. Par boutade, ou peut-être pour décourager ces clients en uniforme, un marchand de la localité proposa des pommes de terre à un écu la pièce ! Traité d'affameur, le bonhomme fut conduit manu militari devant Bonaparte. Il sursauta en entendant les exigences du négociant :

« Comment oses-tu demander un prix aussi exorbitant ? Les pommes de terre sont donc si rares dans ce pays ? » Sans se départir de son calme, le Rousseland répondit froidement : « Non, Excellence, pas les pommes de terre... Mais les Premiers Consuls !... » Bonaparte, qui n'appréciait pas tellement les mots d'esprit lancés à son détriment, fit mettre le marchand au cachot pour deux jours et réquisitionner ses quelques sacs de patates.

Les habitants des Rousses ne tinrent pas rigueur de cette sévérité napoléonienne à l'Empereur puisqu'ils furent les derniers Français à lutter pour lui. C'est en effet dans ce village du Haut-Pays que se déroula, deux semaines après Waterloo, la dernière bataille de l'Empire. Le 2 juillet 1815, une poignée d'hommes, parmi lesquels se trouvaient une cinquantaine de Rousselands, tentèrent de s'opposer à l'avance de l'armée autrichienne. Commandée par le général Foelseis, celle-ci avait pénétré en Suisse vers la fin juin et cherchait à forcer les défilés du Jura. Malgré la disproportion des forces en présence (cinq cents combattants français contre sept mille ennemis), la prise des Rousses ne fut pas une promenade militaire. La bataille fit rage toute la journée et lorsque le village tomba vers le soir, on dénombra près de trois cents morts dans les rangs autrichiens et quarante tués du côté français.

Les touristes qui empruntent chaque été le col de la Faucille en descendant vers Genève sont nombreux à s'arrêter devant la Fontaine Napoléon d'où coule en abondance une eau fraîche et pure. On pourrait supposer que ce lieu doit son origine au passage de Bonaparte dans le Haut-Jura. On raconte en effet dans la région de Gex que le Premier Consul se serait désaltéré à cette source et, lui ayant trouvé bon goût, aurait décidé de la faire aménager. Il s'agit d'une légende car en réalité, c'est un préfet d'Empire qui fut le promoteur de cette construction et décida de lui donner le nom de Fontaine Napoléon.

Au pays des « Combiers ».

Les montagnes jurassiennes couronnées de forêts impénétrables apparurent longtemps comme un univers hostile à l'homme et retardèrent son établissement permanent. C'est pourquoi ce pays resta inexploré durant des siècles et que personne ne revendiqua sa possession.

Lorsque les abbés de Saint-Claude, guidés par le futur saint Romain, poussèrent leur progression monastique en direction du versant oriental, aux alentours de l'an 450, ils mirent des mois pour traverser l'épais massif boisé s'étendant d'un seul tenant des rives de la Bienne jusqu'au pied de la Dent de Vaulion. Ils auraient pu s'établir sur la crête de cette montagne d'où l'on embrasse l'un des plus fantastiques panoramas du Jura. On y domine notamment tout le plateau suisse avec en arrière-plan les Alpes et leurs neiges éternelles. On y surplombe aussi le lac Léman, celui de Neuchâtel, ceux de Joux et des Brennets. On bénéficie enfin depuis ce sommet d'un large découvert sur tout le Haut-Pays français. Les religieux préférèrent s'installer au creux d'un humble vallon traversé par une minuscule rivière, le Nozon, un lieu propice à la méditation et à la prière où leur âme ne serait pas distraite par la beauté du paysage.

Autour d'un petit oratoire qu'ils baptisèrent du nom de son fondateur : Romainmôtier, le monastère (ou moutier) de Romain, ils construisirent une bourgade qui n'allait pas tarder à devenir un important centre de rayonnement spirituel. Des communications furent établies avec Saint-Claude, des relais jalonnèrent l'itinéraire, notamment celui de l'abbaye en bordure du lac de Joux et l'ermitage du Poncet. Ces liaisons s'effectuèrent uniquement durant la belle saison car pendant l'hiver personne n'était capable d'affronter, à pied ou à cheval, les rigueurs du terrible climat régnant sur ce pays.

La « Vie [1] vieille », autrement dit la « route vieille » ne fut

1. « Vie » expression comtoise dérivant du latin *via* (voie).

longtemps qu'un étroit sentier et il fallut attendre plusieurs siècles pour que les colons mainmortables de Saint-Claude entreprennent le défrichement de la vallée de Joux. Les forêts du Risoux, du Noirmont étaient de formidables réserves naturelles pour une faune qui avait déjà presque complètement disparu du reste de l'Europe. A la fin du XVIe siècle, il y avait encore des bisons, des aurochs, des élans et des cerfs dans cette région, ainsi que des ours, des loups et des lynx. Pour se défendre, mais surtout pour se nourrir, les hommes massacrèrent tous ces animaux en quelques générations et firent progresser les pâturages au détriment des sapinières, créant ici et là des bourgades aux noms sylvestres : Bois d'Amont, le Sentier, la Racine, les Charbonnières...

Quelles étaient les origines de ces paysans-bûcherons ? En l'absence de documents il est difficile de le déterminer. Selon l'historien Monnier, certains seraient venus des rives du Léman, parfois de plus loin, du Valais et aussi du Dauphiné. C'est la raison pour laquelle le patois pratiqué par les Combiers (surnom donné aux habitants de la Vallée de Joux), s'apparente à celui de la région grenobloise et même au franco-provençal. Quant au nom de Joux, il dériverait du mot latin Jugum (montagne ou sommet). Une vieille expression vaudoise « aller à Joux » signifiait monter vers le Haut-Jura.

Pendant deux siècles, les habitants de cette vallée ajoutèrent à leurs activités pastorales et forestières le métier de tourbier. Le sous-sol de cette contrée recèle en effet d'importantes quantités de végétaux fossilisés et ces anciens marais sont au nombre des curiosités naturelles du pays. Les tourbières jurassiennes que l'on retrouve aussi bien côté français que côté suisse offrent la vision d'un monde inquiétant, millénaire, dont les savants sont encore loin d'avoir déchiffré tous les secrets, tous les mystères. On devine qu'il y eut autrefois dans ces montagnes une civilisation comparable à celle dont on a retrouvé la trace au Danemark. Malgré l'atmosphère maléfique qui se dégage de ces paysages marécageux environnés de brumes, les hommes furent toujours attirés par les tourbières.

Durant la dernière guerre, la tourbe fut un combustible de

remplacement apprécié et je me souviens d'avoir vu, il n'y a pas plus d'une trentaine d'années, des Combiers occupés à découper à la bêche des mottes en forme de briques qu'ils faisaient ensuite sécher au soleil sur les prés. Aujourd'hui, ce n'est plus pour alimenter le feu qu'on exploite sans vergogne le sous-sol jurassien mais pour amender la terre des jardins d'agrément. Nos scientifiques ont en effet découvert les vertus horticoles de la tourbe, elle ameublit les sols trop lourds ou trop compacts en retenant l'humidité et les engrais. En Suisse, cette exploitation se pratique sur une grande échelle. Il faut souhaiter que des mesures de protection soient rapidement prises de part et d'autre de la frontière si on ne veut pas voir disparaître la flore et la faune si particulière des tourbières comme par exemple cette plante carnivore étrange, rare et fort belle, la drosera, qui englue les insectes et s'en nourrit.

Les gens de la Vallée de Joux tirèrent aussi durant longtemps des revenus appréciables d'un métier curieux, celui de scieur de glace. Chaque hiver, les Combiers de l'Abbaye et du Pont brisaient à coups de hache la couche épaisse recouvrant le lac et débitaient les blocs énormes tirés par des chevaux jusqu'à la rive, en pains réguliers avec des scies. Cette glace d'une très grande pureté était ensuite expédiée par le train jusqu'aux entrepôts des glaciers de Paris et d'autres villes européennes. Il en partit ainsi quarante mille tonnes par an jusqu'en 1936.

Une forêt mystérieuse : le Risoux.

Le Haut-Pays, c'est encore et toujours la forêt. Elle ferme tous les horizons, dresse sa barrière noire au fond des combes, couronne tous les sommets. Celle du Risoux est au Jura ce que Brocéliande est à la Bretagne. C'est un pays fermé sur ses légendes et ses sortilèges où l'homme se sent souvent mal à l'aise.

Cet immense plateau, long de vingt-cinq kilomètres, est parallèle à la frontière. Sa cime n'est pas une arête mais une plate-forme plus ou moins large, bosselée, coupée de ravins profonds, hérissée de rochers. Il a l'originalité de présenter une vaste dépression centrale. Alors que le milieu du plateau ne culmine qu'à onze cents mètres, les falaises dominant les bords de cette gigantesque cuvette dépassent souvent mille trois cents mètres.

Ici, l'épicéa est roi. Sur plus de deux mille hectares, les fûts serrés se dressent, tels les colonnes d'une cathédrale. Leur présence en ces lieux est le résultat d'un rude combat, d'une lutte perpétuelle entre la volonté végétale, la contrainte minérale et la rigueur climatique. La croissance de ces arbres est d'une lenteur à décourager les plus patients investisseurs forestiers. Il faut en effet deux cent cinquante ans pour qu'un épicéa atteigne un diamètre de 50 centimètres. Mais quel bois cela produit ! Jusqu'aux derniers temps de la marine à voile, tous les grands mâts des cap-horniers étaient taillés dans les sapins du Risoux.

La forêt n'est cependant pas partout uniforme. Elle s'ouvre par endroits sur d'immenses clairières servant de pâturages. Au printemps, on y découvre une infinie variété de plantes alpestres : anémones, narcisses, ancolies, gentianes bleues composent des tapisseries florales d'une rare beauté. Grâce à une intelligente protection cynégétique, le gibier est à nouveau abondant dans ce massif. On y compte de nombreux chevreuils et depuis quelques années une importante colonie de chamois émigrée du Jura vaudois. Plutôt que de laisser ces bêtes à la merci des fusils à lunette des massacreurs du week-end, nos amis suisses ont préféré, pour rétablir un équilibre dans la gestion de ce cheptel, réintroduire dans leurs forêts deux couples de lynx, ces prédateurs naturels. Lâchés il y a vingt ans par l'Office cantonal de la Chasse de Neuchâtel, les descendants de ces félins ont déjà franchi la frontière pour s'installer dans le Risoux où ils normalisent la taille des hardes de chamois, le lynx éliminant systématiquement les animaux malades ou déficients. Mais le massif recèle aussi un abondant gibier à plume. On y trouve également des gélinottes, des bécasses, des grives dites de Russie et surtout de grands tétras, magnifiques coqs de bruyère dont l'espèce était il y a quelques dizaines d'années en voie de disparition.

Plus encore que par les gardes fédéraux, l'intégrité du Risoux est garantie par ses difficultés d'accès et de pénétration. Les routes sont rares ou récemment tracées. Il faut suivre des sentiers vagabonds, gravir des pentes raides, traverser des fourrés, franchir des failles profondes, ce qui rebute maints promeneurs. C'est d'autant plus heureux pour la préservation du site, de sa flore et de sa faune.

Ceux qui parviennent au cœur du massif après de longues et harassantes heures de marche sont récompensés de leurs efforts par la découverte de paysages grandioses, par un silence impressionnant. Ici, on se croirait au bout du monde ou au berceau de ses origines. Au creux des combes, dans les sinistres « trous à gelée » le thermomètre descend toutes les nuits de l'année au-dessous de zéro, même au plus chaud de l'été. Mais cette solitude, cette sauvagerie du Risoux secrète toujours une angoisse latente qui étreint tous les randonneurs. Alors, sous les noires sapinières, on se remémore malgré soi des histoires peu rassurantes. Car les légendes de cette forêt sont à son image, c'est-à-dire sombres, effrayantes.

Celle de « la Tranchée des Suédois » que m'avait rapportée il y a une trentaine d'années le père Guyon, un vieux chasseur du Cernois, est bien dans la tradition des récits d'épouvante qu'on racontait au coin du feu, tandis que les tempêtes de neige accumulaient les congères sur les chemins du plateau.

En ce temps-là, un des lieutenants de Saxe-Weimar, le comte de Guébriant, tenait ses quartiers au village de Chapelle-des-Bois. De cet endroit, il effectuait de nombreux raids contre les villes voisines résistant encore à l'avance des troupes de Louis XIII. Il rançonnait ainsi toute la région de Morez et de Saint-Claude. Pour le combattre, les Comtois s'étaient formés en milices et avaient constitué des bandes qui menaient une lutte de partisans dans les forêts. Dans la vallée de la Bienne, cette résistance à l'envahisseur était placée sous l'autorité de Lacuzon. Dans le Risoux, le Noirmont et sur le plateau de Levier, c'est Cart Droumet qui s'opposait aux Suédois du comte de Guébriant. Originaire de Mouthe, cet ancien sergent des armées de Philippe IV, roi d'Espagne. était un redoutable stratège. Blessé à la face d'un coup d'épée, il devait son surnom de « La Plaque » à la cicatrice énorme qui balafrait sa joue. Appliquant la loi du talion, il avait déjà causé bien des pertes à l'ennemi en s'attaquant à ses convois et à ses garnisons.

En ce début du mois de juin 1639, les Suédois de Chapelle-des-Bois rentraient d'une expédition dans le Grandvaux. Après avoir incendié plusieurs villages et massacré leurs populations, ils regagnaient leur camp avec un important butin, en poussant devant eux une vingtaine de malheureuses jeunes femmes promises au sort que l'on devine. Peu après le lac des Mortes, au pied de la Roche Champion, les hommes de Cart Droumet avaient dressé une embuscade dans laquelle ils firent tomber les soudards de Saxe-Weimar. La plupart de ces derniers, qui s'étaient enivrés avec de l'alcool volé au cours de leur raid, n'opposèrent aucune résistance et furent faits prisonniers.

En apprenant comment les Suédois s'étaient comportés quelques jours plus tôt dans la région de Saint-Laurent, le chef des partisans comtois décida d'user d'une atroce vengeance à leur encontre. Il fit conduire les captifs sur la crête du mont Risoux, en un lieu où se trouvent quatre de ces failles glaciaires qui intriguent les géologues. Là, après avoir enchaîné ses prisonniers debout contre des pieux plantés au creux de ces excavations, il fit combler celles-ci avec des pierres et de la terre en ayant soin de ne pas trop les tasser. Et c'est ainsi que durant plusieurs jours, la montagne retentit des cris poussés par ces malheureux qui ne périrent pas d'étouffement mais dont la tête fut dévorée par les bêtes sauvages.

Terrible époque que la guerre de Trente Ans en Franche-Comté. Un peu partout, dans les deux camps, on se livra à ce genre d'exactions. En ce qui concerne le Risoux, si vous passez à Chapelle-des-Bois, on vous indiquera du doigt le sommet où se trouve « la Tranchée des Suédois », un lieu sinistre où l'on a retrouvé récemment, sous une épaisse couche d'humus et d'éboulis, une épée d'infanterie datant du XVIIe siècle.

L'hiver, lorsque la neige recouvrait les chemins,
les métiers de contrebandier et de gabelou n'étaient pas des sinécures.

L'arrivée à Dole.

Frédéric Barberousse.

Charles Quint.

Château de Joux.

Mirabeau.

Lamartine.

Neuchâtel.

Le retour du soldat suisse.

Louis Pasteur.

Gustave Courbet.

La colonne Vendôme dont la chute valut bien des ennuis à Gustave Courbet.

La Loue à Ornans, le pays de Gustave Courbet.

Arc-et-Senans. Les anciennes Salines royales.

La maison appelée « le château Mirabeau » à Nans-sous-Sainte-Anne.

Poligny.

Dom Jean de Watteville.

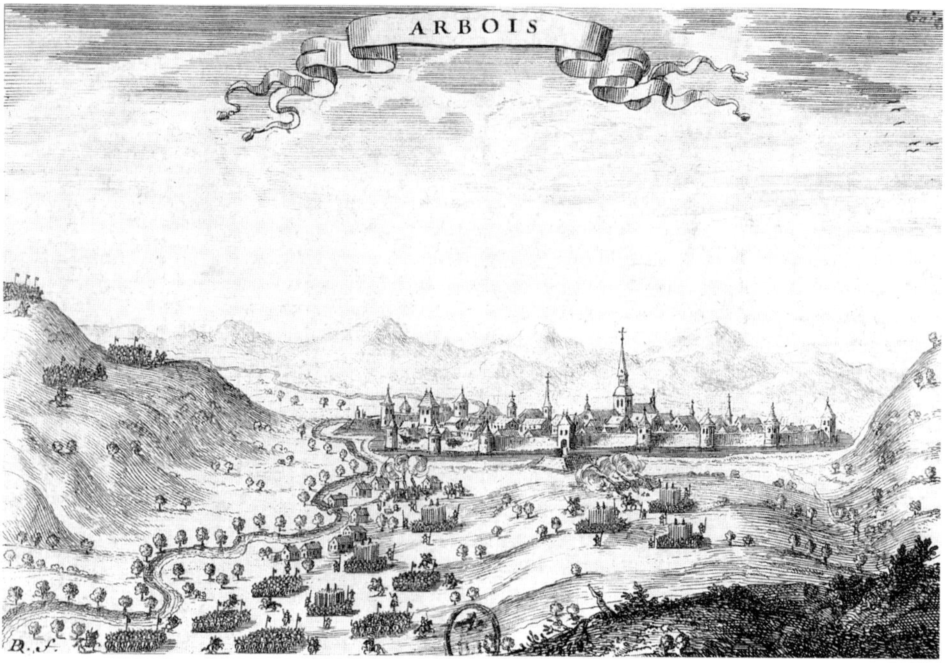

Arbois.

Le nouveau pont de la Pyle, avant la mise en eau du barrage.

Rendez-vous champêtre près du pont de la Pyle, dans la vallée actuellement engloutie.

Saint-Claude.

Costumes du pays comtois.

Le village sous la neige.

Béatrix de Cusance, par Van Dyck. Visible au château de Belvoir.

Montbéliard.

Féerie de l'automne.

Lausanne.

Besançon. Faubourg de Taragnoz.

Besançon. Arc de Triomphe, dit Porte Noire.

Maison de Victor Hugo
à Besançon.
ATELIER M. BEVALOT

Besançon. Hôtel de Ville.

Besançon. ATELIER M. BEVALOT

Vesoul. La rue de la Ressorte et l'église.

Marnay reconstruite après l'incendie de la localité et où se déroula le miracle du Tableau de la Vierge.

Intérieur
dans le Jura suisse
(XVIIIe siècle).

Etuze. Le lavoir. ATELIER M. BEVALOT

Une des mosaïques
gallo-romaines
découvertes
à Jonvelle.

Luxeuil. Le cloître.
ATELIER M. BEVALOT

Vesoul.
ATELIER M. BEVALOT

Gray.
ATELIER M. BEVALOT

Pesmes.
ATELIER M. BEVALOT

L'eau-de-vie de gentiane

Les sapins du Risoux ne sont pas seuls à singulariser l'âme et le caractère obstiné de cet âpre plateau. La gentiane est aussi un symbole de l'enracinement des hommes attachés depuis des siècles à ce rude terroir que ni les invasions, ni les rigueurs du climat n'ont jamais pu contraindre à s'arracher du Haut-Pays.

La grande gentiane est une plante poussant à profusion à l'état naturel sur toutes les montagnes du Jura. Ses tiges élégantes, surmontées de jolies fleurs jaunes, parsèment les prés-bois. Pas plus que les chardons bleus, les gentianes ne sont comestibles pour le bétail, c'est pourquoi les troupeaux les dédaignent en broutant l'herbe des pâturages.

On prétend qu'un berger savoyard montra aux Francs-Comtois quel usage on pouvait faire de cette plante vivace et fut à l'origine de la fabrication de l'eau-de-vie de gentiane. A Chapelle-des-Bois, à Châtelblanc, à Chaux-Neuve, si on vous invite à manger dans une ferme, vous ne quitterez pas la table avant d'avoir dégusté une rasade de cet alcool au goût amer, complément nécessaire, selon les montagnards, de tout bon repas et dont les vertus digestives sont incomparables.

Cette boisson est d'autant plus appréciée des connaisseurs qu'elle est devenue très rare. De tous les alcools consommés à travers le monde, la gentiane est certainement celui qui requiert le plus de travail et de patience. Songez qu'il faut d'abord arracher la plante car ce n'est pas sa partie visible qu'on utilise mais sa racine profondément enterrée dans la rocaille. L'opération, pratiquée à l'automne est longue, pénible, et un bon arracheur de gentiane n'en rapporte guère plus de cinquante kilos par jour à la ferme.

Lorsque la récolte est terminée, on fait sécher les racines sur l'aire de la grange après les avoir débarrassées de la terre qui les enrobe : dessiccation naturelle qui dure une quinzaine de jours. Toutes les racines sont ensuite débitées au couteau tranchant en morceaux de la grosseur d'un petit pois. Cette matière première est alors mise en fermentation dans des tonneaux auxquels on ajoute un peu d'eau. Pour que la macération s'effectue dans de bonnes conditions, il faut qu'elle se produise à une température d'environ 20°, c'est pourquoi l'opération se déroule à l'étable pendant au moins un mois et demi.

Ce n'est donc qu'au milieu de l'hiver qu'on sortira les tonneaux pour les conduire jusqu'à l'atelier de distillation où ils seront versés avec précaution dans la cucurbite, nom amusant de la chaudière d'un alambic. A la chaleur d'un feu de bois, ni trop lentement ni trop vite, le bouilleur de cru chauffera la « cuite » jusqu'à ce que l'alcool sorte du serpentin. Le premier verre, titrant près de 90°, ne sera pas mélangé au reste de la production. On l'appelle « langue de dragon » et on l'utilise comme asepsie pharmaceutique ou vétérinaire. Ce n'est qu'après cette première « passe », dans les alambics à production directe que l'eau-de-vie consommable sortira et sera ramenée progressivement à 52° par adjonction d'eau distillée.

Le rendement du procédé est vraiment faible comparé au travail de préparation qu'il nécessite. Dans les meilleurs cas, 100 kg de racines ne produiront guère que trois litres de gentiane. Mais quelle qualité ! Quel arôme ! Après une première dégustation, il est difficile d'oublier le souvenir de cette liqueur !

Pour pallier la disparition de ceux qui se livraient autrefois dans chaque ferme à cette fabrication artisanale et qui ne sont plus aujourd'hui qu'une cinquantaine dans la région, une petite usine, la distillerie Michel, à Chapelle-des-Bois, a développé sa production. Son eau-de-vie fabriquée à l'ancienne est très appréciée des connaisseurs.

Si la gentiane fut employée durant très longtemps dans de nombreuses médications populaires (je me souviens que dans mon enfance, lorsqu'elle me trouvait un peu « pâlot » l'une de mes grand-mères me faisait boire un fortifiant de sa fabrication à base de ces racines), elle reste toujours à notre époque une indication météorologique remarquée. Les « montagnons » ont en effet coutume de dire que selon la hauteur des tiges de gentiane, les chutes de neige seront plus ou moins abondantes au cours de l'hiver suivant. Durant mon séjour dans le Haut-Pays, j'ai eu plus d'une fois l'occasion de constater l'exactitude de ces prévisions.

La petite Sibérie.

Puisque nous venons de parler météorologie, signalons, en passant à Mouthe, que cette localité est citée chaque matin d'hiver par les stations radiophoniques, comme le point de France où il fait le plus froid. Ce gros bourg, que l'on surnomme la « Sibérie du Haut-Doubs » partage ce privilège peu enviable avec l'Abbaye-en-Grandvaux et le hameau de La Brévine, dans le Jura suisse, En ces lieux, le thermomètre descend régulièrement à – 30°. En 1888, dans la nuit du 31 janvier au 1er février, il marqua même – 43°.

Malgré ces températures polaires, le climat du Haut-Pays est considéré comme l'un des plus sains d'Europe. Les statistiques démographiques prouvent qu'on y vit très vieux. Cette rigueur climatique n'est plus un handicap touristique et n'empêche pas les amateurs de ski de séjourner nombreux dans ces villages bien équipés en pistes de randonnée. Notons également qu'en contrepartie de ces hivers froids, les étés de la région sont le plus souvent chauds et secs, ce qui attire les estivants.

La succession des saisons présenta parfois dans le Jura des anomalies qui surprirent les hommes trop naturellement portés à croire que la nature devrait présenter chaque année les mêmes variations climatiques. Cela explique pourquoi les hivers rigoureux, comme ceux qui furent exceptionnellement doux, ont laissé des traces dans les archives, après avoir marqué la mémoire des habitants de leur millésime redoutable ou bénéfique.

En 1435, le gel commença dès la fin septembre et la neige ne cessa pas de tomber pendant cinq mois. Des centaines de pauvres gens moururent de froid et de faim sous les décombres de leurs maisons effondrées ou furent dévorés par les bêtes sauvages.

L'hiver 1708-1709 fut terrible dans le Jura comme d'ailleurs dans toute l'Europe, Saint-Simon a raconté dans ses *Mémoires* que, cette année-là, il passa deux mois assis dans une caisse de carrosse placée au milieu de son salon, sans pouvoir écrire, car l'encre gelait dans son encrier. En Franche-Comté, l'abbé Malachard, curé de Saint-Maur, a rapporté dans le registre paroissial :

Le 6 janvier, fête de l'Epiphanie, commença un froid si rigoureux, lequel dura dix-neuf jours, qu'il fit périr tous les blés, froment, fèves et autres qui avaient été semés avant l'hiver, à la réserve de quelques coins qui se conservèrent dans les montagnes seulement à la faveur d'une neige qui les couvrait. Dans les Bresses, il n'y resta rien. Les vignes séchèrent ; l'on coupa la plus grande partie des ceps. Dans cette année 1709 l'on ne vendangea point, ce qui ne s'était vu de vie d'homme. Dans cette année, l'été, la misère fut si grande qu'il mourut des personnes sans nombre. Vous auriez vu les gens aller comme les bêtes manger l'herbe des champs...

L'hiver 1788-1789 qui précéda la Révolution fut également des plus rigoureux. Un autre prêtre jurassien, l'abbé Trouillot, en a lui aussi parlé :

Depuis le 23 novembre jusqu'au 8 janvier y compris, gelées très fortes et continuelles de nuit et de jour. Le froid a été si violent trois jours avant Noël que les glaçons étaient pendus aux tonneaux d'eau-de-vie qui avaient coulé. Ces susdits jours, il s'est fait dans le calice, à la messe, une pellicule de glace sur le vin et en dedans des lames de glace...

Comme on ne notait pas à l'époque les températures, on ignore à quelle limite extrême le thermomètre descendit cette année-là. Ce qui est sûr c'est qu'au printemps suivant, lorsqu'on put atteindre certaines fermes isolées, on trouva des familles entières mortes de froid dans leur lit et que dans tout le Haut-Pays il y eut des pertes énormes parmi le cheptel.

Dans mon enfance, mes grand-mères m'ont souvent parlé du terrible hiver 1870-1871 qui fut fatal à l'armée du général Bourbaki, et aussi de l'année 1906 où il neigea chaque mois sur le Jura, de janvier à décembre, même durant l'été. Pour les générations futures, nos contemporains porteront témoignage du froid de l'hiver 1956 et des neiges abondantes de 1978.

Les années où il n'y eut pas d'hiver sont restées tout aussi célèbres. En 1289, les moines des abbayes comtoises relatèrent qu'on ne s'aperçut pas du changement de saison. La nature passa sans froid de l'automne au printemps et les prés portèrent des fleurs durant tout l'hiver. En 1421, on vit les arbres fleurir en mars, les vignes en avril. Dès ce mois, on eut des cerises, et les raisins parurent en mai. Par contre, les récoltes de céréales furent médiocres, la vermine avait tellement proliféré qu'elle mangea une grande partie de la production.

Plus près de nous, les gazettes du Jura ont rapporté que de mémoire d'homme on n'avait jamais vu un hiver aussi clément que celui de 1852-1853 :

La température est d'une douceur extrême. Il n'y a ni neige, ni gelée mais un beau soleil chaud et radieux. Le ciel d'Italie semble avoir été transporté chez nous. Les cultivateurs continuent à mener leurs troupeaux au pâturage, la végétation montre partout une précocité prodigieuse, les bourgeons s'ouvrent, les fleurs éclosent. A Morez, les personnes les plus âgées ne se rappellent pas avoir vu un hiver aussi doux. Dans les environs de Saint-Claude, les groseillers et tous les arbres sont feuillés et prêts à entrer en fleurs au milieu de janvier. On cueille des fraises sur le mont de la Sourde, près des Crozets, dans une forêt de sapins habituellement couverte d'une forte couche de neige.

Il fallait bien ces exceptions pour confirmer la règle. Elles sont malgré tout fort rares. Le Haut-Jura, l'hiver, c'est traditionnellement le pays du froid et de la neige. De Saint-Claude à Maîche, de Delémont à Saint-Cergue, les « montagnons » ne sont pas contents quand « l'hiver ne se fait pas ».

Pendant des siècles, les villages jurassiens situés de part et d'autre de la frontière restèrent complètement isolés durant au moins cinq mois chaque année. Tous les chemins étaient bloqués par d'énormes congères atteignant par endroits une hauteur de cinq ou six mètres. Dans le Haut-Pays, la vie s'organisait alors au ralenti et, grâce à une autonomie familiale interne, les gens et les bêtes subsistaient en consommant les provisions amassées durant la belle saison.

Pour communiquer de ferme en ferme, on utilisa d'abord un procédé de dégagement rudimentaire en attelant des bœufs à des troncs d'arbres qu'on traînait simplement sur la neige. Puis on se mit à construire des sortes d'étraves avec des poutres et des planches, de lourds triangles qu'une vingtaine de chevaux tiraient en peinant, en enfonçant jusqu'au poitrail, sur les routes de la vallée de Joux ou la région de Mouthe. Souvent, en une seule nuit, une nouvelle tempête annihilait tous ces efforts et il fallait recommencer le travail.

Ces charrues de neige n'opérant que sur les voies principales, les gens des fermes devaient se débrouiller eux-mêmes pour relier leurs habitations à la route dégagée. Ils pelletaient pendant des jours et des jours afin de maintenir ouvertes les étroites venelles que le vent se faisait un malin plaisir de combler.

Même aujourd'hui, alors que les engins perfectionnés des Ponts et Chaussées travaillent vingt-quatre heures sur vingt-quatre pour dégager les grandes voies de circulation, les habitants des hameaux isolés demeurent souvent bloqués comme autrefois durant l'hiver. Certaines fermes n'ont pas l'électricité et leur alimentation en eau provient d'une source ou d'une citerne. On s'y chauffe au bois, on s'y éclaire encore avec les lampes à pétrole. La vie n'a guère changé par rapport à ce qu'elle était au siècle dernier. Si les jeunes se déplacent plus aisément, grâce au ski, les personnes âgées ne quittent pas le coin du feu. Pour beaucoup d'entre elles, le facteur montant le courrier une ou deux fois par semaine sur ses lattes ou ses raquettes est le seul lien les reliant au reste du monde.

Quelquefois, en arrivant devant une maison, le préposé des P.T.T. trouve les volets clos. Il pressent aussitôt un drame et se dépêche d'entrer dans la cuisine dont la porte n'est jamais fermée à clef. Depuis son dernier passage, le grand-père est mort, frappé d'une congestion, ou la grand-mère est restée paralysée dans son lit.

Combien de fois n'ai-je pas demandé, par taquinerie, à ces « montagnons » solitaires pourquoi ils préféraient rester dans ces fermes isolées plutôt que de passer l'hiver chez des parents ou dans de confortables foyers de retraités ? Je les ai toujours entendu se récrier à l'idée de quitter leur montagne. Ils aiment mieux vivre en hommes libres dans leur rude Jura enneigé tout en sachant très bien qu'un jour viendra où à leur tour on les trouvera étendus pour l'éternité, dans la maison de leurs ancêtres perdue aux confins des sapinières.

Forteresse contre le froid, la neige et le vent.

On conçoit que pour séjourner de novembre à la mi-mai sur ces plateaux battus en permanence par le vent du nord, dans ces combles désertiques sous des amoncellements de neige, il fallait un habitat différent de celui du Bas-Pays.

Pendant toute la période du défrichement de la vallée de Joux, du Noirmont et des cluses proches de Pontarlier, les colons mainmortables des abbayes eurent à surmonter bien des difficultés avant de pouvoir s'implanter dans ces régions sauvages. Ils durent lutter d'abord contre une nature âpre et stérile, abattre à l'aide d'outils rudimentaires des arbres centenaires d'une extrême dureté. Ils eurent à se défendre sans cesse contre les bêtes féroces rôdant aux alentours des chantiers. Il leur fallut surtout hiverner sur place en attendant le retour des jours plus cléments et la reprise de leurs travaux forestiers.

Lorsqu'il arrivait dans son « abergement », le serf bûcheron devait commencer par abattre suffisamment de sapins pour créer une clairière artificielle. Au centre de celle-ci, il construisait une cabane en bois appelée « loge », en forme de « bédugue », c'est-à-dire de maison rustique, constituée d'une seule grande pièce d'habitation pour les humains et d'une grange-étable pour y garder le bétail et le foin. L'une des premières règles de sécurité à respecter consistait à dresser tout de suite une haute palissade en bois pour cerner complètement la clairière. Tant que ce « cernois » n'était pas achevé, les troupeaux étaient sans cesse à la merci des ours et des loups.

On a peine à imaginer de nos jours comment des familles purent vivre dans des conditions aussi précaires, sous le plus rigoureux climat d'Europe occidentale. Nul ne saura jamais combien de ces pauvres gens moururent au Moyen Age pour que les moines, les seigneurs puissent étendre leurs possessions vers les sommets inviolés du Haut-Jura.

Malgré ces difficultés, les « abergements » ne cessèrent de s'agrandir de siècle en siècle. Dès 1340, les chartreux d'Oujon louèrent des pâturages gagnés sur la forêt du Noirmont à des villageois d'Arzier. L'abbé d'Usier fit de même avec les habitants de Trélex près de Nyon, tandis que Blanche de Savoie établissait des gens de Coppet sur les hauteurs de Saint-Cergue.

Ces populations pastorales commencèrent à s'installer à demeure dans tout le massif. De ce fait, l'habitat devint moins primitif. Les exigences climatiques modelèrent la forme des maisons. On les construisit basses, ramassées sous les deux vastes pans d'un toit descendant presque au sol, avec des fenêtres étroites, des portes massives. De véritables forteresses contre le froid, la neige, le vent, aussi contre les loups et les brigands qui couraient les montagnes. Soigneusement calfeutrées, ces fermes étaient conçues pour vivre en circuit fermé durant les longs hivers. Les habitants pouvaient passer rapidement d'un corps de logis à un autre selon un système autarcique en vigueur dans les places assiégées. Grenier à bois, four à pain, grange à fourrages, réserve à grain, à légumes, étable, la maison formait un tout, évitant à la fois la déperdition de chaleur et assurant la continuité de l'existence dans les pires conditions.

Pendant des siècles, le matériau de base presque exclusif des fermes et des maisons villageoises fut le bois. Mais après la conquête du pays par les armées de Louis XIV, on se mit à utiliser des moellons de pierre assemblés avec une argile grasse mélangée de sable : le « gi ». Pour éviter que les façades exposées aux intempéries ne se désagrègent, les anciens jurassiens les protègent au moyen d'un revêtement extérieur fait de planchettes se chevauchant en triple épaisseur, scellées au mur sur un châssis.

Ces lamelles de bois épaisses, longues de trente centimètres, étaient taillées dans des rondins de sapins du Risoux, durant l'hiver. Installés devant la vaste cheminée de « l'aufu » [1], les hommes passaient leurs journées à fabriquer ces sortes de tuiles murales qu'on appelait « tavaillons » ou « ancelles ». Ils n'utilisaient pour tout matériel qu'un long couteau tranchant, un petit maillet et un billot de hêtre. Après une année de séchage, ces planchettes étaient clouées sur la « baptaillée », nom de bâtis de bois fixé contre les façades. Excellents isolateurs thermiques, ces « tavaillons » duraient une soixantaine d'années, bien plus longtemps que les hideux revêtements de tôle qui les remplacèrent au début de ce siècle et qui ne sont pas du tout calorifuges.

Aujourd'hui, on revient heureusement dans le Haut-Pays à l'ancien usage des revêtements extérieurs pour les maisons. De vieux artisans enseignent à nouveau la fabrication des « tavaillons », comme est revenu à la mode dans bien des fermes le travail de la boissellerie qui fut longtemps un complément de revenu indispensable pour les « montagnons ». Depuis quelques années, les touristes de passage dans la région peuvent acheter des objets rustiques et naïfs, expression d'un art populaire toujours bien vivace : des seilles, des berceaux, des « boutaculs » (sièges étranges des bergers) ainsi que des écuelles, des cuillers, des pochons et ces plumiers enjolivés de notre enfance, servant à présent d'objets de décoration.

« Vivre et travailler au pays. » Ce rêve que les déracinés des grands ensembles urbains caressèrent en vain durant les

1. « Aufu » : pièce centrale la plus chaude du logis comtois.

années d'industrialisation sauvage, sera peut-être demain une réalité grâce à ce retour à un artisanat traditionnel. Alors, les hommes, les femmes du Jura retrouveront peut-être les joies oubliées de la liberté sous le toit massif et maternel des vieilles fermes-forteresses arc-boutées contre la tempête, qui m'ont toujours fait penser à ces vers de François Villon :

Vente, grêle, gèle, neige,
J'ai mon pain cuit..

V

PAR MONTS ET PAR VAUX

« De tous les domaines de la science, l'Histoire est le seul où rien, jamais ne commence au commencement. »

Jacob Burckhardt.

Le Doubs est le plus long des fleuves français, qui prend sa source à Mouthe, à 937 mètres d'altitude au pied du mont Noirmont et va se jeter dans la Méditerranée après avoir arrosé une partie de la Suisse, de la Franche-Conté, de la Bourgogne, du Lyonnais, servi de frontière entre le Dauphiné et le Languedoc, traversé le Comtat Venaissin et formé en Provence ce qu'on est convenu d'appeler les Bouches-du-Rhône...

Cette surprenante affirmation, vous ne la trouverez bien sûr dans aucun manuel scolaire. Elle est l'œuvre d'un de nos humoristes comtois, Georges Colomb, alias Christophe, l'auteur du fameux *Sapeur Camember*. Il soutenait très sérieusement cette thèse en prétendant qu'aucun géographe ne pourrait jamais démontrer que la Saône et le Rhône n'étaient pas des affluents du Doubs.

Cet « humaniste impénitent », comme il se qualifiait lui-même, était né à Lure en 1856. Professeur réputé en sciences naturelles, maître de conférences à la Sorbonne, il n'avait jamais cessé de griffonner, depuis sa prime jeunesse, des dessins humoristiques dans des cahiers. Ces esquisses furent remarquées par l'éditeur Armand Colin. Il le convoqua un jour dans son bureau, en 1889, et lui dit : « Il faut que vous me fassiez, pour *Le Petit Français*, une histoire en images sur une famille de province qui vient visiter l'exposition. » Ce fut *La*

Famille Fenouillard, une bande dessinée qui connut un succès extraordinaire auprès des lecteurs du journal.

Encouragé par ces débuts prometteurs, notre Christophe Colomb franc-comtois entreprit une autre série inspirée par le comique troupier très en vogue à l'époque. Il utilisa des scènes vécues durant son séjour à Besançon, ville de garnison, et qu'il avait soigneusement notées dans ses petits carnets. L'un de ces souvenirs de jeunesse que Colomb avait conté en 1939, quelques années avant sa mort à mon ami Maybon, mérite d'être reproduit.

Après avoir fréquenté divers établissements de Montbéliard et de Besançon, le futur directeur du laboratoire de botanique à la Sorbonne vint à Paris au lycée Saint-Louis. A l'époque, la discipline voulait que chaque interne n'habitant pas la capitale ne pût sortir qu'accompagné d'un correspondant. Comme le jeune Franc-Comtois ne connaissait personne qui eût rempli ce rôle, on lui attribua comme mentor un ancien Suisse des Tuileries. Celui-ci avait eu son heure de célébrité un jour que Napoléon III était rentré à l'improviste au palais. « Dépêchez-vous, il faut ouvrir tout de suite la porte à l'Empereur !... » Le brave homme, qui était couché, se leva précipitamment et sans prendre le temps de s'habiller courut accomplir son office. Le souverain passa, le regardant de son œil vague, sans plus. Comme le grand chambellan lui faisait remarquer l'indécence de sa tenue, le Suisse répliqua à haute voix : « Apprenez, monsieur, qu'il vaut mieux ouvrir à Sa Majesté en caleçon plutôt que de le faire attendre en culotte ! » L'Empereur ayant entendu cette riposte revint vers le garde et lui donna une pièce d'or qu'il conserva en souvenir durant toute sa vie.

Georges Colomb a toujours prétendu qu'il avait réellement connu le sapeur Camember à Besançon. Il l'aurait entendu raconter ainsi le séjour qu'il avait fait à l'infirmerie du quartier après une indigestion.

Alors, virgule, j'étais au lit, virgule, quand le colonel a dit au major, virgule, donnez-moi, virgule, un bouillon d'onze heures, virgule, à ce cochon-là, virgule, qu'il soit crevé avant midi, point et virgule.

Avant d'être dans l'armée, le véritable Camember avait travaillé quelque temps comme aide jardinier chez les Frères et entendu plusieurs fois par la fenêtre ouverte, l'un d'eux énoncer des dictées aux élèves. Il en avait conclu que cette façon de parler faisait partie du beau langage et ne s'exprimait plus qu'en ponctuant ses phrases de sonores virgules !

Camember ayant répandu à travers toute la caserne l'annonce de la mort du colonel, celui-ci toujours bien vivant, mais furieux, envoya chercher le sapeur pour lui demander des explications. Le soldat prétendit qu'il tenait la nouvelle de la bonne de l'officier. Confronté avec Mam'zelle Victoire, une replète servante alsacienne, le sapeur Camember l'entendit répondre : « Oh ! mossieu Gamempre, c'est pas chentil te faire arrifer tes misères à une bôvre cheune fille innocente... Ch'ai pas tit : « Le golonel il est grévé »... Ch'ai tit : « Le golonel il égrivé.. avec une blume, quoi ! »

Bien qu'il publiât ses œuvres sous le pseudonyme de Christophe, leur succès fit qu'on s'intéressa bientôt à sa véritable personnalité et qu'on découvrit qui en était l'auteur. Il se trouva qu'un supérieur hiérarchique de Colomb fut choqué par ces dessins et se plaignit au recteur de ce qu'un professeur de l'Université pût consacrer ses loisirs à des tâches aussi peu compatibles avec la dignité de ses fonctions. Homme d'esprit, le recteur répondit à la mesquinerie par cette réplique : « *Le Sapeur Camember* ?... Mais mon cher ami, c'est un livre qui ne quitte pas mon chevet. Entre nous, je voudrais bien avoir le talent de M. Colomb pour écrire un semblable chef-d'œuvre ! »

Mais revenons à Mouthe, à la source du Doubs, là où la rivière jaillit du ventre de la montagne après avoir cheminé mystérieusement dans les entrailles calcaires du mont Risoux. André Beucler a décrit ainsi le décor de cette naissance :

Les sapinières humides et sombres qui se déroulent jusqu'au bord du ciel, laissant à peine deviner les ruisseaux minces et grêles qui servent à l'alimentation du fleuve, le dos lisse d'un pâturage, une tache plus claire dans la houle totale, les muscles bleus des rochers (ces fameux rochers génialement peints par Courbet le long de sa Loue natale, qui a tant d'accointance avec le Doubs lui-même), les lacs qui brillent comme des plaques d'aluminium dans l'ombre abrupte. Du fond des cluses, l'odeur de l'herbe froide, des lactaires, des scolopendres amères et des fougères géantes monte dans l'épaisseur des fumées qui vont se mêler aux vents porteurs de bruit et de pluie. Par temps clair, en allant aux sources du Doubs, on aperçoit le Noirmont vaudois, le lac des Rousses comme une coupe de pluie mauve, le Risoux qui dirige vers la Suisse une longue armée de sapins et la ligne pâle des Alpes à peine appuyées sur le ciel.

Un village accueillant : Malbuisson.

Après un court passage dans les sombres gorges du Fourpéret où ses eaux bouillonnent sur les rochers moussus, messire le Doubs s'épanouit soudain en un lac de montagne d'une sauvage beauté, devenu un des lieux les plus touristiques de Franche-Comté. C'est Saint-Point. Les habitués l'appellent plus familièrement lac de Malbuisson, nom de la localité qui y mire ses hôtels, ses restaurants et ses maisons de vacances.

Malbuisson !

Je me suis longtemps demandé pourquoi un aussi accueillant village portait ce nom peu flatteur sur lequel semble planer je ne sais quel discrédit. La légende qu'on m'a racontée au sujet de ses origines m'en a fourni l'explication.

Autrefois, il y a de cela des siècles et des siècles, la vallée n'était pas recouverte par l'eau mais traversée par le Doubs, un mince torrent de montagne dont le cours serpentait à travers les pâturages. Il arrosait un petit village appelé Beaubuisson, sans doute en raison des aubépines qui l'entouraient et lui faisaient au printemps une parure de mariée.

Un jour d'hiver, une femme inconnue et un gamin pauvrement vêtus arrivèrent à Beaubuisson et demandèrent un peu de nourriture ainsi qu'un coin de grange pour y passer la nuit. Partout, et cela contrairement aux habitudes hospitalières des « montagnons », on leur ferma la porte au nez en leur conseillant méchamment de déguerpir.

Lorsqu'elle eut tenu successivement toutes les maisons du village, la pauvresse avec son enfant – qui n'était autre qu'une vouivre et son petit ayant pris l'apparence humaine – retrouva sa forme traditionnelle de serpent ailé. Elle décrivit un grand cercle autour de la vallée en criant très fort : « Mauvaises gens qui venez de nous chasser, que le mal tombe sur vos buissons ! Votre village disparaîtra et vous serez maudits tant que vous n'aurez pas offert avec chaleur et bonté l'hospitalité à dix mille fois dix mille voyageurs ! »

La nuit suivante, un terrible tremblement de terre secoua la région et le village s'effondra au fond d'un gouffre tandis que l'eau du Doubs se mettait à monter. Ainsi naquit le lac actuel. Beaucoup plus tard, on y construisit un autre village qu'on appela Malbuisson en souvenir de ce tragique événement. Ne soyez donc pas étonné par l'extrême cordialité de l'accueil qu'on vous y réservera si vous vous arrêtez dans cette localité. Depuis des siècles, les habitants font tout ce qu'ils peuvent pour racheter la terrible malédiction qui frappa leur vallée. Ils ne sont pas encore à la veille d'être absous car dix mille fois dix mille voyageurs, cela fait beaucoup de monde. C'est pourquoi, afin d'accélérer le processus de leur rémission, les gens de Malbuisson ont construit des hôtels, des restaurants, une magnifique piscine chauffée, un centre de voile... qui attirent heureusement pour leur salut de plus en plus de touristes.

Parmi ces établissements accueillants, il en est un qui porte le nom charmant de « La Fuvelle », emprunté à une vieille expression locale se rapportant à l'épicéa. Le propriétaire est mon confrère et ami Pierre-Jack Tollet, hôtelier-restaurateur l'été, écrivain dessinateur l'hiver. « Toto » est un personnage comme on n'en rencontre plus guère à notre époque stéréotypée où les gens sont de plus en plus confits dans leur univers professionnel ou imbus de leurs diplômes. Comme le chanteur Philippe Clay, Pierre-Jack Tollet fit ses « universités » sur le tas en exerçant quantité de métiers, en fréquentant les milieux les plus divers. Journaliste avant guerre dans un grand quotidien du soir, puis cameraman des actualités cinématographiques, il se fixa, après la Libération, à Malbuisson où il reprit l'affaire familiale.

Presque toutes les vedettes du spectacle, tous les grands noms de la littérature, de la politique, de passage à Pontarlier vers la Suisse, se sont arrêtés chez « Toto » au cours des trente dernières années. Non seulement pour y déguster sa cuisine fameuse mais plus encore pour l'entendre raconter ses inénarrables histoires. Dès la fin de la belle saison, Pierre-Jack Tollet ferme son établissement et retourne vivre une partie de l'hiver dans le petit appartement qu'il possède à Paris. Là, il écrit chaque année un roman policier et dessine quelques cartons pour sa série des « Pignouquets », ces petits personnages facétieux ayant l'apparence et la malice des corbeaux du Haut-Doubs. Consécration extraordinaire que doivent lui envier bien des hôteliers, « Toto » préside chaque année dans la capitale un grand dîner de l'association « Les Amis de La Fuvelle » où se donnent rendez-vous les célébrités du Tout-Paris qui eurent un jour l'occasion de fréquenter à Malbuisson son étonnant établissement.

Puisque je viens d'aborder avec Pierre-Jack Tollet un chapitre de la gastronomie et de la littérature, disons que ces deux arts ont toujours fait très bon ménage en Franche-Comté. Je m'en voudrais de ne pas vous raconter comment l'illustre Brillat-Savarin sauva sa tête sous la Terreur en composant un fabuleux menu pour celui qui le menaçait.

Brillat, qui avait vu le jour à Belley, dans l'Ain, à l'extrémité sud de la chaîne du Jura, fut élu maire de cette ville pendant la Révolution. Ayant réprouvé les excès de la Terreur, il cessa bientôt d'être en odeur de sainteté et fut déclaré suspect par le commissaire de la Convention Prost, qui le destitua. Menacé de l'échafaud, le futur auteur de *La Physiologie du Goût* s'empressa de s'enfuir. Il trouva refuge chez son ancien condisciple l'avocat Amaudru avec lequel il avait fréquenté l'université de Dijon. Celui-ci, qui était dans les meilleurs termes avec Prost, proposa de réunir les deux hommes lors d'un dîner afin que le fugitif pût se disculper, Brillat-Savarin se chargea de composer le menu et de choisir les vins, ce qu'il fit avec grand art en sachant qu'un bon gueuleton plaide souvent mieux en faveur d'une cause difficile qu'un long discours.

Le début du repas fut glacial, le commissaire de la Convention refusant de parler à celui qu'il avait fait destituer. Mais, au fur et à mesure que les plats succulents et les crus les meilleurs défilèrent sur la table, un climat moins tendu s'instaura. Mme Prost, qui accompagnait son mari, était une personne sémillante, cultivée, excellente musicienne ayant été professeur de chant avant son mariage. Brillat lui fit comprendre que lui aussi adorait la musique et entra aussitôt dans les bonnes grâces de madame. Tous deux se mirent à échanger leurs impressions sur le chant, les opéras à la mode. Après le repas, elle envoya un domestique chercher ses cahiers. « Elle chanta, raconta Brillat Savarin, je chantai, nous chantâmes. Jamais je n'y mis plus de zèle, jamais je n'y eus plus de plaisir. » Gagné à son tour par une douce euphorie, le sévère commissaire se joignit à ce chœur touchant. Les affaires du condamné étaient bien parties. Il en eut confirmation lorsqu'en prenant congé Mme Prost lui glissa à l'oreille : « Citoyen, quand on cultive comme vous les beaux arts, ceux de la gastronomie et du chant, on est incapable de trahir son pays. Je sais que vous demandez une faveur à mon mari, vous l'obtiendrez, c'est moi qui vous le promets. »

Ce que femme veut, Dieu le veut. Une nouvelle fois le vieux dicton se révéla exact. Le lendemain, Brillat-Savarin reçut un sauf-conduit et les Administrateurs un nouvel arrêté signé du commissaire jurassien de la Convention disant : « Le citoyen Brillat-Savarin, quoique destitué de la place de maire, jouira provisoirement de toute sa liberté jusqu'à ce que nous ayons pris des informations par nous-même ou par des commissaires. [signé :] Prost. »

Ainsi, grâce à ses qualités de fin gourmet et à son talent de chanteur, l'illustre gastronome venait de sauver sa tête.

De nos jours, la cuisine comtoise a trouvé un autre chantre en la personne du maître-cuisinier arboisien André Jeunet dont la renommée a dépassé depuis longtemps les limites de notre province, surtout par les conférences qu'il donne dans le monde entier et aussi par son remarquable ouvrage Les *Recettes de la Table franc-comtoise* [1]. Il ne m'en voudra pas, je pense, de reproduire ici celle du « Coq au vin jaune flanqué de morilles », une spécialité très appréciée des connaisseurs :

Choisir un véritable poulet de Bresse bien en chair, le découper en quatre (deux cuisses et deux ailes). Assaisonner ces morceaux de sel fin et de poivre, les saupoudrer légèrement de farine, les faire revenir à blanc dans un sautoir, c'est-à-dire sans les colorer, couvrir le sautoir, laisser cuire environ vingt minutes à four moyen. Retirer le sautoir du four, déglacer avec du vin jaune ; ajouter les morilles fraîches, la crème, rectifier l'assaisonnement, laisser réduire au coin du feu afin de terminer la cuisson (ne pas couvrir). Servir en timbale avec éventuellement du riz.

Accompagné d'un bon Arbois blanc ou d'un Arlay, voilà un plat de notre terroir comtois qui sera pour nos visiteurs une agréable prise de contact avec notre gastronomie régionale.

Le mystérieux mont d'Or.

Aux Longevilles, on épilogue depuis des siècles pour savoir si le mont d'Or (altitude 1463 mètres) doit véritablement son nom à d'anciens gisements aurifères. Comme bien souvent en pareil cas, une légende est à l'origine de cette controverse qui divise les érudits et les géologues locaux.

On prétend qu'au Moyen Age, un berger de ce village, gardant son troupeau sur les flancs de la montagne, y aurait découvert un fabuleux filon au fond d'une grotte. A l'inverse des fables dans lesquelles on voit des châtelains prendre des bergères pour épouses, l'heureux garçon aurait eu l'idée saugrenue de proposer au sire de Joux, Amauri Ier, de se marier avec

1. Editions Cêtre.

sa fille en échange d'une seille emplie de pépites d'or. Feignant d'accepter ce marché, le fourbe et cruel seigneur de La Cluse aurait laissé le berger apporter son trésor au château, puis, pour en savoir plus sur les origines du magot, aurait fait torturer l'imprudent et présomptueux manant. Celui-ci serait mort en emportant dans l'autre monde le secret de l'endroit où se trouvait la grotte. C'est pourquoi depuis cette époque, de nombreux habitants de la région tentent de retrouver, à la belle saison, l'entrée de la caverne mystérieuse.

Au cours des siècles suivants, de nombreuses galeries furent ouvertes dans le sous-sol du massif, notamment à Rochejean, Oye-et-Pallet, Métabief, non pas pour y chercher de l'or, mais pour en extraire du minerai de fer. On retrouve encore en maints endroits de longs tunnels en partie effondrés avec les traces profondes laissées par les roues des chariots et le piétinement des chevaux. De hardis spéléologues se glissent parfois au péril de leur vie dans ces souterrains abandonnés, certains avec l'espoir d'accrocher un jour un reflet de métal jaune avec les rayons de leur lampe.

Jusqu'à la fin du XVIIIe siècle, le minerai de fer du mont d'Or alimenta de nombreux hauts-fourneaux situés au pied de la montagne et auxquels les forêts fournissaient un combustible abondant. Beaucoup de petites industries, forges, clouteries, s'étaient installées en bordure de la rivière Jougnenaz et la vallée de La Ferrière, mais ces activités périclitèrent et cessèrent d'être rentables lorsque les Lorrains remplacèrent le bois par le charbon. Cette crise sidérurgique fut à l'époque cruellement ressentie par les populations des villages voisins.

Aujourd'hui, le mont d'Or ne doit plus sa prospérité à son sous-sol mais aux parures royales qui recouvrent ses robustes épaules durant la belle et la mauvaise saison. Au printemps et l'été, la flore y est d'une étonnante variété. Outre les gentianes bleues et les anémones, on y trouve des centaurées, des aconits ainsi que des lis martagons qui émaillent le vert franc des pâtures de leurs multiples couleurs.

Ici et là, des chalets d'alpage parsèment les flancs du massif où paissent de nombreux troupeaux. On y fabrique depuis des décennies un fameux fromage aux fortes senteurs qui porte le nom de mont d'Or, mais qu'on appelle plus communément « la Boîte » car il est conservé à l'ancienne dans de grands coffrets ronds en bois qui lui gardent tout son arôme. Le fromager d'Entre-les-Fourgs, petit village isolé près de la frontière, a même eu récemment l'idée d'ajouter du cumin à son caillé et c'est ainsi qu'est né le « Brûle loup » dont je vous recommande tout particulièrement la dégustation.

Dès la mi-octobre, le mont d'Or se couvre d'un autre manteau dont la beauté n'a rien à envier à sa parure estivale. Cette neige, ce filon blanc, fait la richesse de toute la région grâce aux nombreuses stations de ski alpin et de ski de randonnée qui jalonnent la montagne. Comme dans les environs de Prémanon, on a hélas confié à des architectes sans génie la construction d'immeubles grand standing qui ont poussé, verrues hideuses des temps modernes, entre les sapins. Autrefois, pour construire leurs chalets, nos « montagnons » n'avaient pas recours à des promoteurs, mais à de rustiques artisans locaux qui savaient respecter les sites. Quand arrêtera-t-on enfin le massacre du Haut-Pays ?

Heureusement, ces « résidences » restent jusqu'à présent localisées au pied des téléskis. Le sommet du mont d'Or appartient toujours aux randonneurs courageux et fatalement peu nombreux qui en entreprennent l'ascension. Un spectacle impressionnant les y attend. Au bord des rochers tombant à pic sur la vallée de la Jouguenaz dans un dénivelé de plus de six cents mètres, on domine toute la plaine suisse avec en toile de fond un décor féerique, celui de l'horizon alpestre où se détachent des montagnes aux noms prestigieux : les Ecrins, l'Aiguille Verte, le Mont-Blanc... Cette vision-là au moins a conservé toute sa pureté des origines et les hommes du béton ne sont pas à la veille de nous en priver !

La ligne Paris-Lausanne.

Au début du xxe siècle, on a creusé sous le mont d'Or un autre tunnel qui n'était pas destiné celui-là à extraire du minerai mais à permettre le passage d'une voie ferrée internationale, celle de Paris à Lausanne vers Milan, Rome ou Zagreb... Plusieurs centaines d'ouvriers travaillèrent au percement de la montagne, soit à partir des Longevilles ou de Vallorbe à huit kilomètres de là, au pied du versant helvétique. Parmi les équipes de mineurs du côté suisse, se trouvait un immigré italien qui allait devenir célèbre quelques années plus tard : Benito Mussolini.

C'est sans doute depuis Vallorbe que l'on peut mieux se rendre compte du travail titanesque que représenta la traversée ferroviaire du Jura. Cette véritable épopée des temps modernes fut réalisée avec des moyens dérisoires, pratiquement sans machines par des ouvriers dont les rudes conditions de travail ressemblaient à celles des forçats. Le marquis de Quinsonas dans son *Guide historique et pittoresque du voyageur* a fort bien décrit ce qu'était à l'époque la construction des tunnels :

Combien il a fallu de coups de pic, de marteau, de pioche, combien de trous de mines pour percer ces vastes souterrains ? Des brigades de nuit remplaçaient les travailleurs diurnes, pour qui le jour n'existait pas davantage pendant ce dur labeur tristement accompli aux pâles lueurs de petites lampes. Vous éprouverez, mesdames, un mouvement d'effroi, de terreur involontaire, rien qu'en traversant comme l'éclair ces noires profondeurs, représentez-vous donc le pauvre mineur englouti vivant des mois, des années entières, souvent obsédé par le sommeil et occupé sans cesse, pour un modique salaire, dans ces excavations où plusieurs trouvèrent un tombeau : en effet, que d'accidents, de chutes, d'éboulements difficiles à parer, au milieu d'un infernal tapage qui ne cesse pas un instant ! Les mines qui éclatent, le rocher qui croule, le fer qu'on frappe et qui grince... Quel froid, quelle humidité ! Car l'eau suinte, tombe ou ruisselle ; et lorsque les diverses sections s'unissent, que la percée est ouverte d'un bout à l'autre, quel courant d'air, quel ventilateur ! Quel travail pour terminer, niveler, déblayer ! Presque tous les chevaux qui travaillèrent ici ont péri rapidement du farcin, causé par le manque de soleil, par l'humidité et par des pleurésies multipliées. Il faut avoir vu creuser un tunnel pour se faire une idée exacte de tout ce qu'il coûte de fatigues, de peines et de misères, comme je viens de vous le résumer succinctement. Et pourtant, on trouve des ouvriers à 3 ou 4 francs par jour et qui n'y sont pas forcés, car ils pourraient faire autre chose ; mais à peine ont-ils foré une montagne qu'ils vont en forer une autre.

Pas forcés ? C'était vite dit sous la plume de monsieur le marquis. Si ces malheureux acceptaient ce travail de bagnard, c'était tout simplement parce qu'ils n'en trouvaient pas d'autre. Même aujourd'hui lorsqu'on est un simple manœuvre, on n'a pas tellement le choix des emplois pour gagner sa vie.

Comme partout ailleurs, la construction de cette voie ferrée entre le Jura français et le Jura suisse apporta bien des bouleversements dans l'existence paisible des « montagnons ». Si elle aida au développement d'une économie restée jusque-là autarcique, elle fut l'objet de bien des oppositions. Monstre d'acier crachotant sa fumée, le chemin de fer fut au début un objet de répulsion et de frayeur pour les habitants du Haut-Pays. Dans une lettre à un ami Neuchâtelois, un brave bourgeois de Vallorbe écrivait :

Le chemin de fer nous amène deux fois par jour toutes sortes de gens que personne ne connaît. On a même vu un Chinois avec ses nattes ! Certains parlent de s'établir chez nous, d'y créer des négoces. A ce compte-là, Vallorbe sera bientôt une tour de Babel où personne ne comprendra plus personne. Quant à la fumée qui obscurcit le ciel, j'ai bien peur que d'ici peu sa poussière noire ne recouvre toute la vallée et fasse périr la végétation !

De son côté, le très sérieux docteur Bertrand écrivit une étude sur les méfaits causés par les voyages sur rail. Je vous en citerai quelques extraits à verser au grand sottisier des déclarations faites par les hommes de science à l'occasion d'une découverte ou d'un progrès de l'humanité :

L'excitation nerveuse qui résulte de l'inquiétude des voyageurs à l'idée de manquer le départ du train détermine à la longue des affections graves du système nerveux et notamment une irritabilité morale assez vive.

... D'autre part, les trépidations, les secousses continuelles du train en marche déterminent une fatigue pénible, une sensation de pesanteur au sommet de la tête. Cette céphalgie syncipitale varie d'intensité selon la vitesse du convoi, l'état des ressorts et l'entretien des voies. Cet inconvénient énerve, diminue l'appétit et gêne la digestion.

... On aurait remarqué, en Suisse et en France, que des chefs de gare de station, effrayés de la responsabilité extrême qui incombe à leurs fonctions, et vivant dans une perpétuelle crainte d'accidents sur leur ligne, ont eu des affaiblissements très notables de l'intelligence (sic).

L'ouvrage du brave docteur Bertrand ne se cantonnait pas au seul domaine médical. Il suggérait aussi des améliorations techniques à apporter au matériel ferroviaire, tel ce moyen qui aurait permis, selon lui, de secourir les personnes happées accidentellement au passage dans les gares ou tombées sur les voies :

... La locomotive ne pourrait-elle être armée d'un large tablier recourbé en tôle et qui, descendant jusque près du rail, ramasserait les individus imprudemment engagés ou tombés sur la voie ?

Il est vrai qu'à l'époque, voyager en chemin de fer était une véritable expédition. Entre Paris et Lausanne, on ne garantissait pas le jour de l'arrivée. Les accidents étaient si fréquents le long du parcours, qu'un gazetier écrivit ce pamphlet pour protester contre l'insécurité de la ligne Paris-Lyon-Marseille :

Etant donné l'insuffisance du personnel et le mauvais état du matériel, on n'est jamais sûr d'arriver entier à destination. C'est à croire que la compagnie tient vraiment à mériter son surnom : P.our L.a M.orgue !

Noces vaudoises.

Lorsqu'on quitte la route Vallorbe-Lausanne, à droite de la gare de Croy, à vingt-cinq kilomètres au nord-ouest du lac Léman, on s'enfonce dans un pittoresque vallon situé au pied des premiers contreforts du Jura suisse. C'est en ces lieux que se trouve le monastère de Romainmôtier qui joua un rôle considérable dans le défrichement et l'avancée de la civilisation parmi les sapinières de cette partie du Haut-Pays.

L'église clunisienne du XIe siècle a remplacé l'oratoire colombanien construit probablement en bois et dont il ne subsiste que l'ambon (la chaire). Elle a succédé également à l'église bénédictine détruite par les grandes invasions. Elle est faite pour plaire aux hommes de notre temps. Elle est simple, dépouillée, avec de grosses colonnes massives taillées dans ce calcaire jaune du Jura qui lui donne son relief et son originalité. C'est un havre de paix que je vous conseille de visiter par un beau jour d'été, de même que les vestiges inégalement conservés du cloître, de la tour de la Torture, au nord, de la tour de l'Horloge, à l'ouest et de la tour Saint-Georges située non loin de la maison du prieur.

Devenu possession de la Maison de Savoie, le monastère de Romainmôtier fut le théâtre en 1501, le 3 décembre, d'un événement politique et religieux très important : le mariage de Philibert le Beau et de Marguerite d'Autriche. Dans l'un de mes livres [1], j'ai retracé l'histoire de cette princesse malheureuse qui

1. *Marguerite d'Autriche*, par André Besson, Nouvelles Editions Latines.

fut successivement fiancée au roi de France Charles VIII, mariée à l'Infant d'Espagne puis, devenue veuve, remariée à Philibert de Savoie qui devait mourir peu après. Marguerite d'Autriche, celle dont Louis XV devait dire, plus tard qu'elle fut « le seul grand homme de la famille », devait, après son second veuvage, s'intéresser à la politique et participer notamment à la fameuse « paix des Dames ». Ses qualités diplomatiques lui valurent un succès qui allait influencer durant des siècles les destinées de l'Europe : l'accession de son neveu Charles-Quint au trône d'empereur du Saint-Empire Romain Germanique.

Mais revenons à Romainmôtier, en Suisse, durant cette soirée neigeuse du 3 décembre 1501, lors de la cérémonie du mariage de Marguerite d'Autriche et de Philibert de Savoie.

Après avoir cheminé par courtes étapes à travers la Franche-Comté, la petite-fille de Charles le Téméraire avait quitté, à Pontarlier, les limites des Etats de son père. Par le col de Jougne, sa caravane avait atteint la vallée vaudoise de l'Orbe, puis s'était dirigée vers Romainmôtier où avait eu lieu la première rencontre entre les futurs époux.

Malgré les réticences des Flamands qui eussent préféré qu'on attendît quelques jours avant de célébrer le mariage, le duc avait exigé que la cérémonie se déroulât le soir même. Marguerite n'avait rien objecté.

C'est ainsi que vers minuit la voix des cloches du monastère sonnant à toutes volées, était venue troubler le repos immaculé où s'ensevelissait le vallon. Tous les gentilshommes, toutes les dames formant la suite des deux princes avaient quitté les logis du prieuré pour pénétrer sous les voûtes glaciales de l'église dont quelques rares flambeaux éclairaient la nef.

Marguerite ne put s'empêcher de remarquer le contraste cruel entre ce service religieux célébré par une nuit d'hiver, dans l'église austère de ce prieuré bénédictin, et la messe triomphale de son union avec l'Infant dom Juan [1].

---

1. Le premier mariage de Marguerite avec l'Infant d'Espagne, fils du roi Ferdinand d'Aragon et d'Isabelle la Catholique, avait eu lieu en l'église de Burgos au milieu d'un faste extraordinaire.

Le duc ne fut pas long à s'apercevoir du trouble qui venait de s'emparer de Marguerite.

– Ne soyez pas triste, madame, dit-il. Je jure devant Dieu de faire désormais tout ce qui sera en mon pouvoir pour vous rendre heureuse !

... Philibert de Savoie était encore plus beau qu'elle ne l'avait imaginé. Très grand, taillé en force pour les rudes excercices de la chasse et des tournois, il faisait incontestablement plus que ses vingt et un ans. Il avait un visage pâle, régulier, des lèvres bien dessinées, un menton divisé en deux par une fossette. Ses yeux débordant de lumière, de loyauté, caressaient les choses et les êtres.

Brusquement, l'église lui parut moins grise, moins triste. Elle perçut même la beauté, l'équilibre de cet édifice de pierre dont les voûtes, supportées par des chapiteaux finement sculptés, résonnaient de chants d'allégresse à la gloire de Dieu.

Marguerite conserva cet état d'âme jusqu'à la fin de la cérémonie à laquelle elle participa avec ferveur. Lorsqu'elle affronta ensuite les invités venus lui présenter les hommages dus à son nouveau rang de duchesse de Savoie, elle leur offrit un visage complètement rasséréné.

Après une légère collation, Philibert donna lui-même le signal signifiant la fin du repas en souhaitant à tous ses invités de passer une excellente nuit. Les gentilshommes et les dames se dressèrent à leur tour et scandèrent en chœur plusieurs fois : « Ribald, Nobal et Varnobi ! », les trois paroles d'inspiration érotique qui permettraient sans doute au royal époux de vaincre l'esprit malin et de bien remplir son office d'amant.

Le duc remercia ses hôtes d'un sourire, puis il prit la main de Marguerite et lentement, sous les applaudissements de l'assistance, précédé par deux porteurs de torches, il gagna les appartements qu'on leur avait préparés durant la journée dans une aile du monastère.

Le premier des Noirs.

Depuis l'Antiquité, le col de la Cluse fut un point de passage pour tous ceux qui voulaient se rendre en Helvétie et en Italie à partir de la Séquanie. D'abord mauvais chemin de terre, cette voie fut transformée en route par les Romains qui y firent passer leurs légions. Dans l'autre sens circulèrent les convois chargés des produits indigènes expédiés vers la capitale aux sept collines : sel de Salins, viandes fumées, fromages de grandes formes... Quelques siècles après, les envahisseurs barbares empruntèrent également ce défilé, puis ce furent les moines de Saint-Maurice d'Agaune [1], les marchands et banquiers lombards, et enfin les soldats des ducs de Bourgogne et de Savoie.

Il n'est pas étonnant qu'en raison de l'importance du trafic routier, les Romains aient songé à construire un oppidum pour contrôler ce passage. Beaucoup plus tard, des seigneurs aventuriers, les sires de Joux, comprirent tout le profit qu'ils pourraient retirer d'un droit de péage, en s'installant sur le piton rocheux dominant le col et en rançonnant les marchands. Ils construisirent un château qui leur permit de régner en maîtres sur toute la région : « Race longtemps la plus farouche de tous les seigneurs à bannière du Jura, a écrit d'eux un historien comtois, rien n'avait civilisé ces Bourguignons sauvages, oppresseurs du faible, armés de toutes pièces, à cheval et la masse au bras. Ils n'ont jamais fait emploi de leur force et de leur puissance que pour commettre les pires cruautés. Gardiens héréditaires et protecteurs attitrés de Pontarlier, ils n'ont jamais fait usage de leurs droits que pour remplir la cité de vexations, de meurtres, de pillages et d'incendies ! »

On comprend que ces brigands eurent souvent maille à partir avec des seigneurs plus puissants du voisinage décidés à forcer coûte que coûte le passage. A la suite d'un long siège au cours duquel le château de Joux manqua d'être pris parce que

1. Saint-Maurice d'Agaune est situé dans le Valais suisse.

ses défenseurs faillirent mourir de soif, Amauri II décida de faire creuser un puits à partir du sommet de la montagne afin de rejoindre le lit du Doubs qui coule tout en bas. Pendant trente ans, des centaines de voyageurs malchanceux interceptés au passage du col, des manants mainmortables arrachés à leurs villages travaillèrent à forer un long trou vertical profond de 120 mètres qui permit d'atteindre la nappe phréatique. D'après les érudits locaux, près de mille hommes moururent pendant ces gigantesques travaux. Aujourd'hui, lorsque les touristes visitent le château de Joux et se penchent au-dessus du puits noir pour regarder tomber, dans une chute vertigineuse, le brandon d'étoupe allumé par le guide, bien peu songent à toutes les souffrances qu'endurèrent, il y a neuf siècles, les pauvres esclaves qui travaillèrent au fond de ce cul de basse-fosse.

Quand la lignée des sanguinaires sires de Joux s'éteignit, la forteresse devint propriété des comtes de Bourgogne, puis successivement celle des comtes de Neuchâtel, de Charles-Quint et enfin de Louis XIV. Celui-ci s'empressa de la faire agrandir par Vauban. Il lui donna la silhouette impressionnante que nous connaissons.

Tous les voyageurs qui empruntent les routes de Lausanne, Neuchâtel ou Genève, découvrent de loin sa masse trapue et hardie comparée par Mirabeau à un « nid de hiboux ». De la terrasse de cette forteresse ou du sommet de son donjon à mille mètres d'altitude, le panorama est admirable. C'est tout d'abord la trouée de la Cluse, témoin de bien des brigandages et de bien des combats dont ceux de 1870 et de 1940. En face, derrière le massif du Larmont et le Grand Taureau, c'est la vallée de la Morte avec son échappée sur le col des Verrières et le coquet village de Montptot. A droite, la Grande Combe, qu'emprunte la route nationale Paris-Lausanne par le col de Jougne ; ensuite, se détachant au loin, le Massif du Mont-d'Or dont on aperçoit l'extrémité de la célèbre corniche longue de 14 kilomètres ainsi que le sommet du Montrond. Plus à l'ouest, c'est la vallée des lacs de Saint-Point et de Remoray.

Au XVIIIe siècle, le château de Joux fut transformé en prison d'Etat et hébergea l'un des plus bouillants personnages de la Révolution enfermé ici par lettre de cachet durant le règne de Louis XVI : Mirabeau.

Mais ce fut sous l'Empire que la forteresse reçut en août 1802 son plus mystérieux et émouvant prisonnier. Il s'agissait d'un Noir d'une cinquantaine d'années, revêtu d'un uniforme de général, qu'on l'obligea à quitter avant de l'enfermer, en tenue de bagnard, dans un cachot voûté, éclairé par une étroite ouverture garnie de barreaux.

Cet homme s'appelait Toussaint-Louverture. Il était né à Saint-Domingue-des-Antilles en 1743 dans une famille d'esclaves africains qui peinait durement pour le compte d'un colon blanc, à l'Habitation Béda.

Successivement garçon d'écurie, puis cocher, le jeune Toussaint parvint à l'insu de ses maîtres à apprendre à lire, écrire et à acquérir une certaine culture. Très vite, il fréquenta les réunions clandestines où ses congénères parlaient avec passion de la liberté. Mais dans cette colonie française fertile et prospère gérée par une petite minorité de créoles, il n'était pas question à l'époque d'émancipation des esclaves. La seule loi qui régnait dans l'île était celle du fouet et de la potence. Tous les nègres étaient considérés comme du bétail humain.

1789 éclata à Saint-Domingue comme une bombe. Lorsque l'annonce de l'abolition de l'esclavage y parvint, ce fut chez les Noirs une véritable explosion de joie et la consternation chez les colons. « Périssent les colonies plutôt qu'un principe ! » Ce mot de Robespierre ne fut pas du goût des possédants créoles. Ils se hâtèrent de rompre les ponts avec la métropole.

Mais la bombe était amorcée. Elle ne tarda pas à éclater. Un vent de révolte secoua l'île. Abandonnant les plantations, les esclaves se mirent à parcourir en bandes les campagnes, à y semer l'effroi par le meurtre, l'incendie et le pillage. Regroupés dans les villes, les planteurs se sentirent bientôt impuissants pour mater les insurgés. Ils renouèrent avec Paris qui leur envoya quelques troupes sans pour autant parvenir à stabiliser la situation.

C'est alors qu'on s'aperçut qu'au milieu de l'anarchie

régnant à Saint-Domingue, un chef noir avait peu à peu assis son autorité. Cet homme intelligent et énergique qui s'était l'un des premiers délivré de ses chaînes, se nommait Toussaint-Louverture. Il commandait une petite armée bien disciplinée qui faisait la loi dans la plus grande partie de l'île. C'est à lui que le Directoire s'adressa finalement en désespoir de cause pour rétablir l'ordre. On lui demanda également de défendre la colonie contre les Anglais toujours à l'affût d'une bonne affaire.

Avec l'aide de ses lieutenants Christophe et Dessaline, Toussaint-Louverture entreprit sa tâche pacificatrice. Cela ne se fit pas sans heurts avec les créoles qui voulaient surtout recouvrer leurs anciennes prérogatives. Les massacres reprirent de plus belle. De nouvelles plaintes contre les Noirs furent adressées à Paris par les colons qui accusèrent faussement le général noir de vouloir livrer l'île à l'Angleterre. Toutes ces calomnies déterminèrent Bonaparte à reconquérir Saint-Domingue.

Le général Leclerc, beau-frère du Premier Consul, mari de la jolie Pauline, fut chargé de diriger l'expédition. Il partit à la tête d'une escadre de trente-deux mille hommes et arriva devant le Cap au début de février 1802. Il entra dans la ville le 5 après que ses habitants l'eussent incendiée plutôt que de la rendre aux Français. La guerre était déclarée. Toussaint-Louverture fut obligé de fuir dans les montagnes.

Traqué comme un vulgaire malfaiteur, le chef des révoltés noirs adressa plusieurs messages à Bonaparte pour lui expliquer la situation et se défendre contre les insinuations calomnieuses dont il était l'objet. Il lui fit savoir qu'il n'était pas hostile à une collaboration sincère avec la France. En tête de chacune de ses missives, l'ancien esclave n'omettait jamais d'écrire cette fière formule : « Le Premier des Noirs au Premier des Blancs ! »

Hélas ! Toussaint-Louverture ne reçut jamais de réponse à ses suppliques. Quatre mois après le début de la campagne, il fut capturé par les troupes de Leclerc et, en juin 1802, embarqué sur un navire en partance pour la France. Avant de monter à bord du *Héros*, le bateau qui l'emmenait en exil, celui qu'on appelait le « Napoléon noir » eut ces paroles prophétiques :

« En me renversant, on n'a abattu à Saint-Domingue que le tronc de l'arbre de la liberté des Noirs. Il repoussera par les racines parce qu'elles sont profondes et nombreuses. » Il ajouta encore : « Je compte sur la Providence pour débarrasser l'île des Français ! »

Bien qu'il fût très pieux, ce n'est pas à la sagesse et au secours de Dieu que songeait Toussaint-Louverture en s'exprimant ainsi. La « Providence », c'était le nom que portait l'hôpital du Cap où agonisaient déjà plusieurs centaines d'envahisseurs terrassés par une épouvantable épidémie de fièvre jaune.

Bonaparte ne fut pas magnanime avec son valeureux adversaire. Le 4 thermidor an X, il rédigeait l'ordre suivant : « Le nommé Toussaint-Louverture sera transféré et retenu prisonnier au fort de Joux. Il sera tenu au secret, sans pouvoir écrire ni communiquer avec aucune personne. »

Le malheureux ne devait jamais revoir sa patrie. Relégué dans cette inhumaine prison où le froid fut extrêmement rigoureux cet hiver-là, il ne survécut pas longtemps à ces conditions de détention. Le 7 avril 1803 au matin, ses gardiens le découvrirent inanimé dans sa cellule, assis devant le feu, la tête appuyée contre le manteau de la cheminée.

Celui qu'on accusait d'avoir enfoui, avant sa reddition, un fabuleux trésor estimé à trente-deux millions de francs or dans les mornes de Saint-Domingue, venait de mourir pauvre et dénué de tout sur le sol d'un pays se voulant défenseur des libertés. Jusqu'à la fin, le « vieux Toussaint » était resté digne, fier, et avait fait l'admiration de ses geôliers par sa sagesse et son courage.

Ah! rappelez la vie à ses membres tremblants,
Et qu'il meure du moins debout devant les Blancs!

Il n'eut même pas cette consolation que souhaitait Lamartine dans son drame. Les circonstances de sa mort sont restées une énigme historique et ont fait depuis couler beaucoup d'encre. Le procès-verbal de son autopsie dit qu'il fut victime d'une attaque d'apoplexie, mais certains historiens prétendent qu'il fut empoisonné sur ordre de Bonaparte après lui avoir révélé, par lettre, l'endroit où il avait caché son trésor de guerre.

Ajoutons que l'Histoire se chargea de venger Toussaint-Louverture puisque son pays parvint finalement à conquérir son indépendance, cependant que Napoléon fut lui-même relégué, onze ans plus tard, sur un autre rocher, à Sainte-Hélène où il mourut dans des conditions semblables, loin de sa patrie.

Aujourd'hui, le château de Joux est devenu un lieu de pèlerinage pour de nombreux Haïtiens qui viennent chaque année visiter le cachot où le libérateur de Saint-Domingue termina tragiquement ses jours.

Le passage des « Bourbakis » aux Verrières.

La petite cité des Verrières qui doit son nom à une industrie autrefois prospère, est la première localité suisse après le passage du col de la Cluse. Ici, dans toutes les familles, on vous parlera d'un événement encore vivace dans l'esprit des habitants bien qu'il se soit déroulé il y a plus d'un siècle : la retraite de l'armée du général Bourbaki à l'issue de la désastreuse guerre de 1870.

Après les revers subis par Napoléon III à Sedan et l'entrée des troupes prussiennes en France, comme en 1789, un puissant mouvement populaire amena des volontaires à se porter à la rencontre de l'ennemi. Le commandement de l'une de ces armées hétéroclites fut confié, dans l'Est, au général Bourbaki qui reçut l'ordre de libérer Belfort assiégé par les Allemands.

Mal préparée, mal dirigée par un état-major partagé entre officiers républicains et réactionnaires, l'armée de l'Est devait subir une écrasante défaite. Harcelée par les uhlans, au milieu des tempêtes de neige, elle battit en retraite dans des conditions épouvantables. J'ai raconté dans l'un de mes romans *La Marie des Bois* [1], ces épisodes dramatiques auxquels furent mêlés plusieurs de mes ancêtres.

1. *La Marie des Bois*, Editions « Mon Village »

Poursuivies par les forces ennemies commandées par les généraux von Werther et von Manteufel, les troupes de Bourbaki comptant encore 88 000 hommes, 11000 chevaux et 285 canons se trouvèrent bientôt resserrées dans un périmètre étroit d'une douzaine de kilomètres de rayon autour de Pontarlier. Affamée, démoralisée, piétinant sur des chemins recouverts par près d'un mètre de neige, cette armée n'était plus qu'une bande désorganisée que les Prussiens n'allaient avoir aucun mal à tailler en pièces.

Afin d'éviter un massacre, Bourbaki se mit en rapport avec le général Herzog, chef de l'armée suisse. Après des démarches auprès du Conseil fédéral, l'acte d'internement fut signé par les deux officiers le 31 janvier 1871. Se voyant frustrées de cette ultime victoire, les troupes de Manteufel se rassemblèrent afin de déclencher une puissante attaque. Clinchant, qui commandait l'arrière-garde, fit appel à des volontaires pour défendre coûte que coûte le défilé de la Cluse afin de permettre au plus gros de l'armée française de traverser la frontière. Un témoin a raconté ces heures tragiques :

Depuis quelques jours, à Montperreux, on logeait un bataillon à peu près valide. Leur chef, c'était un commandant tout jeune avec une petite moustache. Ce soir-là, il a réuni ses hommes sur la place et il leur a dit : « Voilà, les Prussiens sont à Pontarlier. L'armée va y rester tout entière s'ils passent la Cluse. Nous, on a encore nos fusils et quelques munitions. Vous entendez : s'ils passent la Cluse avant deux jours, c'est une boucherie. C'est deux jours qu'il faut tenir. Chacun est libre. Ceux qui veulent s'en aller peuvent partir. Je n'oblige personne. Les autres... »

Une dizaine d'hommes seulement ont quitté le cercle tête basse. Les autres n'ont rien dit. Ils sont allés chercher leurs fusils. Et ils sont descendus dans la direction de la Cluse.

A ce dernier combat participèrent aussi les forts de Joux et du Vieux-Larmont. Leurs canons étant tournés face à la Suisse, il fallut, en hâte, les faire pivoter vers l'ouest. Au château de

Joux, le commandant fit former une batterie avec des pièces abandonnées sur la route. Il la protégea avec des gabions remplis, recouverts de neige et arrosés d'eau, ce qui constitua comme un rempart de glace.

Pendant toute la journée du 1er février, le col de Joux fut le témoin de furieux et sanglants combats. De deux à six heures du soir, les Allemands cherchèrent en vain à forcer l'ultime verrou. Lorsque la bataille cessa, dans la neige et la boue teintées de sang, on releva au creux de l'étroit défilé, les corps de dix-neuf officiers et trois cent soixante-cinq soldats allemands et ceux de quarante officiers et mille deux cents soldats français.

Le sacrifice des régiments d'arrière-garde ne fut pas vain. Il évita à l'armée Bourbaki un massacre encore plus grand. Près de quatre-vingt mille hommes parvinrent en effet à traverser la frontière. Ce fut aux Verrières que la plus grosse partie de ce contingent gigantesque entra en Suisse sous les yeux bouleversés des habitants de la petite cité. Plus tard, le peintre helvétique Auguste Bachelin devait raconter en ces termes ce pitoyable événement :

Ce lugubre défilé rappelle les fastes les plus sombres de la guerre et fait songer à la retraite de Russie – le froid, la neige, les fourgons de blessés, rien ne manque à cette page, et là-bas, au fort de Joux, la fusillade, – les soldats de Manteufel poursuivent encore cette armée anéantie.

Les colonnes arrivent aux Verrières par la route, par des sentiers qu'on se fraie dans la neige – une interminable file de canons, de mitrailleuses, de caissons, d'ambulances, de voitures de toutes sortes descend péniblement par le Val-de-Travers, – les chevaux exténués ont rongé le bois des roues et les crins de leurs compagnons, ces pauvres bêtes s'affaissent sur elles-mêmes et les routes sont jonchées de leurs cadavres.

Tous les uniformes, toutes les unités sont mêlées, débris de troupes et débris d'équipements, haillons usés, fangeux et troués de balles, képis en loques, vestiges informes de chaussures. Ces soldats ont les joues amaigries, les yeux caves, la peau noircie ; et le froid vous prend au cœur à la vue de ces souffrances que beaucoup endurent avec cette gaieté française qui éclate encore çà et là en dernières fusées.

Le défilé des « Bourbakis » dura deux jours et deux nuits par une température sibérienne, sous les bourrasques de neige. Ce n'était plus une armée, ni même un troupeau, mais une débâcle de matière souffrante qui s'écroulait par tous les passages praticables, non seulement aux Verrières, mais à Jougne, aux Fourgs, aux Brenets, dans toutes les vallées du Jura. Chaque homme en entrant en Suisse jetait sa cartouchière et ses armes sur le bord de la route où elles formèrent pendant une semaine un épaulement de deux mètres de haut.

Ce spectacle tragique devait inspirer quelques années plus tard une œuvre extraordinaire au peintre Castres : *Le Grand Panorama*, visible au cœur de la très belle ville de Lucerne. Il s'agit d'une vue circulaire qu'on peut contempler d'une esplanade centrale. La toile, de 1800 mètres carrés nécessita la participation de plusieurs autres artistes, entre autres celui du jeune Ferdinand Hodler, de Dufaux, Herber, Beaumont et Sylvestre. Le fameux peintre animalier hollandais van Muiden se chargea de la composition de tous les chevaux.

Castres fut cependant le principal maître d'œuvre de ce tableau d'une réelle valeur artistique. Citoyen helvétique, il s'était engagé en qualité de soldat sanitaire dans l'armée de Bourbaki et avait suivi sa tragique retraite. Non seulement témoin mais acteur de ce drame, il assista au désarmement des Français par ses propres compatriotes et cet événement le marqua si profondément qu'il décida de l'immortaliser par une toile.

Revenu aux Verrières en 1876 et 1877, il réunit sur place toute la documentation nécessaire à la réalisation de son œuvre, en faisant notamment d'innombrables esquisses de paysage. Il y réussit parfaitement car ceux qui connaissent ce coin du Jura suisse sont frappés par la ressemblance du décor. Quant au caractère poignant de la reddition de l'armée vaincue, il ressort avec force de cette fresque gigantesque aux milliers de personnages et pour laquelle on fut obligé de construire, à Lucerne, un bâtiment spécial que visitent de nos jours un grand nombre de touristes.

Lorsqu'il fallut illustrer la jaquette de *La Marie des Bois,* mon éditeur eut l'heureuse inspiration d'utiliser la reproduction d'une scène particulièrement significative du *Grand Panorama.*

La fée verte.

Quel érudit aura l'idée et surtout le courage d'entreprendre un jour la rédaction d'un ouvrage intitulé : *De l'importance et de l'influence de l'alcool en matière de création artistique et littéraire ?*

Dans le chapitre consacré au XIXe siècle, l'absinthe occupera incontestablement une place prépondérante. De Baudelaire à Verlaine, de Toulouse-Lautrec à Modigliani, ils sont nombreux les écrivains et les peintres qui recherchèrent l'inspiration dans la fréquentation immodérée de la fée verte. Beaucoup l'ont intégrée directement à leur œuvre, comme Degas qui la peignit sur l'une de ses toiles accrochées au Louvre. Quant au poète Raoul Ponchon, il lui dédia ces vers :

Absinthe, je t'adore, certes.
Il me semble, quand je te bois,
Humer l'âme des jeunes bois
Pendant la belle saison verte.
Ton frais parfum me déconcerte
Et dans ton opale je vois
Des cieux habités autrefois
Comme par une porte ouverte.

Pour tous ces créateurs, le nom de deux villes jurassiennes était aussi familier que celui de Paris. Couvet, en Suisse, Pontarlier, en France étaient les capitales de leur vice quotidien et de leurs rêves. C'est en effet dans ces deux localités que se fabriquaient les absinthes consommées dans le monde entier, à partir d'une plante vivace, fortement aromatique, très répandue dans le Haut-Pays.

C'est dans le Val-de-Travers, au pied du Jura neuchâtelois, que fut, dit on, découvert au XVIIe siècle « l'élixir d'absinthe » (première dénomination du produit que Zola allait rendre tristement célèbre dans *L'Assommoir*). On raconte qu'une famille nommée Henriod se transmettait depuis fort longtemps une recette médicinale à base de plantes cueillies dans la montagne, qui s'employait comme remède contre de nombreuses maladies de l'estomac et des intestins. Parmi ces plantes, il y avait l'absinthe dont Pline l'Ancien avait déjà vanté les mérites dans son *Histoire naturelle :*

Elle resserre l'estomac, fait sortir la bile, est diurétique, amollit le ventre, le guérit s'il est douloureux, chasse les vers et dissipe les faiblesses d'estomac et les flatuosités. Elle fait cesser le dégoût et aide à la digestion.

Quant à l'anis, les élèves de la célèbre école de médecine de Salerne l'avaient chansonné depuis longtemps dans ce quartier truculent :

L'aneth et le fenouil, l'anis et la coriandre,
N'ont point des effets différents,
Du fond des intestins ils font sortir les vents
Et par-derrière il les font rendre.

Comment les Henriod fabriquaient-ils cette précieuse liqueur ? Très certainement par macération mais aussi par distillation car sur une étiquette rarissime conservée au musée historique de Neuchâtel, on peut voir la représentation d'une cornue et d'un alambic, au-dessus de cette inscription : « Extrait d'absinthe, qualité supérieure de l'unique recette de Mlle Henriod de Couvet, comté de Neuchâtel, en Suisse. »

En 1797, le sieur Henri-Louis Pernod acheta aux héritiers Henriod le droit d'exploiter industriellement la fabrication de cet élixir et fonda à Couvet une distillerie d'une trentaine de mètres carrés. A partir de cette époque, dans toute la région, les habitants commencèrent à consommer l'absinthe pour des raisons qui n'étaient pas uniquement médicales. Dépassé par le succès de son produit et aussi pour échapper aux droits élevés que le fisc prélevait sur l'absinthe, le distillateur suisse décida de s'installer en France. C'est ainsi que par acte du 25 pluviôse, an XIII, (14 février 1805), le citoyen Benoît-Hilaire Courbe remettait à bail à Pernod Fils, au prix de 180 francs l'an, les locaux sis dans sa maison Grande-Rue à Pontarlier pour y établir une « fabrique d'eau verte ».

La production de « Pernod », nom d'un produit qui fut bientôt célèbre dans toute la France et à l'étranger, passa de 32 litres par jour à 450 litres en 1855, à 1 000 litres en 1886 et à 25 000 litres en 1900. D'autres industriels se mirent également à fabriquer l'absinthe, dont Fritz Duval, de Couvet-Pontarlier, et trois maisons un peu moins importantes. Malheureusement, comme les Jurassiens n'arrivaient pas à satisfaire toutes les demandes de la clientèle, des concurrents peu scrupuleux élaborèrent un produit similaire préparé à froid, sans distillation en se contentant de mélanger plusieurs essences à des quantités plus ou moins importantes d'alcool frelaté. Il en résulta que les consommateurs de cette absinthe subirent plusieurs phénomènes d'intoxication, tels que des vertiges, des délires, des attaques d'épilepsie. Dans l'opinion publique, on ne fit pas la distinction entre l'absinthe fabriquée selon les méthodes naturelles et le produit commercialisé par ces clandestins. Une unique réprobation s'éleva.

Animée par le journal *Le Matin,* une formidable campagne se déchaîna en France contre l'eau verte. Quatre cent mille personnes signèrent une pétition disant : « Partout où l'hydre verte paraît, paraissent le crime et la folie. »

La Chambre des Députés emboîta le pas et il y eut de sévères empoignades oratoires entre détracteurs et partisans de l'absinthe. Des hommes de science se livrèrent à des expériences pour arbitrer la polémique. On inocula des extraits du produit à de malheureuses bêtes qui tombèrent foudroyées.

Les parlementaires de Franche-Comté s'opposèrent bien

sûr farouchement aux partisans de l'abolitionnisme de l'absinthe. M. Girod, député du Doubs, monta à la tribune pour déclarer :

Voyons, entre nous, qu'est-ce encore que cette balançoire des expériences faites sur les animaux ? Est-ce que les organismes sont identiques ? On fait absorber aux chiens, aux lapins, aux singes, par voie digestive, des essences d'anis, de fenouil et d'hysope, et on leur trouve des crises agressives, l'épilepsie, que sais-je encore ? Et puis après ? Savez-vous ce que le bon sens populaire a répondu au cours d'une conférence anti-alcoolique, par la bouche d'un ouvrier ? C'est que l'absinthe n'est pas faite pour les chiens, voilà tout !

Cette éloquence parlementaire était surtout motivée par le fait qu'à Pontarlier et dans les environs, beaucoup d'électeurs travaillaient au début du siècle dans les distilleries. A l'époque également, les paysans des villages et hameaux des alentours ne vivaient pas du lait comme aujourd'hui, mais de la « verte » Partout, les flancs de la montagne étaient couverts d'absinthe que l'on vendait aux distillateurs. Chaque matin, des voitures chargées de plantes aromatiques descendaient vers les établissements Pernod Fils et embaumaient les rues sur leur passage.

Lorsqu'ils s'avisèrent qu'on pouvait en nourrir le bétail, les industriels finirent par revendre eux-mêmes leurs déchets aux éleveurs. C'est ainsi que pendant vingt ans, dans les vallées du Doubs et de l'Arcuse, on mangea de la viande à l'absinthe, bœufs, porcs, lapins, poulets étant engraissés avec l'anis ou « drèche » qui donnait aux rôtis une saveur particulière que certains appréciaient.

D'abord interdite en Suisse par un arrêté du Conseil fédéral en date du 7 avril 1908, la fabrication de la « verte » que l'on appelle aussi la « bleue », devint illicite en France par le vote d'une loi du 16 mars 1915.

Pourtant, bien que soixante-cinq années se soient écoulées depuis cette draconienne prohibition, dans certaines fermes du Haut-Pays, en Saugeais comme dans le Val-de-Travers, on vous fera encore déguster en catimini un produit clandestin appelé ironiquement « Café de Couvet ou de Pontarlier ». On fera couler délicatement dans un grand verre, à l'ancienne, sur un morceau de sucre posé sur une cuillère spéciale en argent héritée du grand-père, un breuvage verdâtre à la forte senteur et qui, même additionné d'eau fraîche, vous procurera des sensations... C'est la « fée verte », absinthe titrant 65°, que buvaient autrefois Verlaine et Van Gogh.

Le prophète de Dieu.

Le Médecin des Pauvres [1] est un roman populaire franc-comtois écrit par Xavier de Montépin, où il est beaucoup plus question de chevauchées, de combats de cape et d'épée que de philanthropie médicale. C'est pourtant ce titre admirable qu'on pourrait donner à maints praticiens ruraux qui se dévouent sans aucun souci de profit au service de leurs malades. Je voudrais saluer l'un d'eux au passage. Il s'agit du docteur Rochat, établi au Sentier dans le Jura vaudois, qui exerce son sacerdoce depuis un demi-siècle de part et d'autre de la frontière, soignant, avec la même générosité, les patients du Brassus ou ceux de Bois d'Amont.

Avant lui, le docteur Philippe Grenier, de Pontarlier, fut appelé « Médecin des Pauvres » durant toute sa vie par une population qu'il visita avec un dévouement inlassable et une charité restée légendaire. Récemment encore, un habitant de cette ville qui le connaissait bien m'a dit : « Cet homme-là était un saint. Comme toutes les âmes pures, ingénues, il fut moqué, bafoué de son vivant, mais lui qui mourut pauvre et ignoré a gravé pour toujours son nom dans l'histoire de notre province. »

Cette histoire, je voudrais vous la raconter en quelques lignes, car elle est émouvante et édifiante.

Théodore-Philippe Grenier est né à Pontarlier le 14 août

1. *Le Médecin des Pauvres*, Editions Marque-Maillard, Lons-le-Saunier.

1865 dans une famille bourgeoise ayant compté parmi ses ancêtres à la fois des députés, des militaires et des poètes.

A l'âge de dix ans, en jouant à saute-mouton, le petit Philippe se déboîte la hanche et reste frappé de coxalgie. Studieux, réfléchi, il fait presque toutes ses études à la maison, obtenant très tôt son baccalauréat en se présentant avec ses béquilles devant les examinateurs bisontins.

Inscrit à la Faculté de Médecine de Paris en 1885 il revient à Pontarlier en 1890 muni de son diplôme et commence à exercer son art. Son frère Ernest, plus jeune que lui, s'étant engagé dans les Turcos, il va le rejoindre à Blida. En Algérie, il est immédiatement ému par l'extrême misère des populations, par l'abandon dans lequel on les confine et aussi par la résignation de ces gens. Partout où il va, il entend cette phrase qui le bouleverse : « Les biens de ce monde ne sont pas pour nous. Nous sommes à Dieu, nous retournons à Dieu ! »

Attiré par l'Islam et sa philosophie, le docteur Grenier se lance dans l'étude du Coran et de la religion musulmane. Converti à cette croyance à l'âge de vingt-neuf ans, il revient à Pontarlier en 1894, vêtu de la gandoura, du turban et du burnous blanc. Sa tenue y fait sensation mais non point scandale car sa science, son esprit charitable lui gagnent bientôt la sympathie puis l'affection de nombreux malades issus des couches les plus déshéritées de la population.

Tout en soignant ses compatriotes, Philippe Grenier poursuit ses études coraniques et envisage les moyens d'adapter la religion qu'il professe aux conditions de la vie occidentale. Il commence aussi à militer pour une plus grande justice sociale et pour l'émancipation des peuples coloniaux. Très vite, il comprend que ses idées généreuses auront du mal à franchir les limites de sa province et que s'il veut les répandre, c'est à Paris qu'il doit les proclamer.

Les élections législatives de 1896 lui offrent l'occasion qu'il attendait. Il se présente, contre trois notables : Maurice Ordinaire, attaché de cabinet au ministère du Commerce ; Emile Grillon, avocat, maire de Vesoul ; Me Hugon, notaire, maire de Pontarlier.

Le docteur Philippe Grenier, qui se proclame « Prophète de Dieu », distribue lui-même au cours de sa campagne électorale une profession de foi débutant par : « Au nom du Dieu clément et miséricordieux... » et où on peut lire ensuite :

Abandonnant, hélas ! de glorieux souvenirs, de nobles traditions, beaucoup des hommes qui ont fondé et dirigé la IIIe République, ont paru vraiment prendre à tâche de ramener en France tous les abus de l'ancien régime : un luxe inouï, effréné, s'étalant sans pitié en face des pires misères sociales ; des dépenses formidables et souvent inutiles ; une dette s'accroissant tous les jours ; pas de fraternité véritable, tous les ressorts de l'Etat mis en jeu pour satisfaire les intérêts de financiers peu scrupuleux ou de castes privilégiées ; aucune réforme sérieuse pour diminuer les souffrances des prolétaires ou les charges du plus grand nombre...

Le programme du candidat député « musulman » était étonnamment révolutionnaire et prophétique. Il proclamait :

Religion : liberté absolue. Tolérance.., Protection due aux pauvres, aux malades, aux infortunés...

Hygiène sociale : organisation de bains publics et gratuits dans toutes les communes de France...

Lois constitutionnelles : diminution sérieuse des gros appointements, augmentation des bas salaires... création de caisses de prévoyance, de sociétés de secours pour les ouvriers des villes et des campagnes, de caisses de retraite pour la vieillesse...

Affaires étrangères : naturaliser tous les musulmans d'Algérie et de Tunisie et leur donner tous les droits qu'ils ont acquis en combattant auprès de nos soldats depuis la campagne de Crimée...

Isolé, sans appui politique ou pécuniaire d'aucune sorte, le docteur Grenier est élu avec plus de cinq mille bulletins... à l'étonnement et bientôt à l'indignation générale. Dans toute la presse traditionaliste, c'est un beau tollé. *Le Temps* écrit :

Selon toute probabilité, ce brave docteur ne brillera au Palais Bourbon que par ses excentricités. Il fera peu d'honneur à l'arrondissement de Pontarlier...

Salut Public proclame :

... Une idée géniale a traversé les cerveaux des électeurs de Pontarlier. Ce ne sont pas ces gens-là qui, ayant un volcan, le laissent s'éteindre. Ils avaient un médecin mahométan et ils viennent d'en faire un député.

De son côté, *La Croix* renchérit :

L'exclusion systématique en France des représentants de Dieu si nombreux en Allemagne au Parlement, l'exclusion des catholiques auxquels on préfère tous les rastaquouères, pourvu qu'ils aient l'impiété dans l'âme, devait amener un musulman. Nous avons cette honte.

Le rénégat était, il y a encore quelques années, l'être le plus odieux à la France chrétienne ; aujourd'hui il en est le député. Cela montre le chemin accompli.

Parmi ce concert d'imprécations, une seule voix s'élève pour prendre la défense du bon docteur Grenier, celle de Jean Jaurès qui s'adresse à lui en ces termes dans *Le Matin* :

Vous pouvez beaucoup pour le peuple arabe, monsieur. Le plus urgent, semble-t-il, est de le défendre contre nos préjugés... La vérité, c'est qu'on l'a calomnié à plaisir, ce peuple arabe, pour le dépouiller sans vergogne... Voulez-vous dire qu'il faut lui conférer immédiatement les droits politiques, l'électorat et l'éligibilité ? Oui, il le faut, mais à la condition de prendre au préalable des mesures qui ramèneront à la France le cœur des Arabes.

Cet article fut écrit le 29 décembre 1897. Combien de souffrances, combien de larmes, de déchirements eussent été épargnés à la France et aux pays du maghreb si on avait suivi ces conseils !

A la Chambre, le nouveau député suscite bien des passions On ergote tout d'abord sur la question de savoir si le docteur Grenier sera prié de laisser son burnous au vestiaire On hurle contre ses propositions de loi concernant l'émancipation des peuples algériens et tunisiens, contre ses projets en matière sociale. On se moque méchamment de lui lorsqu'il fait publiquement ses dévotions.

Un autre journal, *Le Petit National* prend cependant sa défense :

Ce jeune médecin mahométan a introduit dans le Palais Bourbon par des moyens singuliers, un exemple et une vertu : le courage moral. S'imagine-t-on qu'il ne voit pas les regards moqueurs, qu'il n'entend pas les rires et les quolibets quand il agit selon sa croyance ? Il agit parce qu'il recherche sa règle dans sa conscience et non dans le regard des autres et l'opinion dominante.

Trop en avance sur son temps, le député « prophète de Dieu » fut l'objet d'une campagne qui le discrédita parmi ses électeurs. Il fut battu au scrutin suivant et, de retour à Pontarlier, redevint le « médecin des pauvres », vivant lui-même en ascète et en apôtre, jusqu'à sa mort survenue le 25 mars 1944.

Bizarreries géologiques.

Avant de nous éloigner pour quelque temps de la frontière, ne quittons pas Pontarlier sans rapporter un fait divers cocasse qui fit à l'époque la joie des gazetiers mais eut aussi une curieuse et bénéfique conséquence scientifique.

Le 11 août 1901, pour une raison restée inconnue, un formidable incendie se déclara aux établissements Pernod Fils.

Des milliers d'hectolitres d'alcool pur et d'absinthe se mirent à danser en de gigantesques flammes bleues au-dessus des bâtiments de l'usine. Le tocsin ayant appelé pompiers et sauveteurs bénévoles, ceux-ci comprirent vite qu'ils seraient incapables de maîtriser le sinistre. Une rumeur effrayante commença même à circuler : « La distillerie est un baril de poudre. Toutes les cuves vont exploser et communiquer le feu au reste de la ville ! »

Ordre fut donné aussitôt de déverser le contenu de tous les foudres dans le Doubs dont l'eau se colora instantanément en vert comme une absinthe « bien tassée ». Pendant plusieurs heures, des centaines de braves gens se relayèrent pour manœuvrer les pompes et tenter d'arracher à l'incendie ce qui pouvait être sauvé.

Il faisait ce jour-là un temps torride et la chaleur suffocante du brasier s'ajoutait à celle de l'été. Pour se désaltérer, les pompiers et leurs aides allèrent puiser à tour de rôle, à pleins casques dans la rivière et burent avec un plaisir certain l'eau fortement anisée par les produits qu'on y jetait. En peu de temps, les sauveteurs furent pris d'une douce euphorie. Ils se mirent à tituber, à rire, à chanter. Ce fut comme si un vent de folie soufflait sur les lieux du sinistre. Il y en eut qui étanchèrent tant leur soif avec ce breuvage qu'ils prirent la cuite la plus mémorable de leur existence et que nombre d'entre eux s'écroulèrent ivres morts en bordure du Doubs.

Deux jours plus tard, le mardi 13 août 1901 vers midi, dans le grand cirque naturel de la Haute-Loue où cette autre rivière comtoise prend sa source, une pénétrante odeur d'absinthe se répandit et alla chatouiller les narines des habitants de Mouthier Haute-Pierre, Lods et Vuillafans. En se penchant sur le torrent, les gens remarquèrent que « l'eau moussait en flocons blancs d'aspect savonneux et accumulait dans les remous d'énormes paquets d'écume vert sale ».

C'est ainsi que fut révélé le mystère de la résurgence de la Loue dont l'eau provient des Pertes du Doubs, ce qui fut prouvé quelques années après par M. Fournier, professeur de géologie à la faculté des Sciences de Besançon, lors d'une expérience de coloration à la fluorescéine en amont d'Arçon.

En Franche-Comté, le détournement des eaux des rivières, l'escamotage des lacs est chose fréquente car le sous-sol des hauts-plateaux est truffé de grottes, de failles profondes qui sont autant de champs d'action pour les spéléologues. Cela donne lieu à des phénomènes surprenants comme ces tracteurs qui s'enfoncent brusquement dans un trou béant et qu'il faut retirer ensuite à l'aide d'une grue. Comme ces routes qui s'affaissent sous le poids d'un camion ou ces vaches qui crèvent la croûte jurassique d'un coup de sabot et restent prisonnières d'un gouffre.

Le Jura ne serait, d'après les géologues qu'un gigantesque squelette rocheux miné par une foule de ruisseaux, de rivières continuant insidieusement leur travail d'érosion souterraine. Au cours des millénaires futurs, il semble tendre vers une phase de son évolution où il se transformera en pays de causses.

Au cours de la dernière guerre, l'un de ces phénomènes de résurgence faillit bien avoir des conséquences dramatiques pour les habitants de la commune de Pont-d'Héry. Pendant une reconnaissance du pays, des officiers allemands du génie repérèrent à la fin de l'hiver un charmant petit lac que l'on appelle dans la région le lac du Pré d'Héry. Ils décidèrent d'y organiser un exercice militaire d'entraînement de jeunes recrues, avec notamment la construction d'une passerelle sur canots pneumatiques.

Arrivés sur les lieux quelques jours plus tard avec plusieurs camions chargés d'hommes et de matériel, ils constatèrent avec stupéfaction que le petit lac avait disparu... Le commandant de la Wehrmacht conclut aussitôt à un sabotage des « terroristes » et menaça les habitants de représailles. Le maire du pays eut beaucoup de mal à le persuader qu'il s'agissait d'une bizarrerie naturelle. Que l'eau surgissait en cet endroit à la fonte des neiges puis disparaissait quelque temps après mystérieusement dans des failles souterraines pour ressortir un peu plus loin dans le torrent la Furieuse.

Les Allemands repartirent, dit-on, pas tellement convaincus par ces explications géologiques. Il est vrai qu'autrefois, dans la région, on prétendait que c'était la Vouivre qui faisait tarir le lac du Pré en venant s'y abreuver.

Mais revenons à cette haute vallée de la Loue dont Charles Nodier a décrit la naissance dans ses *Voyages pittoresques :*

Presque toutes les rivières ne sont que de simples ruisseaux dans leur origine ; celle-ci s'élance d'une masse imposante de rochers qui forment une immense voûte, sous laquelle elle gronde tout entière. Elle bondit en cascade de rocher en rocher ; c'est la chute d'eau brisée par mille accidents : la Loue est un fleuve qui s'élance, qui tombe dans toute sa grandeur, dans toute sa beauté, bouillonne en trois jets immenses sur des blocs énormes, et, parvenue en un moment à tout le développement qu'elle peut acquérir, cesse d'être terrible pour devenir féconde, et pour embellir de son cours élégant les rivages les plus riants de la nature.

Quelle magnifique région que celle-ci ! Il faut la découvrir au printemps, à l'époque où le versant des falaises offre une véritable symphonie picturale avec le vert tendre des feuillages, l'éclosion des chatons jaunes sur les noisetiers et surtout la floraison des cerisiers. A cet égard, le gros village de Mouthier Haute-Pierre doit depuis longtemps sa renommée et son agrément à ses vergers qui produisent un kirsch de qualité apprécié des connaisseurs : celui de la Marsotte.

Il est heureux qu'on ait créé dans cette vallée une réserve naturelle de près de trois cents hectares qui a permis de préserver non seulement l'un des plus beaux sites de Franche-Comté, mais également une flore et une faune d'une grande variété en raison même de l'isolement des lieux et des caprices de leur topographie.

Les feux de l'aube.

A l'est et à l'ouest des gorges de Nouailles où la Loue surgit en grondant dans son écrin vert, le plateau s'étend, avec ses pâturages et surtout ses forêts. Les touristes sont toujours très impressionnés par leur étendue, leur sauvage beauté et surtout par la taille des arbres. Déjà, au siècle dernier, Michelet s'était extasié en ces termes :

On ne peut se faire une idée de la beauté des forêts de sapins que devant celles du Jura. Partout ailleurs, notamment dans les Alpes, elles sont comme suspendues aux flancs de montagnes peu accessibles, hérissées de rochers et de précipices, le plus souvent d'une faible étendue et d'une vigueur très inégale. Celles de Franche-Comté s'étendent au contraire sur des plateaux doucement accidentés, dans un sol où l'humus s'est accumulé pendant des siècles. Tous ces arbres croissent serrés et vigoureux, balançant leurs têtes chenues à 30 ou 40 mètres de hauteur.

L'auteur de *l'Histoire de la Révolution Française* était resté modeste dans l'estimation de la taille de nos épicéas. Périodiquement, selon une coutume ancestrale, nos bûcherons élisent ce qu'ils appellent « un Président », c'est-à-dire le sapin qui leur semble le plus beau de leur canton. Ils ont parfois bien du mal à déterminer, parmi tous les fûts majestueux, le plus digne de porter ce nom. A titre indicatif, signalons que celui qui fut retenu dans la forêt de la Joux en 1978, pour marquer le tricentenaire du rattachement de la Franche-Comté à la France, mesure 52 mètres de haut et qu'il vit le jour sous le règne de Louis XIV. En 1923, dans la forêt de Levier, le « Président » élu dépassait 60 mètres.

Ces démocratiques élections forestières se déroulent généralement sous la houlette des municipalités et donnent lieu à une grande fête populaire. Pour les populations du Haut-Pays, la forêt n'est pas seulement une richesse matérielle, mais un peu « l'âme de la collectivité à laquelle elle appartient ».

Ces forêts, il faut dire que les Jurassiens vivent en communauté avec elles du jour de leur naissance à leur mort. Elles les environnent et parfois enserrent de partout leurs villages. Il est rare de parcourir plus de dix kilomètres sans voir surgir l'une d'elles au détour de la route. D'après les statistiques, elles recouvrent 675 000 hectares, près de 42 % du territoire comtois. C'est une richesse considérable qui appartient pour moitié aux communes, le reste étant propriété privée et pour une part minime, environ 5 %, celle de l'Etat.

S'il y a encore, en Franche-Comté, des familles issues de vieilles dynasties forestières qui possèdent des fortunes colossales en épicéas, c'est surtout aux collectivités locales que profite la vente des bois. En parcourant certains villages, vous serez étonnés de voir l'importance des réalisations municipales par rapport au nombre d'habitants. Cette prospérité, ces équipements parfois grandioses, c'est à la survivance d'un très ancien privilège que ces petites localités les doivent. Il s'agit de l'affouage qui n'est plus guère en usage, en dehors de notre province, que dans certains cantons savoyards et vosgiens.

D'après Proudhon, le mot affouage est composé de la préposition *ad* et du substantif *focus.* On l'applique au bois destiné à être apporté sur le foyer, *ad focum,* pour y être consommé. Le *Larousse* en donne la définition suivante : « Droit de prendre du bois de chauffage ou de construction dans une forêt dont on n'est pas propriétaire. »

Cette coutume remonte à l'époque où les Jurassiens commencèrent à se libérer du servage. Ce fut, avec la constitution des « fruitières » dont nous parlerons un peu plus loin, la première forme de coopération. L'exploitation commune des forêts eut d'abord une origine pratique liée à la dureté du climat. Chaque foyer fut autorisé à couper le bois nécessaire à son chauffage ou à la construction de sa maison. Au début de l'automne, avant la première neige, les paysans se rendaient sur le lot qui leur était attribué par tirage au sort et abattaient les arbres leur revenant en partage.

Plus tard, une loi du 8 avril 1910 autorisa la transformation de cette prestation en nature en répartition financière. Le produit des ventes des coupes communales pouvait être soit distribué entre les habitants, soit conservé par le budget local en vue de travaux d'intérêt collectif.

L'article 121 de la loi déclarait notamment :

Le partage de l'affouage se fera de l'une des trois manières suivantes :

1. Ou bien par feu, c'est-à-dire par chef de famille ou de ménage ayant domicile réel et fixe dans la commune.

2. Ou bien moitié par chef de famille et de ménage et par tête d'habitant remplissant les mêmes conditions de domicile.

3. Ou bien par tête d'habitant ayant domicile réel et fixe dans la commune avant la publication du rôle.

En cas de partage par feu et par tête ou seulement de partage par tête, le conseil municipal aura la faculté de décider que pour avoir droit à l'affouage, il sera nécessaire, au moment de la publication du rôle, de posséder, depuis un temps qu'il déterminera, mais ne sera pas inférieur à six mois, un domicile réel et fixe dans la commune.

Tant qu'il ne s'était agi que d'une répartition de lots en nature et par tirage au sort, le partage de l'affouage ne posa que des problèmes mineurs. Dès qu'on procéda à une distribution en monnaie sonnante et trébuchante représentant souvent des sommes considérables, les choses se gâtèrent. Certaines communes furent draconiennes dans la façon d'apprécier la notion de résidence. En vue de réduire au maximum le nombre des bénéficiaires et pour éliminer les gens qui bien que possédant une maison dans le village n'y habitaient pas toute l'année, la commission se réunissait en secret au petit matin, à date irrégulière, durant l'hiver et faisait, à l'aube, la tournée du pays. L'affouage n'était attribué qu'aux seules fermes dont la fumée s'échappait par la cheminée.

Pour se prémunir contre l'éventuelle installation d'étrangers au pays, les habitants rachetaient entre eux les maisons inoccupées. On raconte encore à ce sujet l'histoire de ce député qui voulant faire plaisir à ses électeurs, imagina de créer un débit de tabacs dans un village. Cela mécontenta au contraire tout le monde. « Nous n'avons nul besoin de ce nouveau boutiquier qui diminuera notre part d'affouage ! » dirent les gens. Ils se donnèrent le mot et continuèrent à faire bravement leurs dix kilomètres pour aller acheter leur tabac au bourg. Pas un ne trahit la consigne et, après six mois de résidence, le buraliste qui n'avait pas vendu une seule boîte d'allumettes fut obligé de déménager.

De nos jours, l'affouage représente encore, étant donné le prix élevé des bois, un revenu important pour les budgets communaux. Dans de nombreuses localités on ne paye pas d'impôts locaux malgré d'énormes travaux en matière d'équipements électriques, sanitaires, scolaires. Le téléphone est installé gratuitement dans les foyers, parfois aussi les machines à laver, les téléviseurs. Ailleurs, on emmène les jeunes et les moins jeunes faire des excursions en charters vers les pays du soleil.

L'ostracisme dont les étrangers étaient victimes autrefois disparaît cependant peu à peu car nos montagnons ont compris que l'argent n'est pas tout et qu'il vaut mieux entendre les rires clairs des enfants dans la rue que le bruit des pièces d'or qui s'entrechoquent au fond d'un bas de laine.

Les Trois Dames d'Entreportes.

Après l'avoir un peu perdu de vue en aval de Pontarlier où il s'en va mystérieusement enfanter la Loue, cette belle rivière comtoise célébrée par Courbet, nous retrouvons le Doubs amaigri par ses amours souterraines au défilé d'Entreportes. Nous y découvrons un magnifique paysage jurassien où l'eau, les falaises et les bois sont en parfaite harmonie.

Ici, les rochers tourmentés par l'érosion ont des formes curieuses, souvent inquiétantes, silhouettes humaines ou monstres pétrifiés. Presque tous ont leur légende. La plus connue est celle des « Dames d'Entreportes ».

Un des sires de Joux avait trois jolies filles, Berthe, Hermance et Loïse en âge d'être mariées. Celles-ci avaient bien sûr chacune un soupirant, doux ménestrels ou gentilshommes pauvres. Leur père préférait des gendres plus musclés pour l'épauler dans ses luttes incessantes contre ses rivaux qui en voulaient à son château et surtout au droit de péage qu'il exerçait comme on l'a vu plus haut au col de la Cluse.

Le sire de Joux eut l'idée de convoquer tous les seigneurs du voisinage à un tournoi dont les trois vainqueurs deviendraient les époux de ses filles. Celles-ci eurent beau pleurer, prier, supplier, les joutes guerrières eurent lieu à la date fixée. Comme prévu, les plus vaillants l'emportèrent : Hugues Pied-Fourchu, Raymond le Bossu, Guillaume Bras-de-Fer. S'ils étaient certes les plus braves, les trois champions étaient aussi fort laids. Désespérées, les filles du sire de Joux comprirent qu'à moins d'un miracle elles n'échapperaient pas à leur triste sort. Berthe, l'aînée, eut alors l'idée d'employer une ruse pour se soustraire à la décision de leur père.

Le jour des noces arriva, célébré en présence d'une foule nombreuse. Le « oui » rituel fut prononcé par six fois dans la chapelle, après quoi les trois couples sortirent sur le parvis pour y recevoir l'hommage de la foule. C'est alors que lorsqu'elles relevèrent leurs voiles, on s'aperçut que les jeunes épouses n'avaient pas les visages des demoiselles de Joux, mais ceux de trois de leurs servantes qu'elles avaient soudoyées pour tenir leur place devant l'autel.

Furieux d'avoir été trompés, les chevaliers sautèrent sur leurs montures et se lancèrent à la poursuite des sœurs de Joux qui s'étaient enfuies du château. Bien qu'elles eussent pris une longue avance sur leurs prétendants, les fiancées furent rejointes à l'entrée du défilé du Doubs.

Se voyant perdues, Berthe, Hermance et Loïse s'agenouillèrent et, dans une fervente prière, demandèrent l'aide de Dieu.

Il les entendit, et lorsque les seigneurs irascibles levèrent leurs épées pour leur trancher la tête, leurs armes se brisèrent sur la pierre. Les trois demoiselles venaient d'être transformées en rochers. De nos jours encore ils sont toujours dressés non loin de la rivière où on les désigne sous le nom des « Dames d'Entreportes ».

La République du Saugeais.

La région où nous pénétrons ensuite est marquée par un profond particularisme que le préfet Jean de Bry avait défini ainsi dans un rapport administratif édité vers 1805 :

Les habitants du Haut-Doubs sont d'une haute stature, d'une constitution saine et robuste, sont en général plus spirituels que ceux de la plaine ; ils sont sobres et économes, d'un caractère généralement doux ; officieux et hospitaliers, religieux, observateurs de leur parole ; assez généralement peu instruits et crédules, quoique doués d'une grande mobilité d'imagination. On distingue particulièrement les habitants du Val du Sauget par la vivacité de leur esprit.

Depuis cent soixante-quinze ans, les temps ont beaucoup changé mais, pour le caractère, les hommes sont restés les mêmes. Les gens du Val du Saugeais forment toujours une communauté distincte du reste de la contrée par leur patois, leurs coutumes et leur fierté. Pour mieux se singulariser, ils se sont érigés depuis longtemps en « République » en élisant à la fois leur conseil et leur président. En cette matière, ils sont même en avance sur le reste de la nation puisque celle qu'ils ont récemment chargé de veiller au respect de leurs traditions est une femme, Mme Pourchet.

Député du Haut-Doubs, le président Edgar Faure ne manqua pas, après son élection, d'aller rendre une visite de courtoisie à sa consœur. Il fut reçu avec beaucoup de faste dans la petite république et rendit la politesse à ses habitants en chantant, dans leur langue, l'hymne national saugeais.

La capitale du Saugeais, c'est Montbenoît dont la splendide abbaye, entièrement restaurée, attire chaque année un nombre croissant de touristes. Ce lieu saint eut pour fondateur un ermite nommé Benoît venu pour méditer dans la solitude de ce val sauvage alors couvert de forêts. Plus tard, les sires de Joux désireux de racheter leurs péchés firent appel aux moines valaisans de Saint-Maurice d'Agaune pour édifier l'église et les bâtiments conventuels. Afin de défricher la région et d'assurer sa mise en culture, les religieux helvétiques amenèrent avec eux des compatriotes « Saugets » qui s'installèrent dans la vallée à laquelle ils donnèrent ce nom. L'orthographe en est aujourd'hui légèrement modifiée, bien qu'on appelle encore les habitants : un Sauget, une Saugette.

Montbenoît devait connaître bien des malheurs au cours de l'histoire mouvementée de notre province. Dépeuplé par la grande peste de 1348, le pays fut ravagé un siècle plus tard par les Bernois en 1475 qui ne laissèrent âme qui vive dans la région pour se venger du Téméraire.

Vers 1522, un fastueux et pieux mécène, Ferry Carondelet, conseiller de Charles-Quint, eut l'idée de relever les ruines de l'abbaye et de confier sa restauration à un architecte et des artisans italiens. Ils nous ont légué sans conteste le plus beau monument historique du Haut-Doubs. Le chœur de l'église est assurément la partie qui retient le plus l'attention des visiteurs par sa voûte ogivale couverte d'une résille de nervures d'un gothique flamboyant. Les stalles en bois modulé sont extraordinaires, sculptées en 1525 par un artiste au ciseau habile elles sont fort bien conservées, riches en détails parfois croustillants. Quant au cloître, il est de petite dimension, rectangulaire à trois travées dans un sens et cinq dans l'autre. Ses doubles colonnes soutiennent de lourdes croisées et des chapiteaux à ornements de flore ou de faune.

Miraculeusement épargnée des flammes par les hordes de Saxe-Weimar, l'abbaye de Montbenoît connut néanmoins les déprédations des iconoclastes de la Révolution qui mutilèrent ses statues. Depuis cette époque, elle mourait d'une maladie encore plus grave, l'indifférence, lorsqu'en 1965, l'abbé Jeantet, nouveau prêtre de la paroisse, se consacra corps et âme au sauvetage de ce chef-d'œuvre en péril. Au terme d'un combat qui dura douze ans, grâce à des dons, à de modestes subventions mais aussi au travail bénévole d'ouvriers animés de l'antique foi des bâtisseurs de cathédrales, église, chœur, chapelles, stalles, cloître ont été arrachés au néant, à la poussière du temps. Le 26 septembre 1976, lors de la grande manifestation qui marqua la fin des travaux de restauration, l'abbé Jeantet, récompensé de tant d'années d'efforts pouvait laisser écla ter sa joie et celle des Saugets dans son homélie : « La lumière sort des pierres et des vitraux eux aussi restaurés. La lumière éclate partout comme sa beauté et sa fraîcheur primitive. Lumière et prière, lumière et poésie. C'est la résurrection de notre abbaye. »

La Foire aux Filles.

Toute la haute vallée du Doubs est riche en traditions, en coutumes particulières qui donnaient aux habitants de cette région l'occasion de se singulariser, d'affirmer leur différence.

Outre les fêtes religieuses qui attiraient de nombreux pèlerins, il s'y tenait aussi des foires importantes car avec ses bois et ses vastes pâturages, le pays était prospère.

A la fin du printemps, la foire aux foins provoquait dans ces cantons herbagers un grand afflux de travailleurs ; faucheurs et faneurs accouraient de très loin pour se faire embaucher. C'étaient d'ailleurs souvent les mêmes qui descendaient quelques mois plus tard dans la plaine pour y faire les moissons. Chacun était muni de son propre matériel, c'est-à-dire de sa faux garnie du « fauchon », de sa pierre à aiguiser et de son enclume à battre la lame.

Si l'herbe y croissait abondante, elle n'était pas toujours aisée à couper sur les flancs escarpés. Son séchage nécessitait plusieurs opérations. D'abord la mise en andains, puis en petites meules appelées « biques » avant la tombée de la nuit pour éviter que le fourrage n'ait à subir la rosée nocturne. Les jours suivants, le foin descendu à dos d'homme de la montagne dans des draps spéciaux dénommés « fûrés », était chargé sur les chars attendant au bas des pentes. Puis on rentrait vers les fermes et, par les « ponts de granges », sortes de levées de terre se trouvant au pignon des maisons, on accédait directement au fenil dominant lui-même l'étable où l'hiver, grâce à des volets ouverts au-dessus des rateliers, il était aisé de « fourrager » directement le bétail.

La foire la plus curieuse de la région était sans conteste celle qui se déroulait chaque année le premier jour de mars, pour la Saint-Aubin. Dès la pointe de l'aube, on voyait arriver par toutes les routes, venant des villages les plus lointains, des hameaux les plus isolés, une longue procession de jeunes filles chaudement vêtues car la neige recouvrait encore la vallée en cette saison. Elles marchaient en bandes joyeuses, en chantant pour se réchauffer, peut-être aussi pour se donner du courage Elles venaient en effet se louer comme servantes et tenter de trouver un emploi chez les gros fermiers ou les bourgeois du canton.

Avec l'évolution des mœurs, au début du XVIIIe siècle, le sens de cette manifestation de la Saint-Aubin dégénéra. La plupart des jeunes filles n'y assistèrent plus uniquement pour rechercher du travail, mais un mari.

En 1834, Désiré Monnier écrivait dans l'un de ses ouvrages au sujet de cette curieuse coutume :

Les personnes qui y paraissent aujourd'hui se rangent le long de la rue du Marché comme des objets livrés au commerce, plus heureuses toutefois de renoncer elles-mêmes à leur liberté au profit du maître qu'elles se choisissent qu'elles n'étaient au Moyen Age lorsque leurs propres pères les vendaient.

Un autre chroniqueur raconte comment les jeunes gens venus également en grand nombre à cette foire, recherchaient la future compagne de leur vie parmi l'abondant public féminin. Les « marchés » qui se concluaient entre couples acceptant de se « causer » en vue d'une existence commune étaient régis par des normes plus utilitaires que sentimentales ou esthétiques. Contrairement aux goûts de notre époque, les hommes préféraient alors les femmes solidement charpentées, aux formes opulentes, aux biceps développés, capables de manier la pelle à pain et la fourche à fumier. Les filles minces ou maigrichonnes, quel que fût l'éclat de leur minois, n'avaient pas beaucoup de chance de trouver un mari, alors que les plantureuses coiffaient rarement Sainte-Catherine.

Heureusement pour les laissées-pour-compte, l'imagination leur permettait souvent de suppléer par l'artifice aux injustices de leur disgrâce morphologique. On raconte que certaines coquines rembourraient leurs corsages et gonflaient leurs cotillons pour paraître plus à leur avantage. Tel montagnon qui croyait ingénument, au retour de la foire, avoir découvert la compagne idéale dans une grasse fille à la Rubens, se trouvait doublement « marri » le soir des noces en ne retrouvant plus, au fond de l'alcôve, que la moitié de la femme qu'il se croyait promise.

S'ils la choisissaient replète, les gars du Saugeais voulaient aussi que leur compagne soit soumise, lui rappelant au besoin ce dicton :

Ma mie comtoise
Tiens-toi coise
Ou t'auras noise !

A l'abbaye de Montbenoît, au XVIe siècle, cette affirmation de l'autorité maritale donnait lieu chaque année à une grande fête qui se déroulait au début du mois d'août. L'abbé faisait appel à deux volontaires récemment mariés dans chaque hameau et un jury de moines leur demandait, en public, de justifier qu'ils étaient bien les maîtres chez eux et non leurs épouses. Les questions étant insidieuses, beaucoup se faisaient éliminer dès la première.

Il arriva qu'une année un des concurrents ayant répondu avec pertinence et assurance fut proclamé vainqueur et sembla vraiment porter chez lui la culotte. On lui demanda de s'approcher pour recevoir sa récompense : un boisseau de pois secs. Dans la perspective de gagner, il avait apporté un sac. Il l'ouvrit pour qu'on le remplisse.

– Pourquoi as-tu pris un si grand sac ? demanda l'abbé à brûle-pourpoint.

– Ben, répondit l'homme sans méfiance, c'est ma femme qui a voulu que j'apporte celui-ci. Moi je voulais en prendre un plus petit.

– Eh bien ! mon gars, tu aurais mieux fait de ne pas lui obéir, car tu as perdu !

La Brévine, berceau de « La Symphonie Pastorale ».

Toute cette région du Saugeais est admirable avec ses villages essaimés parmi les pâturages et les sapins pareils à ces « colonnes du ciel » dont parle Bernard Clavel. Les fermes aussi sont belles. Un poète local les décrit ainsi en un style campagnard : « Notre maison est vaste et peu élevée pour donner moins de prise au vent. Elle a l'air, sous les larges pans de son toit écrasé, d'abriter la famille comme la poule abrite la couvée sous ses ailes. »

En nous dirigeant vers l'est après avoir enjambé le Doubs grâce à un petit pont, nous arrivons aux Alliés, dernière localité française avant la Suisse. Autrefois, ce village s'appelait « Les Allemands » car il avait été fondé dit-on par des déserteurs de l'armée de Saxe-Weimar. Après la dernière guerre, ses habitants, las de s'entendre traiter de « Prussiens » et de « Boches » par les autres Saugets, obtinrent qu'on rebaptisât leur commune et choisirent de l'appeler « Les Alliés ».

La frontière est à un kilomètre à vol d'oiseau, de l'autre côté du Larmont, au pied du Grand Taureau qui domine à la fois la vallée du Doubs et le Val-de-Travers du haut de ses 1 323 mètres. En bas, c'est le Jura neuchâtelois dont le premier bourg se nomme Les Bayards. Ici a vécu pendant de longues années l'un des plus grands artistes suisses, le peintre Jean-Pierre Schmid, né au Locle en 1920 plus connu sous le beau pseudonyme de Lermite, surnom que lui avaient donné ses compatriotes.

Ravi trop tôt à l'affection des siens par une maladie implacable, il a laissé une œuvre inachevée mais déjà considérable, notamment d'admirables vitraux, des toiles, des dessins où il a restitué avec force les paysages, les fermes de ce versant du Jura. L'artiste des Bayards appartenait à notre communauté culturelle franco-suisse. Chaque année, il venait exposer ses œuvres au Salon des Annonciades à Pontarlier, à côté des peintres comtois. Le critique d'art bisontin Roland Bouhéret, qui fut son ami, en a parlé avec émotion lors d'une rétrospective :

Lermite, ce nom qui, pour tant d'entre nous, sent si bon l'amitié, n'était guère un symbole de solitude, et je crois que jamais ermite ne fut plus entouré ! La maison était toujours ouverte et la main toujours tendue. Au gré de nos rencontres se pressait l'amitié souriante et naissait une complicité nourrie de rattachement que nous portions à cette terre rustique et grave. La classe, la qualité, la sincérité de Lermite ne se mesurent pas au format. Il a toujours su mettre un continent dans un minuscule dessin à la mine de plomb ou faire jaillir avec fougue sur de grands panneaux les secrets de quelques brins d'herbe, graines ou autres microcosmes que son œil, pourtant fragile, savait épier... Il était Suisse, mais il était aussi des nôtres. Ses dessins, ses peintures, ses gravures, ses vitraux, témoignent et transmettent les vieux messages silencieux des signes éternels qui disent la terre, le vent, le soleil ou la neige et sous lesquels se cachent l'amour et la tendresse.

Oui, il fallait vraiment que Lermite aimât ce dur pays pour y vivre, lui dont la santé était si fragile. De toute la Suisse, c'est l'endroit où il fait le plus froid et où souvent il y a le plus de neige.

Après Les Bayards, par la route qui longe la frontière entre le mont Chateleu et le lac des Taillères, le premier gros bourg se nomme La Brévine. En 1892, l'écrivain André Gide y séjourna dit-on durant l'hiver pour écrire l'histoire émouvante d'un pasteur amoureux d'une aveugle, ce court chef-d'œuvre intitulé *La Symphonie Pastorale* qui débute ainsi :

10 février 189...

La neige n'a pas cessé de tomber depuis trois jours, bloque les routes. Je n'ai pu me rendre à R... où j'ai coutume depuis quinze ans de célébrer le culte deux fois par mois. Ce matin trente fidèles seulement se sont rassemblés dans la chapelle de La Brévine.

Je profiterai des loisirs que me vaut cette claustration forcée pour revenir en arrière et raconter comment je fus amené à m'occuper de Gertrude...

C'est le pays de Hurlevent, bloqué par d'énormes congères, où, lorsque se lève vers le soir au-dessus de la lande un petit brouillard bleu, il vaut mieux rentrer dans les maisons calfeutrées que de courir les routes. En février 1962, la famille Blondeau, chargée de surveiller la situation officielle de la météorologie fédérale, enregistra la température de – 42,6 degrés. En janvier 1979, elle fit connaître un lundi matin à Zurich que le thermomètre indiquait moins 39°.

Etant donné ces conditions climatiques rigoureuses, il n'est pas étonnant que l'on trouve, à quelques kilomètres de la Brévine, le plus grand glacier souterrain du Jura. La Glacière de Monlési est une curiosité naturelle qui attire chaque année un grand nombre de touristes mais également des spéléologues et des hommes de science.

Près du col des Sagnettes, en plein milieu des pâturages s'ouvrent trois cavités profondes d'une vingtaine de mètres que les habitants de la région avaient remarquées dès le XVIIIe siècle car il s'en échappait toute l'année un courant d'air glacial. Ils appelèrent ces trous des « louvats » ce qui signifiait « tannières de loups » et n'osèrent jamais y descendre. Ce ne fut qu'en 1820 que quelques courageux entreprirent de les visiter et constatèrent qu'ils recélaient dans une vaste grotte la quantité fantastique de dix mille mètres cubes de glace pure. On se rendit bientôt compte de sa valeur marchande et une quinzaine d'ouvriers en entreprirent l'exploitation rationnelle pour l'expédier aux brasseries de Lausanne et plus tard de Paris.

Un demi-siècle après la fin de ces travaux qui cessèrent d'être rentables suite à la découverte de la congélation artificielle, la glacière de Monlési a retrouvé sa tranquillité. Dans la vaste cavité, la nature a repris tous ses droits. Stalagmites et stalactites de trois à six mètres cherchent à se rejoindre comme de gigantesques et fééeriques tuyaux d'orgues. Et tous les jours de l'année, même au cœur de l'été, le gel continue de sévir dans ce trou, renouvelant inlassablement le glacier qui poursuit son avance et dont le cycle dure, d'après les savants, environ cent cinquante ans.

Un village français devient suisse.

Il y a quelques années, un grand quotidien régional de Franche-Comté titra ainsi l'un de ses articles : « L'armée suisse vient d'envahir la France ! » Il s'agissait en fait de l'histoire cocasse d'un pauvre « bidasse » helvétique légèrement éméché, qui s'étant trompé de train avait traversé la frontière sans s'en rendre compte et débarqué avec armes et bagages au beau milieu du camp militaire français de Valdahon. Evidemment, l'affaire n'eut pas de suites diplomatiques, mais fit bien rire de part et d'autre du Jura.

Cet incident comique nous permet de rappeler que pendant fort longtemps nos voisins eurent des penchants expansionnistes. Les gens de Berne et de Neuchâtel lorgnèrent souvent vers l'ouest pour accroître les limites de leurs Etats à notre détriment. Ce qu'on sait moins, c'est qu'au siècle dernier l'un de nos villages frontaliers fut purement et simplement annexé par les Suisses, il s'agit de Cerneux-Péquignot, situé à mi-chemin de La Brévine et du Locle.

Après la défaite napoléonienne, l'Etat de Neuchâtel, qui était alors au mieux avec le roi de Prusse, fit en sorte de recueillir quelques miettes du gâteau que se partageaient les vainqueurs. Des représentants des coalisés décidèrent qu'il fallait « obtenir pour ce petit pays de nouvelles frontières sûres qui empêcheraient par la suite à la France d'attenter à sa sécurité ».

Les stratèges de l'état-major helvétique firent de vastes projets. L'un d'eux demanda l'annexion pure et simple du fort de Joux et de toute la Cluse. Un autre envisagea de se servir du cours du Doubs de Pontarlier à Saint-Ursanne pour déterminer les limites de l'Etat neuchâtelois, et de prendre possession de toutes les terres de la rive droite.

Les alliés furent moins exigeants que les officiers suisses, c'est pourquoi dans le traité signé par les Bourbons le 30 mai 1814, il ne fut question que d'une légère rectification de frontière :

Dans le département du Doubs, elle commencera désormais au-dessus de la Rancenière près du Locle, et suivra la crête du Jura entre Le Cerneux-Péquignot et le village des Fontenelles jusqu'à une cime située à environ 7 000 ou 8 000 pieds au nord-ouest du village de La Brévine où elle retombera dans l'ancienne limite de la France.

En ce temps là, les nouvelles n'allaient pas vite. Ce ne fut qu'à l'automne que les habitants du Cerneux-Péquignot apprirent qu'ils venaient, d'un trait de plume, de changer de nationalité. Leurs réactions furent diverses, mais c'est surtout à Montlebon et à Morteau que les municipalités, peu favorables au nouveau régime, élevèrent des protestations. Pour sa part, le Conseil général entérina aisément cette décision lors de sa réunion du 15 octobre 1814 à Besançon en déclarant :

Le département du Doubs, oubliant ce qu'il a perdu, ne parlera que de ce qu'il a gagné : le roi, la religion, les mœurs, la paix. Voilà les bienfaits de la guerre de 1814. On n'a rien perdu quand on retrouve un père.

L'échéance arriva cinq années plus tard, le dimanche 7 février 1819 lorsqu'un magistrat vint annoncer aux habitants de Cerneux-Péquignot, au sortir de la messe : « Que désormais ils ne devaient plus se considérer comme sujets de la France. » Heureusement, de leur côté, les Suisses ne brusquèrent pas les choses. Le maire de La Brévine prit en charge les destinées de ses nouveaux administrés. Il le fit avec beaucoup de tact en remarquant dans un rapport que les gens du village annexé étaient « laborieux, n'aimant pas la chicane, peu instruits et absolument étrangers à nos formes et usages. » Il concluait en disant : « Il faudra faire leur éducation civique. »

A l'exception de la religion (ils sont restés jusqu'à nos jours en majorité catholiques dans un canton protestant) les habitants de Cerneux-Péquignot se sont fort bien intégrés, depuis cent soixante ans, aux mœurs et coutumes suisses et ne regrettent pas le sort qu'on leur réserva à leur insu lors du traité de 1814. C'est pourquoi un ancien président de la Confédération a pu écrire à leur sujet sans risquer d'être contredit :

S'ils jettent un regard en arrière et sur les guerres qui ont ensanglanté le continent, ils auront quelques raisons de trouver que ce n'est pas la mauvaise part qui leur est échue lorsqu'ils ont été rattachés aux destinées de la Suisse. Ils pourront se dire que ce pays était un abri plus sûr que les plus puissants Etats et qu'il méritait bien d'être l'objet de leur culte et de leur dévouement.

Les horlogers du Jura neuchâtelois.

Au nord-est, tout au fond de la longue combe bordée de forêts, au creux tapissé des mêmes tourbières que sur le versant français, se trouve La Sagne. Dans ce village prit naissance une formidable aventure artisanale et industrielle qui fait encore de nos jours la prospérité du Jura neuchâtelois et du Haut-Doubs : celle de la montre.

La légende prétend qu'en 1679, un forgeron nommé Daniel Jean-Richard eut entre les mains une montre rapportée d'Angleterre par un voyageur, qu'il la démonta et que, bricoleur de génie, il en copia le mécanisme et se mit à en fabriquer une sur le modèle des horlogers londoniens. La science mécanique de l'artisan jurassien était certainement moins rudimentaire qu'on le prétend puisqu'il avait appris son métier à Genève chez un habile orfèvre et connaissait parfaitement le dessin. Quoi qu'il en soit, Daniel Jean-Richard ne tarda pas à tirer profit de sa contrefaçon et à propager sa découverte dans la région. Il eut bientôt beaucoup d'élèves et d'émules, apprenant aux paysans à passer de l'étable à l'établi dans ce qu'il appela des « ateliers d'établissages ».

Jean-Jacques Rousseau, qui aimait à herboriser dans ces hautes vallées qu'il connaissait bien, a décrit et loué ces horlogers montagnons.

Je me souviens d'avoir vu dans ma jeunesse aux environs de Neuchâtel un spectacle agréable et peut-être unique au monde. Une montagne entière couverte de maisons dont chacune fait le centre des terres qui en dépendent. Ces heureux paysans, tous à leur aise, francs de taille, d'impôts, de corvées, cultivent avec tout le soin possible des biens dont le produit est pour eux, et emploient le loisir que cette culture leur laisse à faire mille ouvrages de leurs mains, et à mettre à profit le génie inventif que leur donna la nature.

L'hiver surtout, temps où la hauteur des neiges leur ôte une communication facile, chacun enfermé bien chaudement, avec sa nombreuse famille, dans sa jolie et propre maison de bois qu'il a bâtie lui-même, s'occupe de travaux qui chassent l'ennui de son asile et ajoutent à son bien-être.

Ils font mille instruments divers, d'acier, de bois, de carton, qu'ils vendent aux étrangers, dont plusieurs parviennent jusqu'à Paris, entre autres des petites horloges de bois qu'on y voit depuis quelques années. Ils en font aussi de fer, ils font même des montres ; et, ce qui paraît incroyable, chacun réunit à lui seul toutes les professions diverses dans lesquelles se subdivise l'horlogerie, et fait tous ses outils lui-même.

Poursuivant la voie tracée par Daniel Jean-Richard qui avait installé au Locle un petit atelier, d'autres inventeurs de génie, parmi lesquels le célèbre Pierre Jacquet-Droz, développèrent l'industrie horlogère dans toute cette région comprise entre La Brévine et La Chaux-de-Fonds. L'organisation mise en place devait se maintenir durant tout le XIXe siècle. A cette époque, les ouvriers étaient plutôt des fournisseurs que des salariés. En 1848, on comptait une soixantaine de catégories différentes de façonniers et ce fractionnement augmenta encore jusqu'en 1870.

Organisateur du travail, « l'établisseur » distribuait les tâches au planteur d'échappement, au repasseur, à l'acheveur, au sertisseur, au monteur de boîte et faiseur de cadran, autant de petits métiers complexes d'une extrême minutie qui demandaient tous une grande habileté manuelle et surtout de bons yeux.

Tous ces gens travaillaient en famille dans une ambiance et une organisation patriarcale. Ils n'étaient payés que deux fois l'an : à la Saint-Georges, en avril, et à la Saint-Martin, en novembre. Sur les quarante mille personnes employées à cette époque dans l'horlogerie suisse, plus des trois quarts étaient occupées à domicile, les autres travaillant dans de petites manufactures au Locle et à La Chaux-de-Fonds.

Ce système économique devait profondément influencer le caractère des montagnons. Au XVIIIe siècle, l'ouvrier, l'artisan est avant tout un individualiste. Cela transparaît aussi bien dans la coutume – qui s'est perpétuée jusqu'à nos jours – de posséder ses propres outils, que dans l'obligation qu'avaient les apprentis de fournir l'huile à quinquet et parfois aussi leur bois de chauffage.

Très protectionnistes, les Jurassiens suisses qui tenaient à conserver le monopole de l'horlogerie (ce qui n'était pas un mince avantage si l'on considère qu'en 1848 l'ensemble de la production s'éleva à deux millions de montres) n'ouvraient pas souvent la porte de leurs ateliers aux étrangers.

Comme cela se fit plus souvent dans le sens opposé, ce furent les persécutions politiques qui obligèrent un certain nombre d'artisans, parmi lesquels Mégevand et Graizely, à fuir la prison en traversant la frontière. Ils trouvèrent refuge en Franche-Comté, en particulier à Besançon, qui bénéficia de leur savoir-faire, et développèrent rapidement l'industrie de la montre à la fin du siècle dernier sur le versant occidental du Jura.

VI

LE DOUBS FRONTIÈRE

« O ! beau grand fleuve de tristesse,
Belle et sombre rivière,
Laisse-moi te chanter
Et te redire encore que je t'aime ! »

Jules Baillod

La chanson des « campènes ».

A Morteau, nous retrouvons le Doubs et ses méandres capricieux. C'est aussi, comme dans le Jura suisse, la patrie de la montre, d'une mécanique raffinée calibrée au micron. Ici, la vie n'est pas différente de celle que mènent les habitants du Locle et La Chaux-de-Fonds. De nombreux mortuasiens franchissent d'ailleurs quotidiennement la frontière pour aller travailler dans ces villes. Les mariages entre jeunes de l'une ou l'autre nationalité sont fréquents. On se connaît bien, on s'apprécie et au besoin, on s'entraide.

Cette solidarité entre montagnons des deux versants ne date pas d'hier, puisque lors d'un gigantesque incendie, le 5 mai 1865, qui ravagea cinquante bâtiments de Morteau, les habitants de cette cité purent préserver leur hôtel de ville grâce à l'arrivée des pompiers du Locle et des Brenets.

Avant l'horlogerie, cette région fut le berceau d'une activité assez rare mais très prospère, l'artisanat « campenaire ». Ce furent les religieux venus bâtir en l'an 1100 le prieuré bénédictin de Morteau qui créèrent le premier atelier de fondeur de cloches. Jusqu'en 1914, il y eut de véritables dynasties de « saintiers », nom qu'on donnait à ces couleurs de bronze. Les Damey, Arnoult, les Bournez fabriquèrent des milliers de cloches dont les tintements clairs ou graves animent encore les échos des villes et des campagnes françaises.

Après la Révolution, les constructions d'églises se faisant plus rares, les fondeurs de Morteau se mirent à miniaturiser leur production et se lancèrent dans la fabrication des clarines, ces clochettes suspendues au cou des vaches qu'on désigne en Franche-Comté sous le nom de « campènes ». Chaque fermier voulut avoir des cloches différentes du voisin afin de pouvoir déterminer du premier coup, grâce aux tintements, l'endroit de la montagne où paissait son troupeau. Cette distinction nécessite évidemment une grande habileté dans l'alliage des métaux composés de quatre-vingts pour cent de cuivre et vingt pour cent d'étain, dans leur cuisson à 1 200 degrés et leur finition.

La production des « campènes » se ralentissait, lorsqu'un nouveau « miracle » se produisit pour les fabricants il y a une vingtaine d'années. C'était une petite faveur que Dieu devait bien à ses fidèles « saintiers ». Découvrant la beauté rustique et la sonorité musicale des clarines comtoises, les touristes se mirent à en acquérir comme souvenirs de leur passage dans notre région.

Il ne reste plus aujourd'hui que deux fondeurs de cloches dans tout le Haut-Pays, et ils ne manquent certes pas de travail. Chez les Obertino où l'on est « saintier » de père en fils depuis des générations, on a même vu, en 1979, une jeune fille reprendre l'affaire familiale suite au décès du chef d'entreprise. Devenue sans doute la seule femme au monde à exercer ce métier, Bénédicte Obertino s'est vu décerner la médaille du comice agricole pour « avoir courageusement décidé de maintenir la fonderie au village de Labergement-Sainte-Marie ».

Bergers et troupeaux.

Comme son nom l'indique, la coutume de l'alpage n'est pas née dans le Jura mais dans les Savoies et le Valais. Pratiquée depuis le XVIe siècle dans une partie du Haut-Pays elle se poursuit chaque été à notre époque où plusieurs milliers de bêtes montent passer quatre ou cinq mois dans la solitude des pâturages.

Autrefois, la transhumance se faisait à pied, par petites étapes depuis les villages situés au pied des montagnes. Aujourd'hui, l'insécurité des routes en raison de la circulation automobile fait qu'on monte les troupeaux le plus loin possible en camions jusqu'à la limite des chemins carrossables.

De plus en plus chaque année, les vaches qui font tinter leurs clarines sur nos sommets viennent de Suisse. Nos voisins, à l'étroit dans leurs vallées et sur les flancs de leurs monts parsemés de chalets, trouvent sur le versant ouest ce qui manque cruellement à leur petit pays : l'espace.

Fort heureusement, les contraintes de la vie moderne n'ont pas tué totalement notre folklore. Mainteneurs de la tradition, les éleveurs et bergers jurassiens tiennent à respecter celles de la « montée » et de la « descente » de l'alpage. Une partie du troupeau, composée des plus belles bêtes, n'emprunte pas la bétaillère mais la route, comme autrefois. Encadrées par les « armaillis » revêtus de leurs gilets brodés, le sac au dos, la canne à la main, le chapeau sur la tête, les vaches aux cornes enrubannées traversent lentement les villages, flanquées par les chiens noirs. Derrière, l'âne ou le mulet tirent la carriole chargée du matériel nécessaire à l'estivage. Au passage, devant bien des maisons, la brioche et l'arbois de l'amitié sont offerts à ceux qui montent vers le Pays-d'en-Haut.

Ils méritent bien cette marque de sympathie ces rudes gaillards à la barbe fleurie, car le métier de berger n'a pas, quoi qu'en disent les poètes et les écologistes, que des avantages. Voilà les conseils que l'un d'eux recevait de son patron, avant de partir pour l'alpage, la saison dernière :

Tu te lèveras à trois heures et demie et commenceras à traire. Ensuite, tu descendras les « bouilles » [1] *jusqu'à la route où le camion passera les prendre vers cinq heures. Après, tu remonteras t'occuper des veaux et nettoieras l'écurie. Je veux que les bêtes soient toujours très propres. Tu pourras pomper,*

1. Bidons de lait de 30 à 40 litres que l'on porte à dos d'homme à l'aide de bretelles.

il y a suffisamment d'eau dans la citerne. A midi, tu pourras faire une petite sieste. L'après-midi...

La litanie s'allongeait ainsi jusqu'à la nuit, bien heureux encore s'il ne prenait pas à une vache l'idée de vêler à la lueur des étoiles.

Malgré cela, depuis quelques années, les candidats bergers ne manquent pas. Certains embrassent ce métier en réaction contre notre société moderne. Ici, c'est un professeur de philosophie qui s'isole chaque été sur tel sommet ; là, un ex-ingénieur ayant rompu définitivement avec l'informatique s'occupe des vaches durant toute la belle saison et se fait bûcheron l'hiver. Ailleurs, ce sont des étudiants « bitniques », comme disent les montagnons, qui font le rude apprentissage. Tous ne réussissent pas car il faut allier bien des qualités pour devenir pâtre. D'abord aimer la solitude et aussi les bêtes, avoir quelques notions vétérinaires et ne pas craindre le travail. La traite, à l'ancienne, d'un troupeau de plusieurs dizaines de têtes n'est pas une sinécure. Sans compter la rusticité des chalets souvent dépourvus du minimum de confort.

Beaucoup renoncent à ce métier dès la fin de la saison, d'autres plus lâchement dès la première semaine comme ce Parisien qui partit un matin sans rien dire à personne et dont les vaches abandonnées beuglèrent douloureusement dans la montagne durant deux jours, les pis gonflés de lait.

A ces amateurs, les éleveurs préfèrent nos vieux bergers de tradition. Ils se font hélas ! de plus en plus rares, tel le père Francis qui monta sur l'alpage jusqu'à l'âge de quatre-vingt-deux ans et dont le caractère m'inspira le personnage principal du *Village englouti.*

Aujourd'hui, il y a souvent des couples pour garder les troupeaux. L'un d'eux, très sympathique, sur le mont de l'Herba, a même trouvé un moyen d'arrondir un peu ses revenus en ouvrant au chalet une table d'hôte fréquentée par les amateurs de randonnées pédestres. Je me souviens d'y avoir dégusté l'un des plus frugaux et merveilleux casse-croûte de ma vie.

En bas, dans le Val de Morteau, l'élevage n'a pas ce pittoresque et les clôtures électriques ont depuis longtemps remplacé les bergers. Ce qui subsiste par contre, c'est la forme coopérative de la fabrication du fromage. Cette combinaison productive originale qui marque si profondément la mentalité paysanne de ce pays porte depuis le Moyen Age le beau nom de « fruitières ».

Parce qu'il fallait cinq cents litres de lait pour faire un seul « fromage de grande forme » comme on disait autrefois, les Jurassiens eurent l'idée de se grouper en petites communautés et confièrent à l'un d'eux le soin de fabriquer le produit rond. Les premiers « gruyiers » furent sans aucun doute des Suisses originaires du Vanil Noir. Ils apprirent aux Francs-Comtois à produire de l'emmenthal. Avec le temps, nos montagnons, par une préparation originale et un plus long affinage, trouvèrent eux-mêmes la formule du Comté, très différent par le goût et la petitesse de ses trous de ce que les Parisiens appellent encore le gruyère.

Depuis bientôt six siècles, chaque matin et soir, les paysans de nos villages vont porter leur lait à la « fruitière », parfois la « bouille » sur le dos comme autrefois, ou sur de petites charrettes traînées par des chiens bergers. Le chalet, trônant de sa masse sombre et imposante entre l'église et la mairie, est l'endroit où l'on se rencontre entre voisins. C'est ici que se nouent les amitiés, se règlent parfois les inimitiés. Les langues vont bon train. On échange les bonnes et mauvaises nouvelles de la journée. La politique et l'amour y ont leur place. Bien des candidats en mal d'élection viennent rameuter leurs partisans, tandis que nombre de jeunes qui se côtoient à la « coulée » se retrouveront quelques années plus tard devant M le Maire.

Les chalets coopératifs laitiers qui rassemblent chaque jour, pour une tâche commune, les hommes et les femmes du Haut-Pays ont profondément marqué le caractère des Francs-Comtois. Et ce n'est pas un hasard si la « fruitière » d'Essarvilly porte sur son fronton cette devise qui fait le ciment de notre race : « Union-Justice-Fidélité » avec en plus ce raccourci de la traditionnelle hospitalité montagnarde :

Ici, en méritant d'être les bienvenus
On le sera toujours jusqu'aux derniers venus !

Féeries et mystères du Doubs.

Nous voici à présent dans les « Bassins du Doubs », une des régions les plus visitées de France après le Mont-Saint-Michel. C'est un site grandiose et sauvage que l'homme n'a pu altérer au cours des siècles pour la seule raison qu'il n'est accessible qu'en bateau par le bas, et en haut par des sentiers périlleux. Sur une dizaine de kilomètres, la rivière se plie, se déplie, s'étale puis se courbe en une suite de méandres et de plans d'eau bordés de hautes falaises calcaires couronnées de sapins.

Au fond des gorges, le fleuve se perd dans les rochers avant de reparaître un peu plus loin dans un jaillissement de lumière et d'écume au célèbre « Saut du Doubs ».

Bien des écrivains ont décrit ce site au cours des siècles, mais celui qui en a parlé avec le plus de ferveur est Louis Loze, le regretté poète du Jura suisse :

Si l'on ne savait que le Doubs va trouver une fois de plus le passage et le tumulte des gorges, on évoquerait l'image, unique en Suisse, d'un fjord préservé où l'eau demeure captive de ses reflets ou des glaces de l'hiver. Le Doubs atteint ici à sa plus haute plénitude ; il ne progresse qu'avec lenteur et comme s'il se recueillait dans sa propre puissance avant la chute. Mais une rumeur habite déjà l'espace. Tout s'oriente vers elle et une vapeur d'écume monte du gouffre où le Doubs se précipite d'un grand élan.

Une chute de vingt-sept mètres, l'éclatante blancheur d'une poussière d'eau où naissent arcs-en ciel et scintillements, compose la fugace et toujours renaissante féerie du Saut-du-Doubs, qui s'éteint en remous fumants et noirs. Les rapides qui ont guidé la rivière des bassins au Saut l'entraînent à nouveau vers l'immense canon dont des lieues durant elle demeurera prisonnière.

Les patrons des vedettes qui sillonnent chaque été les « Bassins du Doubs » ne manquent jamais de désigner du doigt à leurs clients les formes curieuses de certains rochers comme la Tête à Calvin, le Sphinx où les vertigineuses Echelles de la Mort qu'empruntaient les contrebandiers. Des grottes s'ouvrent aussi dans ces murailles quasi inaccessibles. L'une d'elles s'appelle « la Grotte du Roi de Prusse » et les bateliers font en sorte de modifier quelque peu leur parcours afin de la montrer de plus près à leurs passagers.

Alors qu'il régnait sur le pays neuchâtelois, Frédéric-Guillaume visita effectivement la région du Saut du Doubs et déjeuna dans cette caverne qu'on appelle en Suisse la Toffière. Différentes inscriptions gravées sur son fronton rappellent cet événement aux touristes.

Pour les habitants du Haut-Pays, le nom du roi de Prusse fut pendant des générations synonyme des pires malheurs humains et il en est resté deux expressions encore courantes dans certains cantons : « Misère en Prusse » ou « Travailler pour le roi de Prusse ».

Ces locutions populaires datent des premières années de la conquête française, alors que les Francs-Comtois ruinés par la guerre de Trente Ans commençaient à subir l'implacable loi du vainqueur. Beaucoup d'entre eux s'expatrièrent à cette époque, notamment après le terrible hiver de 1709 et la famine qui suivit.

Profitant des calamités qui venaient de s'abattre sur notre province, le roi de Prusse, qui cherchait à repeupler son aride et glacial Brandebourg, envoya des émissaires dans le Jura afin d'y recruter de la main-d'œuvre. Aux malheureux qui parcouraient nos campagnes dévastées en mendiant leur pain le long des chemins, les peu scrupuleux racoleurs racontèrent que leur patrie était un véritable pays de cocagne où les terres donnaient deux moissons dans l'année et où les artisans pouvaient gagner beaucoup d'argent.

Un grand nombre d'affamés se laissèrent prendre à ces belles paroles et s'expatrièrent en Prusse. Selon certaines estimations, le nombre des émigrants comtois aurait été de dix mille personnes.

Lorsqu'ils arrivèrent en Brandebourg, nos naïfs compatriotes comprirent, mais un peu tard, à quel point ils avaient été bernés. Répartis dans des domaines féodaux, parqués dans des cabanes infectes, menés à coups de schlagues, les pauvres bougres connurent toutes les horreurs des régimes concentrationnaires.

Beaucoup moururent là-bas, d'autres y firent souche et seul un fort petit nombre parvint à s'évader et à regagner la Comté. Les récits qu'ils firent de leur effroyable voyage alimentèrent longtemps les conversations des veillées villageoises. Lorsqu'ils évoquaient leurs déceptions et leur calvaire, les rescapés tendaient le poing en direction de l'est et s'écriaient « Misère en Prusse » ! pour marquer leur colère et dissuader leur auditoire de tenter une aussi cruelle expérience.

Dans le Jura oriental, ces pratiques de racolage étaient fréquentes. Elles s'exerçaient ici à l'instigation du roi de France qui y recherchait non pas de la main-d'œuvre mais des soldats. A la bourse des valeurs militaires, le Suisse était très coté. Un régiment composé d'Helvètes valait dit-on deux fois plus qu'une formation de mercenaires italiens. Le souvenir de la cuisante défaite infligée par les Confédérés aux Bourguignons de Charles le Téméraire les auréolait encore d'une solide réputation guerrière, deux siècles après la bataille de Morat.

Louis XIV avait besoin de beaucoup d'hommes pour ses armées continuellement en campagnes. Il concluait donc des contrats avec des gentilshommes qui s'engageaient à lui fournir un certain nombre de soldats équipés et armés. Le roi payait pour chaque homme une prime de levée, puis une solde journalière. Les « sergents racoleurs » avaient pour mission de faire converger le plus grand nombre de candidats vers les bureaux « d'engagements volontaires ». Ils opéraient surtout lors des foires et des marchés. Repérant parmi les jeunes paysans ceux qui leur paraissaient les plus solides et les moins malins, ils les entraînaient dans des cabarets. Grisés par le vin coulant à flot, par les belles paroles et sollicités par les œillades des filles complices, les pauvres montagnons signaient (souvent d'une simple croix, mais en présence de deux témoins) un engagement dans l'armée française.

On ne leur laissait bien sûr pas le temps de reprendre leurs esprits. Ils cuvaient encore leur vin qu'ils roulaient déjà en compagnie d'autres bougres à bord d'une voiture en direction de Morteau ou de Maîche. Là, bon gré mal gré, on leur faisait endosser l'uniforme, à l'intérieur d'une grande tente surmontée de cette banderole :

Venez, brillante jeunesse, acquérir de la gloire,
En marchant dans le chemin de la victoire !

Des mécaniques et des rêves.

La Chaux-de-Fonds est une ville que j'aime bien. Malgré son caractère industriel et la dureté de son climat, elle a su conserver un attrait particulier qui la différencie des autres cités jurassiennes. Il fallait vraiment y être passé en coup de vent, comme le fit André Maurois, pour la définir par cette fausse boutade : « Un boulevard en quête d'une ville. »

Certes, la rue Léopold-Robert y draine le plus gros de l'activité commerciale, mais il existe aussi d'autres quartiers charmants que l'auteur des *Silences du colonel Bramble,* en conférencier pressé, n'avait pas eu le temps de découvrir, comme il ne put sans doute pas apprécier à sa juste valeur l'hospitalité de ses habitants.

Outre le peintre Léopold-Robert, amoureux de la princesse Charlotte Bonaparte et qui se donna la mort pour elle, des écrivains connus sont nés à La Chaux-de-Fonds : Blaise Cendrars, l'éternel bourlingueur ; Léon Bopp, biographe d'Amiel ; Albert Beguin l'éminent critique de la revue *Esprit.*

Au XVIIIe siècle, c'est surtout à un autre « écrivain » que la ville dut sa célébrité. Il s'agissait du fils spirituel d'un nouveau démiurge nommé Pierre Jacquet-Droz. Des centaines de milliers de gens purent admirer son enfant tandis qu'il noircissait du papier à l'aide d'une plume d'oie. Cet homme de lettres-là ne composa jamais ni un poème, ni une pièce, ni un roman. Il eut pourtant et il conserve une renommée internationale.

Le père de ce prodige était né à La Chaux-de-Fonds le 28 juillet 1721, dans une famille de paysans-bourgeois aisés qui lui fit faire de solides études mathématiques et... mécaniques. Très vite, le génie inventif de Pierre Jacquet-Droz se manifesta. Il se mit à construire des horloges de formes agréables et d'une étonnante complexité. Mais c'est dans le domaine des androïdes qu'il devait acquérir la célébrité en donnant naissance à *L'Ecrivain* puis, plus tard avec la collaboration de son fils Henry-Louis et de Leschot, à deux autres merveilles, *Le Dessinateur* et *La Musicienne*.

Toutes les cours d'Europe eurent successivement l'occasion d'admirer ces étonnants automates qui enchantèrent aussi l'empereur de Chine. Entre deux inventions, les Jacquet-Droz furent en effet de grands voyageurs, grands commis-voyageurs pourrait-on même ajouter dans le sens le plus noble du terme. Grâce à eux, la précision horlogère jurassienne fut connue et appréciée partout. On s'arracha les pendules, les montres de La Chaux-de-Fonds qui étaient et sont restées de véritables œuvres d'art. Car ces hommes-là étaient à leur manière des poètes dont Zimmermann a pu dire :

Une société renonce à sa culture, elle se renie elle-même, dissipe son être, sa personnalité, son caractère, dès qu'elle a cessé de nourrir l'idée du BEAU et de l'EXCELLENT qui l'anime et la définit, ou dès qu'elle refuse de lui rien sacrifier, je dirais même un peu ambitieusement, dès qu'elle n'honore plus ses poètes et ses héros. Or, il est des héros de plusieurs ordres. Le Haut-Jura n'est point le lieu des « Iliades » ou des « Croisades ». Nous avons d'autres talents, et la culture qui nous est propre s'acquiert moins dans les collèges et dans les camps que dans nos ateliers. C'est d'un parfait mouvement de montre et de tout ce qui le leur rappelle que s'émeuvent les meilleurs esprits de nos cités.

En révolutionnant les méthodes industrielles et commerciales de leur temps, les Jacquet-Droz furent les précurseurs d'une longue lignée de mécaniciens habiles qui poussèrent très loin les recherches dans le domaine de la mécanique de précision. Si vous passez à La Chaux-de-Fonds ne manquez pas d'aller visiter le célèbre musée international de l'Horlogerie qui est le plus vivant et merveilleux livre d'images que vous puissiez montrer à vos enfants.

Mesure du temps, garde-temps, conserve-temps, l'horlogerie est à la fois une science et un art qui a permis à l'Humanité de faire des pas de géant en quelques siècles. En parcourant les salles de ce musée, vous comprendrez vite pourquoi la technique et le rêve se confondent dans l'esprit des habitants de ces hautes vallées.

Cet hommage rendu aux artisans illustres du passé est aussi un bel exemple pour nos chercheurs contemporains confrontés à des problèmes ardus paraissant insolubles. Avant eux, leurs aînés parvinrent à résoudre des difficultés tout aussi complexes qu'ils surmontèrent grâce à leur ingéniosité. Ce n'est pas par hasard si les anciens chronométriers avaient choisi cette ambitieuse devise :

Ce qui est possible est fait,
Ce qui est impossible se fera!

De toute leur force, de toute leur foi, ces hommes-là croyaient en la science et en son avenir. Leur réussite démontre qu'ils ne s'étaient pas trompés.

Le 25 décembre 1878, dans la rue du Grenier, à La Chaux-de-Fonds, naissait un autre mécanicien qui allait lui aussi faire progresser les techniques de son temps dans un domaine différent, l'automobile. Il s'agissait de Louis-Joseph Chevrolet, le père d'une marque de voitures vendue de nos jours encore dans le monde entier.

Passionné par les moteurs à explosion, le jeune homme quitta sa ville natale pour aller travailler à Paris dans les ateliers de deux fabricants déjà célèbres : Mors et De Dion-Bouton. Puis, en 1900, il émigra avec son frère Arthur, d'abord au Canada et enfin aux Etats-Unis. Embauché par William Grapo Durant, futur fondateur de la General Motors, Louis-Joseph Chevrolet demanda à son patron de l'associer dans le lancement d'une voiture de modeste dimension mais très robuste dont il venait de dessiner les plans.

Ce fut la Chevrolet Classic 6 qui sortit en 1912 et connut un succès foudroyant. La marque étant lancée, le Jurassien eut la mauvaise idée de se brouiller avec Durant qui lui racheta ses parts et le droit d'utiliser son nom. Louis-Joseph n'allait pas tarder à s'en repentir amèrement.

Meilleur mécanicien qu'homme d'affaires, Chevrolet inventa d'autres modèles de voitures et même d'avions mais fut incapable d'en assurer la promotion au plan industriel. Ruiné par la crise de 1929, réduit à la misère, il fut contraint d'aller s'embaucher, comme simple mécano, dans un atelier de la firme... Chevrolet ! Il vivota ainsi jusqu'à son décès survenu à Détroit, en 1941, sans jamais cesser un seul jour de griffonner sur ses carnets de nouveaux plans de moteurs.

Triste épisode de la fabuleuse histoire de l'automobile que la fin de cet homme grâce auquel naquit le plus colossal empire industriel du monde : la General Motors. Avec quatre millions de voitures produites en 1978, la marque Chevrolet est l'un des principaux départements du groupe dont les ventes totales annuelles dépassent dix millions de véhicules.

Génial rêveur, l'architecte Le Corbusier était lui aussi originaire de La Chaux-de-Fonds. Très en avance sur son temps par sa vision subversive de l'habitat, le « père Corbu » comme l'appelaient familièrement ses compatriotes, nous a laissé l'un des monuments les plus visités de Franche-Comté, la Chapelle du XXe siècle à Ronchamp, en Haute-Saône.

Même ceux qui n'apprécient pas son style sont frappés par l'étonnante utilisation que le « poète du béton » a fait du décor et de la lumière. Fils des montagnes jurassiennes, Le Corbusier n'a jamais oublié dans ses constructions d'intégrer ces trois éléments essentiels qui concourent à l'équilibre et au bonheur de l'homme : la terre, le ciel et le soleil. Comme l'a dit Jean Rostand : « Il nous a appris comment on peut faire tenir la nature dans un logis, et la posséder, pour ainsi dire, à domicile. »

Les Echelles de la Mort.

Repassons une nouvelle fois la frontière et retrouvons le Doubs à Fournet, au débouché de la côte de la Grand-Combe. Depuis l'Antiquité, cette région fut un lieu de passage et de refuge. Ici, toutes les falaises sont truffées de grottes, les bois sillonnés de sentiers propices à la fuite, le lit de la rivière facile à traverser.

Lors des grandes invasions barbares, les populations des villages voisins durent leur salut à ces caches naturelles disséminées à travers la montagne et dont certaines portent encore le nom de « Grottes des Sarrasins ». La guerre de Trente Ans vit revenir en ces lieux isolés les malheureux habitants du Haut-Pays pourchassés par les Suédois. On raconte comment le duc de Saxe-Weimar fit murer plusieurs cavernes où se terraient les Comtois qui périrent de faim par dizaines à l'intérieur de ces prisons souterraines.

Après la conquête française, lorsque Louis XIV eut révoqué l'Edit de Nantes, la proche région de Maîche fut l'aboutissement d'une filière d'évasion des huguenots en route vers la Suisse. Un peu plus tard, sous la Révolution, un grand nombre de nobles empruntèrent ces voies périlleuses. Il y eut aussi des prêtres réfractaires au serment républicain qui transformèrent plusieurs grottes en chapelles clandestines pour y célébrer la messe. Certains d'entre eux, réfugiés à Saint-Imier, repassèrent souvent le Doubs en barque pour tenter de fomenter des troubles en Franche-Comté et d'y lever, comme en Vendée, une armée au service de Dieu et du roi.

La dernière guerre et l'occupation drainèrent à nouveau en

direction de la Suisse de nombreux fugitifs : prisonniers alsaciens-lorrains évadés, juifs, personnalités politiques condamnées à mort par les nazis. Bien que ceux-ci aient établi des postes de surveillance de Villers-le-Lac à Goumois, la frontière n'en fut pas moins franchie clandestinement par de hardis passeurs. L'un d'eux, dont le nom de résistant était « Pied de Chèvre », avait l'habitude d'enduire les semelles de ses protégés d'un mystérieux produit avant chaque expédition. Ce ne fut qu'après la guerre qu'il dévoila la nature de ce liquide qui avait pour propriété d'effrayer les chiens policiers des occupants en les rendant incapables de suivre une piste. Il s'agissait d'urine de loup qu'il se procurait dans un zoo.

Il y eut néanmoins bien des drames dans ces parages car de nombreux fuyards cherchèrent à traverser le Doubs sans guide. Beaucoup furent cueillis par les Allemands à quelques dizaines de mètres seulement de la Suisse. D'autres périrent noyés dans les tourbillons de la rivière ou décrochèrent accidentellement des falaises abruptes en empruntant les sinistres « Echelles de la Mort ».

Dans la région, les « Echelles » sont considérées depuis longtemps comme un haut-lieu de la contrebande. On pourrait écrire un épais volume avec toutes les histoires qui se colportent à leur sujet dans les villages des environs. Il s'agissait en fait de longues perches de bois dressées contre la muraille verticale et de bâtons fichés dans des trous du rocher, qui permettaient de remonter du fond des gorges jusqu'au plateau [1].

Un juriste a dit un jour très justement : « La contrebande est le correctif des législations vicieuses, la sourde protestation des opprimés. » Avec les guerres dévastatrices qui s'y succédèrent, les occupations étrangères brutales et ruineuses pour ses habitants, la Franche-Comté fut pendant deux siècles contrainte à vivre d'expédients. Dès les premières années de la conquête française, la gabelle, impôt particulièrement impopulaire et exorbitant sur le sel, incita nos compatriotes à frauder. Alors

1. Ces échelles, qui furent longtemps rudimentaires, souvent pourries, sont aujourd'hui en fer et solides. Les guides touristiques en déconseillent toutefois l'usage aux personnes sujettes au vertige.

que le quintal de sel d'Arc-et-Senans ou de Salins ne revenait qu'à quinze livres, il se revendait jusqu'à soixante livres en Bourgogne. Le métier de contrebandier naquit de cette disparité.

Du sel, les trafiquants passèrent à d'autres denrées et la Suisse voisine, aussi tentante à leurs yeux que le pays de Cocagne, fut l'intarissable fournisseur des montagnons comtois chez lesquels la fraude devint une habitude héréditaire.

A partir de la Révolution, un intense commerce clandestin commença à se pratiquer entre le Jura oriental, portant sur l'importation des épices, du tabac, de la poudre de chasse, des allumettes et aussi du coton filé.

Dès cette époque, tous les frontaliers valides devinrent peu ou prou contrebandiers. Les régions des Rousses, de Pontarlier, de Morteau et de Charquemont furent le théâtre de nombreux épisodes tragi-comiques de la lutte sans merci que se livrèrent les « bricottiers » et les « loups ». Le premier de ces surnoms concernait les trafiquants dont une expression locale disait qu'ils transportaient des « bricoles » ou des « bricottes », autrement dit de petites quantités de marchandises prohibées. Les « loups » c'était un diminutif de « gabelous », nom des employés retors chargés de recouvrer l'impôt sur le sel et dont on qualifia plus tard les agents de la douane.

Le plus souvent étrangers à la région, ces malheureux fonctionnaires n'avaient pas une tâche facile. Il leur fallait quotidiennement braver les rigueurs du climat, affronter l'hostilité des populations, déjouer les ruses des fraudeurs. Ces pauvres hères débutaient aux appointements de sept cents francs par an et devaient avec cette maigre solde nourrir, vêtir et surtout chauffer leur famille. Le service qu'on exigeait d'eux était lourd. Il atteignait dix heures pendant l'hiver et jusqu'à seize heures durant la belle saison. Mis à part huit jours de congé annuel, ils partaient tous les soirs, une semaine sur deux, en patrouille le long de la frontière. Ils allaient par deux, la lourde « bagnole » (literie) sur le dos, la canne ferrée à la main, l'arme à la bretelle, chaussés de raquettes. Il leur arrivait de passer des nuits blanches à l'affût, pelotonnés entre deux couvertures, par des températures sibériennes.

Le sort des contrebandiers n'était pas plus enviable. Ils devaient avant tout être de bons marcheurs, avoir de bons yeux, de bonnes oreilles et surtout des reins solides pour supporter des sacs de trente kilos de marchandises. Leur équipée durait parfois quatre ou cinq jours et les entraînait fort avant en territoire helvétique. Certains allaient s'approvisionner jusqu'à Neuchâtel ou à Bienne. Au retour, ils devaient attendre la nuit pour franchir en trottant la crête de la montagne et se laisser glisser ensuite par les bois et les ravins sur le versant français. Beaucoup payaient de leur vie cette dangereuse pratique, soit en se rompant les os au cours d'une chute, soit en contractant quelque refroidissement qui dégénérait en tuberculose

Les « Echelles de la Mort » furent le lieu de passage d'un trafic que la douane mit longtemps à éventer, celui des veaux. Il faut savoir qu'à cette époque, le change était à l'avantage des Francs-Comtois puisque 75 francs français donnaient 110 francs suisses. Il était tentant d'acheter des animaux outre-Jura pour les revendre dans le Haut-Doubs. Nos contrebandiers ne tardèrent donc pas à se lancer dans cette fructueuse importation.

Mais cette « bricotte » vivante et encombrante n'était pas aussi facile à transporter que les produits prohibés habituels. Seuls de solides gaillards étaient capables d'accomplir cet exploit. Après avoir franchi la rivière en barque, ils attaquaient l'escalade des falaises, les épaules lestées d'un veau auquel ils avaient lié les pattes et le mufle. Encordés à deux ou trois comme des alpinistes, les passeurs gravissaient les quatre-vingt-huit échelons fichés dans la paroi. Dans la nuit noire et le vent, avec en bas le bruit du torrent grondant au fond des gorges, cette expédition était vraiment une aventure.

Un soir, l'un des barreaux de l'échelle se rompit et deux contrebandiers furent entraînés vers le gouffre. Le lendemain matin, une patrouille de douaniers retrouva leurs corps mutilés par les rochers ainsi que ceux des deux veaux ficelés dans leur dos.

Tous les passages ne se terminaient heureusement pas toujours si tragiquement. Pour les Francs-Comtois, gens frondeurs de tradition, la contrebande était souvent un divertissement, une occasion de se défouler au détriment des agents de l'Etat qu'on n'aimait guère. Par jeu, certains traversaient la frontière en des endroits réputés infranchissables en raison des difficultés naturelles ou des contrôles renforcés.

A Villers-le-Lac, un nommé Grandperret paria qu'il passerait un veau de Suisse en France, sans payer les droits, en plein jour et par le poste du Col des Roches. Cela paraissait tellement impossible que les enjeux montèrent.

Au jour fixé, le contrebandier recommanda à ses amis de suivre la scène à la jumelle depuis un point élevé. A l'heure dite, il arriva à pied, par la route du Locle et se présenta à la douane française, portant sur l'épaule un énorme sac tout agité de soubresauts.

– Qu'as-tu à déclarer ? demanda le préposé qui connaissait Grandperret de longue date et n'ignorait pas ses activités délictueuses.

– Un chien, répondit le contrebandier.

– Tu te moques de moi. Il s'agit d'un veau. Allez, ouvre !

Après avoir tergiversé un instant, le madré montagnon s'exécuta. Un gros chien s'échappa du sac et s'enfuit aussitôt en direction de la Suisse. En jurant tous les saints, le bonhomme se lança à sa poursuite pour essayer de le rattraper. Une heure après, il était de retour devant le poste de douane avec son sac fermé et toujours aussi lourdement chargé.

– Je déclare un veau ! clama-t-il d'un ton ironique en arrivant devant le même préposé.

– Cette fois, tu ne me feras pas prendre des vessies pour des lanternes, répondit le douanier. Allez passe !

Et Grandperret s'en alla tranquillement en sifflotant, dans la direction de Villers-le-Lac, avec un énorme veau suisse au fond de son sac.

Cette contrebande bovine que l'on croyait tombée en désuétude connut un regain d'activité il y a une quinzaine d'années, mais dans le sens opposé cette fois. La modernisation de leur agriculture ayant amené les éleveurs helvétiques à doter les étables de trayeuses électriques il se révéla que les vaches suisses, de race « Simmenthal », avaient des pis mal adaptés à ces appareils. Par contre, leurs sœurs du versant ouest, les « Montbéliardes », se prêtaient parfaitement à la traite mécanique et on obtenait d'elles un rendement en lait très supérieur.

Tout commença dans le Jura vaudois où un certain nombre d'agriculteurs demandèrent aux autorités fédérales l'autorisation d'importer, depuis le centre d'insémination de Crançot en Franche-Comté, de la semence de taureaux comtois pour réaliser un croisement avec leurs vaches. Le gouvernement de Berne ayant refusé, les éleveurs helvétiques constituèrent un puissant syndicat de défense et, bravant une loi jugée arbitraire, commencèrent à importer clandestinement les précieux spermatozoïdes de « Montbéliards ». Pour accélérer cette profitable mutation génétique, ils se livrèrent aussi à la contrebande des veaux. Les temps ayant changé depuis les aventureux passeurs des « Echelles de la Mort », les animaux ne traversèrent plus la frontière à dos d'hommes, mais dans les coffres des voitures.

Ce fut durant l'été 1965 que les modernes contrebandiers ruraux réussirent leurs plus beaux exploits. Comme chaque année, les vaches suisses vinrent « alper sur France ». L'amour se riant des races et des interdits, nos vaillants taureaux comtois s'en vinrent conter fleurette à leurs belles visiteuses et le fruit de ces hyménées champêtres arrangea bien les affaires des éleveurs d'outre-Jura quelques mois plus tard [1].

Les feux du 23e canton suisse.

Après Maîche, le Doubs qui servait jusqu'ici de frontière, fait une petite infidélité à son pays natal pour pénétrer en Suisse, comme s'il avait la velléité de devenir l'affluent du

1. André Besson a raconté de nombreuses histoires de contrebande dans son ouvrage *Contrebandiers et Gabelous,* éditions France-Empire. Il en a tiré aussi une série télévisée pour France 3 intitulée *Les Passeurs du clair de lune,* réalisée par Jean-Claude Morin.

Rhin dont il ne se trouvera distant, au pied des vieilles murailles de Saint-Ursanne, que d'une cinquantaine de kilomètres.

Cette région, que l'on appela longtemps le Jura des princes-évêques, fut rattachée à Berne en 1815 après une courte expérience républicaine en 1792 et son intégration à la France sous le nom de département du Mont-Terrible. A la chute de Napoléon, le congrès de Vienne, qui ne savait que faire de ce petit pays turbulent, le donna aux Bernois en maigre compensation pour la perte des cantons de Vaud et d'Argovie.

Devenue minorité dans une communauté entièrement germanophone, la population jurassienne de langue française accepta mal la tutelle de Berne et, dès 1826, une résistance contre son oligarchie commença à se manifester.

Victimes avant et durant la dernière guerre des menées pangermanistes des émules suisses de Hitler, les Jurassiens allaient subir un terrible affront en 1947, lorsque Berne refusa de désigner un conseiller d'Etat de langue française au département des Travaux publics, jugé trop important pour un minoritaire. Ce fut l'étincelle qui alluma la mèche d'un explosif longtemps inoffensif, et donna naissance au « Rassemblement jurassien ». Pendant trente ans, ce mouvement résolument autonomiste allait se battre pour faire reconnaître l'identité culturelle et le particularisme des habitants de cette région, en ayant recours à des moyens parfois violents contre le pouvoir bernois.

Ce ne fut que le 24 septembre 1978, par voie légale, lors d'un référendum étendu à l'ensemble de la Confédération, que le Jura devint officiellement le « 23ᵉ canton suisse ». Encore limité dans son étendue, puisqu'il ne comprend que trois districts sur sept, le nouveau canton ne satisfait pas entièrement les tenants du séparatisme qui espèrent bien rallier à leurs idées l'ensemble des Jurassiens suisses.

Lorsque les résultats de ce vote historique furent connus en Franche-Comté, on sabla le champagne dans bien des foyers car les sentiments d'amitié qui unissent les populations des deux régions sœurs sont très profonds. Il existe même des partisans d'un Etat jurassien autonome dans son entité géographique suisse et comtoise, qui pourrait être selon eux, parfaitement viable sur les plans culturel et économique.

Les occasions de se rencontrer entre Jurassiens des deux versants sont fréquentes et appréciées. L'une d'entre elles est la « torrée », cette tradition folklorique et gastronomique dont l'origine se perd dans la nuit des temps.

L'usage d'allumer des feux sur les hauteurs à certaines époques de l'année remonte à l'ère celtique. Elle avait pour objet la célébration de l'alliance du soleil avec la terre. Autrefois, le Jura était tout entier voué au culte de Belen (Belenus) nom donné au soleil. De nos jours encore on retrouve la trace de cette religion dans la dénomination de nombreux lieux et le patronyme d'un grand nombre de Jurassiens : Bel, Belin, Beline...

La fête des Brandons, ou plus exactement des « Fayes » qui ne se pratique plus guère aujourd'hui que dans la région de Château-Chalon ainsi que nous l'avons dit plus haut, était célébrée autrefois lors du solstice d'hiver à Porrentruy, à Delémont et dans toutes les Franches-Montagnes. Le rite était le même que dans le Jura occidental. On allumait d'énormes brasiers sur les sommets puis les populations assemblées faisaient tourner à bout de bras des torches dans la nuit. Désiré Monnier voit l'origine de cette coutume dans les religions les plus antiques de l'univers : « Ces roues flamboyantes, note-t-il, se remarquent, en effet, aux mains des divinités hindoues qui représentent surtout les astres et la lumière, ainsi qu'aux mains de Soubra, héros du soleil. »

De son côté, le père Voisard écrit :

Les Celtes allaient adorer Dieu sur les hauteurs pour se rapprocher davantage de lui. Ils ne se réunissaient point au son d'instruments bruyants, mais ils allumaient des flambeaux appelés « hées » ou « heyes », qu'ils tournaient en cercle autour de leur tête... Les Celtes, après les prières accoutumées, allumaient un grand feu dans lequel le druide suprême jetait les victimes au milieu des cris de joie et des danses des fidèles...

Habilement, les moines devaient « récupérer » au profit de la religion chrétienne cette vieille coutume païenne. Lorsque le christianisme fut implanté dans le Jura, on continua comme par le passé à tourner les « fayes » au moment du solstice d'hiver. Des prêtres firent partout acte de présence pour sanctifier ce reste de cérémonie celtique. Comme le druide, le curé attendait que le peuple fût réuni et alors seulement, il mettait le feu au bûcher, dont les flammes vives éclairaient la jeunesse tournant inlassablement les « fayes ».

On attribuait aussi dans les campagnes un caractère bénéfique à la fête des brandons, comme une sorte d'opération purificatrice des biens de la terre par le feu et une incantation à la gloire du soleil. Pendant des heures, dans la nuit glaciale du Haut-Pays, avec souvent de la neige jusqu'aux genoux, les paysans rythmaient les rotations de leurs torches en chantant cette mélopée :

Fayons, Fayons !
Sur les prés sur les champs,
Sur les bœufs, les froments,
Pour qu'ils soient gros et grands.
Fayons, Fayons !

Fayons, flambez !
Pour les clos et les blés,
Pour produire vite et bien
Pour marquer l'an qui vient.
Fayons, flambez !

De ce culte ancestral pour le feu, il ne subsiste plus aujourd'hui dans le Jura suisse que la coutume de la « torrée » qui se pratique surtout au début de l'automne. Chaque dimanche, les habitants des vallées montent par familles entières sur les sommets situés en bordure du Doubs où l'on voit bientôt s'allumer, dès la fin de la matinée des dizaines et des dizaines de brasiers. Ces pacifiques holocaustes n'ont plus qu'un lointain rapport avec le culte du soleil. Si on y célèbre encore un rite, il est dédié à présent au dieu Ripaille.

Avec un art qui s'apprend dès l'enfance, chaque groupe confectionne son bûcher à l'aide de branches mortes et de pommes de pin. Il s'agit de « faire » le plus épais lit de cendre possible afin d'y enfouir par la suite les poulets, les rôtis dûment ficelés et empaquetés dans des feuilles de papier métallisé.

A midi, lorsque ces victuailles sont cuites à point, on les extrait du foyer et on les déguste avec appétit accompagnées de blanc de blanc des Côtes de Neuchâtel ou de Fendant. L'après-midi, après une petite sieste, la « torrée » se poursuit par des chants, des jeux de plein air et des danses car on n'a pas oublié d'apporter la guitare et l'accordéon.

Comme les Comtois invités par leurs voisins d'en face ne sont pas venus les mains vides, dès seize heures on se remet à la confection d'un nouveau foyer. On y cuira, vers le soir, toujours sous la cendre chaude, les « belles de Morteau » ou les fameuses saucisses au Poulsard mijotées dans des cornets de papier garnis d'un verre de lie de ce fameux cépage d'Arbois.

Enfin, à la grand nuit, après avoir vidé une ultime bouteille de Pupillin et chanté en chœur une dernière chanson, les amis se séparent, non sans avoir lancé les invitations pour la « torrée » suivante. Ainsi se transmet, d'année en année, cette très vieille coutume qui réunit, autour des feux de l'amitié, les Jurassiens des deux versants de la montagne.

Les veillées de l'Ajoie.

De Porrentruy, cité chargée d'histoire avec ses admirables vieilles rues et son imposant château d'où l'on peut voir à la fois la France et l'Allemagne, nous arrivons dans les Quatre Grandes Terres. C'est ainsi qu'on désignait autrefois le pays de Montbéliard dont les principales seigneuries étaient celles de Montbéliard, Héricourt, Blamont et Châtelot. La campagne que nous traversons avant et immédiatement après le passage de la frontière, soit par Bure ou Fahy, porte le nom exaltant de l'Ajoie.

Malgré la proximité des grands centres industriels, cette région n'a pas totalement perdu son âme ni son caractère. Il y a encore des paysans dans les villages et la télévision dont on capte ici de nombreuses chaînes, suisses, allemandes et françaises, n'a pas tué la tradition. L'hiver, par exemple, on continue toujours de se réunir chez l'un, chez l'autre, à la veillée, comme autrefois. On fait griller des marrons, on déguste des noix, on boit de l'alsace ou du vin chaud à la cannelle.

Il y a toujours dans l'assistance un ancien qui raconte des histoires du temps passé ou qui relate à sa manière des événements du temps présent. Les Ajoulots sont presque tous de merveilleux conteurs et il est heureux que l'un d'entre eux, Maurice Bidaux, ait eu l'idée de recueillir certaines de ces « racontottes » qui seraient, sans lui, tombées totalement dans l'oubli.

Parmi les bonnes histoires des veillées de l'Ajoie, il y a celle du Joset d'Abbevillers qui s'était amouraché d'une fille de Grandvillars, unique héritière du plus riche fermier de l'endroit. Comme le prétendant était aussi pauvre que Job, tous ses amis se moquèrent de lui et prédirent qu'il n'arriverait jamais à obtenir le consentement du père de la belle.

Joset, qui ne manquait point d'esprit, décida d'user d'un stratagème pour arriver à ses fins. Il alla trouver la mère Colinot, la ravaudeuse, et lui demanda de coudre une grande pièce sur le genou droit de son pantalon.

« Mais il n'y a pas de trou ! constata la vieille. »

– Ça ne fait rien, dit le jeune paysan, posez-moi quand même ce carré de tissu !

La bonne femme exécuta le travail en hochant la tête, convaincue que son client n'avait plus toute sa raison, d'autant plus que l'étoffe n'avait pas la même couleur que le pantalon.

Ainsi attifé, Joset s'en alla à Grandvillars où il fit sa demande en mariage. Il faut préciser qu'étant joli garçon, il avait reçu depuis longtemps l'assentiment de la jeune fille. Mais le père de celle-ci, en voyant l'accoutrement du jeune homme, fit la moue. Il désirait pour sa fille unique un bien meilleur parti.

« Vous possédez des terres ? demanda-t-il à Joset.

– Oui, fit l'autre sans sourciller. Si vous voulez m'accompagner, je vous les montrerai. »

En fait de propriétés, le prétendant n'avait pour tous biens que deux misérables lopins hérités de sa grand-mère. Curieux et intrigué par l'assurance de son visiteur, le fermier de Grandvillars décida de faire le voyage en sa compagnie jusqu'à Abbevillers. Les deux hommes grimpèrent donc à bord d'une carriole et parcoururent la douzaine de kilomètres séparant les villages.

A environ cinq cents mètres de son pays natal se trouvait le premier bout de terrain de Joset, accolé à une vaste parcelle d'au moins dix journaux de bonne terre labourable. Le jeune homme leva le bras et, se frappant le genou droit du plat de la main, s'écria :

« Voilà une belle pièce qui m'appartient. »

Le futur beau-père, croyant qu'il parlait de la grande emblavure, questionna :

« C'est à vous ? »

– Oui, cette pièce est à moi ! répéta le garçon en se frappant derechef le genou.

Un peu plus loin, le minuscule pré de Joset jouxtait un immense quadrilatère à l'herbe drue sur lequel paissaient une trentaine de vaches laitières. Le jeune homme fit retomber à nouveau sa lourde patte sur son pantalon ravaudé :

« Ce carré-là est à moi ! Ça oui, il est bien à moi ! Personne ne peut dire le contraire ! »

Impressionné, le fermier de Grandvillars n'attendit pas plus longtemps.

« Topez-là mon garçon ! Vous aurez ma fille ! »

Et c'est ainsi que Joset épousa la plus riche héritière du canton. Après le mariage, il y eut bien sûr une explication orageuse entre le beau-père et le gendre. Accusé de tromperie, le jeune homme répondit simplement :

« Mais je ne vous ai pas menti ! Je croyais que vous vouliez me parler de la pièce... de mon pantalon ! »

Une autre histoire qui illustre l'entêtement proverbial des

Comtois dont il est dit « Comtois, tête de bois », c'est celle du Zéphyrin et de la Zoé. Voilà pourquoi ce vieux couple qui habitait un hameau dans la région d'Hérimoncourt ne parvint jamais à assister à la messe de minuit.

La première année de leur mariage, alors qu'ils se rendaient en traîneau à l'office célébré la nuit de Noël, ils aperçurent, à la corne d'un bois, une bête qui courait sur la neige.

« T'as vu le loup ? questionna la Zoé.

– Mais non, c'est un r'nâ ! (renard).

– Je te dis que c'est un loup !

– Mais non, t'es folle, c'est un r'nâ ! »

Personne ne voulut en démordre. Rouge de colère et de dépit, Zéphyrin fit faire demi-tour à la jument :

« Puisque c'est ça, on rentre à la ferme ! C'est pas la peine de nous disputer dans la maison du Bon Dieu ! »

L'année suivante, toujours la veille de Noël en se rendant à Hérimoncourt pour la messe de minuit, Zoé dit à Zéphyrin :

« Etions-nous bêtes, tout de même, l'an passé avec ce loup...

– Puisque je t'ai dit que c'était un r'nâ !

– Non, c'était un loup !... »

Et la querelle recommença de plus belle, et l'on rentra à nouveau à la ferme. Il en fut ainsi chaque année jusqu'à la mort de Zéphyrin et de Zoé qui succombèrent de la grippe espagnole en 1917. On dit qu'après leur avoir révélé qu'il ne s'agissait ni d'un loup ni d'un renard mais d'un chien, le Bon Dieu les condamna pour les punir de leur entêtement, à parcourir à pied, pendant cent ans, durant la nuit de Noël, le chemin menant du hameau jusqu'à l'église d'Hérimoncourt. C'est ainsi que depuis soixante-trois ans, un vieux couple se rend chaque hiver à la messe de minuit en marmonnant cette étrange litanie :

« T'as vu le loup, Zéphyrin ?

– Mais non, c'est pas un loup ! C'est un r'nâ !... »

Une autre histoire plus récente rapportée par Maurice Bidaux, qui se raconte durant les veillées de l'Ajoie, celle de ce paysan qui parvint à vendre, pendant la dernière guerre, un veau crevé aux Allemands.

Un soir, deux douaniers allemands s'arrêtèrent dans une ferme au retour d'une patrouille et demandèrent au propriétaire s'il pourrait leur vendre un veau. L'Ajoulot s'apprêtait à leur répondre négativement lorsqu'il se rappela qu'il avait, le matin même, enfoui au fond de son verger le cadavre d'un veau qui venait de périr d'un genre de septicémie que l'on appelle par ici le « mal des joints ».

Après avoir palabré un long moment et ergoté sur le prix, le paysan madré finit par promettre une moitié de veau aux deux compères et les invita à venir la quérir le lendemain.

Dans la nuit, notre homme s'en alla donc déterrer l'animal, le dépouilla et le partagea en deux, une moitié étant suspendue dans une remise, l'autre part retournant au fond du trou. A l'heure dite, les deux Allemands vinrent prendre livraison de la « viande fraîche », payèrent leur dû et s'en allèrent.

Lorsque ses « clients » réapparurent le jour suivant, le fermier n'en mena pas large en se demandant s'ils ne s'étaient pas aperçus de la qualité douteuse de leur achat. Au lieu de l'emmener en prison, les deux acquéreurs le félicitèrent chaudement, disant qu'ils avaient trouvé la viande « prima » et qu'ils étaient acheteurs de l'autre moitié.

Après une nouvelle et longue discussion, il fut convenu que le reste du veau serait disponible le lendemain matin. Comme il n'y eut pas d'épidémie parmi les douaniers en surveillance le long de la frontière franco-suisse, notre Ajoulot se promit que si une nouvelle bête venait à crever parmi son cheptel, il s'empresserait d'en faire profiter l'occupant. L'histoire ne dit pas s'il eut par la suite l'occasion d'exercer à nouveau ce peu ragoûtant négoce.

VII

LE PAYS DE MONTBÉLIARD

« Les pays sans légende sont condamnés à mourir de froid.

Patrice de La Tour du Pin

Une comtesse guerrière.

Les auteurs comtois ont toujours éprouvé certaines difficultés pour évoquer le pays de Montbéliard. Cette région, qui ne fut rattachée à la France qu'en 1793, forma pendant quatre siècles une enclave étrangère à l'extrémité nord-est de la Franche-Comté et connut une évolution politique, religieuse et culturelle différente de celle de notre province.

Ce particularisme est dû au fait que cette vieille cité fut, du Moyen Age à la Révolution, la capitale d'une principauté sur laquelle régnèrent les princes de Würtemberg. Longtemps, les paysans du Haut-Pays, fortement imprégnés de catholicisme, regardèrent avec méfiance cette contrée austère, de foi protestante. De nos jours encore, la puissance industrielle et économique du pays de Montbéliard déroute et inquiète l'esprit comtois. Un peu plus chaque année, les villes et les villages de Franche-Comté se dépeuplent au profit de cette grande métropole régionale tout entière vouée au culte de la divinité des temps modernes : l'automobile.

Combien y a-t-il de véritables autochtones parmi les cent cinquante mille habitants qui peuplent cette « nébuleuse urbaine » ? Il serait assez difficile de le déterminer mais on peut dire sans risque de se tromper qu'ils sont fortement minoritaires. Et pourtant, le pays de Montbéliard n'a pas perdu son âme dans ce brassage de population. Il reste encore ici des gens fiers de leur petite patrie et qui ne manqueront pas de vous en rappeler l'histoire originale.

Située sur le seuil de cette fameuse porte de Bourgogne par laquelle s'engouffrèrent tant d'envahisseurs, la terre de Montbéliard fut longtemps peuplée par les Celtes puis devint, au moment de la conquête romaine, le siège d'une ville importante, Epomanduodurum, l'antique Mandeure où l'on peut voir, encore aujourd'hui, les ruines d'un gigantesque théâtre, beaucoup plus grand que celui d'Orange.

Il fallut attendre le haut Moyen Age pour qu'un sire de Mousson fît construire un château sur une éminence dominant la région et qu'on vît apparaître pour la première fois sur un parchemin le nom de Montbéliard. Au XIIe siècle, ce domaine écherra à une puissante famille de Franche-Comté, les Montfaucon. En 1396, lors d'une expédition menée contre le sultan turc-ottoman Bajazet, l'héritier présomptif du comté de Montbéliard, Henri de Montfaucon, seigneur d'Orbe, fut massacré par les infidèles. Sa disparition allait poser un difficile problème de succession à son vieux père, le comte Etienne, qui avait perdu ses quatre fils au hasard des guerres cruelles de l'époque.

Soucieux de conserver l'intégrité de son domaine après sa mort, le patriarche eut l'idée d'instituer comtesse héritière de Montbéliard sa petite-fille Henriette, fille d'Henri d'Orbe. Mais, comme cette terre était convoitée à la fois par les évêques de Bâle, les Suisses, les Alsaciens et les Comtois, il décida de la placer sous une puissante protection, celle des princes de Würtemberg. C'est pourquoi la jeune Henriette, âgée de dix ans, fut fiancée à l'héritier présomptif de la riche province allemande, le petit Eberhard qui n'avait que neuf ans.

Négociateur habile et prévoyant, le comte Etienne avait insisté, lors de ces accordailles enfantines, fréquentes à cette époque, sur le fait que la souveraineté de son comté ne serait pas aliénée au profit du Würtemberg. Cette clause fut strictement respectée car tous les souverains qui se succédèrent par la suite à la tête des deux Etats se proclamèrent toujours : « Par la grâce de Dieu, comte de Würtemberg et de Montbéliard. »

Eberhard n'eut qu'un règne éphémère puisqu'il décéda en 1419, deux années seulement après son avènement Sa veuve devint comtesse des deux provinces. Agée de trente-deux ans, c'était une maîtresse femme, aussi habile politique que redoutable chef de guerre. Ses voisins, qui pensaient agrandir leurs possessions à son détriment, ne tardèrent pas à s'apercevoir de leur erreur. Prenant elle-même la tête de ses troupes, à cheval, revêtue de la lourde armure de fer, l'épée à la main, elle infligea une défaite retentissante à l'un de ses voisins, Fritz von Zollern [1] qui avait cherché à empiéter sur ses terres et s'était grossièrement moqué d'elle. Capturé au cours de la bataille, von Zollern fut enchaîné et ramené à Montbéliard où il resta prisonnier jusqu'à sa mort dans l'une des tours du château.

Par la suite, la comtesse Henriette eut à se défendre contre d'autres adversaires, notamment les Routiers, qu'elle mata avec la même vigueur, ce qui lui valut une réputation guerrière redoutable et assura la paix dans ses Etats.

La souveraine put alors se consacrer à des tâches administratives et politiques, notamment l'abolition de la main-morte, ce qui accrut encore son prestige parmi le petit peuple qui la surnomma « la bonne comtesse ».

Si elle avait surmonté les difficultés créées par ses ennemis, Henriette de Montbéliard ne put endiguer les ambitions de ses propres fils, Louis et Ulrich, qui l'emprisonnèrent par traîtrise et la contraignirent à renoncer à la couronne du Würtemberg. Retirée dans ses terres de Montbéliard, elle devait y achever ses jours le 15 février 1444.

Longtemps pleurée par ses sujets qu'elle avait arrachés à l'esclavage, la comtesse Henriette devint un personnage de légende, à tel point qu'on la compara souvent à la Tante Arie, une fée bienfaisante de la mythologie populaire honorée dans toute cette région.

Réunies sous une seule souveraineté lors des successions suivantes, les Etats de Würtemberg et de Montbéliard allaient connaître une destinée commune jusqu'à la Révolution fran-

---

1. Fritz von Zollern fut l'ancêtre de Guillaume Ier de Hohenzollern, futur empereur d'Allemagne, et de Guillaume II qui abdiqua après la défaite de 1918.

çaise. Durant trois siècles, chaque province apporta à l'autre les avantages de ses réformes et de ses découvertes. C'est ainsi que des écoles furent créées à Stuttgart et à Tübingen pour les étudiants montbéliardais tandis que des élèves wurtembourgeois fréquentaient celles de Montbéliard. Dès 1559, l'instruction publique pour tous les garçons et les filles de la principauté de Montbéliard avait été rendue obligatoire par une ordonnance de Frédéric Ier.

Ces échanges culturels devaient être très profitables à la France au XVIIIe siècle puisque le plus illustre des enfants de Montbéliard, Georges-Léopold Cuvier, né dans cette ville en 1769, fit une partie de ses études à l'Académie Caroline de Stuttgart avant de continuer sa brillante carrière à Paris où il devint le fondateur de la biologie moderne et de la paléontologie.

Le château de M. de Voltaire.

A la Révolution, le pays de Montbéliard perdit définitivement ses attaches allemandes et s'incorpora d'abord au département du Mont-Terrible qui regroupait une partie du Jura suisse, avec Porrentruy comme chef-lieu. Après la défaite de Napoléon Ier, en 1814, il fut rattaché à celui du Doubs et, tout en conservant une originalité marquée, s'intégra à la province comtoise.

De l'autonomie montbéliardaise, il ne reste plus aujourd'hui comme symbole que les tours altières du château dominant la ville. Ce monument où tant de princes et de personnages illustres séjournèrent au cours des dix siècles passés, est devenu un musée très fréquenté.

Le château de Montbéliard – fait historique peu connu des biographes du philosophe – faillit devenir, en 1764, propriété de M. de Voltaire. C'est un exemple à la fois amusant et édifiant des dispositions usuraires et spéculatives du père de *Candide*.

En 1750, tandis qu'il séjournait à la cour de Frédéric II, roi de Prusse, pour échapper à des ennuis faisant suite à la publication de ses écrits, Voltaire, qui avait su soutirer pas mal d'argent à son protecteur, put disposer de 300 000 livres et décida de les employer à un placement hypothécaire.

Peu confiant dans la durée des faveurs du roi de Prusse, l'écrivain préféra faire sortir son argent hors de ses Etats. Il se mit en rapport avec le neveu de Frédéric II, S.A.S. Charles-Eugène, duc de Würtemberg. Celui-ci, qui était d'un orgueil incommensurable, avait pris le Roi-Soleil comme modèle et dépensait sans compter pour ses plaisirs et ses constructions extravagantes. Il était si immodeste qu'il avait refusé d'être présenté au pape pour ne pas être obligé, ainsi que le voulait la tradition, de baiser la chaussure du pontife. Comme on lui citait en exemple un certain nombre de grands seigneurs et d'hommes d'Eglise se pliant à cet usage protocolaire, il répondit avec morgue : « Il y a beaucoup de gentilshommes et de cardinaux, mais il n'y a qu'un seul duc de Würtemberg ! »

Voltaire, qui avait fait sienne cette fameuse devise qu'on lui attribua plus tard généreusement : « Gardez-moi de mes amis, je me charge de mes ennemis » [1], prit toutes les mesures nécessaires pour garantir son placement car il ne se faisait aucune illusion sur l'honnêteté des hommes et encore moins sur celle des princes.

« Je remets les fonds entre les mains de M. le duc de Würtemberg, écrivit-il à sa nièce, Mme Denis. Il nous en fera une rente viagère sur nos deux têtes. Cet emploi de mon bien est d'autant meilleur que le payement est assigné sur les domaines que le duc a en France. »

Cette hypothèque, le philosophe l'avait prise sur des seigneuries que son débiteur possédait en Franche-Comté et en Alsace, provinces relevant de la juridiction française où son droit de préemption pourrait plus aisément s'exercer qu'en terre allemande.

A l'époque du placement, Voltaire allait vers la soixan-

---

1. Si l'on en croit le compilateur grec Stobée, ce fut Antigone Doson, roi de Macédoine, qui aurait prononcé ce mot, trois siècles avant notre ère.

taine. C'était déjà le vieillard édenté, frileux, catarrheux que nous montrent les portraits de l'époque. Visiblement, si l'on se fiait aux apparences, il n'avait plus pour très longtemps à vivre. Dans ces conditions, celui qui lui prenait en viager un capital de 300 000 livres à douze pour cent l'an paraissait réaliser une bonne affaire. C'est ce que crut S.A.S., le duc de Würtemberg.

Il n'allait pas tarder à déchanter. Non seulement Voltaire ne se décida point à mourir, mais se mit au contraire, avec un acharnement sénile, à exiger le paiement de sa rente. Endetté jusqu'au cou (trente-deux millions d'emprunts auprès des usuriers de toute l'Europe), le duc fut incapable de rembourser le moindre liard. Espérant toujours que le philosophe allait prochainement passer de vie à trépas, il fit traîner les choses, usant des procédés les plus dilatoires, les plus arbitraires.

On commença par exiger du prêteur qu'il justifiât de ses qualités et présentât un certificat de vie. Cette démarche causa beaucoup d'ennuis à l'écrivain car les registres paroissiaux de Paris portaient bien mention de la naissance d'un certain François-Marie Arouet, mais non point d'un M. de Voltaire. Comme c'était ce dernier qui avait signé les actes de placement, il fallut qu'un jugement reconnût qu'il s'agissait effectivement de la même personne.

Le créancier devenant pressant, on tenta de le régler en rixdallers et en écus allemands, deux monnaies dépréciées. Une autre année, on prétendit que le courrier porteur des fonds avait été dévalisé. Cette comédie dura vingt-cinq ans pendant lesquels Voltaire, valétudinaire mais opiniâtre, continua d'exiger son dû.

Blessé dans son orgueil par les bruits que le philosophe faisait courir sur lui dans les innombrables lettres qu'il adressait aux grands personnages de son temps, Charles-Eugène, duc de Würtemberg, décida de lui donner satisfaction... en chargeant le Noble Conseil de la principauté de Montbéliard de régler dorénavant les rentes dues à M. de Voltaire, sur les revenus de la forge d'Audincourt, les ventes de grains et de bétail ainsi que celles des vins de la seigneurie de Riquewihr.

Mais les loyaux sujets de S.A.S. se firent autant tirer

l'oreille que leur maître pour régler les intérêts de l'emprunt ducal auxquels le créancier n'omettait pas d'ajouter le montant de tous les frais occasionnés par ses démarches ainsi que les indemnités de retard.

En 1764, l'illustre écrivain apprit une nouvelle alarmante : les terres alsaciennes sur lesquelles il avait gagé son capital étaient hypothéquées en seconde main par un autre prêteur. Affolé, il écrivit aussitôt à son homme d'affaires à Colmar pour lui demander d'engager une procédure :

Il faut que je vous avoue, mon cher ami, que j'ai soixante et quatorze ans, que j'ai donné tout mon bien à M. le duc de Würtemberg qui ne me paye point. Il me doit une année entière. Il doit aussi beaucoup à M. Dietrich sur ses terres d'Alsace... Trouvez-moi, je vous prie, un procureur qui puisse saisir les terres d'Alsace, j'en chercherai un pour celles de Franche-Comté...

Dans cette dernière province, les choses ne traînèrent point. Le président du Parlement de Besançon mit immédiatement sous saisie-arrêt les revenus de toutes les terres appartenant au duc. Cette fois, le duc prit vraiment l'affaire au sérieux et se hâta d'envoyer à Voltaire un émissaire pour lui proposer de lui céder, en échange de la lourde créance... le château de Montbéliard !

A cette époque, le philosophe avait pris ses quartiers à Ferney, charmante localité située au pied du Jura à deux pas de Genève. Il habitait l'ancien château féodal qu'il avait fait agrandir et moderniser à sa façon. Il y menait grand train malgré ses éternels soucis de santé. « Après avoir vécu chez les rois, je me fais roi chez moi », avait-il écrit à M. d'Argental. Effectivement, pour affirmer sa dignité et son autorité de seigneur de Ferney, il avait acheté à Genève le plus beau carrosse de la ville, puis, vêtu d'un somptueux habit de soie rouge à parements d'hermine, avait fait en septembre 1760 une entrée solennelle dans ses terres. En son honneur, des canons loués aux Suisses avaient tonné, des arquebusiers s'étaient mis à tirailler, tandis que des jeunes filles en costume local apportaient fruits et rafraîchissements à leur nouveau maître.

Voltaire estimait que les habitants de Ferney étaient ses vassaux et lui devaient soumission. En échange, il se fit un devoir de leur procurer du travail et un niveau de vie décent. Il se mit donc en quête de réunir des capitaux et créa plusieurs industries : fabrique de montres, poterie, tuilerie, tannerie et atelier à tisser la soie. La première paire de bas fabriquée à Ferney fut adressée à Mme la duchesse de Choiseul avec ce billet :

Ce sont mes vers à soie qui m'ont donné de quoi faire ces bas ; ce sont mes mains qui ont travaillé à les fabriquer chez moi avec le fils Calas. Ce sont les premiers bas qu'on ait fait dans le pays. Daignez les mettre, madame, ensuite montrez vos jambes à qui vous voudrez et si l'on n'avoue pas que ma soie est plus belle, plus forte que celle de Provence ou d'Italie, je renonce au métier.

Outre cette activité industrielle, Voltaire développa aussi l'agriculture dans la région, ainsi que l'élevage. Après avoir acheté six splendides juments, il demanda à l'intendant des Ecuries royales de lui envoyer son étalon : « Mon sérail est prêt, monsieur : seul me manque le Sultan que vous m'avez promis. » Puis, estimant que ses travaux hippologiques méritaient récompense, il sollicita très sérieusement le titre de « lieutenant des haras du Pays de Gex ».

En matière d'investissements sociaux, le philosophe fut aussi très généreux. Il fit paver les rues du village, construire des fontaines, s'occupa des veuves, des orphelins, veilla à ce qu'aucun habitant de Ferney ne manquât jamais de nourriture. Alors que la bourgade n'était peuplée que par quarante personnes lorsqu'il y arriva, il y en eut bientôt mille deux cents. Loin de ralentir son zèle philanthropique, cet afflux de population le décupla. Voltaire fit construire cent maisons pour loger ses gens, un hôpital, une école et même un théâtre où de grands acteurs vinrent interpréter ses propres tragédies.

On conçoit que pour réaliser de tels projets, le seigneur de

Ferney avait besoin de beaucoup d'argent et qu'il relançait sans cesse des débiteurs défaillants.

La proposition du duc de Würtemberg au sujet de la cession du château de Montbéliard lui posa un problème car il ne connaissait ni son importance, ni même son emplacement exact, c'est pourquoi il s'empressa d'écrire à son homme d'affaires de Colmar, le 13 novembre 1764 :

M. le duc de Würtemberg a la bonté de m'accorder le château de Montbéliard; je pourrois y passer les hivers avec tout mon train; mais j'ai bien peur de trouver des neiges partout. Le voudrais savoir ce que c'est que ce Montbéliard? Vous savez combien il me plairoit puisqu'il n'est pas loin de Colmar...

Mais le philosophe ne devint jamais le propriétaire du château. MM. les membres du Conseil de Stuttgart refusèrent de souscrire à cette solution qui eût créé un précédent en entraînant par la suite l'aliénation d'autres terres de la principauté au profit de créanciers retors. Ils préférèrent payer la rente due par le duc. Voltaire ne fut pas perdant dans l'affaire puisqu'on estime que son capital de 300 000 livres lui rapporta au total, tous intérêts confondus, la somme de 1 800 000 livres ! Il est vrai qu'il mourut en 1778, plus de vingt-cinq ans après avoir consenti son fameux viager au duc de Würtemberg.

Belvoir, merveille ressuscitée.

Après avoir quitté le pays de Montbéliard et traversé une nouvelle fois le Doubs qui n'en finit pas de serpenter entre ses rochers et ses prairies, nous pénétrerons dans les montagnes du Lomont. La forteresse médiévale de Belvoir se trouve au cœur de cette région. C'est un solide bastion accroché à la pointe extrême d'un éperon rocheux et dont le passé n'est qu'une trame tissée de couleurs violentes faite d'événements tragiques où les sièges, les meurtres, les pillages et les incendies se succèdent.

Construit au XIIIe siècle sur les ruines d'un castellum gallo-romain défendant la fameuse route du sel que nous avons côtoyée bien souvent au cours de notre randonnée franc-comtoise, le château de Belvoir fut toujours ardemment défendu. Convoité pour sa position stratégique qui assurait d'importants revenus à ses possesseurs auxquels il fallait payer droit de passage dans la vallée, il abritait en permanence une nombreuse garnison.

Au XIVe siècle, tandis que Thiébaud III de Belvoir était parti faire la guerre en compagnie de Renaud de Bourgogne et avait emmené avec lui ses meilleurs soldats, son voisin, le seigneur de Cusance, crut le moment propice pour s'emparer de la forteresse. D'après ses espions, il ne restait plus dans la place que quelques vétérans et des femmes.

Après avoir déployé ses troupes au pied des murailles, le chef des assaillants envoya un émissaire pour demander la reddition du château. Une femme portant cuirasse, brandissant fièrement la bannière de la seigneurie, répondit qu'elle n'était pas disposée à se rendre et qu'elle s'opposerait avec ses gens à toute approche de l'ennemi. Il s'agissait de l'épouse de Thiébaud III, la baronne Jeanne de Montfaucon.

La bataille commença. Elle dura plusieurs jours au cours desquels tous les assauts furent repoussés. Les défenseurs n'étaient pourtant qu'une poignée et comprenaient surtout des vieillards, des femmes et des enfants. Ils firent merveille en tirant des flèches, en jetant de l'huile bouillante, en renversant les échelles des assiégeants. Inlassablement, la châtelaine ranima leur courage au cri de : « Belvoir vaincra ! »

En grand péril de perdre son honneur dans l'affaire, car à cette époque il était très humiliant d'être battu par une femme, le sire de Cusance proposa à la baronne de suspendre les hostilités et de désigner un chevalier de son choix pour défendre sa cause au champ clos.

Le jour suivant, garantis par la trêve, une demi-douzaine de cavaliers sortirent des murs de Belvoir et gagnèrent la prairie où devait se dérouler le tournoi. Lorsque la trompette eut

compromis qui remontait aux premiers temps de la conquête française, lorsque Louis XIV avait envoyé dans cette province voisine de la Suisse et de Montbéliard de véritables curés de choc pour endiguer l'expansion des idées de Calvin et de Luther. A la Révolution, on avait vu le plateau s'embraser et devenir une « Petite Vendée » lors du vote par l'Assemblée Nationale de la constitution civile du clergé. Des centaines de paysans avaient pris les armes pour défendre leurs curés, leurs églises et la répression sévère qui s'en était suivie laissait, cent ans plus tard, encore bien des rancœurs dans les familles. A nouveau, la loi sur la séparation de l'Eglise et de l'Etat venait de raviver ces vieilles haines parmi des populations qui n'admettaient pas le caractère laïque de l'enseignement public.

Ici, l'instituteur devait se plier bon gré mal gré aux anciennes coutumes et rester sous la dépendance du curé de la paroisse. Pendant des décennies on avait respecté à la lettre l'ordonnance promulguée par Louis XIV fixant les conditions générales de l'enseignement afin que tous les enfants, surtout ceux des protestants, fussent élevés dans la religion catholique.

Pour choisir un maître d'école, les habitants se réunissaient à l'issue d'un service religieux sur la place de l'église en présence du candidat aux fonctions de « recteur ». Après cet examen probatoire pédagogique permettant surtout au conseil paroissial de s'assurer que l'enseignant ne professait point d'idées déviationnistes, on fixait les clauses du contrat le liant à la commune et qu'un notaire rédigeait en bonne et due forme.

Les occupations du maître d'école étaient multiples. Il devait, en priorité, seconder le curé dans les obligations matérielles du sacerdoce. Il chantait les offices, récitait les prières, accompagnait le prêtre lors de l'administration des sacrements. Tour à tour marguiller et bedeau, il tenait les registres paroissiaux et veillait à l'entretien de l'église. Il sonnait l'Angélus, les baptêmes, les mariages et les glas. Il sonnait aussi le tocsin lors des incendies et durant les orages pour éloigner la foudre.

On conçoit qu'avec toutes ces tâches liturgiques ou profanes, le temps consacré à l'enseignement des élèves était assez restreint. Il est vrai que ceux-ci ne fréquentaient guère l'école que cinq mois par an et que dès leur dixième année les filles cessaient d'aller en classe.

Sous l'Ancien Régime, la plupart des contrats fixaient les appointements annuels des « recteurs » à 150 livres, mais bien des communautés se tenaient en dessous de ce tarif. Pour nourrir sa famille, le maître d'école cherchait un revenu d'appoint en devenant fossoyeur, bûcheron, parfois valet de ferme. La qualité de l'enseignement dispensé se ressentait bien sûr des médiocres conditions d'existence faites aux « recteurs », mais personne ne s'en formalisait.

Malgré les réformes de Jules Ferry, on en était resté, sur le plateau du Doubs, à ce rôle effacé du maître d'école qui devait avant tout servir l'Eglise et s'accommoder d'une fréquentation épisodique des élèves très souvent retenus au-dehors par les soins du bétail et autres travaux. L'arrivée de Louis Pergaud, dont le séjour à Durnes [1] avait mis en émoi la population bien pensante, souleva un beau tollé à Landresse. Tout de suite, il fut en butte à l'animosité et aux persécutions des habitants du village. Isolé, sans aucun appui politique ou administratif extérieur, le jeune instituteur fit front avec courage. Seul, son ami Eugène Chatot eut connaissance de ces difficultés par la correspondance qu'il lui adressait :

Landresse, le 13 janvier 1906.

... Je suis depuis bientôt quatre mois à Landresse, un pays ultra-chouan, où je me rase à l'infini, éloigné des communications (à 18 kilomètres de Valdahon), et quelle populace – bon Dieu quelle populace ! J'ai trois mois de résidence ici, et, bien que je fasse ma classe consciencieusement, j'ai déjà, parce que je ne vais pas à la messe, toute cette plèbe puante contre moi. Bien plus, il y a une véritable croisade contre ton serviteur : dénonciations, pétitions, délibérations du Conseil municipal, j'ai tout sur le dos, mais je ne m'en porte pas plus mal et je

1. Avant son service militaire, Louis Pergaud avait été nommé instituteur stagiaire à Durbes, un autre village du plateau situé à une trentaine de kilomètres de Landresse.

tiens tête à la bête qui, comme le serpent de La Fontaine, s'y cassera les dents.

Cette hostilité s'apaisa effectivement, et Louis Pergaud finit, à la longue, sinon par être intégré, du moins toléré à Landresse. Grâce à l'amitié de quelques habitants, en particulier celle de « Papa Duboz », l'aubergiste local (dont il devait, plus tard, épouser en secondes noces la fille Delphine) le jeune instituteur put rompre son isolement. Outre les innombrables parties de chasse auxquelles il participa, il fut le confident de ces paysans frustes et gaillards qui lui racontèrent une foule d'anecdotes, de bonnes histoires du terroir dont il devait nourrir par la suite la plus grande partie de son œuvre.

A Landresse, il commencera le travail d'élaboration de plusieurs de ses livres : *De Goupil à Margot, Le Roman de Miraut, Les Rustiques* et surtout *La Guerre des Boutons* dont il dira plus tard dans une préface :

Tel qui s'esjouit à lire Rabelais, de grand et pur génie français, saluera ce livre avec plaisir. Foin des pudeurs de nos temps châtrés qui se débitent dans les manuels de flagellation... Foin des purs latins qui se frappent la poitrine en évoquant leurs origines...

Je suis gaulois, et rien de ce qui fut le génie et la gloire de ma race ne m'est étranger. C'est pourquoi j'ai voulu faire un livre qui fût épique, gaulois et rabelaisien.

J'ai voulu restituer une partie de ma vie d'enfant, une partie de la vie de tous ceux qui furent élevés au sein de la grande et sauvage nature, avec nos rêves et nos gestes, et nos inquiétudes et nos réalisations.

J'y ai mis de ces histoires que personne hors mon maître Rabelais, n'a osé narrer par écrit mais que l'on se raconte encore entre amis, dans les joyeux et francs épanchements d'après boire ; de ces souvenirs qui nous remplissent de joie par leur héroïque invite et leur saveur française.

Que quelques caïmans en mal de morales dégoûtantes, ne

trouvent pas la chose de leur goût, peu me chaut. J'en appelle aux hommes de bonne volonté, et pour que soit bannie toute équivoque, je déclare d'avance et franchement, sans réticences, une fois pour toutes, à tous les hypocrites d'ici et d'ailleurs à qui cela pourra ne pas plaire, que je les « embrenne » aussi intégralement que possible !

Des réactions, *La Guerre des Boutons* en suscita beaucoup et souvent dans les milieux les plus imprévisibles, comme cela se produisit aussi pour *Le Roman de Miraut.* C'est ainsi que Pergaud déclara à son ami Joseph Chenevez :

Mon roman écrit, j'ai réussi à le faire passer en feuilleton dans L'Humanité *[celle de Jean Jaurès] où il a été très goûté malgré certaines verdeurs qui ont, paraît-il, effrayé quelques-uns des lecteurs pudibonds de cette feuille socialiste.*

A Landresse, tout le monde reconnut le village dans le Longeverne imaginaire où se déroulait l'action du livre. Certains n'apprécièrent guère la façon dont l'écrivain avait parlé des habitants. Malgré le temps, près de soixante ans après la parution de *La Guerre des Boutons,* il y a encore dans cette région des familles où cette œuvre n'est pas tellement vénérée. Il s'agit des descendants de certains personnages que l'auteur n'a pas beaucoup flattés dans ses descriptions. Les inimitiés paysannes sont tenaces.

Par contre, d'autres furent au contraire très fiers d'avoir servi de modèle au romancier. L'un d'eux, Joseph Picard, se reconnaissait dans le célèbre personnage de *La Guerre des Boutons,* « têtu comme une mule, malin comme un singe, vif comme un lièvre ».

Joseph Picard m'a raconté ceci. Un jour qu'il s'était rendu chez un médecin de Besançon pour une affection bénigne, il avait remarqué un exemplaire de l'ouvrage de Louis Pergaud dans la bibliothèque. « Vous savez, docteur, lui avait-il dit, Lebrac c'est moi ! » Surpris et heureux de cette révélation, le praticien ne lui avait pas fait payer de consultation et avant qu'il ne quitte son cabinet, lui avait demandé... de dédicacer le livre ! Sans se faire prier, le brave homme avait signé en toute simplicité : « Joseph Picard, dit Lebrac. »

Par la suite, les journalistes, les touristes de passage admirateurs de l'œuvre de Louis Pergaud vinrent rendre visite au vieux braconnier dont la photographie figure dans de nombreuses revues avec la légende suivante : « Joseph Picard, qui inspira le personnage de Lebrac, héros de *La Guerre des Boutons.* »

Tout en conservant sa solide amitié pour Eugène Chatot et Léon Deubel [1], le poète belfortain maudit auquel il devait consacrer plus tard une remarquable étude, Louis Pergaud noua de nombreuses relations dans le monde littéraire d'avant 14-18. Il fréquenta notamment Valette, directeur du *Mercure de France,* Mirbeau et surtout Lucien Descaves le célèbre critique qui traça de lui ce portrait :

Quand Louis Pergaud arrivait chez moi, le dimanche, j'avais l'impression que l'on ouvrait une fenêtre... L'air entrait avec lui, un air salubre et vif qui sentait la terre et les feuilles, l'herbe mouillée et les sapins. Il avait beau être vêtu comme vous et moi, il m'apparaissait en costume de chasse et son chien « Miraut » l'attendait en bas. Il apportait son pays, la Franche-Comté, à la semelle de ses gros souliers. Il avait le parler rude, le regard franc, la poignée de main cordiale. Il détestait les mensonges, les détours et les manigances. Il appelait par leur nom les gens et les choses. Il savait haïr... Mais comme il aimait !

Il échangea aussi une nombreuse correspondance avec plusieurs écrivains résidant en province, notamment un inconnu nommé Alain-Fournier qui lui adressa cette lettre le 25 octobre 1912 :

---

1. Né à Belfort le 22 mars 1879, Léon Deubel fut le plus grand poète franc-comtois et l'un des plus grands poètes français reconnu comme tel par de nombreux critiques. Après une existence miséreuse, il se suicida à Maisons-Alfort en 1913.

Cher Monsieur,

J'ai reçu La Guerre des Boutons. *Je ne l'ai pas encore terminée, parce que, chez moi, à tour de rôle, tout le monde s'en empare. Mais je veux vous dire tout de suite combien je suis touché de votre souvenir et combien je trouve cela EXCELLENT. Les premiers chapitres m'ont ramené aux beaux temps où les gars de Vallon (Allier) se battaient avec nous autres gars d'Epineuil (Cher). Toute cette vie joyeuse et glorieuse d'alors, je la retrouve chez les Longeverne et les Velrans. Je suis heureux de voir que vous ne vous enfermez pas dans une manière et que votre talent est susceptible de tant de variété...*

... On se bat aussi, mais moins gaiement dans Le Grand Meaulne, *mon roman que j'achève ces jours-ci et que je ne manquerai pas de vous envoyer...*

H.M. Alain-Fournier.

Emouvante amitié littéraire que celle de ces jeunes écrivains qui devaient connaître le même sort tragique au cours de la Grande Guerre.

Fixé définitivement à Paris après avoir reçu le prix Goncourt, Pergaud, témoin lucide, assista dans la capitale à la montée des périls. Puis l'assassinat de Jaurès le bouleversa et l'indigna profondément.

Cependant, le 3 août 1914, lorsque retentit le tocsin de la mobilisation générale, l'instituteur pacifiste, l'écrivain comtois anarchisant Louis Pergaud ne se déroba pas à son devoir. Son civisme, son patriotisme sont les plus beaux démentis aux propos de ceux qui prétendirent plus tard que les membres du corps enseignant avaient manqué de courage et sapé le moral de l'armée.

Après avoir rejoint le 166e régiment d'Infanterie à Verdun et endossé l'uniforme de sergent l'auteur de *La Guerre des Boutons* se justifia ainsi dans une lettre adressée à Lucien Descaves :

Vous savez avec quelle ardeur je suis parti. Pacifiste et antimilitariste, je ne voulais pas plus de la botte du Kaiser que de n'importe quelle botte éperonnée pour mon pays ; je défen-

dais ce vieil esprit pour lequel il me semble avoir déjà combattu par la plume. J'étais disposé à oublier tout, à passer sur tout, persuadé que dans le danger tout se fondrait... Je me battrai certes, mais si j'ai le bonheur d'en revenir, je serai je crois, plus antimilitariste encore qu'avant mon départ.

En octobre, Louis Pergaud monta pour la première fois au front dans la région de la Woëvre où la guerre des tranchées venait de commencer :

On se tire dessus un quart d'heure sans se voir et puis ça cesse, tout rentre dans le silence ; on veille, on guette, on fixe le noir ; les silhouettes des arbres s'animent, ont l'air de marcher. Qu'un chef froussard manque de sang-froid et fasse tirer sur ces imaginaires ennemis les autres ripostent et vlan ! ça crépite dur... Nous avons attaqué la tranchée boche après une insuffisante préparation d'artillerie et deux de nos compagnies se sont fait héroïquement faucher. Les balles me sifflaient aux oreilles et trois obus m'ont éclaté devant le nez me brûlant les yeux sans que je sois touché. On ne pensait pas au danger, ni à rien. On ne songeait qu'à bondir. L'aspect du champ de bataille était effrayant. Devant nous, entre les réseaux boches, des cadavres pendaient, des blessés se traînaient, d'autres se plaignaient ; et la nuit tragique avec un soleil rouge est tombée là-dessus. Il s'est mis à pleuvoir ; on marchait dans des mares de sang, dans des éclats de cervelle. Jamais je n'oublierai ça. Et la nuit est tombée illuminée par les fusées boches craignant une nouvelle attaque ; on ne pouvait mettre le nez au-dessus du parapet sans entendre siffler les balles. Ah ! si j'en reviens, j'aurai une fière veine. Ce n'est vraiment pas beau la guerre et il me tarde d'aller retrouver ma table de travail et mes livres.

Dans son édition du 10 novembre 1914, le journal *L'Intransigeant* relata laconiquement le fait suivant : « Le sergent Louis Pergaud, l'auteur de *La Guerre des Boutons,* s'est trouvé dans une tranchée au milieu d'une très violente affaire. Ses officiers tués, il a pris le commandement de sa section qu'il a pu ramener. »

Quelques semaines plus tard, l'écrivain comtois fut nommé sous-lieutenant et affecté à la 2e compagnie du 166e. Son nouveau grade n'atténue pas, dans ses lettres, la vivacité de ses critiques :

Hier matin, les camarades ont dû faire 5 kilomètres pour aller se présenter devant le général B... de M..., le général « Marmite » comme on l'appelle depuis que sa venue à Manbreulles, et une revue qu'il voulut déjà faire passer là-bas à dix heures du matin, amena sur le village une pluie de marmites qui fit six morts et autant de blessés... Ce matin donc il a recommencé : seulement, comme il craint la pluie de marmites il passe ses revues très en arrière. Cette attitude est très mal vue des hommes qui, déjà fatigués, ne tiennent pas à faire des marches aussi stupides pour des revues aussi ridicules. Naturellement, comme ils avaient encore sur leurs effets une partie de la boue des tranchées, ils se sont fait engueuler et les officiers itou.

Le 22 mars 1915, alors que depuis huit jours se succédaient sans répit les inutiles et odieuses attaques de Marchéville, Pergaud, dans une lettre adressée à Lucien Descaves, se montra encore plus révolté :

Le 19, on nous a lancé à l'assaut des tranchées boches formidablement retranchées sur lesquelles l'artillerie n'avait aucun effet. J'ai vu tomber à mes côtés quantité de braves dont le sacrifice héroïque méritait mieux que ça. Au demeurant, c'était une opération stupide à tous les points de vue... Mais il fallait sans doute une troisième étoile au c... sinistre qui commande la division de marche. Je vous donne là l'opinion de tout le régiment qui, sans rien dire, a obéi comme il devait, se faisant hacher par les mitrailleuses et les marmites. Comment ai-je pu passer au travers ? Je l'ignore ; mais je n'oublierai jamais ce champ de bataille tragique, les morts, les blessés, les mares de sang, les fragments de cervelle, les plaintes, la nuit noire illuminée de fusées et les 75 achevant nos blessés accrochés aux fils de fer qui nous séparent des lignes ennemies...

Ces horreurs, Louis Pergaud tenta jusqu'à la fin de les taire à Delphine, sa femme. La dernière lettre qu'il lui adressa, le mercredi 7 avril 1915, est à ce sujet fort significative :

Ma Chérie,

J'ai reçu hier de toi une bien longue lettre, toute imprégnée d'amour, toute débordante de tendresse. Merci mon bon petit de m'écrire si longuement et de me dire des choses si douces au cœur, si réconfortantes...

Nous n'avons pas bougé hier encore et j'ai passé une très bonne nuit dans un bois de lit rempli de paille avec mon sac de couchage, une couverture et un oreiller.

Il a plu toute la nuit. Mais aujourd'hui, il n'est encore rien tombé. Le canon gronde toujours à côté de nous et la fusillade crépite. Les Boches ont essayé vainement de nous canarder, mais leurs obus, à bout de souffle venaient péniblement renifler dans la terre à 50 mètres du village.

A demain, ma chérie, je te prends dans mes bras et je t'embrasse de toute mon âme, de toutes mes forces et de tout mon cœur.

Delphine Pergaud ne reçut pas d'autres lettres de son mari. C'est par quelques rares témoignages, dont celui du lieutenant de Montvert, qu'on essaya, beaucoup plus tard, d'éclaircir le mystère de cette tragédie :

Dans la nuit du 7 au 8 avril 1915, à 2 h 30, au cours d'une attaque dirigée par la Cote 233 au sud de Marcheville, j'ai pu réussir à passer les réseaux de fil de fer allemands avec une partie de ma compagnie, mais au petit jour, trop peu nombreux pour donner l'assaut et faute d'être soutenus par les compagnies voisines, nous avons dû nous replier dans de petites gabionnades d'attaque. Louis Pergaud, toujours brave et plein d'entrain, avait passé le réseau des premiers ; et il entraînait sa section vers la tranchée allemande, lorsqu'il a été blessé au pied si l'on en croit quelques hommes de sa section. Dans le mouvement de repli, il fallait de nouveau traverser le réseau sous un feu nourri ; il a été impossible de le ramener. Plus tard, dans la matinée, j'ai vu quelques Allemands sortir de leur tranchée et ramasser nos blessés avec beaucoup de précautions. J'ai observé à la jumelle, mais vous savez le temps qu'il a fait en cette première semaine d'avril ; peut-être connaissez-vous la Woëvre et ses marécages ? Nous n'étions qu'un amas informe de boue et il m'a été impossible de distinguer si, parmi les blessés, se trouvait Louis Pergaud. Depuis lors, je n'ai aucun renseignement sur lui...

L'atroce vérité sur la mort de l'écrivain ne fut révélée à sa famille, à ses amis, il n'y a seulement que quelques années, lorsque M. Sunier, préfet de Courtelary en Suisse, découvrit et traduisit, à la Bibliothèque cantonale de Berne, l'historique des 36e et 66e régiments d'infanterie de Landwehr, adversaires directs du 166e R.I. français auquel appartenait Louis Pergaud :

Aidés et soutenus par leurs brancardiers, les blessés français s'approchèrent alors de notre tranchée ; ils passèrent leurs bras derrière la nuque de nos jeunes et secourables grenadiers et ceux-ci les conduisirent derrière notre tranchée où on les rangea, allongés ou assis selon la nature de leurs blessures. Tous ou à peu près semblaient sortir d'une glaisière, blocs d'argile dont la teinte uniforme était marbrée de filets de sang... Pendant que s'accomplissait cette œuvre de charité, l'artillerie française se mit soudain à tirer. La première salve tomba juste là où se trouvaient les blessés français que nous étions allés chercher. Les éclatements s'accompagnèrent d'un immense cri de détresse. La deuxième salve arriva à ce moment et tomba si près de nous que le déplacement de l'air fit chanceler brancardiers et brancards... Quant aux blessés français qui étaient restés dehors, ils ne purent être mis à l'abri. Tous ont eu une mort atroce.

Personne ne retrouva jamais le corps de Louis Pergaud. Il repose depuis le 8 avril 1915 avec de nombreux camarades de sa section, quelque part dans la terre glaiseuse de Marchéville-en-Woëvre... Tué par un obus français !

Si j'ai tenu à évoquer aussi longuement la fin de l'auteur du *Roman de Miraut,* c'est parce qu'il fut le plus grand des écrivains comtois et que, même parmi ses compatriotes, cet épisode tragique est resté peu connu. Aujourd'hui, c'est vivre un instant avec lui que de se rendre un jour d'été à Landresse, sur ce plateau du Haut Doubs dont il a su si bien vanter l'attrait rustique dans ses livres [1].

Les commandements des pauvres maires.

Si les localités des environs de Clerval et Baume-les-Dames ont évolué vers une plus grande tolérance, si la religion, qui séparait autrefois les communautés entre « blancs » et « rouges », sert de moins en moins de clivage en matière électorale, il n'en a pas toujours été ainsi. Jusqu'à la dernière guerre, dans certains villages, on sonnait le tocsin lorsque les résultats des élections n'étaient pas favorables aux candidats recommandés par l'évêché. L'autre bord réagissait à sa façon au sort contraire des urnes, par des couplets vengeurs chantés dans les cabarets.

La période révolutionnaire d'après 1789 n'alla pas sans difficultés pour les municipalités franc-comtoises. Suspectés à peine élus, les maires se succédèrent à une telle cadence qu'il fallut bientôt faire appel aux plus humbles pour occuper cette fonction. Dans un bourg, on décida de nommer le cordonnier local. Las ! le bonhomme s'appelait Louis Pape. Le Comité de Salut Public délibéra afin de débaptiser le maire qu'on envisagea d'appeler Raison. Pape refusa énergiquement de changer son nom et accepta seulement d'abandonner son prénom. Il exigea aussi qu'on lui versât un salaire décent pour compenser les heures passées hors de son échoppe au service de la communauté. Le budget municipal étant fort modeste, les caisses furent bientôt complètement vides et le malheureux Pape se

1. André Besson a rendu hommage à son illustre confrère en lui consacrant, pour la télévision, un téléfilm où le comédien Philippe Clay incarnait le rôle de Louis Pergaud.

retrouva en prison pour « imprévoyance budgétaire ». Menacé de la guillotine, il fut tout heureux de recouvrer sa liberté après la Terreur et de reprendre sa place au fond de sa boutique.

Sous la IIIe République, dans les villages de la région de Baume-les-Dames, la désignation d'un maire posait toujours un problème difficile. Craignant une trop forte personnalité, les conseillers votaient le plus souvent pour le plus bête afin de mieux pouvoir le manœuvrer. On se méfiait aussi des malhonnêtes et des beaux parleurs dont on sapait la candidature entre deux scrutins par des propos de ce genre : « Vote pas pour X..., il te volerait même si t'étais tout nu ! »

Pauvres maires ! Ces étonnants préceptes retrouvés dans les archives d'une petite commune comtoise montrent combien déjà, sous le règne de Jules Grévy, leurs administrés étaient exigeants :

La loi comme l'église a ses commandements
Pour un maire apprenez quels sont les règlements :
A la Maison commune être journellement,
Lire tous les papiers très attentivement,
Recevoir le public toujours courtoisement..
Présider le Conseil, en subir gravement
Les prolixes débats sans découragement...
Chose plus grave encore, unir des cœurs aimants
Qui bientôt maudiront le maire et leur serment.
Au chef lieu du canton, mener une fois l'an
Les conscrits que l'Etat veut voir nus comme Adam...
Ne recevoir jamais le moindre traitement,
Et souvent du pays aucun remerciement,
Tel est le sort d'un maire habituellement,
Il peut avoir parfois un dédommagement
Mais il lui faut pour ça mourir subitement ;
Alors le peuple ému se dit tardivement :
C'était un maire habile et d'un grand dévouement,
Accompagnons son corps avec recueillement,
Le plus beau jour pour lui, c'est son enterrement !

Jouffroy-la-Pompe.

A Baume-les-Dames, charmante cité qui fut autrefois le siège d'une abbaye où des nonnes nobles et riches menaient une existence plus mondaine que religieuse, nous retrouvons le Doubs, large et paisible, poursuivant imperturbablement son chemin vers des horizons rhodaniens.

Les méchantes langues disent quelquefois que Baume n'est remarquable que par ses craquelins dont la réputation remonte à la plus haute antiquité. On raconte que c'est saint Martin qui aurait enseigné aux habitants de la petite ville le secret de fabrication de ces délicieuses friandises en remerciement de leur accueil.

Passant un jour à Baume-les-Dames au cours d'un déplacement évangélique, le grand saint fut invité à prendre un rafraîchissement dans une taverne. En sortant, il ne vit plus son âne qu'il avait attaché à un anneau devant la porte. Aussitôt, tous les enfants du quartier partirent à la recherche de l'animal qu'ils retrouvèrent deux heures plus tard extra-muros, occupé à pâturer goulûment l'herbe d'un pré.

Joyeusement, les gamins ramenèrent l'âne à son propriétaire et escortèrent leur hôte jusqu'à la sortie de la ville. Tout le long du chemin, le baudet, sans doute mécontent d'avoir été arraché à son festin, ne cessa de laisser tomber... ce que l'on devine. Au moment de se séparer de ses petits amis, saint Martin leur dit : « En rentrant chez vous, ramassez donc les crottes de mon âne... »

Les enfants un peu étonnés firent ce que le saint homme leur recommandait et emplirent leurs poches. Lorsqu'ils furent à la maison, ils constatèrent que les crottes s'étaient miraculeusement transformées en pâtisseries friandes auxquelles on donna par la suite le nom de craquelins.

C'est cependant à un événement moins contestable que Baume-les-Dames doit d'être entré dans l'Histoire. Alors que cette cité se trouve située à quelque huit cents kilomètres de la mer, elle fut le berceau de la... navigation à vapeur !

C'est en effet en juin 1776 que pour la première fois au monde, une embarcation propulsée par une autre énergie que celle de l'homme, de l'animal ou du vent, se déplaça sur le Doubs, entre Baume et Besançon.

A l'origine de cette expérience qui allait, au siècle suivant, révolutionner les transports maritimes, il y avait un jeune inventeur franc-comtois, le marquis Claude-François-Dorothée Jouffroy d'Abbans dont le château familial était situé à quelques kilomètres de Quingey.

Né en 1751, ce gentilhomme avait servi comme sous-lieutenant au régiment de Bourbon-Infanterie. Le colonel de cette unité était le comte d'Artois, futur Charles X, à peine âgé de quinze ans. Ayant gagné les faveurs d'une des plus jolies et des plus spirituelles dames de la cour de Versailles, par surcroît duchesse, Jouffroy d'Abbans fut jalousé par le futur monarque qui éprouvait une vive passion pour elle. Le petit-fils de Louis XV, piqué de l'inclination de la belle pour un pauvre officier de son régiment, convoqua son rival afin de lui faire comprendre qu'il n'était pas séant de supplanter un prince du sang dans le cœur d'une dame.

Peu porté à la complaisance, notre Comtois refusa de céder la place et, le ton ayant monté, créa l'irréparable en reprenant à son compte la célèbre réplique du comte de Périgord à Hugues Capet : « Monseigneur, ce ne sont pas les rois qui font les gentilshommes, mais les gentilshommes qui font les rois ! »

Cet affront fut jugé d'autant plus grave par le jeune prince, que son adversaire avait osé faire allusion, malgré la différence de leur rang, à la possibilité de l'affronter en duel. Quelques jours plus tard, Jouffroy d'Abbans était renvoyé de l'armée et déporté, par lettre de cachet, aux îles de Lérins, dans la prison d'Etat du fort Sainte-Marguerite. Il devait rester incarcéré durant deux ans dans la cellule qu'avait occupée un siècle auparavant un détenu mystérieux, le célèbre « Masque de fer ».

Réduit à une inaction totale, le gentilhomme pouvait voir, à travers les barreaux de sa prison, un spectacle déprimant : celui des galères royales venues de Toulon évoluant dans la baie de Cannes au prix de la sueur des forçats fouettés par les gardes-chiourme.

Le jeune marquis fut tellement révolté par cette cruauté qu'il décida de mettre à profit ses loisirs forcés pour chercher comment remplacer dans la navigation le souffle du vent ou la peine des hommes. Ayant obtenu du gouverneur l'autorisation de faire venir dans sa cellule des traités nautiques et du papier, il se mit à étudier le fonctionnement de la « pompe à feu » dont l'ingénieur écossais Watt venait par différentes transformations d'améliorer le rendement et de diminuer les besoins en combustible. Il pressentit qu'on pourrait utiliser un jour cette machine à vapeur comme moyen de propulsion et qu'il réussirait là où Denis Papin, l'Anglais Hull et l'Espagnol Blasco de Garay avaient échoué.

Les études théoriques de Jouffroy d'Abbans étaient déjà bien avancées lorsque mourut Louis XV. En don de joyeux avènement, Louis XVI décida de gracier un certain nombre de condamnés. Parmi ceux-ci se trouvait le jeune marquis. Il quitta donc l'île Sainte-Marguerite en emportant ses plans, ses croquis de bateaux et, après un court séjour dans sa chère Franche-Comté, rejoignit Paris.

Dans la capitale, il se mêla à la foule des badauds venus admirer l'étrange machine importée à grands frais de Birmingham par les frères Périer et avec laquelle, depuis la colline de Chaillot, ils faisaient remonter l'eau de la Seine [1], ce qui inspira les vers suivants à un chansonnier de l'époque :

Je vois par un sort nouveau,
Le feu devenir porteur d'eau.

Jouffroy d'Abbans obtint l'autorisation d'étudier le fonctionnement de la fameuse pompe qu'il observa en connaisseur. Il devint vite le confident de Jacques et Constantin Périer. En se référant à ses propres travaux, il se permit de ne pas partager leurs conceptions en matière de propulsion nautique. C'était beaucoup d'outrecuidance de la part de ce jeune provincial autodidacte que de contredire ces savants à l'autorité consacrée. Une tentative d'utilisation de la « pompe à feu » à bord d'un

1. L'actuelle rue de la Pompe perpétue le souvenir de cette machine.

bateau sur la Seine ayant abouti à un échec comme l'avait prévu le Franc-Comtois, celui-ci eut le tort de critiquer les frères Périer et d'avancer que lui se sentait capable de conduire l'expérience au succès. Brouillé avec les ingénieurs, couvert de sarcasmes dans les milieux scientifiques parisiens, Jouffroy d'Abbans décida de rentrer dans sa province et d'y poursuivre, seul, ses travaux.

Dans le château paternel, avec pour toute aide celle de deux chaudronniers de village, Pourchot et Marmillon, il entreprit la construction de son bateau. La tâche paraissait d'autant plus malaisée que le gentilhomme était sans fortune, sans expérience et sans outils. Heureusement, la folle entreprise fut soutenue financièrement par l'abbesse de Baume-les-Dames, Elisabeth, sœur aînée du futur inventeur, qui avait foi en son génie. Même dans son pays, Jouffroy d'Abbans devint la risée des beaux esprits qui l'affublèrent des sobriquets « Jouffroy-chaudron » ou « Jouffroy-la-pompe ». A cette époque, il était peu courant qu'un noble se livrât à ce genre d'activité. Un seigneur effectuant un travail manuel dérogeait. Même les marottes de Louis XVI s'amusant avec des serrures n'étaient pas jugées tellement convenables.

Jouffroy n'avait cure de ces critiques mesquines. Faisant sienne la maxime de La Rochefoucauld, il estimait « qu'il vaut mieux déroger à sa qualité qu'à son génie ». Plus tard, le grand savant Arago lui rendra justice en ces termes :

La construction de cet appareil, dans une localité où il était impossible de se procurer des cylindres fondus et alésés, était une œuvre de génie, de courage et de patience ; malgré ses imperfections il était supérieur à tout ce qui avait été proposé jusqu'alors pour la navigation.

En juin 1776 le pyroscaphe de « Jouffroy-la-pompe » basé sur le principe des rames palmipèdes, fut lancé sur les eaux du Doubs à Baume-les-Dames et effectua, à la stupeur générale, plusieurs navettes entre cette cité et Besançon. Cette expérience réussie, dont l'humanité allait tirer le plus grand profit, fut accueillie par des ricanements dans les châteaux comtois :

« Connaissez-vous, écrivait l'un de ses détracteurs, ce gentilhomme de Franche-Comté qui embarque des pompes à feu sur les rivières, ce fou qui prétend accorder le feu et l'eau ? »

Fort de son premier succès, Jouffroy d'Abbans poursuivit inlassablement et, pourrait-on dire, contre vents et marées ses recherches. A Lyon, le 15 juillet 1783, il fit remonter le courant du Rhône à un énorme prototype de 130 pieds de long (45 mètres), 14 pieds de large et tirant d'eau de trois pieds, muni de chaque côté de roues motrices à aube auxquelles une machine à vapeur à deux cylindres imprimait un mouvement de rotation continu.

Cette nouvelle expérience se déroula en présence de dix mille témoins et de toutes les sommités scientifiques lyonnaises qui furent enthousiasmées en voyant « cet énorme bateau se mouvoir sur le fleuve sans qu'un seul homme apparût sur le pont, sans qu'une seule voile ne fût déployée, par l'action invisible de la machine enfermée dans ses flancs ».

Un acte notarié fut dressé ce jour-là, officialisant l'exploit de M. de Jouffroy d'Abbans qui avait « fait évoluer un bateau sans le secours du vent ni d'aucune force animale et par l'effet de la pompe à feu ».

Mais déjà, à cette époque, rien de ce qui se faisait hors de Paris n'était pris au sérieux. Pour l'histoire, l'inventeur franc-comtois fut frustré de sa géniale découverte et c'est l'Américain Robert Fulton, dont le bateau à vapeur navigua vingt ans plus tard, en août 1803, sur la Seine, qui passa à la postérité, bien qu'il eut très loyalement rétabli la vérité en déclarant :

Si la gloire du pyroscaphe appartient à quelqu'un, elle est à l'auteur des expériences de Lyon, faites en 1783 sur le Rhône et la Saône.

Quant à Jouffroy d'Abbans, que son père avait déchu de son droit d'aînesse, il termina ses jours dans la misère et la solitude, après avoir été, durant toute sa vie en butte aux railleries des gens de son monde, aux cabales incessantes des milieux scientifiques et industriels. Il mourut à Paris, le 18 juillet 1832, lors de la grande épidémie de choléra. Son corps, emmené en hâte sur une charrette, fut jeté dans une fosse commune et recouvert de chaux par crainte de contagion.

Les mendiants de Brétigney.

A sept kilomètres de Baume-les-Dames, sur la rive gauche du Doubs, se trouve un village dont le nom eut pendant des siècles une fâcheuse réputation en Franche-Comté et même au-delà de cette province. Il s'agit de Brétigney-Notre-Dame, dont l'occupation principale des habitants était devenue une industrie prospère : la mendicité.

Terre de passage des grandes migrations des proscrits en route vers l'exil, le pays comtois fut toujours hospitalier aux voyageurs errants et démunis. Si les maisons accueillaient les pèlerins, vrais ou faux, ce n'était pas seulement par pure charité chrétienne mais aussi parce qu'un certain nombre de légendes prétendaient qu'on risquait de se voir jeter un sort en agissant autrement.

Dans les fermes, il y avait toujours au bout de la table une place réservée pour le pauvre. C'étaient souvent les mêmes qui revenaient périodiquement. On finissait par s'habituer à eux et de leur côté, ils connaissaient tous les membres de la famille. Dans le Haut-Pays, on les attendait même avec plaisir car ils étaient de véritables gazettes vivantes de la montagne, rapportant les potins et les nouvelles des vallées voisines. On les appelait les « rôliers » (les rouleurs). Vêtus d'une simple cape rapiécée, d'un large chapeau de cuir tanné par les intempéries, chaussés de bottes éculées, un bâton noueux à la main, une besace au côté, ils allaient ainsi durant toute l'année de village en village, parcourant parfois plusieurs cantons.

Avant de franchir le seuil d'une maison, ils se signaient et récitaient le « Notre Père ». Le soir, on leur permettait de coucher à l'étable, mais le maître exigeait auparavant qu'ils lui remettent leurs allumettes ou leur briquet. Lorsqu'un couple se présentait pour la nuit, on ne l'acceptait qu'à condition qu'il fournisse les preuves de son mariage. Ce qu'on redoutait par-dessus tout de ces errants, c'était leur mauvaise odeur et leur vermine ; c'est pourquoi bien rares étaient les familles où on leur offrait un vrai lit. Quelquefois, à titre de compensation, on leur demandait quelques menus travaux (balayage de la grange, sciage du bois de chauffage...). Pour les plus paresseux, c'était souvent le meilleur moyen de les faire déguerpir car ils avaient horreur du travail.

Il y avait aussi la catégorie des estropiés, aveugles, manchots, unijambistes se déplaçant avec des béquilles. Tous ou presque se prétendaient anciens soldats et racontaient inlassablement les histoires, véridiques ou imaginaires de leurs campagnes au service du roi ou de la République. D'autres dévoilaient des plaies affreuses pour inspirer la pitié de leurs hôtes mais ce n'était souvent qu'une habile supercherie. Les habitants de Brétigney étaient passés maîtres dans l'art de susciter la compassion des gens. Depuis la fin du XVIIe siècle, ils avaient élevé la pratique de la mendicité à la hauteur d'une institution au point qu'on ne les appelait pas « rôliers » mais « tuneux », dérivé du mot espagnol « tuna » qui signifie vagabondage.

Alors que la plupart des autres mendiants n'avaient pas de domicile fixe, les « Bretigniès » possédaient tous une maison dans ce village, dans laquelle ils revenaient passer bien au chaud les mois les plus froids de l'hiver. Ils reprenaient la route dès le printemps, le plus souvent par couples, mais selon des modalités qu'un commissaire du Directoire exécutif rapporta :

Se forme une convention par laquelle l'homme s'associe à la femme de son voisin, et ils prennent des routes différentes. Vous pensez bien qu'ils ne se bornent pas seulement à mendier. Ce vagabondage est fruit de la paresse, de la gourmandise et du libertinage.

Au retour de leurs fructueuses randonnées, les « tuneux » partageaient le produit de leurs quêtes et échangeaient également leurs idées sur la manière la plus efficace de mendier. Charles Thuriet a témoigné ainsi de leurs méthodes :

Les gueux de Brétigney avaient une recette pour se couvrir le corps de plaies et d'ulcères, au moyen desquels ils émouvaient le peuple à compassion et se procuraient d'abondantes aumônes. On dit qu'ils se servaient à cette fin de la racine d'une espèce de renoncule qui croît dans la vallée de l'Audeux. Ces fourbes s'en frottaient les bras, jambes et cuisses pour se les exulcérer, afin d'exciter la pitié des passants.

En 1804, très officiellement, le préfet Jean de Bry se livra à une étude sur cette curieuse population et rédigea un rapport qu'il transmit au gouvernement :

Il existe parmi les habitants de Brétigney un esprit de mendicité particulier et si bien établi que tous les efforts faits jusqu'ici pour le détruire ont été impuissants. Ces gens ne mendient pas dans leur pays ; ils jouissent même de la réputation de gens paisibles, tranquilles, incapables d'attenter à la sûreté des personnes et des propriétés de leurs voisins ; mais ils ont la manie d'aller parcourir les départements éloignés, même les pays étrangers, munis de certificats ou de passeports qu'ils ont l'art de se procurer : l'un, sous le titre de comte ou de marquis ruiné par l'effet de la Révolution ; l'autre, sous celui de négociant accablé sous les poids des vols qu'on lui a faits et des banqueroutes qu'il a essuyées ; un troisième, comme victime d'une épizootie, d'une inondation, d'un incendie ou de quelque autre accident propre à exciter la compassion et la générosité. Plusieurs possèdent divers idiomes et prennent chez les fripiers des habits analogues au rôle qu'ils se proposent de jouer ; ils sont au courant de tous les événements désastreux dont les papiers publics font mention, et se hâtent de se munir de tout ce qu'il faut pour persuader que cela les regarde. Leurs courses sont désignées sous le nom de « tunes ». Un affidé dans la commune reçoit leurs lettres de change et leur rend compte, au retour, avec fidélité. A les entendre, ils ont parents partout, et le prétexte le plus ordinaire qu'ils emploient pour obtenir des passeports est d'aller régler leurs affaires en famille. Cette coutume est fort ancienne dans le pays de Brétigney. Avant la Révolution, les intendants de la province en avaient été informés et avaient songé à y porter remède. A cette fin, ils avaient ordonné que chaque semaine on ferait rappel nominal dans la commune, et que ceux qui ne se présenteraient pas seraient punis ; mais la force de l'habitude l'a toujours emporté sur la mesure de répression.

La pratique de la « tune » finit pourtant par se raréfier et disparut complètement à la fin du siècle dernier après qu'un nommé Cachot, ancien colporteur devenu maire de la commune, eut enseigné aux habitants comment on pouvait vivre décemment en travaillant, sans se livrer au vagabondage, à l'escroquerie et au brigandage qui avaient conduit plus de gens aux galères et au bagne qu'ils n'en avaient enrichis.

En 1950, les petits-enfants des « tuneux » avaient oublié les exploits de leurs ancêtres, lorsqu'une lettre étonnante en provenance des Indes arriva à la mairie.

Conformément aux dernières volontés d'un nommé Pierre Bonnet, décédé sans descendance directe cinquante années plus tôt à Calcutta, on venait de procéder à l'ouverture de son testament. Il attribuait sa fortune, estimée à 73 millions de dollars, soit 40 milliards d'anciens francs, aux personnes nommées Bonnet, habitant ou nées à Brétigney son village natal.

A l'époque, le fabuleux héritage de l'« oncle des Indes » fit grand bruit. Nombreux furent les Bonnet de France et de l'étranger qui cherchèrent à faire valoir leurs droits lors du partage du pactole légué par l'ancien « tuneux ».

La vigne du " Taciturne "

Sans quitter encore le département du Doubs, prenons la route des colporteurs, qui conduit à Rougemont. Un château féodal flanqué de cinq imposantes tours carrées de grès rouge défendait autrefois ce petit bourg proche de l'Ognon, la rivière servant aujourd'hui de limite au département de la Haute-Saône.

On raconte qu'à l'époque où il régnait sur la Franche-Comté, l'empereur Charles Quint, qui n'était pas spécialement un gai luron, vint visiter un jour de l'an de grâce 1555 son vassal Guillaume de Nassau, seigneur de Rougemont. Celui-ci n'avait pas non plus la réputation d'un joyeux drille et on le surnommait « Le Taciturne ». Il était très riche car il venait d'hériter du titre et des biens des princes d'Orange à la mort de son cousin René de Nassau.

Le sire de Rougemont décida de recevoir son hôte illustre en grand apparat. Outre des fêtes somptueuses, il fit préparer un plantureux repas composé des mets les plus rares. Quant au vin, il choisit le Champoté blanc, un cru renommé récolté sur ses terres.

Les deux éminents mais moroses personnages trouvèrent ce vin si gouleyant qu'ils en abusèrent un peu. Chose étonnante pour leur entourage, ils se mirent à rire et à chanter. Les gens de la suite de Charles Quint et les féaux du « Taciturne » n'avaient jamais vu leurs maîtres aussi réjouis. Ils entonnèrent à leur tour des chants bachiques pour leur être agréables.

A la fin du banquet, l'empereur manifesta le désir d'acheter la vigne qui produisait le nectar au si euphorisant effet. Le prince d'Orange s'empressa de la lui offrir.

Charles Quint n'eut plus jamais l'occasion de boire ce vin bouqueté. Il mourut peu après et son fils, Philippe II d'Espagne, qui lui succéda, se désintéressa des quelques arpents plantés de ceps de Champoté. A la fin du XIXe siècle, le phylloxéra ravagea totalement le vignoble de Rougemont. Ainsi disparut, hélas ! ce cru fameux qui avait eu le don de faire chanter deux grands personnages à la réputation morose.

La cancoillotte.

Rougemont est aussi le pays de mon excellent ami Robert Bichet. Ancien journaliste et résistant, il fut, à la Libération, ministre de l'Information dans l'un des premiers gouvernements du général de Gaulle. Il a poursuivi, depuis cette époque, une belle carrière littéraire et nous a donné des livres savoureux.

Après avoir vanté les gaudes, l'onctueux potage à base de farine de maïs qu'on déguste dans la Bresse jurassienne, il est devenu le chantre d'une autre spécialité culinaire comtoise, la cancoillotte.

Ce fromage coulant, dérivé de la fermentation du lait caillé écrémé, est né par hasard à Oyrières, au XVIe siècle. On raconte qu'une paysanne de ce village s'étant trompée en faisant chauffer du petit-lait destiné à ses cochons, aurait produit accidentellement du « metton », l'ingrédient à la base de l'odorant aliment.

La meilleure cancoillotte est en effet fabriquée à partir de grumeaux fermentés à température constante. C'est la raison pour laquelle on prétend qu'autrefois on tenait le " metton " au chaud durant une semaine sous l'édredon des grands-mères impotentes couchées dans les alcôves. D'autres, plus valides, l'auraient porté dans des petits sacs suspendus sous leurs jupes...

Rassurons les amateurs de ce savoureux fromage. Il sort aujourd'hui de fabriques qui respectent toutes les règles d'hygiène imposées par les experts de la Communauté économique européenne.

Issu de notre terroir comtois, la cancoillotte, qu'on appelait autrefois " fromagère ", n'est entrée que depuis une quarantaine d'années dans le dictionnaire de l'Académie française. Ce fut à la diligence de l'écrivain Daniel-Rops dont l'ascendance maternelle était enracinée depuis longtemps dans notre région. Il était aussi l'ami du poète Charles Thuriet dont il connaissait sans doute ces vers évocateurs :

... Dans un beau linge clair-maillé
Avec amour on emmaillotte,
Un gros amas de lait caillé
Principe de la cancoillotte...

Le premier résistant de Franche-Comté.

A deux kilomètres de Rougemont se trouve le domaine de Bournel. Dans l'immense parc de quatre-vingts hectares d'un château néo-gothique construit en 1860, les golfeurs français et étrangers viennent pratiquer leur sport favori au milieu d'un décor bucolique d'une grande beauté.

La propriété appartient aux de Moustier, une très vieille famille comtoise qui tire ses origines du village de Mouthier-Hautepierre, dans la vallée de la Loue.

Les de Moustier se distinguèrent sur les champs de bataille dès l'époque des Croisades. Ils y illustrèrent leur fière devise : “ Moustier sera maugré le Sarrazin ! ” (Moustier sera maudit par le Sarrazin !).

La tradition chevaleresque de cette famille fut perpétuée sans discontinuer au cours des siècles. L'un de ses derniers descendants, le marquis Léonel de Moustier, né en 1882, simple lieutenant durant les batailles de la Marne et de Verdun, obtint pour son courage cinq citations, la croix de guerre et la légion d'honneur pendant la guerre 1914-1918.

Devenu député du Doubs, père de douze enfants, l'ancien poilu aurait pu, en 1939, échapper à la mobilisation. Il s'engagea au contraire à 57 ans dans une unité combattante, aux côtés d'un de ses fils, le sergent Georges de Moustier qui devait être tué lors des combats de la Lauter, en Alsace.

C'est pourtant à un autre titre que le vieux marquis est aujourd'hui considéré, sinon comme l'un des premiers résistants français, du moins comme le tout premier résistant de Franche-Comté.

Alors que le 10 juillet 1940 une majorité de députés, de droite comme de gauche, se rallièrent au maréchal Pétain, Léonel de Moustier fut parmi les quatre-vingts parlementaires qui refusèrent les pleins pouvoirs au nouveau chef de l'Etat. Le soir même de son vote hostile à Vichy, il déclara : “ Pour moi, le seul chef que je reconnaisse désormais à la France s'appelle Charles de Gaulle ! »

Il n'allait pas tarder à mettre en pratique cet esprit de résistance. Dès l'automne 1940, le château de Bournel, qu'on surnommait dans la région le " Marquisat ", vit affluer des dizaines de gens traqués par la police allemande : prisonniers de guerre évadés, Alsaciens-Lorrains réfractaires à la germanisation, aviateurs alliés abattus au-dessus de la France, agents de renseignements alliés... Tous trouvèrent refuge et appui chez les de Moustier qui hébergèrent notamment Pierre de Vomécourt, un des premiers émissaires du général de Gaulle parachuté en zone occupée, de même que le colonel Maurin, chef de la résistance en Franche-Comté.

Cette dangereuse activité clandestine devait, hélas ! se terminer tragiquement. Le 23 août 1943, sans doute à la suite de la dénonciation d'un agent double, Léonel de Moustier et ses fils furent arrêtés par la Gestapo.

Après un passage à la prison de la Butte à Besançon, on transféra les prisonniers au camp de concentration de Neuengamme. Leur voyage à bord de wagons à bestiaux dura quinze jours et fut épouvantable. A l'arrivée, on dénombra des dizaines de morts et un grand nombre de déments qui furent abattus aussitôt par les nazis.

Malgré cette souffrance, cette misère, l'indomptable marquis ne se laissa pas aller au désespoir. Il constitua au contraire un petit noyau de résistance et d'entraide parmi les déportés.

Auguste Lavaire, de Port-sur-Saône, qui fût son compagnon de captivité, a raconté plus tard : " Comme vêtement, le marquis avait un vieux chapeau de feutre, une chemise déchirée, une mince veste sans boutons, un pantalon rapiécé ainsi que des « claquettes » (simples semelles de bois). Il vivait au bloc 10 avec cinq cents à six cents autres malheureux couchant à deux dans un lit de 74 centimètres de large, vivant de trois cents grammes de pain noir et d'un litre de soupe à l'eau par jour... "

Léonel de Moustier n'allait pas tarder à être rejoint dans cet enfer par d'autres membres de sa famille : son fils Guy, son gendre, le comte Armand et deux de ses neveux. Pendant des mois, les SS s'acharnèrent sur ces aristocrates. Parce qu'ils gardaient leur dignité dans l'adversité. Parce qu'ils donnaient l'exemple du courage, réconfortaient ceux qui flanchaient. Parce qu'ils essayaient d'insuffler à leurs frères de misère un peu de leur foi, de leur espérance en l'avenir.

Hélas ! en février 1945, alors que l'Allemagne hitlérienne vacillait, que la fin du cauchemar approchait, les mauvais traitements infligés par les gardes-chiourme allaient être fatals aux membres de l'héroïque famille. Léonel de Moustier et son gendre furent les premiers à succomber, bientôt suivis dans les fosses communes par les neveux du vieux marquis.

Guy de Moustier, héritier du titre, fut le seul à rentrer au château de Bournel en mai 1945, squelette vivant, méconnaissable, échappé miraculeusement au sort tragique de tous les siens.

Cinquante années après ce drame, au terme d'une existence consacrée aux œuvres de la déportation et des handicapés, le rescapé des camps de la mort devait finir lui-même tragiquement sa vie dans un accident de la route, à Lisle-sur-le-Doubs, un soir de novembre 1994.

VIII

EN HAUTE-SAÔNE

« Celui qui ne se rend point compte de ce qui s'est passé au cours des siècles végète dans les ombres de l'ignorance et se borne à vivre au jour le jour. »

GOETHE

Le temps des famines.

Quittons le département du Doubs pour entrer dans celui de la Haute-Saône. Cette région aujourd'hui sinistrée en matière agricole fut autrefois très prospère en raison d'une production locale intensive, celle de la pomme de terre. Ça lui valut le surnom un peu péjoratif de « Haute-Patate ».

Il faut dire qu'avant qu'on ne cultivât ce tubercule miraculeux en Franche-Comté, les conditions alimentaires des habitants étaient des plus frugales. Dans la majorité des communes, la production de froment étant insuffisante, on manquait de pain au cœur de l'hiver.

La nourriture de base était la soupe. Une bouillie composée de gruaux d'orge, de farine de maïs, de choux, de navets et de fèves. Le matin, au petit déjeûner, le brouet de la veille était allongé de lait.

On jugeait les ménagères à leur capacité d'accommoder ces maigres composants culinaires. Un dicton énonçait :

C'est la femme qui fait la soupe,
Et c'est la soupe qui fait l'homme !

Pendant longtemps, à de très rares exceptions, la viande fut absente des menus des pauvres gens. De même, on utilisa très peu le sel, bien qu'on en trouvât en abondance dans le sous-sol de la province comtoise. La gabelle en faisait un produit coûteux. Certains préféraient aller vendre celui qu'on leur attribuait, dans la province voisine de Bourgogne où les « salignons » (pains de quatre livres) coûtaient quatre fois plus cher qu'en Franche-Comté. Pour compenser le manque de sel lors de la cuisson des aliments, on utilisait une variété d'oseille sauvage « l'herbe à sel » récoltée sur les terrains marécageux.

Durant des siècles, nos ancêtres vécurent dans une sous-alimentation permanente. On rogna sur la nourriture dans la plupart des familles modestes. La condition sociale des gens se reconnaissait à leur physique : gros ventres chez les bourgeois, maigreur chez les pauvres.

La mémoire populaire gardait de génération en génération le souvenir des temps de disette. On disait : « Il est né la méchante année, celle où on a mangé les racines de fougère. » Ou bien encore : « Il fut le seul rescapé des temps de rien... Tous les siens sont morts durant la grande famine... »

Les prêtres s'efforçaient tant bien que mal de venir en aide à leurs paroissiens indigents. Le 26 mai 1750, le curé de Montbozon écrivit à son évêque : « J'ai un peu rangé les affaires de mes pauvres pour les empêcher de mourir de faim. Sur une recette d'un médecin de Paris qu'on m'a envoyée, je leur fais douze livres, poids de marc, de riz par jour avec lequel j'en nourris soixante ; ils ne sont pas sujets à l'indigestion, mais enfin, ils vivent. »

Même en dehors de années de famine, les restrictions alimentaires étaient de règle chez les gens du peuple. Les plus malheureux étaient les enfants. On leur donnait très peu à manger. Jamais entre les repas. Ils vivaient en permanence avec la faim. Lorsqu'ils se mettaient à pleurnicher parce que leur estomac les tiraillait, ils s'entendaient dire par leurs parents :

Tu as faim ?
Mange ta main !
Et garde l'autre pour demain !

En attendant l'heure de se mettre à table, les petits devaient se débrouiller pour chercher pitance. Ils tentaient de garnir leurs ventres vides avec tout ce qu'ils pouvaient trouver dans la nature : produits de maraude, baies sauvages, racines, parfois écorces d'arbres ou herbes des prés.

A table, il fallait surtout prendre son temps. Bien mastiquer les aliments. Faire durer le plus longtemps possible le plaisir de manger. Aux gloutons qui se ruaient sur la nourriture, on disait :

Morceau trop vite avalé n'a pas de goût
Et s'en va de suite au trou !

L'histoire de la pomme de terre

Vers la fin du XVIIIe siècle, un homme allait combattre efficacement les famines endémiques que nos ancêtres subissaient depuis la nuit des temps. Il fut de ce fait, pendant près de cent cinquante ans, à l'origine de la prospérité de la Haute-Saône.

En 1772, l'Académie des sciences, arts et belles lettres de Besançon, avait proposé comme sujet de son concours annuel : « Indiquez les végétaux qui pourraient suppléer, en temps de disette, à ceux que l'on emploie communément à la nourriture des hommes et quelle devrait en être la préparation ? »

Le choix du sujet reflétait les graves préoccupations qui hantaient alors l'esprit des économistes en raison de l'accroissement de la population, de la répétition des famines, de leur cortège de misères et d'émeutes.

La plupart des mémoires préconisèrent de replanter en Franche-Comté des châtaigniers qui y avaient été autrefois abondants avant d'avoir subi des hivers rigoureux.

Le lauréat du concours fut plus imaginatif. Il s'agissait d'un apothicaire né à Montdidier, en 1737, major de l'Hôtel royal des Invalides à Paris, Antoine-Auguste Parmentier. Autrefois attaché de santé à l'armée de Hanovre, il avait été fait prisonnier et venait de passer plusieurs années en Allemagne. Sa dissertation était une étude scientifique rigoureuse. Elle indiquait notamment la façon d'extraire, selon divers procédés, de la farine consommable, d'un tubercule appelé « pomme de terre ». Il en comparait la richesse en amidon à celle des autres végétaux et l'usage qu'on pouvait en faire pour les humains en la mélangeant à de la farine de blé. Ça donnait, disait-il, un pain assez agréable, moins coûteux que celui de froment.

Venue d'Amérique du Sud dans la seconde moitié du XVIe siècle, la pomme de terre s'était peu à peu répandue en Europe. Importée en Franche-Comté par des moines botanistes espagnols, son emploi se restreignait toujours à l'alimentation des animaux. Elle avait très mauvaise réputation. On la qualifiait d'indigeste, de flatueuse. On prétendait même qu'elle donnait la lèpre !

En Haute-Saône, sous l'Ancien Régime, on désignait encore la pomme de terre sous le nom de « cartouffle » dérivé de son appellation germanique.

Lors de sa captivité en Allemagne, Parmentier avait été frappé par l'énorme consommation que les habitants de ce pays faisaient de ce tubercule, sans aucun danger pour leur santé. Il préconisa d'en développer la production car, disait-il : « La pomme de terre est le plus utile présent que le Nouveau Monde a fait à l'Ancien. C'est du pain tout fait, qui ne demande ni le meunier ni le boulanger. Telle qu'on l'extrait du sol, elle devient sous la cendre chaude ou dans l'eau bouillante un aliment farineux qui rivalise avec le froment. »

Las de prêcher en vain les vertus de cette plante miraculeuse, Parmentier usa d'un stratagème pour développer sa culture. Il en fit planter près de Paris dans la plaine des Sablons, puis dans celle de Grenelle. Au moment propice de la récolte, il fit proclamer à son de trompe et de tambour qu'il était formellement interdit d'arracher ces tubercules, de les consommer et surtout de les replanter sous peine d'amende. Chaque jour, des gardes vigilants surveillèrent les champs. Par contre, durant la nuit, personne ne garda les carrés de patates. Intrigués par ce légume auquel son zélateur attachait tant de prix et prodiguait tant de soins, les paysans du voisinage allèrent marauder au clair de lune les intrigantes « parmentières » dont la consommation et l'ensemencement ne tardèrent pas à se développer.

En 1785, l'apothicaire-major eut la joie de voir les pommes de terre accueillies à la table du roi qui s'en délecta. Louis XVI reconnaissant décerna à Parmentier l'ordre envié de Saint-Michel. Ce cordon allait valoir quelques années plus tard bien des ennuis au botaniste. Il faillit le payer de sa vie sous la Terreur. Heureusement, le Directoire, le Consulat et l'Empire se montèrent reconnaissant envers celui qui avait aidé à combattre la famine. Il mourut en 1813 à Paris, à l'âge de soixante-seize ans, comblé d'honneur et ne laissant que des regrets.

En Haute-Saône, la culture de la pomme de terre prit d'année en année une importance considérable au point de dépasser les emblavures. A la fin du XVIIIe siècle elle devint la base de l'alimentation des Francs-Comtois. Ce légume inspira une chanson que l'on chanta lors des veillées :

Pour le dîner premier repas [1],
Des pommes de terre dans un p'tit plat (bis)
Et puis pour le dessert eh bien!
Encor' des pommes de terre
Et vous m'entendez bien (bis)
Pour le souper second repas
Des pommes de terre dans un grand plat (bis)
Et puis pour s'endormir eh bien!
Toujours des pommes de terre
Et vous m'entendez bien! (bis)

La grande lessive.

Si la Haute-Saône fut le berceau de la cancoillotte et de la pomme de terre, elle est aussi depuis toujours le royaume des

1. En Franche-Comté, le « dîner » est le repas de midi, le « souper » celui du soir.

sources, des fontaines, des abreuvoirs et des lavoirs. Certains de ces édifices sont de véritables monuments. Des bijoux d'architecture construits par des bâtisseurs de talent comme à Etuz, à Fondremand, à Fontenois-les-Montbozon un village riche de sept fontaines superbes pour six cents habitants !

Ces points d'eau eurent autrefois une très grande importance dans la vie des Francs-Comtois. Avec les fruitières où on apportait le lait, c'étaient des lieux de rencontre entre les habitants d'un même village. On tirait l'eau des puits le matin et le soir dans des seaux en bois transportés ensuite soit dans des « bouilles » (hottes), à bout de bras ou sur des charrettes traînées par des ânes ou des chiens.

La période de la lessive était un grand événement dans l'emploi du temps des ménagères. Elle mobilisait toute la maisonnée. Le journal tenu par le paysan Charles Vuillemot dans les années 1810-1820 nous renseigne sur la fréquence des lavages domestiques dans une famille de six personnes. Ce travail occupait la maîtresse de maison, son mari et leurs enfants quatre fois l'an, à raison de quatre jours consécutifs. Il s'agissait d'une besogne d'une ampleur exceptionnelle.

L'essentiel du linge était constitué par les draps, les « coutrottes » (taies d'oreillers), les chemises, les bas, les tabliers, les linges de toilette et les torchons. On désignait l'opération du lavage sous la pittoresque expression de « couler la bue ».

Avant de commencer la lessive, on s'assurait qu'on disposait d'une quantité de cendres suffisante, d'un gros volume de bûches et d'une importante réserve d'eau. Les cendres de hêtre furent employées durant des siècles comme principal agent détersif en raison de leur forte teneur en potasse. On les récoltait le plus souvent sous le four à pain. Après tamisage, on les stockait dans des petits sacs de toile appelés « sarrés ».

Le premier ustensile mis en œuvre était un cuveau en bois cerclé de fer dont le diamètre atteignait 1,50 mètre. Au fond de celui-ci, un trou d'écoulement obstrué par une bonde cônique qu'on enlevait en cours d'opération permettait de recueillir l'eau de lessive, le « lessus ».

On disposait le linge sale par catégorie dans le récipient,

en commençant par les draps. Entre chaque couche, on éparpillait une poignée de cendres et des petits morceaux de racines de saponaire. On laissait tremper l'ensemble durant une nuit et, le matin suivant, on versait toutes les deux heures des seaux d'eau bouillante sur le linge. Le liquide dissolvait le carbonate de potasse des cendres et se transformait en une lessive alcaline qui, en pénétrant dans l'épaisseur des tissus décrassait et dégraissait ceux-ci. Le « lessus », récupéré chaque fois dans un baquet était porté à ébullition et reversé à dix ou douze reprises en vingt-quatre heures dans le cuveau.

Après la « coulée », on retirait le linge et on le transportait jusqu'au lavoir municipal sur une longue civière en bois. Agenouillées sur des peaux de mouton, les femmes battaient et « épuraient » la lessive sur des planches crantées pour en extraire les dernières impuretés. Pendant cette opération, les langues travaillaient autant que les bras. Les rires fusaient à chaque instant. L'ambiance agréable du lavoir faisait oublier la dureté du travail et la froideur de l'eau glacée de la source génératrice de rhumatismes.

Après avoir tordu le linge on regagnait la maison et on le mettait à égoutter sur des chevalets. Le quatrième jour était celui du séchage sur les haies, les buissons, parfois à même les prés, au grand soleil. Chaque famille tirait fierté de la blancheur plus ou moins grande de son linge.

On choisissait évidemment les périodes de beau temps pour les jours de lessive, afin que les différentes opérations ne fussent pas perturbées par la pluie. Les prévisions météorologiques publiées dans l'almanach du *Messager Boîteux* de Strasbourg, diffusé dans les campagnes haut-saônoises, fournissaient de précieuses indications. On tenait compte aussi de vieilles superstitions avant d'entreprendre ce travail. Le vendredi n'était jamais inclus dans la période de lavage du linge. On prétendait que les âmes du Purgatoire en errance s'imprégnaient dans les draps mis à sécher et perturbaient ensuite le sommeil des vivants. De même, le linge appartenant à un mort récent était lavé séparément. Plié à part dans les armoires, il ne pouvait pas resservir aux héritiers avant un an.

Porte-chaise d'affaires.

Est-ce pour avoir assisté durant son enfance à ces opérations de grandes lessives dans une commune proche de Marnay où il avait des attaches familiales ? Est-ce tout simplement pour avoir fait sien le vieil adage selon lequel « l'argent n'a pas d'odeur » ? Un sieur Sennelier-Girardot fit fortune à la Cour en faisant procéder pour son propre compte au lavage du linge intime de Louis XIV.

Ce personnage occupait dans l'entourage du roi l'emploi de « Porte-chaise d'affaires ». Ce titre énigmatique désignait le gentilhomme qui, chapeau bas, en habit de velours, l'épée au côté était, chaque matin, chargé de dissimuler ces petites misères auxquelles la nature assujettit tous les êtres humains, fut-il le plus prestigieux des souverains.

Le « Porte-chaise d'affaires » entrait au lever de Sa Majesté dès qu'on appelait la première entrée. Il passait alors discrètement dans la garde-robe, près du lit, soulevait le couvercle et regardait à l'intérieur du petit mobilier s'il n'y avait rien qui réclamât sa vigilance ou sa sollicitude. Il vidait ensuite dignement le pot de chambre et emportait le linge dans lequel le Roi Soleil avait essuyé son auguste postérieur.

Cette peu ragoûtante fonction valait à son titulaire, outre le titre « d'officier du roi », la somme annuelle de deux mille livres de rentes. De plus, comme il récupérait chaque matin les fameuses serviettes hygiéniques en fort beau tissu brodé aux armes royales, il les revendait un bon prix après en avoir fait assurer la lessive.

Dans maintes maisons bourgeoises, on utilisa donc au Grand Siècle, lors des dîners d'apparat, ces fameuses serviettes damassées, en oubliant volontairement ou non quel en avait été le premier usage.

A l'époque, il faut dire qu'on n'était pas très exigeant en matière d'hygiène. Le palais de Versailles était un véritable cloaque. En 1680, une pétition avait circulé à la Cour afin d'installer « ... un certain nombre de chaises percées où chacun pourra aller faire ses nécessités, car, dans les allées du haut, derrière les portes on voit mille ordures, on sent mille puanteurs insupportables, ce qui n'est pas seulement contre le respect dû à une maison royale, mais encore très dangereux en temps de peste ».

Mme de Grammont, châtelaine de Villersexel en Haute-Saône, écrivit à une amie : « Paris est un endroit détestable, chaud et puant l'été. Les rues, les places y ont si mauvaise odeur qu'on ne peut y passer sans mettre un mouchoir parfumé sous son nez. Il en est de même à Versailles où l'extrême chaleur fait pourrir la viande et le poisson dans les cuisines. Ajoutez à cela une foule de gens qui pissent dans les couloirs et dans tous les coins des salons, causant une odeur si insupportable qu'il n'y a pas moyen de s'y tenir pour faire conversation. »

Il est vrai que les grandes dames n'étaient pas elles-mêmes très délicates lorsqu'au théâtre, faisant leurs « petits besoins » dans leur loge, elles déversaient ensuite le contenu des bassins sur le parterre qui protestait avec véhémence. Maintes scènes de Corneille, Molière ou Scarron font allusion au « gare l'eau ! » précédant l'envoi par les fenêtres de la « cassolette » de l'Etourdi dont le galant où le passant risquaient d'être vilainement aspergés.

Le miracle de Marnay.

Chef-lieu de canton, Marnay est un bourg pittoresque situé sur la rive droite de l'Ognon, le petit affluent de la Saône.

Au début de notre siècle, dans cette localité à dominante politique radicale, la séparation entre l'Eglise et l'Etat donna lieu, comme en beaucoup d'autres endroits en Franche-Comté, à des accrochages verbaux et parfois pugilistiques entre « ceux qui croyaient au ciel et ceux qui n'y croyaient pas ». Cette guérilla spirituelle dura trente ans à Marnay, Elle suscita des scènes épiques qu'on a peine à imaginer de nos jours. Le dernier différend opposant agnostiques et croyants eut lieu dans cette commune le 25 juillet 1937. Ce jour-là, l'abbé Gabriot, jeune protégé de Monseigneur Dubourg, archevêque de Besançon qui se rendit célèbre trois ans plus tard par un retentissant sermon contre l'occupant, eut l'idée de commémorer un événement religieux qui s'était produit trois siècles auparavant à Marnay.

En 1637, l'armée française du cardinal de Richelieu, après l'échec cuisant qu'elle avait subi l'année précédente devant Dole, à l'époque capitale de la Comté, était revenue en force dans la libre province pour essayer de la reconquérir. Les troupes ennemies étaient composées en majorité de mercenaires suédois sanguinaires commandés par le général Bernard de Saxe-Weimar. Négligeant, dans un premier temps, de s'attaquer aux principales villes fortifiées, le chef des envahisseurs avait préféré s'en prendre à des places de moindre importance. Il était donc arrivé devant Marnay, le 25 juin 1637, et il espérait une rapide reddition du petit bourg.

La partie ne fut pas aussi facile que le croyaient les assaillants. Réfugiée à l'intérieur du château, la population se joignit à la minuscule garnison et, pendant un mois, résista héroïquement aux soldats de Saxe-Weimar. Dépité et courroucé, celui-ci ordonna qu'on incendiât la ville.

Ce fut alors, selon ce que prétend la légende, qu'un miracle se produisit. Tandis que la chapelle de l'hôpital commençait à brûler, un tableau de la Vierge qui ornait le sanctuaire se décrocha du mur du transept et, « sans qu'on sût ni comment ni pourquoi », se trouva transporté à travers les airs jusqu'au pied du château.

Un homme courageux descendit au bout d'une corde et, sans se soucier de la mitraille, récupéra la sainte œuvre. Elle fut aussitôt l'objet d'une adoration fervente de la part des assiégés. Leurs prières furent sans doute entendues car les Suédois levèrent le siège la nuit suivante alors que la veille encore ils préparaient un rude et décisif assaut.

En 1937, l'abbé Gabriot eut l'idée de célébrer le tricentenaire de ce mémorable événement et d'organiser une grande procession à travers les rues de Marnay.

Informée de ce projet, la municipalité mécréante de l'époque décida d'interdire cette manifestation religieuse en prenant argument du fait qu'elle pourrait susciter des « troubles à l'ordre public ».

Passant outre à cet ukase, le prêtre de la paroisse persista dans son intention en déclarant : « La sainte Vierge nous aidera cette fois encore à triompher des méchants ! »

Effectivement, le 25 juillet 1937 « avec une escorte de plus de mille cinq cents fidèles, dans l'ordre et le calme le plus parfait, le tableau miraculeux parcourut l'antique bourgade qu'on avait abondamment décorée pour la circonstance ».

L'affaire faillit avoir des suites judiciaires, mais les prémices de la Seconde Guerre mondiale suscitèrent bientôt de plus graves préoccupations dans l'esprit des édiles et des habitants de Marnay.

Curés de choc.

Des prêtres de la trempe de l'abbé Gabriot, la Franche-Comté en avait connu bien d'autres au cours des siècles précédents. Dès son annexion par la France, la province s'était trouvée aux avant-postes du combat opposant le catholicisme au protestantisme. Outre l'impressionnante ligne de défense militaire construite par Vauban pour protéger la nouvelle frontière contre les incursions helvétiques, Louis XIV avait confié aux autorités ecclésiastiques le soin de dresser un véritable barrage spirituel contre l'expansionnisme de la Réforme. Il en résulta que, pendant trois siècles, le Haut-Doubs devint, face au Pays de Vaud, le bastion avancé d'un catholicisme pur et dur.

La Révolution de 1789 suscita une sorte de jacquerie dans cette région dont les habitants s'opposèrent les armes à la main au nouveau pouvoir républicain. Une partie du Haut-Pays mérita le surnom de « Petite Vendée ». La répression y fut sanglante. Pour avoir refusé de prêter le serment de Liberté et d'Egalité, de nombreux prêtres furent arrêtés et guillotinés.

D'autres s'exilèrent en Suisse ou se cachèrent dons les forêts et les montagnes. Les fameuses « Grottes à curés » où ils célébrèrent des messes clandestines sont encore visibles en maints endroits.

En Haute-Saône, la répression contre le clergé réfractaire fut moins féroce que dans le département du Doubs. Un seul ecclésiastique paya de sa vie le fait d'avoir continué à exercer son sacerdoce. Il s'agit du père Grégoire Cornibert, un moine capucin né à Saint-Loup-sur-Semouse en 1769. Condamné à mort par le tribunal révolutionnaire, ce prêtre fut exécuté en place publique à Vesoul le 25 janvier 1796.

En gravissant les marches de l'échafaud, le supplicié déclara à la foule nombreuse rassemblée au pied de la guillotine :

« Ne vous affligez pas, mes chers frères. Je suis heureux de mourir pour ma foi, comme notre Seigneur Jésus-Christ. Restez fidèles à notre sainte Eglise. Nous nous reverrons un jour ! »

Aussitôt après que la tête du malheureux fût tombée dans le panier, les spectateurs se ruèrent sur la sinistre estrade pour tremper des morceaux de tissu dans le sang de celui qu'ils considéraient déjà comme un martyr.

La nuit suivante, un autre prêtre réfractaire, l'abbé Boudot, se rendit au cimetière où l'on avait inhumé la victime. Aidé par deux jeunes gens, il déterra le corps. Il avait l'intention d'emporter la tête mais, malgré toutes ses recherches, il ne la retrouva pas. Il se livra alors à une affreuse besogne et découpa, à l'aide d'une scie les deux jambes du cadavre. Il transporta ces restes jusqu'au village voisin de Vaivre où il les fit embaumer en les plongeant dans une auge emplie d'eau salée.

En Franche-Comté, les curés de caractère ne connurent pas tous, heureusement, une fin aussi tragique. L'un d'entre eux, l'abbé Jacques, est resté célèbre dans les annales du petit village de Lamarre où il exerça son ministère dans la première moitié du XIXe siècle.

C'était un fort brave homme qui faisait le bien autour de lui. Il venait en aide aux miséreux, aux malades qu'il soignait au détriment de ses maigres ressources et de sa santé. Il était toutefois redouté pour ses emportements. Veillant au salut d'un demi-millier d'âmes, il avait bien du mal à les garder non seulement dans le giron de l'Eglise, mais également dans le droit chemin.

Un jour, l'abbé Jacques fut muté par l'Evêché dans la ville voisine. Le dimanche précédant son départ, il monta en chaire et, au moment de conclure son sermon, il se déchaussa. On le vit frapper vigoureusement ses souliers l'un contre l'autre et on l'entendit proclamer d'une voix tonnante :

Mes chers frères,
Vous m'en avez tant fait voir pendant que j'étais votre curé que je ne veux rien emporter de votre village. Pas même la poussière de ses chemins ! C'est dire que je vous dis adieu sans regret. Cet adieu ne sera hélas ! pas définitif, car où je vais, compte tenu de vos mauvais penchants et de votre impiété, je ne tarderai pas à revoir un certain nombre d'entre vous !

L'abbé Jacques venait d'être nommé aumônier des prisons !

Ce sermon n'est pas sans rappeler celui de l'abbé Martin, dans *Les lettres de mon moulin*. Il y a une trentaine d'années, une curieuse polémique littéraire opposa, à propos du conte d'Alphonse Daudet, le village de Cugney, en Haute-Saône à celui de Cucugnan dans l'Aude. Les édiles de la localité comtoise prétendirent que Cugney était le village qui avait inspiré le conte intitulé *Le curé de Cucugnan*. Selon leurs recherches, l'abbé Martin avait été curé de leur commune en 1848, après avoir exercé en qualité de professeur au petit séminaire de Marnay où il s'était fait remarquer pour son extrême sévérité.

En 1850, l'un de ses anciens élèves, le docteur Guyot, de Tromarey, eut l'idée de se venger à postériori de son ex-directeur de conscience en faisant paraître, dans un almanach local, un pamphlet contrefaisant sous le titre *Le curé de Cucugnan* l'un des sermons de l'irascible ecclésiastique.

On sait que le conte d'Alphonse Daudet, publié en 1866 était traduit d'un texte écrit en provençal par le Félibre Roumanille, lequel s'était inspiré lui-même d'une histoire racontée par un certain Blanchot de Brenas. Or, ce dernier avait fait une partie de ses études de droit à Dijon, en 1856. Avait-il eu connaissance, dans la capitale des ducs de Bourgogne, de l'œuvre du docteur Guyot ? L'avait-il démarquée un peu plus tard en écrivant son conte paru le 30 juillet 1859 dans *La France littéraire* ?

Le mystère reste toujours entier aujourd'hui. Jusqu'à ce jour, nul n'a encore retrouvé trace du texte du docteur Charles-Thimothée Guyot, pas plus que celle du fameux sermon de l'abbé Martin. Quant aux deux villages de Cugney et de Cucugnan, ils continuent de revendiquer l'honneur d'avoir inspiré l'une des œuvres les plus célèbres de la littérature française immortalisée par le talent d'Alphonse Daudet.

Un docteur poète.

Né à Cugney en 1828, le docteur Charles-Thimothée Guyot auquel on prête la paternité du fameux conte d'Alphonse Daudet, publia sous son nom et différents pseudonymes un certain nombre de textes fort spirituels dans les journaux et revues de Franche-Comté. Il appartenait à ces générations de médecins qui, avant la télévision dévoreuse de soirées, avant le téléphone et le fax, maniaient avec élégance l'art épistolaire et se piquaient de belles lettres.

L'un d'entre eux, le docteur Camuset, savait joliment trousser la rime. Si ses œuvres n'ont pas connu des tirages considérables, il nous a laissé quelques plaquettes de vers remarquables. C'était, dit-on, un être doté d'une intelligence et d'une mémoire exceptionnelles.

Fils d'un homme de loi, il avait désespéré son père par la nonchalance avec laquelle il avait suivi ses études. Après son baccalauréat brillamment obtenu, sans idée de carrière bien définie, il s'était présenté la même année à la fois à Polytechnique, à Centrale, aux Mines, aux Beaux-Arts et à Médecine. Reçu aux premières places dans toutes ces disciplines, il opta pour la dernière école et devint par la suite ophtalmologiste.

Dans l'un de ses recueils aujourd'hui recherché par les bibliophiles, intitulé *Les sonnets du docteur*, il nous avait donné cette petite pièce qui atteste à la fois son sens de l'humour et ses qualités d'écriture :

Un soir qu'il se sentait la vision moins nette
Mon grand-oncle Bernard, vert encor mais très vieux,
S'inspirant d'un menu savant et copieux,
Fit largement honneur aux talents de Jeannette.

Puis son menton pesa plus lourd sur sa serviette ;
Un chœur de feux follets dansa devant ses yeux,
Et son âme quittant la table pour les cieux,
Il mourut doucement, le nez dans son assiette.

Seigneur ! Seigneur mon Dieu ! Je suis à vos genoux !
Ecoutez un pécheur qui tremble devant vous
Et vous redoute autant qu'il craint l'anorexie.

Quand je serai plus vieux que mon oncle et plus bas,
Comme dernier dessert de mon dernier repas,
Accordez-moi, Seigneur, la douce apoplexie !

Hélas ! le talentueux docteur Camuset ne fut pas entendu par le Très-Haut. Il mourut en 1885, emporté dans la force de l'âge par la fièvre typhoïde.

Ce mal qui répand la terreur.

Fondremand, dont la visite vaut le détour, ainsi que l'indiquent les guides touristiques, possède quelques vestiges intéressants d'un château du XIe siècle et une superbe source-fontaine. Sur son large bassin, le père Bobillier, curé de la paroisse, a eu l'idée de faire évoluer, à la belle saison, de curieux esquifs circulaires qui enchantent les enfants.

Dans cette petite cité comtoise de caractère se déroule également chaque année le 14 juillet une extraordinaire foire brocante et artisanale qui attire des dizaines de milliers de visiteurs.

Si Fondremand a retrouvé la prospérité et la joie de vivre, elle eut autrefois à subir a plusieurs reprises de terribles calamités.

La plus terrible d'entre elles fut la grande peste du Moyen Age. Celle-ci débuta à Marseille en 1348 et se répandit à une vitesse foudroyante. Les historiens estiment qu'en 1350, le tiers de la population européenne avait succombé à la maladie, c'est-à-dire plusieurs dizaines de millions de personnes. Fondremand ne fut pas épargné et, pendant plusieurs décennies, l'herbe folle et les ronces poussèrent dit-on dans les cours des maisons vides et au milieu des rues.

Au XVIe siècle, une nouvelle épidémie de « la mort noire » s'abattit sur la Franche-Comté. Comme les précédentes, elle fut précédée par une curieuse hécatombe de rats. En 1523, durant l'été, torride cette année-là, les rues de Besançon, de Salins, de Gray furent jonchées de milliers de cadavres de rongeurs. Ceux-ci venaient d'être atteints pas la peste murine inoculée par les puces qui proliféraient sur leur pelage. Ces bestioles ne tardèrent pas à sauter sur les hommes auxquels elles transmirent le mortel bacille.

La maladie se traduisait rapidement par de fortes fièvres, des expectorations sanguinolentes et l'apparition de gros ganglions à l'aine et aux aisselles, les bubons. Le patient tombait alors dons un état de prostration ponctué de fréquentes hallucinations. Charles l'Aubespin qui soigna des malades atteints de la peste rapporte : « Plusieurs croyaient voir des esprits. Tourmentés par ces visions maléfiques, les malheureux imploraient les saints pour qu'ils les en délivrent. Notamment saint Sébastien et saint Roch réputés pour guérir la fièvre pestilente.

D'autres, refusant de répondre à la voix de la raison, se mettaient à hurler en voyant ceux qui venaient les secourir. »

Il faut avouer que les méthodes employées pour combattre la terrible maladie n'étaient ni très efficaces ni très rassurantes.

La Faculté recommandait aux médecins de revêtir un étrange affublement destiné à les prémunir contre la contagion. Ils devaient porter sur la tête un masque en peau dont l'arrière retombait sur leurs épaules et recouvrait le haut d'une sorte de camail. Le masque comportait deux trous obstrués par des lames de cristal dont la transparence permettait la vision. Entre les yeux, un long nez semblable à un bec d'oiseau percé de narines servait à la respiration. Ce bizarre appendice était garni intérieurement de plantes odoriférantes censées faire barrage aux miasmes. Des gants en maroquin du levant et une canne, signe distinctif des médecins soignants, complétaient l'accoutrement.

On comprend pourquoi en voyant, dans leur délire, ces personnages grotesques se pencher sur eux, les malades étaient terrorisés. Ils croyaient avoir affaire à quelque monstre apocalyptique. A un habitant des noirs séjours venu pour les entraîner dans l'au-delà.

La médication curative était aussi des plus sommaires. On incisait d'abord les bubons pour qu'ils dégorgent leur pus. On prescrivait des lavements d'eau salée pour purifier le corps de ses humeurs. Les seuls recours pris en considération par les malades et par leurs proches relevaient du charlatanisme et du surnaturel. On vendait aux familles des patients des flacons de parfums aux odeurs balsamiques, des cierges parfumés, des poudres composites dont chaque médecin gardait jalousement le secret de fabrication. Quant à la grâce du ciel, on la sollicitait par des prières continues psalmodiées au chevet des mourants, par des promesses de dons à l'église en cas de guérison. Nul ne se faisait cependant beaucoup d'illusions sur l'efficacité de ces procédés naturels ou spirituels. La peste était considérée comme un châtiment infligé aux humains pour sanctionner leur impiété.

On cherchait aussi des responsables de la propagation de

la maladie, des boucs-émissaires. On pourchassait les incroyants, les originaux, les marginaux vite qualifiés de sorciers. Les juifs furent accusés, au XVIe siècle, de transmettre la peste en polluant les sources et les fontaines. A Fondremand où ils formaient une importante communauté, on les arrêta, on en tua un certain nombre, on chassa les autres hors de la localité, non sans qu'on les eût dépouillés de tous leurs biens.

L'épidémie cessa peu à peu, en Franche-Comté comme ailleurs en France et en Europe. Vraisemblablement lorsque les organismes humains développèrent des anticorps leur permettant de résister à la maladie.

La vie reprit ses droits, avec des conséquences économiques et sociales qu'on a peine à imaginer. Certains villages avaient été totalement décimés. Dans d'autres, il ne restait qu'une moitié ou un tiers des habitants. Les rescapés héritèrent des terres, des fortunes. On assista à des transferts de populations. Comme il y avait moins de monde pour partager le gâteau, la peste se révéla finalement bénéfique pour les survivants.

La médaille des épidémies.

Le terme « épidémie » me rappelle une histoire vécue dans les années 50. J'étais alors correspondant de différents journaux : *Progrès de Lyon*, *Tribune de Genève*... Je couvrais à l'époque non seulement l'activité économique et artistique de la région nord du Jura, mais également l'actualité politique.

Edgar Faure, alors président du Conseil des ministres, se représentait à une élection. Il avait convié ses partisans et les représentants de la presse à une réunion préparatoire de sa campagne dans les salons de l'Hôtel Chandioux à Dole.

La réunion se déroulant en semaine et le président, très pris par ses fonctions ne pouvant revenir avant quelque temps dans sa circonscription, il demanda à ses amis et aux journalistes si ne se déroulait pas le jour même dans la région une manifestation durant laquelle il pût manifester sa présence ?

Or, l'actualité locale était des plus maigres ce jour-là. Les blocs-agendas des correspondants de presse étaient désespérément vierges. Pas le moindre comice agricole, pas d'assemblée générale d'association, aucune inauguration d'école ou de commerce...

Le président, déçu, allait lever la séance, lorsque son ami Fernand Dreyfus, alors membre du conseil d'administration de l'Hôpital Pasteur, se souvint qu'en fin d'après-midi, il était invité au « pot » de départ en retraite d'une religieuse infirmière de l'établissement.

« Voilà notre affaire ! » s'exclama Edgar Faure ravi.

Le soir même, dans l'une des salles du vieil Hôtel-Dieu, le président et son état-major assistèrent, en présence de la presse nationale et régionale, au vin d'honneur prévu par la direction de l'hôpital.

Comme il n'avait pas été possible de constituer en si peu de temps le dossier d'attribution d'une décoration plus prestigieuse, le cabinet d'Edgar avait trouvé expédient de remettre à la dévouée religieuse la médaille... des épidémies !

Le futur académicien y alla bien sûr d'une de ses brillantes improvisations dont il avait le talent, avant d'épingler la fameuse décoration sur la robe de la bonne sœur.

Très émue par les compliments qu'on venait de lui faire, sans comprendre pourtant les raisons de la récompense honorifique dont on la gratifiait, la brave religieuse remercia son bienfaiteur en disant :

« Mais... Monsieur le Président... Je ne mérite pas cette médaille ! Durant toute ma carrière, je n'ai pas soigné d'épidémie ! »

Jamais à court d'argument, Edgar Faure balaya cette objection en ces termes : « Qu'à cela ne tienne ma chère sœur ! Si vous n'avez jamais soigné d'épidémie, cette médaille vous récompensera pour celles que vous avez évitées à vos malades ! »

Des morts-vivants.

En temps d'épidémie, comme il fallait se débarrasser rapidement des victimes de la peste avant qu'elles ne contaminent les vivants, les membres de la famille sortaient nuitamment les cadavres des défunts devant les maisons. L'aube suivante, ils étaient emportés sur des charrettes par les ensevelisseurs, jusqu'aux fosses communes situées hors de la localité.

La précipitation était telle qu'il arriva qu'on se défît de personnes qui vivaient encore. Durant la grande peste du Moyen Age, ce fut le cas à Marast, le siège d'une abbaye protégée par les seigneurs de Villersexel.

Une jeune femme enceinte, que l'on croyait trépassée, fut allongée devant l'entrée de sa chaumière en attendant d'être conduite au cimetière des pestiférés. Le lendemain matin, les moines chargés de cette triste besogne trouvèrent la malheureuse en vie, assise devant sa maison. Durant la froide nuit d'automne précédente, elle avait mis au monde un petit garçon parfaitement constitué.

Les parents de la parturiente l'avaient entendue gémir pendant des heures, sans oser sortir, persuadés que c'était son âme qui se plaignait.

La mère et l'enfant survécurent à ce pitoyable incident. Devenu adulte, le petit rescapé prit par la suite la bure à l'abbaye de Marast, son village natal.

Des histoires de ressuscités, mais surtout d'enterrés vivants, on en raconte peut-être plus qu'ailleurs en Haute-Saône. L'une des plus anciennes est celle de la jeune Hélène de Joinville, la fille unique d'un des seigneurs de Marnay. Elle n'avait que quinze ans lorsqu'on la découvrit un jour inanimée au pied d'un escalier. On la crut morte et on l'enterra dans la chapelle du château.

Le soir même des funérailles, des cris déchirants sortirent du tombeau. Un grand émoi se répandit dans la demeure seigneuriale et dans le bourg. En cette circonstance aussi on crut qu'il s'agissait de l'âme de la gente damoiselle qui sollicitait des prières pour accéder au paradis. Pendant plusieurs jours, les fidèles se relayèrent dans la chapelle, couvrant de leurs ferventes patenôtres les appels au secours qui venaient de l'au-delà.

Les prières finirent par être exaucées. Les cris de détresse s'espacèrent et cessèrent totalement au bout d'une semaine.

Vingt ans après, lorsqu'on ouvrit le caveau funéraire pour y descendre le corps du seigneur de Joinville, on trouva, assis sur les marches intérieures du tombeau, le cadavre momifié de la malheureuse damoiselle. Enterrée vivante, elle s'était réveillée et libérée de son cercueil. Hélas ! ensuite, elle n'avait pu soulever la lourde dalle qui recouvrait sa sépulture. Elle était morte d'angoisse et de faim, après avoir rongé en partie l'un de ses bras.

Durant très longtemps, en Haute-Saône, pour éviter d'enterrer une personne en simple état de léthargie, on observa une coutume précautionneuse. Lorsque les hommes chargés de transporter le corps du défunt arrivaient devant l'église, ils laissaient retomber lourdement le cercueil sur le parvis, afin d'offrir au mort une ultime occasion de se réveiller.

On raconte qu'une femme de Lure, dont le mari avait été sauvé ainsi in extremis du tombeau, se retrouva veuve quelques mois après lorsque le rescapé passa, pour de bon cette fois, de vie à trépas.

La mégère, avare par surcroît, qui en avait fait voir de toutes les couleurs à son pauvre homme durant sa vie, alla discrètement trouver les porteurs avant les secondes obsèques.

« Demain, leur dit-elle, ça ne sera pas la peine de laisser tomber le cercueil. Vous comprenez, l'enterrement m'a déjà coûté assez cher la première fois ! »

Scandalisés, les porteurs ne tinrent pas compte de ce desiderata et officièrent comme ils en avaient l'habitude. Mais, cette fois, le mort ne se réveilla pas.

La démarche de la mauvaise femme ayant suscité l'indignation des habitants de Lure, elle crut bon de se racheter en faisant graver cette épitaphe édifiante sur la tombe du défunt : « A mon cher époux qui fut si malheureux. »

Le marbrier, ancien ami du mort, ajouta à l'inscription cette formule facétieuse : « Mea-culpa ! »

La mode des épitaphes dithyrambiques fut florissante au siècle dernier en Franche-Comté. Nombre de cimetières abondent encore d'inscriptions funéraires prétentieuses et ridicules. Ces lieux sont peuplés de commerçants honnêtes, d'ouvriers travailleurs, de femmes vertueuses, de pères de famille exemplaires. Ce qui fit dire à un humoriste : « On se demande où on a bien pu enterrer les fainéants, les canailles et les méchants ? »

Dans le cimetière de Vesoul, on pouvait lire sur une tombe, il y a quelques années :

Ci-gît quelqu'un qui abhorra son patronyme
Passant, dit un Pater pour ce pauvre anonyme.

Cette sépulture était celle d'un Vésulien appelé Curieux. Il avait subi durant toute sa vie des plaisanteries douteuses à cause de son nom. Pressentant que ces moqueries perdureraient même après sa mort, il avait tenu à se faire enterrer dans l'anonymat. Hélas ! la malédiction liée à son nom le poursuivit jusque dans la tombe, car en lisant sa peu commune épitaphe, les badauds ne cessèrent de s'exclamer : « Ça, c'est curieux ! »

Ça me rappelle aussi cette histoire que j'avais entendue raconter par Marcel Aymé, celle de cette autre femme acariâtre qui avait fait graver sur la tombe de son souffre-douleur : « Repose en paix mon cher mari, jusqu'à ce que je te rejoigne. »

Le château brûlé.

Villersexel s'ennorgueillit de posséder l'un des plus beaux châteaux de Haute-Saône. Cette magnifique demeure, reconstruite après l'incendie qui la ravagea durant la guerre de 1870-1871 est devenue un musée qu'un comédien-guide-conférencier talentueux fait aujourd'hui visiter.

Ces lieux sont dépositaires d'un passé millénaire, celui d'une des plus vieilles familles comtoises.

C'est en effet en l'an 800, date du sacre de Charlemagne, que les de Grammont firent leur entrée dans l'histoire. L'un des leurs accompagna, dit-on, les reliques des Rois Mages de Constantinople à Aix-la-Chapelle, la résidence favorite de l'Empereur. Celui-ci récompensa le valeureux et pieux chevalier en l'ennoblissant.

Les terres de Villersexel ayant été attribuées par Charlemagne à la famille de Grammont, elle y fit construire un château féodal contrôlant l'une des routes reliant Luxeuil à Besançon. Durant les siècles suivants, l'imposante forteresse résista victorieusement à toutes les invasions, jusqu'au siège de 1287 au cours duquel une armée de mercenaires suisses s'en empara et la démantela.

Reconstruit deux siècles plus tard, le château tint tête aux soudards lorrains de Tremblecourt avant d'être rasé une nouvelle fois sur ordre du cardinal de Richelieu.

Après la Première Guerre d'Indépendance comtoise qui vit la défaite de l'armée française, les de Grammont pressentirent que malgré cet incontestable victoire, la Franche-Comté ne survivrait pas à une nouvelle invasion. Par opportunisme, ils se rallièrent secrètement à la France, comme le firent à l'époque un certain nombre d'autres aristocrates comtois.

Cette peu glorieuse démarche valut à leur famille, après la conquête de la libre province par Louis XIV, de nombreux titres, de nombreuses prébendes, à la fois dans les domaines militaires, politiques ou religieux.

Pour s'être illustré aux côtés des Français lors de la Seconde Guerre d'Indépendance, Michel de Grammont fut reçu aux honneurs du Roi-Soleil, élevé au marquisat et au grade de lieutenant-général. La famille étendit également son influence sur le plan spirituel. Elle donna trois archevêques à Besançon ; Antoine, François-Joseph qui troqua l'uniforme de colonel pour coiffer la mitre, et Pierre.

Les de Grammont réalisèrent par la suite de grands profits en implantant à Villersexel une des toutes premières forges industrielles de Franche-Comté. Elle se spécialisa dans la fabrication des clous et dans la ferronnerie.

Parce qu'elle était apparentée par les femmes au général La Fayette, la famille ne connut pas trop d'ennuis dans son fief pendant la Révolution. A Paris, par contre, l'une de leurs homonymes, la duchesse de Gramont, sœur du duc de Choiseul, eut moins de chance. Traduite devant le Tribunal révolutionnaire pour avoir tenté de sauver Mme du Châtelet, elle fut interrogée par Fouquier-Tinville en personne.

– N'as-tu pas envoyé de l'argent aux émigrés ? demanda-t-il.

– J'allais répondre non, dit-elle crânement, mais ma vie ne vaut pas un mensonge à un malotru !

Elle paya bien sûr cette impertinente réplique en montant le jour même sur l'échafaud.

Après avoir accueilli sous leur toit, en 1815, le tsar Alexandre III et son état-major, lors de la campagne de France, les de Grammont reprirent, à la Restauration, leurs activités sidérurgiques.

La guerre de 1870 allait se révéler à nouveau néfaste pour la cité et le château de Villersexel. Investie début janvier 1871 par les Prussiens, la petite ville fut reprise quelques jours après par les troupes du général Bourbaki. J'ai raconté dans un chapitre précédent de cet ouvrage le passage en Suisse de cette malheureuse armée. Je voudrais rapporter ici le témoignage d'un de ses combattants, tel qu'il le relata au jour le jour sur un carnet intitulé *Récit d'un mobile* :

... On nous dit qu'on allait attaquer un gros bourg qu'on voyait près de là. C'était Villersexel. Ma section est détachée en tirailleurs. Nous faisions une grande ligne d'au moins deux kilomètres. Le colonel arrive et crie : « En avant ! Vive la France ! » Le commandant à son tour crie : « En avant ! Vive la République ! » Parce que nos officiers n'étaient pas d'accord sur la politique. Mais ça ne les empêchait pas d'avoir bon cœur et d'être patriotes tous les deux. Et on était bien libre, après tout, de crier ce qu'on voulait dans un moment pareil. Et

cependant, en y pensant, ça aurait peut-être mieux valu si tout le monde avait crié la même chose.

Nous continuons à marcher en direction du bourg. Les balles nous sifflaient aux oreilles. Je vois des Prussiens casqués qui nous tiraient par les fenêtres. C'était la première fois que j'en voyais et il y avait deux mois que nous marchions dans tous les sens pour en rencontrer. On était bien en train ce jour-là, vraiment contents de pouvoir se dire : « Enfin, nous faisons autre chose que de crever de faim et de froid. Nous tirons sur les Prussiens ! » Le fait est qu'on leur envoyait des coups de fusil si drus qu'ils commençaient à s'enfuir.

Nous entrons dans le bourg et dans les maisons. Mais les ennemis n'étaient pas tous partis. Sur la place, il restait une grande maison toute pleine de Prussiens qui avaient fait des trous dans les murs et nous tiraient dessus. On leur avait fait sommation de se rendre et ils avaient refusé. On demande des hommes pour aller brûler la maison et les Prussiens avec s'ils s'obstinent à ne pas sortir. J'y vais et de bon cœur. Avec des camarades nous prenons des fagots, nous les déposons sous la porte cochère et un sapeur du génie y met le feu. Les Prussiens alors veulent se sauver par les fenêtres du rez-de-chaussée, et tous ceux qu'on ne tue pas, on les fait prisonniers.

Voyant le résultat, on trouve que le moyen a du bon et une douzaine de maisons s'allument dans le bourg. La fusillade marchait toujours. On entendait crier les blessés, craquer les murs, les charpentes tomber, les tuiles dégringoler. Ça faisait un vacarme d'enfer. On était comme fous. Enfin, le grand château qui est au milieu du pays se met à brûler à son tour ; mais il paraît que ce n'est pas nous qui y avons mis le feu ; ce sont les Prussiens avant de se sauver. Tous les ennemis sont tués, pris ou partis.

Nos officiers nous disent que nous avons gagné la bataille !

Ainsi venaient de disparaître dans les flammes, en ces tragiques journées des 8 et 9 janvier 1871, le bourg et le château de Villersexel. Ce dernier devait renaître de ses cendres quinze années plus tard, selon les plans de l'architecte Jean-Louis-

Charles Garnier, le bâtisseur de l'Opéra de Paris. C'est encore aujourd'hui l'une des plus belles demeures aristocratiques du Pays comtois.

Princesse déchue.

Luxeuil-les-Bains est une ville dont je conserve un agréable souvenir pour en avoir conté l'histoire en 1990 à l'occasion d'un spectacle « Son et lumière » intitulé *L'âme de feu* [1]. Cette grande fresque épique mobilisa cette année-là une partie de l'été une centaine de comédiens de talent sous la houlette du metteur en scène Jacky Castang. Elle attira plusieurs milliers de spectateurs dans le superbe cloître de l'ancienne abbaye qui servit de décor naturel à la pièce.

J'ai retracé dans cette œuvre l'arrivée à Luxeuil, quatorze siècles plus tôt, d'un personnage extraordinaire, le moine irlandais saint Colomban, venu évangéliser la région. Les Celtes y étaient installés depuis fort longtemps car ils avaient découvert les vertus des sources d'eaux chaudes qui jaillissaient au milieu de la cité. Les énigmatiques ex-voto en bois retrouvés près des bassins, et qu'on peut admirer aujourd'hui au musée, attestent qu'avant la conquête romaine les Séquanes célébraient déjà un culte à Luxovius, le dieu des eaux minérales.

Au cours des siècles suivants, le thermalisme ne cessa pas de se développer dans la ville qui dut sa prospérité à cette activité médicinale. Les visiteurs sont en effet surpris par l'abondance et la richesse des monuments répartis de chaque côté de la rue principale où se côtoient bâtiments conventuels et élégants hôtels particuliers. C'est à juste titre qu'Anatole France a pu dire que Luxeuil était : « Le reliquaire de la Haute-Saône. »

Plusieurs célébrités vinrent, au cours de leur existence, prendre les eaux dans cette station. On cite généralement Louis XV, Mme de Sévigné, Lamartine, André Theuriet... On

1. *L'âme de feu*, pièce de théâtre d'André Besson, parue aux Éditions Erti, Paris 1990.

oublie un personnage à la destinée étonnante qui vint s'y refaire une santé en 1777. Son histoire est aussi mystérieuse et émouvante que celle de Mrs. Anderson, l'aventurière qui prétendit être la grande duchesse Anastasia, la fille du tsar Nicolas II de Russie.

Cette curiste étrange disait se nommer Stéphanie-Louise de Bourbon-Conti. Elle raconta sa vie mouvementée un peu plus tard dans ses *Mémoires* parues à Paris le 14 floréal de l'an VI.

Elle était née en 1762, des amours de François de Bourbon, prince de Conti, que ses galantes aventures ont rendu célèbre, et de Louise Durfort-Duras, duchesse de Mazarin, séparée de son époux, le duc d'Aumont avec lequel elle ne s'entendait pas. Héritière des trois duchés de Mazarin, La Meilleraye et Mayenne, la jeune femme n'était pas non plus une vertu farouche. On lui prêtait beaucoup d'amants.

A sa naissance, la petite fille reçut le titre de comtesse de Montcairzina, transparente anagramme de la fusion du nom de ses parents, Conti et Mazarin.

Les premières années de l'enfant furent heureuses. Son père l'idolâtra. Il la fit élever à l'égal d'une princesse. Elle eut Jean-Jacques Rousseau pour premier maître, la dame Delorme, une femme très cultivée comme gouvernante. Sous son autorité, Stéphanie-Louise maîtrisa le grec, le latin, de même que les mathématiques et la musique. Elle joua fort bien du clavecin et de la harpe.

Le prince de Conti résidait au palais du Temple où la fillette se rendait fréquemment. Il s'attacha tellement à elle qu'il décida, en 1773, de la reconnaître officiellement. La date de la signature des actes sur le registre paroissial et chez le notaire fut fixé le dimanche de la Trinité. Il était aussi prévu que la jeune princesse serait présentée ce jour-là au roi Louis XV.

Un maître de ballet prépara Stéphanie-Louise à la cérémonie en lui enseignant les révérences obligatoires. Des couturières s'activèrent à lui confectionner une magnifique robe de brocart d'argent semée de fleurs et de broderies d'or.

Environ une semaine avant l'événement, Mme Delorme, la

gouvernante de la fillette, accompagnée de deux inconnus, invita celle-ci à prendre place à bord d'une berline. On lui dit qu'on allait la conduire dans un château proche de Paris où sa mère donnait une fête champêtre.

Mlle de Bourbon-Conti ne tarda pas à être intriguée par la longueur du trajet. Elle s'en inquiéta et demanda qu'on rebroussât chemin vers la capitale. Mais ni ses objurgations, ni ses cris, ni ses pleurs ne furent suivis d'effet. La voiture poursuivit inexorablement sa route. Toutes les mesures avaient été prises à l'avance, tous les relais préparés.

Après un voyage de quatre jours effectué à bride abattue, on arriva dans un bourg du Jura, à Cousance, au domicile du sieur Antoine-Louis Billet, procureur du roi, cousin de Mme Delorme.

La gouvernante annonça aussitôt une mauvaise nouvelle à la petite princesse. Son père, François de Bourbon-Conti venait d'être impliqué dans un complot contre le roi. Stéphanie-Louise devait, pour sa propre sécurité, renoncer non seulement aux honneurs attachés à son titre, mais également à son nom. Elle s'appellerait désormais Mlle Delorme et serait la fille de sa gouvernante !

De plus, afin de mieux brouiller les pistes, on informa la fillette qu'elle allait épouser prochainement le sieur Billet. Ce dernier, petit robin de province quadragénaire, était loin d'être un Adonis. Il était difforme et affligé de surcroît d'un bec-de-lièvre.

Stéphanie-Louise se révolta à l'idée d'appartenir à un tel homme. On la mit quelques jours au pain sec, puis, pour mieux lui faire entendre raison, on l'enferma au couvent de Sainte-Marie, à Chalon-sur-Saône.

Tandis qu'on séquestrait la jeune princesse en province, à Paris, son père devenait la dupe d'une tromperie machiavélique. La veille du jour de la cérémonie de reconnaissance officielle de sa fille, on vint lui annoncer que celle-ci, victime d'un accident de cheval, était morte et enterrée à Viroflay depuis le 7 juin 1773.

Effondré de chagrin, le prince ne soupçonna pas un seul

instant qu'on pouvait l'abuser. Il s'enferma dans son chagrin et ne voulut voir personne pendant trois mois.

De nos jours encore, nul n'a pu démêler l'imbroglio de cette étonnante histoire. Certains pensent que la duchesse de Mazarin elle-même en était l'instigatrice. Effrayée par la perspective d'une légitimation qui allait divulguer sa faute, elle n'aurait pas hésité, pour sauver son honneur menacé, à faire disparaître sa fille naturelle, avec la complicité de Mme Delorme.

Selon une autre version, le comte de La Marche, fils héritier du prince de Bourbon-Conti, aurait monté toute l'affaire, craignant d'être frustré d'une part de son héritage lors de la succession future de son père.

Les protagonistes de l'intrigue poursuivirent leurs manigances. Outre un fallacieux acte de décès suivi de funérailles à Viroflay, un prêtre complaisant, sinon complice, l'abbé Dubut, maria quelque temps après, bien qu'elle ne fût toujours pas consentante, la petite princesse de Bourbon-Conti au sieur Billet, sous le faux nom de Louise-Françoise Delorme. Vingt mille livres furent aussitôt comptées à l'époux et un contrat de rente viagère accordé par un bienfaiteur anonyme à la petite mariée, âgée seulement de douze ans.

En 1776, peu de temps après la mort du prince de Conti, un coup de théâtre se produisit dans cette singulière affaire. Sur le point de passer de vie à trépas, la dame Delorme, prise de remords, informa l'infortunée princesse qu'elle avait été victime d'une incroyable machination.

Immédiatement, la jeune femme quitta son méprisable mari pour rejoindre la capitale d'où elle commença des démarches en vue de faire valoir ses droits à l'héritage de son père. Mais à Paris, les portes se fermèrent devant elle. Le prince et la duchesse étant décédés, elle ne put prouver qu'elle était leur fille et on la considéra bientôt comme une affabulatrice.

Sa santé s'étant altérée, la malheureuse jeune femme se retira d'abord chez les Bénédictines à Gray avant de venir se reposer à Luxeuil-les-Bains, en 1777. Cette cure lui fut salutaire et lui permit de récupérer des forces pour reprendre ses interventions. Elle les mena depuis l'Abbaye du Val-de-Grâce où elle s'établit.

Après avoir décidé de poursuivre son demi-frère, le comte de La Marche devant les tribunaux aux fins de restitution de sa part d'héritage, Stéphanie-Louise de Bourbon-Conti entreprit de faire annuler son mariage avec le sieur Billet.

Toutes les démarches, tous les placets de la princese, alors âgée de vingt-neuf ans, finirent par émouvoir la Cour. En 1792, elle fut reçue par Louis XVI qui l'écouta, l'embrassa avec effusion et la nomma surintendante à la place de Mme de Lamballe, en la gratifiant de vingt-cinq mille livres de pension !

Hélas ! alors qu'elle touchait enfin au but, les espérances de la jeune femme s'évanouirent deux jours après avec le renversement de la monarchie.

Arrêtée un peu plus tard, ironie du sort, comme membre de la famille royale, elle fut emprisonnée à Paris. Sa captivité ne dura heureusement pas très longtemps. Rendue à la liberté, plus décidée que jamais à faire reconnaître son état, elle se prévalut de la législation révolutionnaire et obtint, le 26 novembre 1793, le divorce d'avec son mari, la restitution de sa dot et le recouvrement de sa véritable identité de Stéphanie-Louise de Bourbon-Conti, dite comtesse Montcairzina.

Comme elle avait dépensé toutes ses ressources au cours de ces longues années de procédure, la princesse se retrouva sans-le-sou. Le tribunal lui accorda bien dix mille livres de dédommagement, mais cette somme lui fut versée en assignats, une monnaie qui ne valait rien. Quant au recours engagé contre son demi-frère, il était devenu impossible car le patrimoine des Bourbon-Conti avait été placé sous séquestre.

En désespoir de cause, la pauvre femme se résigna à adresser une pétition à la Convention qui finit par lui accorder la gestion d'un débit de tabac... à Orléans. Elle se rendit dans cette ville et assura l'exploitation de ce petit commerce durant quelques années, sous le Consulat et l'Empire.

A la Restauration, la princesse sentit renaître ses espoirs. Elle remonta à nouveau à Paris et recommença ses interminables démarches. Mais les temps étaient durs. Beaucoup de nobles spoliés durant la Révolution cherchaient à rentrer en possession de leurs biens. On exigeait d'eux des documents, des témoignages. Or, Stéphanie-Louise avait vieilli, tous ceux qu'elle connaissait étaient morts sur l'échafaud ou à l'étranger. Ses nouvelles tentatives en vue de recouvrer son rang et sa fortune n'aboutirent jamais.

Miséreuse, rendue infirme à la suite d'une chute, la princesse de Bourbon-Conti connut la fin des sans-logis. Elle mourut de faim et de froid, au petit matin, le 29 mars 1825, au pied d'une borne située en face le palais des Tuileries.

« T'as voulu voir Vesoul ? »

Cette ville semble-t-il autrefois fort belle a été défigurée par les guerres, si bien qu'aujourd'hui on n'y retrouve plus que de rares vestiges de sa splendeur passée.

« Tempère l'amertume des temps par le temps. » La mélancolique inscription latine gravée dans la pierre d'une de ses maisons pourrait servir de devise à cette cité que ses édiles s'efforcent de faire sortir d'une longue léthargie.

Parmi les nombreux sièges subis par Vesoul au cours de son histoire, celui de mars 1477 fut particulièrement mémorable.

Après la mort du duc Charles le Téméraire tué sous les murs de Nancy, la Franche-Comté était revenue à sa fille, la douce Marie de Bourgogne. Sans expérience, sans argent, sans armée, la jeune héritière se trouva aussitôt en butte aux appétits de ceux qui convoitaient ses Etats. Des Bernois à l'Empereur d'Autriche, ils étaient nombreux à vouloir s'en emparer, soit par la ruse soit par la force.

Le plus rapide et agressif d'entre eux fut Louis XI. Dès qu'il apprit la fin tragique de Charles le Téméraire, bien qu'il fût le parrain de Marie de Bourgogne, il n'hésita pas à envoyer une puissante armée pour conquérir la belle province comtoise.

A la mi-mars 1477, le sire de La Trémouille se présenta à la tête de plusieurs milliers de soldats sous les murs de Vesoul et commença à y installer son artillerie.

La ville était médiocrement fortifiée, la garnison, commandée par le sire Guillaume de Vaudrey, des plus réduite. Les Français s'empareraient facilement de la place après avoir détruit ses murailles à coups de canons. Ensuite suivraient les massacres, les viols, les pillages, les incendies...

Le chef des assiégés prit rapidement conscience de cette situation désastreuse. Une partie des bourgeois le supplièrent de rendre les armes. Or, le commandant appartenait à cette vaillante famille franc-comtoise dont la devise était : « J'ai valu, je vaux, je vaudrai ! » Farouche partisan de Marie de Bourgogne, il refusa de capituler. Il eut l'idée d'user d'un stratagème qu'il avait lu dans un récit des guerres puniques. Il rassembla tous les sonneurs de trompes et de trompettes qu'il put trouver dans la ville et leur expliqua son plan.

Durant la nuit du 16 au 17 mars, il fit sortir secrètement les sonneurs de la place et les disposa aux quatre points cardinaux à l'entour du camp français.

Le lendemain matin, avant l'aube, à une heure convenue, toutes les trompes se mirent à sonner ensemble. Au même moment, les portes de Vesoul s'ouvrirent et les assiégés fondirent sur l'ennemi, en poussant des cris féroces.

Surpris en plein sommeil, dans les ténèbres, La Trémouille crut qu'il était pris entre les feux des Vésuliens et ceux d'une armée de secours. Il ordonna à ses troupes de battre en retraite. Celle-ci tourna bientôt en déroute. Les soldats de Guillaume de Vaudrey et les miliciens de la ville ne firent pas de quartier. Un grand nombre de mercenaires écossais périrent dans l'affaire et La Trémouille eut du mal à rallier les débris de son armée avant de quitter la région.

Cette éclatante victoire ne fut, hélas ! qu'un court répit dans la guerre implacable menée par Louis XI pour assouvir son désir d'hégémonie sur la Comté. Deux ans plus tard, ainsi que je l'ai raconté dans cet ouvrage, un autre de ses généraux, le sanguinaire Charles d'Amboise, s'empara de Dole, capitale de la province, et la détruisit totalement.

Quant à Vesoul, en 1480, Bernard de Livron vint y mettre à nouveau le siège à la tête d'une armée encore plus nombreuse que la fois précédente. Malgré le courage des habitants, l'artillerie adverse eut raison des murailles de la ville. Elle fut saccagée, incendiée, ses défenseurs massacrés. Le grand château féodal de la Motte qu'on croyait inexpugnable succomba à son tour et devint la proie des flammes.

Le désastre qui venait de s'abattre sur la région fut si épouvantable que pendant plusieurs dizaines d'années Vesoul resta inhabitée. Selon un chroniqueur du temps : « Les herbes folles poussaient à foison dans ses rues désertes, les loups, les renards et autres bêtes sauvages y entraient de jour et de nuit car personne ne pouvait y faire résidence... »

Après ce drame, trois quarts de siècle s'écoulèrent durant lesquels la ville se releva peu à peu de ses cendres. Elle avait retrouvé sa prospérité lorsqu'en 1557, les mercenaires du baron de Polwiller, qui n'étaient plus payés depuis plusieurs mois, tentèrent de s'emparer de la cité dans l'intention de se dédommager en la mettant à sac.

Alors qu'ils assiégeaient les remparts, un terrible orage éclata. Le Durgeon, la petite rivière qui arrosait la ville se mit à déborder. En quelques dizaines de minutes, il submergea le camp des assaillants. Ceux-ci crurent que les Vésuliens avaient ouvert, en amont, les vannes d'une retenue : « ... vannes par la levée desquelles l'on pouvait noyer la campagne et noyer tous ceux qui se trouvaient en icelle... »

Pris de panique, les soldats du baron de Polwiller s'enfuirent précipitamment, laissant sur place leurs armes et leur matériel de siège. Ils abandonnèrent même des fournitures que les soudards oubliaient rarement d'emporter au cours de leur retraite : les réserves de vin en barils ! Elles furent récupérées illico par les assiégés et servirent à arroser leur victoire.

Après un certain nombre d'autres péripéties militaires, Vesoul devint française avec l'annexion de la province par Louis XIV. Sous son règne et celui de son fils Louis XV, elle connut enfin une ère de tranquillité. Les 10 et 11 novembre 1744, Louis « Le Bien-Aimé » honora même les Vésuliens de son passage à son retour d'une expédition victorieuse en Alsace contre les Autrichiens.

Le monarque et sa nombreuse suite firent leur entrée dans la ville à cinq heures du soir par le Faubourg-Haut, sur une chaussée refaite spécialement à neuf pour la circonstance. Accueilli par les coups de canon et les salves d'honneur de la garnison, Louis XV atteignit la Porte-Haute où un gigantesque arc-de-triomphe avait été dressé. Il y fut reçu par les magistrats municipaux puis le cortège gagna le centre entre deux haies de spectateurs enthousiastes. Il arriva ensuite sur la place du Grand Puits illuminée par des milliers de lampions.

Le dîner, de plusieurs centaines de couverts, fut pris à l'hôtel particulier de M. et Mme Lyautey de Colombe où le roi devait également passer la nuit.

Les édiles vésuliens n'avaient pas lésiné sur les moyens. On avait aménagé une vaste cuisine en pratiquant une ouverture dans le mur de la maison voisine. Un feu d'enfer flambait dans la cheminée, des réchauds à braise étaient allumés. Cent crochets pour le gibier, autant pour la volaille, vingt pour le bœuf, permettaient de débiter sur place la viande fraîche. Des tonneaux alignés sur des chevalets dans la cour intérieure attendaient d'être passés en revue par le grand échanson. Ils contenaient les meilleurs crus de la province et notamment un fameux vin du terroire de Champlitte.

Mme Lyautey de Colombe, qui s'occupait des détails de la réception avait fait fabriquer spécialement du mobilier et recouvrir les tables de superbes nappes en broderies de Luxeuil.

Après les agapes royales, on alluma des feux de joie et un feu d'artifice fut tiré. Le peuple eut droit à de la charcuterie, à des pâtisseries et se désaltéra en buvant à une fontaine d'où coulait du vin.

Puis le roi se rendit à l'hôtel Thomassin où il ouvrit le bal animé par des musiciens venus de Besançon. Il se retira fort tard, en compagnie dit-on d'une de ses maîtresses, dans sa chambre à coucher installée à l'imitation de celle de Versailles.

Tous les seigneurs de la suite du souverain, les officiers, les serviteurs, se répartirent un peu partout à travers la ville, et même à l'extérieur jusqu'à l'abbaye de Faverney.

Le lendemain matin, après la messe, Louis XV passa les

compagnies bourgeoises en revue avant de reprendre la route en direction de Port-sur-Saône.

Ces journées restèrent doublement dans la mémoire des Vésuliens. D'une part pour la liesse qu'elles avaient suscitée, mais aussi un peu plus tard lorsqu'il fallut régler la note de la visite royale. Celle-ci s'élevait à la somme exhorbitante pour l'époque de 9 592 livres, 16 sols et 2 deniers ! Pour la payer, les magistrats furent obligés de lever un impôt exceptionnel dont tous les habitants durent s'acquitter.

Pendant longtemps, lorsqu'on évoqua par la suite ces deux journées, on se souvint surtout du « denier du Bien-Aimé ».

Edwige Feuillère, la grande dame du théâtre, qui naquit dans cette ville, le 29 octobre 1907, rendit la monnaie de sa pièce à Louis XV lorsqu'elle refusa d'incarner le rôle d'une des maîtresses de ce roi dispendieux dans le film de Sacha Guitry *Si Versailles m'était conté*. Les Francs-Comtois ont toujours eu longue mémoire.

Un village comtois contre le roi du pétrole !

La région de Jonvelle, à la limite des départements de Haute-Saône, des Vosges et de la Haute-Marne, m'est chère depuis l'enfance par les récits que me contait ma grand-mère Céline. Mes arrière-grands-parents, les Chaniet, avaient exercé, dans les années 1850, leur rude métier de bûcherons-charbonniers au milieu des bois de cette contrée située à l'extrémité nord de la Franche-Comté.

Si j'ai connu, grâce à mon aïeule, l'existence de la « Borne aux trois fleurs de lys », la légende de Thierry la Valeur et celle de l'abbé Roch, c'est plus tard que j'ai appris qu'on avait découvert à Jonvelle les vestiges d'une vaste villa gallo-romaine dont j'ai admiré récemment les merveilleuses mosaïques.

A quelques kilomètres du petit village de La Rochelle où naquit ma grand-mère, se trouve Chauvirey-le-Châtel, une localité qui eut, il y a soixante ans, les honneurs de la grande presse internationale en raison du différend qui l'opposa à l'homme le plus riche du monde, le magnat du pétrole John Davison Rockeffeler.

Depuis la Révolution de 1789, les habitants de cette commune n'attachaient pas une importance considérable à la chapelle Saint-Hubert située au milieu du village. Seule la légende liée à sa construction, au Moyen-Age, restait vivace dans les mémoires.

On racontait que lors d'une battue aux cerfs qu'il effectuait dans les forêts de la région en compagnie du seigneur de Chauvirey, le futur saint apôtre des Ardennes avait offert à son hôte son cornet de chasse. L'instrument était un magnifique objet d'art en or, incrusté d'ambre et d'ivoire.

Pour le conserver dignement, on avait élevé à Chauvirey-le-Châtel une fort belle chapelle décorée d'un superbe retable en marbre représentant l'épisode de la conversion miraculeuse de Saint-Hubert. Le cornet avait suivi la dynastie des sires de Chauvirey jusqu'au XVIIe siècle où il fut confié aux Ursulines de Gray afin d'être soustrait aux pillages des armées du roi de France. Après l'annexion, la relique réintégra la chapelle mais disparut mystérieusement à la Révolution avant de réapparaître... dans la collection fabuleuse de la Fondation Wallace à Londres, en 1827 !

Dans les années 1930, malgré sa flèche brisée, sa toiture vétuste et la disparition de ses vitraux, la chapelle de Chauvirey-le-Châtel conservait intacte sa riche décoration intérieure, ses bas-reliefs, ses dentelles de pierre, les lignes pures de ses voûtes. Quel rabatteur informa-t-il, à Paris, la direction des Beaux-Arts de l'existence d'un tel joyau d'architecture dans ce coin perdu de Haute-Saône ? Nul ne le saura jamais.

Toujours est-il qu'un jour de 1936, les habitants du village apprirent avec stupéfaction qu'on allait démonter pierre à pierre leur chapelle et la transporter par bateau aux Etats-Unis où elle serait réédifiée au milieu du Musée-Parc de Philadelphie !

Cette histoire ressemblait au scénario du film récent de René Clair *Fantôme à vendre* où le roi américain des épices achetait à des fins publicitaires un château écossais qu'il faisait démolir et reconstruire en Amérique, sans oublier d'emmener le fantôme qui hantait la bâtisse.

Cette fois, ça n'était pas du cinéma. La chapelle de Chauvirey-le-Châtel était bel et bien destinée à traverser l'Atlantique pour être offerte à John Davison Rockeffeler, le roi du pétrole !

Né en 1839, John D. était considéré comme l'homme le plus riche du monde. On estimait sa fortune à deux mille millions de dollars. On prétendait que ses revenus liés à ses raffineries de pétrole et à ses investissements financiers s'accroissaient de deux mille dollars par minute.

Travailleur acharné, il avait été réputé, jusqu'au début des années 1920, pour son extrême pingrerie. Ses cinq filles et son fils avaient été traités avec la même rigueur qu'il avait connue durant son enfance et qu'il continuait à observer pour soi-même. Il ne leur avait jamais remis à chacun plus de cinquante cents par semaine comme argent de poche. Le seul cadeau qu'il leur avait fait, un jour de générosité, était un petit tricycle, en précisant bien qu'il devait servir à tous.

Pour se rendre à son bureau de Broadway, le milliardaire n'avait jamais utilisé une voiture de fonction mais emprunté chaque jour les transports en commun. Un matin qu'il voyageait assis en face d'une dame de sa connaissance, le contrôleur passa pour encaisser le prix des places. Le roi du pétrole lui tendit une pièce de monnaie. Lorsque l'employé de l'autobus lui rendit la différence, Rockeffeler recompta soigneusement l'argent qu'on lui redonnait et fit remarquer que le compte n'y était pas.

– Mais Monsieur, je croyais que vous alliez payer aussi le billet de Madame, dit le contrôleur pour s'excuser.

– Mon cher, sachez que dans la vie comme dans les affaires, il ne faut jamais faire de suppositons inconsidérées ! s'exclama John D. en laisssant sa voisine régler sa propre dette.

En 1920 cependant, le vieux capitaliste, qui crut sa fin prochaine à la suite d'un accident de santé, voulut se mettre en règle avec le Bon Dieu. Il fut atteint d'un soudain accès de philantropie. A un journaliste qui s'étonnait de sa générosité, il fit cette édifiante réponse :

« Un homme a le devoir de gagner le plus d'argent possible durant sa vie active, mais il se doit d'en redonner aux autres autant qu'il peut avant de disparaître ! »

John D. se mit à faire du bien autour de lui et à travers le monde entier. Il créa la Fondation Rockeffeler pour améliorer le bien-être de l'humanité, l'Institut Rockeffeler pour la recherche médicale, l'Université de Chicago... En France, il contribua pour une part importante à la restauration du château de Versailles.

Ce fut précisément pour le remercier de ses libéralités que le gouvernement français décida d'offrir la chapelle de Chauvirey-le-Châtel au généreux mécène. On raya subrepticement le monument de l'inventaire et on entreprit de dédommager ses propriétaires en leur laissant la libre disposition du terrain.

Informés de ce projet sacrilège, les habitants du village furent unanimes à s'y opposer. Certes, si Versailles valait bien une chapelle, ça ne serait pas celle de Saint-Hubert !

A une époque où, dans les campagnes, on se souciait comme d'une guigne du patrimoine culturel et architectural, la population se mobilisa contre les « experts » venus de Paris. Après bien des péripéties administratives, grâce à une intervention musclée du député Drouhot, l'affaire fut abandonnée et le monument demeura à sa place. Il fait aujourd'hui l'admiration des visiteurs.

Quant à John Davison Rockeffeler, si le projet de transfert avait abouti, il n'aurait pas eu l'occasion de voir la petite merveille reconstruite dans le Musée-Parc de Philadelphie car il mourut moins d'un an après, le 23 mai 1937, dans sa 98e année. Le jour de son 97e anniversaire, il avait pourtant déclaré :

« Je fais le pari d'arriver centenaire ! »

Pas plus que les gens de Chauvirey-le-Châtel, le Bon Dieu ne fit cet ultime plaisir au roi du pétrole !

En prison pour : « Jane était nue... » !

En arrivant à Gray, nous pourrions évoquer bien des histoires aussi rocambolesques que celle de la princesse de Bourbon-Conti que nous vous avons racontée en passant à Luxeuil-les-Bains. La petite cité grayloise, étagée à flanc de côteau au bord de la Saône est également riche de nombreuses légendes et faits divers curieux. Citons la tragédie des amants emmurés dans le souterrain de la Tour de Paravis, la conspiration manquée du général La Fayette et, plus près de nous, la bataille administrative qui se livra autour du cœur de la tendre Béatrice de Cusance.

Cette région fertile en récits épiques et étranges était donc prédestinée à enfanter l'un des romanciers populaires les plus prolifiques du XIXe siècle.

C'est en effet à Apremont, un petit village situé à quelques kilomètres de Gray que naquit, en 1823, l'écrivain Xavier de Montépin. Comte et neveu d'un pair de France, le jeune comtois fut très vite attiré par la littérature. Il publia ses premiers poèmes à dix-sept ans, tandis qu'il suivait les cours de l'École des chartes à Paris. Puis il devint bientôt collaborateur attitré de plusieurs journaux satiriques, *Le Pamphlet, Le Lampion*, où on apprécia son talent sous différents pseudonymes.

Son premier roman, *Les chevaliers du lansquenet*, écrit en collaboration avec le marquis de Foudras, paru en 1847, ne remporta qu'un succès d'estime. Xavier de Montépin connut par contre une brusque notoriété de scandale en publiant, en 1855 *Les filles de plâtre*, un roman de mœurs en sept volumes.

Les censeurs prudes et hypocrites du Second Empire trouvèrent que l'œuvre précitée était « obscène ». Ils traduisirent son auteur et son éditeur devant un tribunal. L'accusation énon çait :

« Attendu que le roman intitulé *Les filles de plâtre*, dans un grand nombre de ses passages, contient des scènes, des descriptions et des théories qui constituent de graves attentats à la morale publique et aux bonnes mœurs... »

Quels étaient donc ces passages croustillants ou scandaleux ayant suscité les foudres de la justice de Napoléon III ? Je ne résiste pas au plaisir de vous en citer quelques extraits :

Tome Ier, page 38 : « Une jolie femme vue de dos, quelle occasion pour la claquer ! »

Page 49 : « J'emporte le capital dans mon corset... »

Page 246 : « Jane était nue... »

Tome II, page 164 : « Il portait un maillot collant. »

Page 196 : « Mais pour entrer dans cette maison de dames, il faut payer ! »

A l'époque, on n'en était pas encore à la publication autorisée des œuvres du marquis de Sade, ni à la diffusion des films classés X. La parution des *Filles de plâtre* valut à son auteur trois mois de prison et cinq cents francs d'amende, tandis que le sieur Cadot éditeur écopait d'un mois de prison et aussi de cinq cents francs d'amende.

Il y a une vingtaine d'années, je racontai cette histoire à M. de Trécourt, directeur de la collection « Atmosphère » où je publiais, sous le pseudonyme d'André Frambois des « polars » un peu pimentés. Comme je lui lisais les attendus du jugement Montépin-Cadot, mon éditeur me fit cette réflexion :

« En somme, mon cher André Besson, si nous étions plus jeunes de cent vingt ans, il ne fait aucun doute que nous dînerions tous les deux ce soir à la Santé ! »

La carrière de Xavier de Montépin ne fut pas contrariée par cet avatar judiciaire. Il continua à écrire et à publier jusqu'à accéder au Panthéon des feuilletonistes grâce à ses innombrables romans parus dans les colonnes du *Figaro* et du *Petit Journal*.

Il devint également l'un des rois du théâtre de boulevard en adaptant pour la scène, seul ou avec la complicité de Grangé et de Dornay, quelques-unes de ses œuvres les plus connues.

La Porteuse de pain obtint un succès phénoménal. Non seulement à Paris où on se battit, où il y eut des blessés pour accéder à la salle du Sélect, mais aussi en province et à l'étranger.

La publication d'un autre de ses romans intitulé *Le Méde-*

cin des pauvres allait valoir de nouveaux ennuis à Xavier de Montépin.

Le 28 janvier 1863, il fut assigné pour plagiat, devant le tribunal correctionnel de la Seine par un nommé Louis Jousserandot. Ancien préfet, celui-ci avait publié précédemment un ouvrage intitulé *Le diamant de la Vouivre* qui n'avait guère emballé les lecteurs. Xavier de Montépin s'était inspiré de ce livre, avec l'accord préalable de son auteur pour écrire *Le Médecin des pauvres*. Le succès remporté par ce titre rendit Jousserandot jaloux et il tenta de tirer profit de son supposé préjudice moral. Cette fois, les juges furent plus cléments et compréhensifs envers l'accusé. Ils renvoyèrent les parties dos à dos.

Ces péripéties littéraires sont de tous les temps. Elles n'engendrent cependant pas toujours les mêmes réactions de la part des protagonistes. Ainsi, lorsqu'à mon insu, le thème, le personnage principal et le décor même de mon roman *Folle Avoine* [1] furent démarqués par un de mes éminents confrères, dans un ouvrage qu'il publia trois ans après la parution du mien, il ne me vint pas un seul instant l'idée de lui faire un procès.

La reine oubliée.

A l'extrémité sud de la Haute-Saône, Pesmes mérite un arrêt prolongé. Nous n'entreprendrons pas cependant aujourd'hui la visite de la ville en suivant ses rues bordées d'antiques demeures aux façades fleuries. Nous n'entrerons pas à l'intérieur de l'église Saint-Hilaire dont l'origine remonte au XIIe siècle. Nous nous rendrons au cimetière, afin de nous recueillir un instant sur la tombe d'une authentique reine.

A ma connaissance, il n'existe pas, en Franche-Comté, une

1. *Folle Avoine*, roman d'André Besson paru en 1974 aux Éditions Mon Village SA.

autre localité où serait inhumée une souveraine. A Pesmes, une modeste sépulture porte cette insolite épitaphe :

« Ursula Salima de Marchamba, reine de Mohélie, épouse Camille Paule, 1874-1964. »

Dans les premières années qui suivirent la fin de la Seconde Guerre mondiale, alors que mes activités professionnelles m'appelaient à parcourir cette région, j'eus le privilège de rencontrer celle qui portait, avec beaucoup de distinction, ce titre prestigieux. A l'époque, elle habitait une propriété sise à Cléry, un hameau du village de Champagney qui fut rattaché quelques années plus tard, après référendum, au département de la Côte-d'Or. Elle me reçut aimablement, comme elle le faisait généralement avec les représentants de la presse qui venaient parfois l'interviewer.

C'étaient une femme élégante, au teint légèrement teinté de bistre, au sourire malicieux. Elle s'exprimait avec aisance, en des termes châtiés, avec un accent charmant. C'est d'elle que je tiens le récit de sa peu banale destinée.

Minuscule île de l'archipel des Comores située à l'extrémité nord-ouest du canal de Mozambique, entre le continent africain et Madagascar, Mohélie ne comptait qu'une trentaine de milliers d'habitants lorsque Ursula Salima y vit le jour, le 1er novembre 1874.

Véritable paradis terrestre avec ses paysages exotiques d'une rare beauté, l'île, d'une superficie de 220 km^2 était couverte d'une végétation luxuriante et réputée pour sa production d'épices, poivre, girofle, noix de muscade, vanille, frangipane... Elle était peuplée de milliers d'oiseaux multicolores, de tortues géantes à la chair succulente et une mer très poissonneuse l'entourait.

Toutes ces richesses naturelles avaient suscité bien des convoitises au cours des siècles. En particulier celles des Malgaches venus à de nombreuses reprises pour y piller les villages et capturer des esclaves.

Descendante d'un des petits-fils du roi de Madagascar, la sultane Djoumbé Fatima régnait sur Mohélie lorsque les Français y débarquèrent à leur tour et hissèrent le drapeau tricolore après avoir maté une révolte des autochtones à coups de canons de marine. La réconciliation entre les Mohéliens et leurs colonisateurs se fit d'une manière tout à fait exceptionnelle.

En 1871, le comte Florian de Langle, l'amiral commandant l'escadre de l'océan Indien qui venait de bombarder Fomboni, la capitale de l'île avant d'y prendre pied, tomba amoureux de la reine Djoumbé Fatima et l'épousa.

Fruit des amours de la belle sultane et de l'élégant aristocrate, la princesse Ursula Salima eut une enfance heureuse, choyée par son père et par sa mère, dans le palais royal de Fomboni où elle bénéficia des soins d'une nombreuse domesticité.

Cet insouciant bonheur s'acheva avec le décès de la reine Djoumbé Fatima. La fillette, alors âgée de douze ans, fut appelée à lui succéder selon la tradition. Les cérémonies du couronnement donnèrent lieu à de grandes fêtes au cours desquelles la nouvelle souveraine fut transportée pendant plusieurs jours sur un palanquin recouvert de feuilles d'or incrustées de pierreries, à travers tous les villages de Mohélie.

Au moment de ceindre la couronne royale, afin que celle-ci tint en équilibre sur sa tête trop petite, Ursula Salima dut coiffer un bonnet de marin. Un imam y vit, dit-on, un mauvais présage.

La régence du royaume étant confiée provisoirement à un riche planteur français nommé Lambert, l'amiral-comte Florian de Langle conscient que sa fille aurait à affronter plus tard de rudes difficultés à la tête du gouvernement de l'île, l'envoya parfaire son éducation à Saint-Denis de la Réunion, chez les sœurs Saint-Joseph de Cluny.

Tandis que la petite reine, très intelligente, poursuivait de brillantes études, un second malheur l'affligea. Son père qu'elle adorait décéda, victime de la fièvre jaune.

Quelques années plus tard, tandis qu'elle s'apprêtait à regagner son île natale, Ursula Salima, alors âgée de dix-huit ans, s'éprit d'un fringant brigadier de gendarmerie chargé de sa protection. Il s'agissait d'un militaire nommé Camille Paule, originaire de la région de Pesmes, en Franche-Comté. L'amour est un sentiment si profond qu'il ne tient souvent nul compte de la couleur de la peau, ni de la condition de ceux qui s'aiment. Il en fut ainsi pour ce couple insolite qui décida d'unir leurs destinées.

La demande en mariage posa un premier problème au jeune sous-officier lorsqu'il sollicita de sa hiérarchie l'autorisation d'épouser... une reine !

Malgré un certain nombre de réticences officielles, l'union des deux jeunes gens se réalisa. La cérémonie se déroula à Saint-Denis de la Réunion et revêtit une grande solennité. La souverraine de Mohélie eut droit à une parade militaire et à vingt et un coups de canons.

La suite fut moins enthousiaste lorsque les autorités coloniales vinrent présenter, selon la tradition, leurs félicitations aux nouveaux époux. Si le gouverneur, les hauts fonctionnaires et les officiers s'inclinèrent sans difficulté devant la jeune reine, ils se montrèrent plus réticents à saluer avec le même respect le prince consort. Pour éviter d'autres incidents protocolaires, le brigadier de gendarmerie Camille Paule fut invité quelques semaines après son mariage à donner sa démission de l'armée. Il le fit sans difficulté, après avoir été élevé au grade de maréchal des logis chef !

Le retour de la reine et de son mari à Mohélie suscita aussi beaucoup de complications. Durant l'absence de Ursula Salima, le planteur Lambert avait profité des pouvoirs que lui conféraient la Régence pour s'emparer non seulement de l'ensemble des terres de l'île, mais aussi pour faire main basse sur les joyaux de la couronne !

Déposédée de ses prérogatives et de sa fortune, la jeune souveraine se retrouva pratiquement ruinée. Après avoir vainement tenté différentes démarches auprès des représentants de la République française dans l'archipel des Comores, afin de recouvrer ses droits, la petite reine et son mari se résolurent à venir en France pour y plaider une juste cause.

Après un passage de quelques mois à Paris, ils se fixèrent à Cléry, près de Pesmes, région d'où était originaire le brigadier chef Camille Paule. Ursula Salima ne cessa pas de harceler les gouvernements successifs de l'État français en vue d'obtenir la restitution de ses biens spoliés et notamment les 5 % de revenus sur l'exploitation de ses propriétés de Fomboni, avantage que lui avait concédé un traité signé en bonne et due forme par le gouverneur de l'archipel des Comores.

Ce ne fut finalement qu'en 1935, grâce à l'intervention de Me Théodore Valensi, député de la Haute-Saône, que la reine déchue put percevoir une pension annuelle de 1 500 francs, ce qui la mettait, à l'époque, à l'abri du besoin.

Le couple, qui s'occupa d'agriculture et d'élevage de chevaux, eut trois enfants et s'intégra très bien à Cléry dont M. Camille Paule fut maire pendant quelques années.

Puis vint la Seconde Guerre mondiale. La région de Pesmes comme l'ensemble du territoire français de la zone occupée subit la dure loi du vainqueur. L'inflation galopante amenuisa au fil des mois la valeur réelle de la pension octroyée à la reine de Mohélie. Les revenus de leur exploitation agricole permirent heureusement aux époux Paule de vivre décemment jusqu'au décès de l'ancien gendarme le 22 septembre 1946.

Quelques années après Sa Majesté Ursula Salimba de Machimba vint vivre à Pesmes, chez l'une de ses filles mariée à un meunier Elle y coula des jours paisibles en se replongeant souvent par la pensée à l'époque de son enfance, au palais de Fomboni.

En 1962, la vieille dame fut présentée au général de Gaulle qui effectuait un voyage en Franche-Comté. Pour la centième fois peut-être de son existence, la douce souveraine sollicita de nouveau d'un haut responsable de l'État la reconnaissance de ses droits et la possibilité de retourner avant sa mort dans sa chère île.

Le président de la République, ému par ce récit, acquiesça à la requête de la reine et confia le soin de la faire aboutir à son chef de cabinet... qui oublia cette promesse.

Ursula Salima de Marchamba s'éteignit à Pesmes en décembre 1974, sans avoir été dédommagée des préjudices subis, ni avoir revu son royaume. Quelques mois après son décès, les habitants de Mohélie, comme la plupart des autres territoires de l'archipel des Comores, à l'exception de Mayotte, proclamèrent l'indépendance de leur île. En dehors des membres de sa famille et de quelques amis, peu de visiteurs viennent s'incliner aujourd'hui sur la tombe de cette reine oubliée en ce coin de terre comtoise.

IX

UN JOUR DANS BESANÇON...

« L'avenir est à celui qui a la mémoire la plus longue. »

NIETZCHE.

Un haut lieu de la mémoire et de la culture

Commencée à Dole, capitale de l'ancienne Franche-Comté, notre randonnée s'achèvera à Besançon qui lui ravit ce titre et ses prérogatives à la fin du XVIIe siècle par le bon vouloir du vainqueur des guerres de l'Indépendance comtoise, Louis XIV.

Besançon, que Victor Hugo, qui n'en était pas à une approximation près, baptisa « vieille ville espagnole » pour la sonorité d'un alexandrin, mérite mieux le nom majestueux de « cité impériale », à la fois en souvenir de Jules César et Marc-Aurèle dont les exploits sont rappelés sur les bas-reliefs de la célèbre « Porte-Noire », mais aussi de Charles-Quint qui assura son rayonnement et sa prospérité.

Flanquée aujourd'hui sur son pourtour de gigantesques cités-dortoirs construites pour les besoins de son expansion industrielle durant les vingt-cinq dernières années, la ville n'en a pas moins conservé son attrait passé que vanta Charles Nodier, l'un de ses plus célèbres citoyens. Au creux de la vallée du Doubs, au centre d'un cirque montagneux d'une grande beauté, la vieille cité est restée fort heureusement presque intacte. Grâce à un habile effort de rénovation, on a su remettre en valeur, non seulement les vestiges de l'antique Vesontio, mais également de nombreux édifices datant des XVIe XVIIe et surtout XVIIIe siècle. C'est à présent un plaisir de flâner à travers ses rues « piétonnes », de s'arrêter devant ses belles demeures aux façades de pierre grise et bleue, aux fenêtres ornées de grilles ventrues, de glisser un regard sur ses cours intérieures laissant entrevoir de splendides escaliers aux rampes ajourées.

Dominant la ville de ses bastions massifs dessinés par Vauban, la citadelle semble toujours veiller sur la sécurité de la vallée. Témoin de bien des drames, elle abrite aujourd'hui les studios de notre vivante radio régionale ainsi que trois musées dont celui de la Résistance est le plus émouvant. De l'endroit même où tant de braves furent fusillés par les Allemands durant la dernière guerre [1], les ondes emportent, vers les quatre coins de la province, les informations qui reflètent sa vitalité économique et culturelle. Venus de plus en plus nombreux et de plus en plus loin, les jeunes viennent visiter chaque année les salles de la citadelle où sont réunis les souvenirs bouleversants de ceux qui tombèrent pour redonner à la Franche-Comté ce bien précieux dont on l'avait privée, la liberté.

Les deux autres musées méritent également une longue visite. Le premier rassemble tout ce qui concerne les arts et traditions populaires : poterie, boissellerie, art du fer, tissage, habitat et meubles comtois. Le second, d'étonnantes collections d'oiseaux, de coquillages et des documents d'ethnographie. A ce muséum d'histoire naturelle, on a ajouté un jardin zoologique fort apprécié par les enfants.

Besançon

1. Lire à ce sujet l'épisode intitulé *Les seize martyrs de la Citadelle* dans *Les Maquis de Franche-Comté*, même auteur, même Editeur.

Le patrimoine culturel bisontin comprend en outre, au cœur même de la vieille ville, deux autres musées de qualité. D'abord celui des Beaux-Arts, dont nous avons signalé la richesse en évoquant un peu plus haut l'histoire de la donation George et Adèle Besson. On y admire aussi des œuvres italiennes et flamandes du XVIe siècle, d'extraordinaires dessins de Fragonard et surtout d'excellentes toiles de Gustave Courbet.

Une visite à ne pas manquer, c'est celle du Palais Granvelle, splendide demeure Renaissance où habita Nicolas Perrenot de Granvelle qui fut premier conseiller d'Etat de l'empereur Charles-Quint et à ce titre fit bénéficier sa province de ses bienfaits. La façade, très belle, avec ses fenêtres à meneaux croisés, aux détails variés, fait l'admiration des amateurs de vieilles pierres, de même que dans sa cour intérieure, son cloître aux arcs en anse de panier.

Depuis 1950, le Palais Granvelle est devenu le Musée Historique de la Franche-Comté. Ses salles rassemblent d'innombrables documents, tableaux, gravures, manuscrits, tapisseries, objets d'art se rapportant aux heures fastes ou tragiques du passé comtois.

Des personnages célèbres nés ou ayant vécu à Besançon, il n'en manque pas dans les domaines artistique, littéraire, scientifique et politique, puisque la ville vit naître notamment Charles Nodier, Victor Hugo, les frères Louis et Auguste Lumière, inventeurs du cinéma, ainsi que deux précurseurs du socialisme, Charles Fourier et Pierre-Joseph Proudhon. Les idées de ces deux théoriciens de l'émancipation ouvrière sont demeurées très vivaces et il n'est pas étonnant que la capitale franc-comtoise soit devenue le berceau de l'autogestion lors de l'affaire Lip qui défraya la chronique il y a quelques années

L'esprit de Tristan Bernara

Je voudrais terminer cette promenade sentimentale à travers mon austère et généreuse province en évoquant un autre trait du caractère de ses habitants : leur humour. Celui d'ici est plutôt froid, à l'image du climat, et jamais très exubérant. Issu des profondeurs de l'âme d'une vieille race farouchement attachée à son libre arbitre, il servit souvent, au cours d'une longue et tragique histoire, à exorciser les angoisses, à compenser les revers d'un petit peuple perpétuellement en lutte pour sa survie.

Tristan Bernard fut, avec Georges Colomb, l'auteur du célèbre *Sapeur Camember* dont nous avons évoqué le souvenir, son plus génial représentant. Fruit d'une observation minutieuse des travers humains, sans jamais renier ses racines populaires, notre humour comtois conserva envers et contre tout un imperturbable optimisme. La vie de Tristan Bernard en fut le plus souriant exemple.

Il vit le jour le 7 septembre 1866, dans la rue où était né Victor Hugo : « Lui au nº 138, remarquait-il avec ironie, moi plus modestement au nº 23. Il y a une plaque sur sa maison natale. Sur la mienne aussi, mais c'est celle de la Compagnie du Gaz [1]. »

Tristan Bernard prétendait, dans un article paru dans *Les Nouvelles Littéraires*, en 1936, qu'il était le descendant d'un authentique marquis, lui-même fils naturel de Louis XV. Mais comment prendre au sérieux les affirmations d'un humoriste ?

Ce qui est sûr, c'est que ses ancêtres, de confession israélite, étaient venus à la fin du XVIIIe siècle du village de Foussemagne, pour se fixer à Besançon où ils furent marchands de chevaux et maîtres de poste. Durant toute sa vie, lorsqu'il parla de son père Myrtil Bernard, l'auteur de *Triplepatte* ne manqua jamais de rappeler qu'il était né rue Battant, dans le quartier des « Bousbots », les turbulents et spirituels vignerons de Besançon.

L'arrivée du chemin de fer en Franche-Comté ayant ruiné son négoce de chevaux, le père de Tristan Bernard partit pour Paris avec sa famille et devint marchand de biens. Son fils fit dans la capitale de solides études qui le menèrent d'abord au barreau. Sa première affaire fut loin d'être concluante. Il avait pour client une espèce de fou arrêté pour attentat à la pudeur et

1. Aujourd'hui, Tristan Bernard a sa propre plaque sur sa maison natale.

qui ne cessait de lui dire : « Ecoutez mon cher maître, c'est bien simple. Vous vous rappelez l'histoire de Phryné devant l'Aréopage ? Je n'ai qu'à me foutre tout nu, et je serai acquitté ; aussi vrai que Dieu existe. »

Maître Bernard eut bien du mal à lui expliquer que c'était une chose impossible et qu'il risquait les travaux forcés. L'énergumène se le tint finalement pour dit. Mais quand, après la brillante plaidoirie de son avocat il se vit infliger cinq ans de prison, il s'en prit violemment à celui-ci : « Cinq ans ! C'est votre faute ! Il va falloir que je tire cinq ans parce que vous m'avez empêché de me mettre à poil ! »

Ce premier avatar décida le Bisontin à jeter sa robe aux orties.

Devenu directeur d'une usine d'aluminium à Creil, il n'y fut pas plus efficace et attribua son échec à une paresse contractée dès sa naissance, sorte de maladie qui avait beaucoup contrarié ses études :

« Pascal combattait ses maux de tête avec des problèmes de géométrie. Moi je combattais la géométrie en feignant d'avoir des maux de tête » expliquait-il pour justifier ses lacunes en mathématiques.

Il disait aussi :

« L'homme n'est pas fait pour travailler. La preuve, c'est que ça le fatigue. »

Il concluait par cette définition :

« Un paresseux est un homme qui ne fait pas semblant de travailler. »

En réalité, pour les occupations qui l'intéressaient vraiment, Tristan Bernard était un bûcheur infatigable Il avait commencé à écrire des articles. Il fut d'abord directeur, rédacteur en chef et seul rédacteur d'un journal tiré à trois exemplaires : *Le Chasseur de Chevelures*. Puis rédacteur en chef d'un organe à peine plus important : *Le Journal des Vélocipédistes*. Ce fut l'époque où pour vivre il se lança dans la création des grilles de mots croisés. Ses définitions astucieuses ont enthousiasmé des générations de cruciverbistes. On se rappelle les plus célèbres :

En trois lettres : ne reste pas longtemps ingrat : AGE.
En quatre : lève son drapeau en signe de liberté : TAXI.
En six : muet de naissance : CINEMA.
En onze : suit le cours des rivières : DIAMANTAIRE.

Sans oublier le fameux :

Vide les baignoires et remplit les lavabos : ENTRACTE.

En moins de cinquante ans, ce paresseux, qui avait choisi cette maxime : « Il ne faut compter que sur soi-même. Et encore pas beaucoup », n'écrivit pas moins d'une centaine de pièces de théâtre dont une vingtaine sont des chefs-d'œuvre. *L'Anglais tel qu'on le parle, Triplepatte, Daisy, Le Petit Café* et bien d'autres sont passées à la postérité. On les reprend un peu partout chaque année à travers le monde.

Moraliste, Tristan Bernard dépeignit dans ses comédies les grands et petits travers de la société bourgeoise du début de notre siècle, en montrant les hommes tels qu'il les voyait, sans cruauté ni complaisance. Comme Courteline, il ne fut jamais aigri ni caustique. A un ami qui s'étonnait un jour devant lui que rien dans ses mots ne fût méchant, il répondit : « Il est trop facile de faire de l'esprit quand on est méchant. »

Comme il n'avait pas d'arrogance ni de dédain et ne se prenait pas au sérieux, comme son tempérament comtois ne le poussait pas non plus à la flagornerie ou la compromission, il n'occupa pas, de son vivant, la place qu'il méritait. A ses amis qui menèrent un jour une campagne en vue de le faire entrer à l'Académie française, il répondit par cette répartie :

« Académicien ? Non. Le costume coûte trop cher. Pour me présenter, j'attendrai qu'il en meure un de ma taille. »

Après une telle boutade, évidemment, les portes de la grande dame du Quai Conti lui furent fermées pour toujours. Il n'en conçut aucune amertume, ayant, en bon Franc-Comtois, un robuste mépris pour les combines. Il disait d'ailleurs, à propos d'un arriviste qui ne reculait devant aucune bassesse :

« C'est vrai qu'il est arrivé vite, mais c'est normal : il est parti ventre à terre ! »

Pour le bonheur des échotiers, Tristan Bernard continua d'égrener, au hasard des événements et des rencontres, ces mille et une histoires qui font encore rire la France. On aurait pu dire de lui ce qu'on avait dit de Rivarol : « Il faisait des ricochets sur l'eau avec des pièces d'or. » Ses idées, il les dispersait à tout vent, toujours accueillant aux jeunes auteurs auxquels il donnait cet excellent conseil : « Il vaut mieux ne pas réfléchir du tout que de ne pas réfléchir assez. »

A Marcel Aymé, son compatriote, dont l'humour était aussi peu intellectualiste que le sien, il conta un jour cet apologue sur la fortune et la charité :

Le baron de Rothschild donnait cinquante francs par mois à chacun des deux fils d'un vieux serviteur décédé. L'un des frères mourut. Le serviteur se présenta quelques jours plus tard chez le bienfaiteur qui le reçut.

– Sincères condoléances. Voici vos cinquante francs.

– Et ceux de mon malheureux frère ? lui demanda l'autre.

– Mais il est mort, dit le baron.

Indigné le quémandeur répondit :

– Comment, monsieur le baron ! Vous ne voulez quand même pas devenir l'héritier de mon frère ?

Tristan Bernard lui, ne devint jamais riche. Il eut toujours un certain détachement vis-à-vis de l'argent, bien qu'il recommandât volontiers à ses amis :

Voulez-vous faire fortune ? Achetez donc toutes les consciences pour ce qu'elles valent et revendez-les pour ce qu'elles s'estiment. Votre fortune sera faite.

La dernière guerre, qui devait assombrir la fin de sa vie, lui donna l'occasion de proférer un mot admirable résumant à lui seul tout le drame de l'occupation. Alors que les agents de la Gestapo venaient les arrêter, il dit à sa femme : « Jusqu'ici mon amie, nous avons vécu dans la crainte. Maintenant, nous allons vivre dans l'espoir. »

Transféré à Drancy, le vieux couple, mêlé à des dizaines d'autres israélites, s'apprêtait à prendre le chemin des camps de la mort, lorsqu'il reçut la visite de Sacha Guitry. Celui-ci venait d'alerter toute l'intelligentia parisienne pour sauver ses amis. Tristan Bernard n'avait pas perdu son esprit et tentait d'apaiser l'angoisse de ses coreligionnaires par des bons mots. « Ici, plaisantait-il, on compte les Bloch et on bloque les comptes. » Et à Sacha, qui lui demandait avant de partir ce dont il avait le plus besoin dans l'immédiat, il répondit : « D'un cache-nez ! »

Après sa libération, Tristan Bernard ne devait jamais plus retrouver sa verve. La pire des épreuves lui fut réservée pour la fin : apprendre que François, son petit-fils, ne reviendrait pas de Mauthausen. Il ne put pas non plus mettre à exécution un projet dont il avait parlé à un ami, celui de revenir visiter sa Franche-Comté natale : « J'aimerais pouvoir y séjourner plusieurs mois, quelques jours sont insuffisants, inutiles même. Il faut savoir s'ancrer dans certaines habitudes, pour prendre, ou reprendre une province en main. Mais que voulez-vous ! le collier est là, les occupations, les obligations... Attendons... Bientôt peut-être... »

Tristan Bernard, dont Colette disait qu'il garda toute sa vie des parcelles de gaudes accrochées à sa barbe fleurie, ne devait pas revoir sa chère province. Il mourut en 1947. Les Francs-Comtois, dont il symbolisa l'esprit et le courage tranquille, vouent un culte fervent à sa mémoire, donnant ainsi raison à son testament spirituel :

Quitter ce monde-ci ? Mais pour quel avenir ?
Cette existence de l'au-delà, quelle est-elle ?
Je voudrais m'en aller... Mais serait-ce en finir ?
Mon emmerdeuse d'âme est peut-être immortelle...

X

ITINÉRAIRES BUISSONNIERS EN PAYS COMTOIS

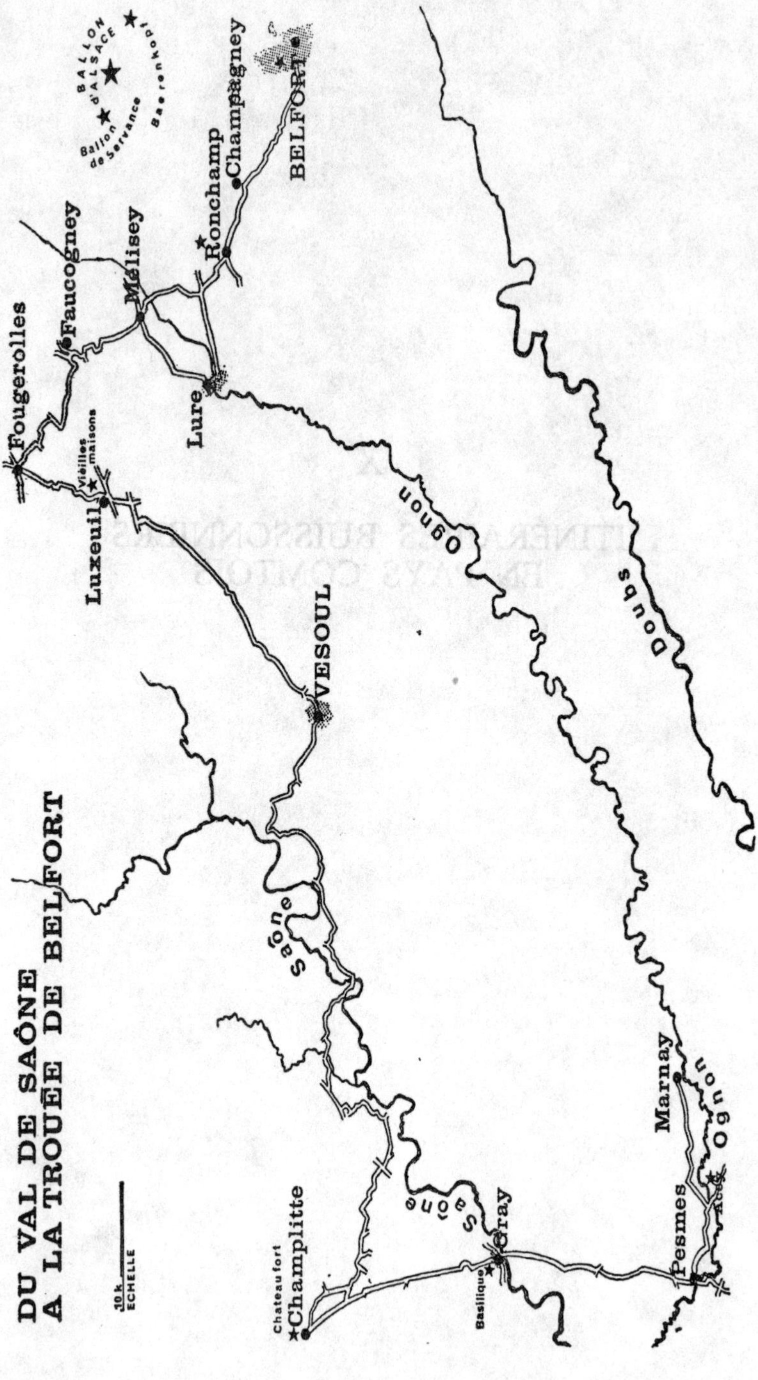

DU VAL DE SAÔNE
A LA TROUÉE DE BELFORT

Du Val de Saône à la Trouée de Belfort.

Pour compléter notre longue randonnée en Franche-Comté, nous voudrions proposer quelques itinéraires, dont le premier nous conduirait en Haute-Saône. Partie intégrante de la province comtoise, comme le Territoire de Belfort où nous ferons également une rapide incursion, cette région a un aspect et des mœurs moins rudes que le Haut-Pays. L'esprit d'indépendance y a cependant soufflé aussi fort au cours des siècles et ses habitants ont fait preuve du même courage que les « montagnons » contre les envahisseurs et les despotes.

C'est par la Haute-Saône qu'on aborde généralement le Centre-Est en venant de Paris. On y découvre une suite de grandes tables calcaires ondulées au milieu desquelles s'étend la plaine de Gray sur son lit sableux et humide. Les villes sont peu nombreuses, les villages souvent dépeuplés par un effroyable exode rural. Ce département, qui comptait un million d'habitants en 1850, n'en avait plus que le quart un siècle plus tard.

Née dans les terres vosgiennes, la Saône, qui donna son nom à cette contrée, la traverse en diagonale dans sa partie occidentale. Le large et paisible cours d'eau coule au creux d'un val qui vit passer bien des envahisseurs depuis les débuts de l'humanité. Charles Couyba, alias Maurice Boukay, député de Gray et poète, auteur des délicieuses *Stances à Manon* mises en musique par Paul Delmet, célébra cette calme rivière dans un sonnet dont voici les derniers vers :

Saône c'est vers toi que je viens pour entendre
Les souvenirs berceurs, les chants cythéréens
Qui charmèrent Wateau sur les rives du Tendre.

C'est dire si ce pays plaira à ceux qui recherchent la tranquillité, le repos et la douceur de vivre.

Nous entreprendrons la rapide visite de la Haute-Saône par le sud du département, à Pesmes, petite cité forteresse sise au bord de l'Ognon, l'un des affluents poissonneux de la Saône. A l'ombre de leurs grands arbres, protégées par de hauts murs, plusieurs très belles demeures patriciennes retiendront l'attention, ainsi que l'église au porche roman. Chaque été, au pied des anciens remparts, les habitants du bourg s'offrent le plaisir d'une reconstitution animée de leur passé historique ou légendaire, et en font profiter les touristes de passage.

A quelques portées de bombardes des murailles de Pesmes, plus au sud, se trouve la très belle abbaye cistercienne d'Acey fondée au XIIe siècle par des moines de Cîteaux. Puis nous ferons une incursion jusqu'à Marnay pour retrouver les restes d'une forteresse où Louis XIV logea avec sa cour lors de la conquête française.

Par la N. 67, nous atteindrons Gray

Tel un oiseau sur son perchoir,
Un oiseau que chacun admire,
Gray, pimpant et coquet, se mire
Dans la Saône, son pur miroir.

A l'entrée de la ville, nous abandonnerons notre voiture et à pied, par les escaliers dégringolant au flanc de la colline, nous monterons vers la tour carrée et trapue de l'ancien château féodal. Nous découvrirons un admirable panorama de « grands champs rayés de cent bariolages et, de-ci de-là, les villages noyés au milieu des prés verts ». Jeanne de Bourgogne, Mahaut d'Artois et le petit Philippe de Rouvres contemplaient déjà ces paysages baignés de lumière.

La basilique Notre-Dame, rare monument de la fin du gothique épargné par les invasions, l'hôtel de ville à la toiture vernissée et aux colonnes de marbre rose sont aussi à visiter, de même que le palais de justice et la maison de Gauthiot d'Ancier qui fut maître d'hôtel du connétable de Bourbon.

Reprenant la route en direction de Langres, nous effectuerons une petite escapade à Champlitte dont le château veillait autrefois sur les confins du duché de Bourgogne. Aujourd'hui, les salles de son musée folklorique attirent des visiteurs de la France entière et de l'étranger. Avec un peu de chance, vous pourrez peut-être le découvrir en compagnie de son conservateur, l'abbé Demard, fils d'Albert Demard, paysan authentique, autodidacte qui eut le génie de préserver puis de rassembler tant d'émouvants souvenirs.

En rebroussant chemin, nous retrouvons la Saône et ses méandres à travers des paysages bucoliques, puis nous atteindrons Vesoul, petite capitale provinciale dont Jacques Brel popularisa le nom par une chanson. Au pied de la Motte et du « Sabot de Frotey », curiosité géologique, elle a su se développer harmonieusement sur le plan industriel à l'inverse de certaines cités qui ont perdu leur caractère et leur âme dans la brutale évolution du XXe siècle. En flânant à travers les rues larges bordées d'immeubles bien franc-comtois par leur architecture, on découvrira plusieurs très belles demeures, la maison Thomassin (1480), l'hôtel Lyautey de Colombe et la résidence de Simon Renard qui fut ambassadeur de Charles-Quint, sans oublier le très beau jardin anglais ni la vue panoramique que l'on découvre depuis Notre-Dame-de-la-Motte.

A une trentaine de kilomètres plus au nord, Luxeuil-les-Bains était déjà célèbre sous le nom de Lixovium à l'époque romaine et l'établissement thermal a été construit en 1764 sur les anciens thermes. Fort bien équipée en hôtels modernes, en restaurants, avec ses promenades, son plan d'eau, ses piscines, ses distractions de toute nature, la cité est aujourd'hui très fréquentée, non seulement par les curistes, mais aussi par de nombreux touristes de passage. L'aspect médiéval de la vieille ville est tout à fait plaisant et nous rappelle que son abbaye était autrefois un centre d'art, d'intellectualité et de mysticisme.

De Luxeuil-les-Bains, on fera un détour par Fougerolles, charmante petite ville environnée de ses vergers de cerisiers, où l'on pourra visiter une ferme-musée-distillerie et emporter un excellent kirsch de fabrication artisanale.

A Faucogney et Mélisey, nous serons au pied des Vosges et nous pourrons grimper sur les sommets du Ballon de Servance, du Ballon d'Alsace ou celui du Baerenkopf d'où l'on domine à la fois les riches plaines alsaciennes et le pays saônois avec ses innombrables ruisseaux et ses étangs.

Fondée comme Luxeuil autour d'une abbaye et d'une source, Lure mire ses belles demeures du XVIIIe sur les eaux immobiles de la « Font », orgueilleusement appelée lac. L'église Saint-Martin, et l'ancienne résidence de l'abbé, œuvre d'un architecte alsacien nommé Kléber, dont la Révolution devait faire un général, retiendront notre attention.

Autrefois cité des « gueules noires », Ronchamp honore le souvenir de ces rudes travailleurs par un intéressant musée de la Mine. Mais c'est surtout la célèbre chapelle du Jurassien Le Corbusier, architecte visionnaire trop tôt disparu, qui attire la foule des fidèles et des curieux. Nous visiterons également à Champagney, à quelques kilomètres de là, l'étonnant musée de la Négritude dont le grand humaniste Léopold Sédar Senghor est le parrain, et que nous fera découvrir l'écrivain franc-comtois René Simonin, son bénévole conservateur.

Belfort

Ce fut Vauban (encore lui) qui fortifia Belfort et agrandit considérablement les défenses médiévales édifiées au Moyen Age par Thierry II, comte de Montbéliard. Ce château, à l'intérieur duquel on peut visiter aujourd'hui un remarquable musée historique, soutint victorieusement plusieurs sièges dont celui de 1870-1871 où s'illustra le colonel Denfert-Rochereau. En son honneur et aussi pour célébrer le sacrifice des trois mille victimes de cette héroïque résistance, on fit édifier en 1876, au flanc du rocher, sous la forteresse, un gigantesque lion en grès rose de 22 mètres de long et 11 mètres de haut. C'est le Colmarien Frédéric Auguste Bartholdi (également auteur de *La Liberté éclairant le monde* à l'entrée du port de New York) qui sculpta ce monument qu'on ne manquera pas d'aller admirer avant d'entreprendre la prochaine étape.

Lure

Canal de la Haute-Saône
Canal du Rhône au Rhin
Sochaux
10k
ECHELLE
MONTBELIARD
DOUBS
Mandeure
Porrentruy
Pont-de-Roide
Delémont
St. Ursanne
DOUBS
St. Hippolyte
DOUBS
Franches Montagnes
Moutier
Saignelégier
Tramelan
Tavannes
FRANCE
Les Breuleux
SUISSE
Mont Soleil
BIENNE
Gorges du Doubs
La-Chaux-de-Fonds
Lac de Bienne
Aar
DU PAYS DE MONTBELIARD
AU JURA SUISSE
Lac de Neuchâtel

Du pays de Montbéliard au Jura suisse.

C'est bien sûr par l'orgueilleux château des comtes que nous commencerons la visite de Montbéliard. Puis, par les rues piétonnes, nous irons à la découverte de la ville, admirant tour à tour les anciennes halles, la place Saint-Martin et le temple (qui fut la première église bâtie en France pour célébrer le culte protestant), la maison Beurnier, hôtel du XVIIIe siècle devenu le musée du Vieux-Montbéliard, la maison Rossel et celle des Princes.

Avant de quitter le pays de Montbéliard, il sera intéressant de parcourir ses cités satellites et de découvrir l'empire Peugeot, pacifique dynastie qui fait vivre et prospérer aujourd'hui une agglomération de plus de cent mille habitants.

En nous arrêtant à Mandeure, nous tenterons de retrouver les vestiges de ce qui fut une grande ville gallo-romaine sous le règne des Antonins, de 96 à 192 de notre ère, et que l'on appelait à l'époque d'un nom fort compliqué : Epomanduodurum. Puis, par Pont-de-Roide, en remontant le cours assagi du Doubs, nous atteindrons la belle vallée de Saint-Hippolyte. La frontière franco-suisse est à deux pas et nous la franchirons sans encombre pour arriver à Porrentruy. Cette localité relevait autrefois de l'archidiocèse de Besançon. En y pénétrant par le faubourg et la porte de France, nous prendrons plaisir à visiter ses vieux quartiers habilement rénovés et son château des princes.

C'est à Saint-Ursanne, dans une auberge en bordure du Doubs, que nous pourrons déjeuner avant d'entreprendre la découverte de la plus pittoresque des cités jurassiennes. La table y est excellente et nous pourrons y déguster les produits de la pêche en rivière ou en étang : truites au bleu, meunière ou aux amandes, grenouilles, fritures de carpes. Les omelettes aux champignons, les croûtes aux morilles et le jambon à l'os, les civets de gibier figurent également au menu, le tout arrosé d'un fameux « Œil de Perdrix » fierté du vignoble neuvillois.

Saint-Ursanne doit son nom à un évangélisateur disciple de Colomban, compagnon de Gall, qui fut chassé avec eux de Luxeuil par la haine de Brunehaut et vint se fixer dans le val où il fonda un monastère. La légende veut que les ours le servaient par ordre de Dieu et lui apportaient des racines et des fruits.

Le pont Saint-Jean Népomucène qui enjambe le Doubs est un bijou dont tous les peintres locaux se sont inspirés depuis des générations. Il faut parcourir la ville à pied, de la porte Saint-Pierre à la porte Saint-Paul afin de mieux connaître tous les détails gravés dans la pierre des maisons à tourelles, dans les statues, les fontaines, les vieilles enseignes, les remparts où l'on retrouve, enfoncés, les boulets de Charles le Téméraire. Quant à la collégiale, elle vaut à elle seule le voyage. Elle n'a rien à envier aux plus belles églises de France et d'Italie. Son porche roman date de la fin du XIe siècle. On y voit, dans ses entrelacs, des figures de loups et de moines. Dans l'un des piliers de la nef, une loge isolée permettait, au Moyen Age, aux pestiférés de venir entendre la messe.

C'est à regret que nous quitterons Saint-Ursanne pour gagner le val de Delémont, l'un des plus caractéristiques et des plus beaux du Jura suisse. Deux petites rivières traversent ces paysages agrestes que les gens d'ici appellent la Vallée. Il s'agit de la Sorne et de la Birse qui s'y marient avant de s'engouffrer dans le défilé rocheux et étroit dominé par Notre-Dame de Vorbourg. Le vieux Delémont, celui d'en haut, recèle encore quelques vestiges de l'époque fastueuse où la ville était résidence d'été des princes. Mais c'est surtout dans la qualité de l'accueil de ses habitants, ces Jurassiens jaloux de leur identité, qu'on appréciera l'arrêt fait dans cette cité.

Cette hospitalité, nous la retrouverons à Moutier, un autre haut-lieu de la résistance menée par ce petit peuple courageux contre le pouvoir bernois. Les gorges qui précèdent la prospère localité sont de toute beauté. Elles constituent l'attrait majeur du tourisme depuis que Gœthe leur consacra un éloge plein d'exaltation et d'ardeur romantique.

Au bord de son joli lac, à la limite du Jura et du plateau, Bienne a le privilège de posséder tous les éléments qui assurent la renommée touristique des villes suisses : l'eau, la montagne, la proximité des forêts. Par importance, c'est la neuvième cité helvétique et, bien qu'elle ne compte qu'un tiers de population francophone, on y utilise sur un pied d'égalité les langues française et allemande.

La visite de Bienne nous permettra de découvrir de nombreux joyaux architecturaux. L'hôtel de ville, gothique, date de 1530 ; le théâtre, autrefois l'arsenal, fut construit à la fin du XVIe siècle. La fontaine de la Justice, due à Jean Boyer, un émigrant français, arbore la fière silhouette de sa statue, symbole du droit de haute justice dont jouissait la ville. Ici et là, au détour d'une ruelle, pignons et erkers [1] retiendront votre attention. Sur la place du Ring, le Banneret, debout sur un chapiteau, perpétue la vitalité de l'esprit d'indépendance. Rue Haute, c'est le contraste de l'architecture burgonde et du style bernois avec ses arcades. Quant au lac, bien qu'il soit plus petit que celui de Neuchâtel, sa découverte en bateau permettra d'admirer un splendide paysage vigneron et de charmants villages dont le romantique Jean-Jacques célébra l'attrait.

En rebroussant chemin jusqu'à Tavannes, nous pénétrerons dans les Franches-Montagnes. Il s'agit d'un vaste plateau dominant les côtes du Doubs, qui s'incline légèrement vers le sud en direction des flancs boisés du Mont-Soleil. Tramelan, Saignelégier et ses deux clochers, les Breuleux méritent un arrêt. C'est le pays du cheval. Il galope partout librement au revers des monts, à l'orée des bois. Les amateurs de randonnées équestres sont à la fête. Ceux qui en ont la possibilité viendront à Saignelégier le deuxième dimanche d'août, pour assister au Marché-concours et aux épreuves spectaculaires qui s'y déroulent l'après-midi. Ils y verront se mesurer, comme au temps des courses romaines, des attelages de quatre chevaux de trait tirant des chars énormes dans un nuage de poussière et un intense enthousiasme populaire.

Merveilleux Jura suisse, avec ses hameaux disséminés parmi les sapins, ses routes bordées de murets de pierres sèches, ses sources, ses torrents, ses étangs mystérieux, tel celui de la

---

1. Erker : loggia en encorbellement de un ou deux étages.

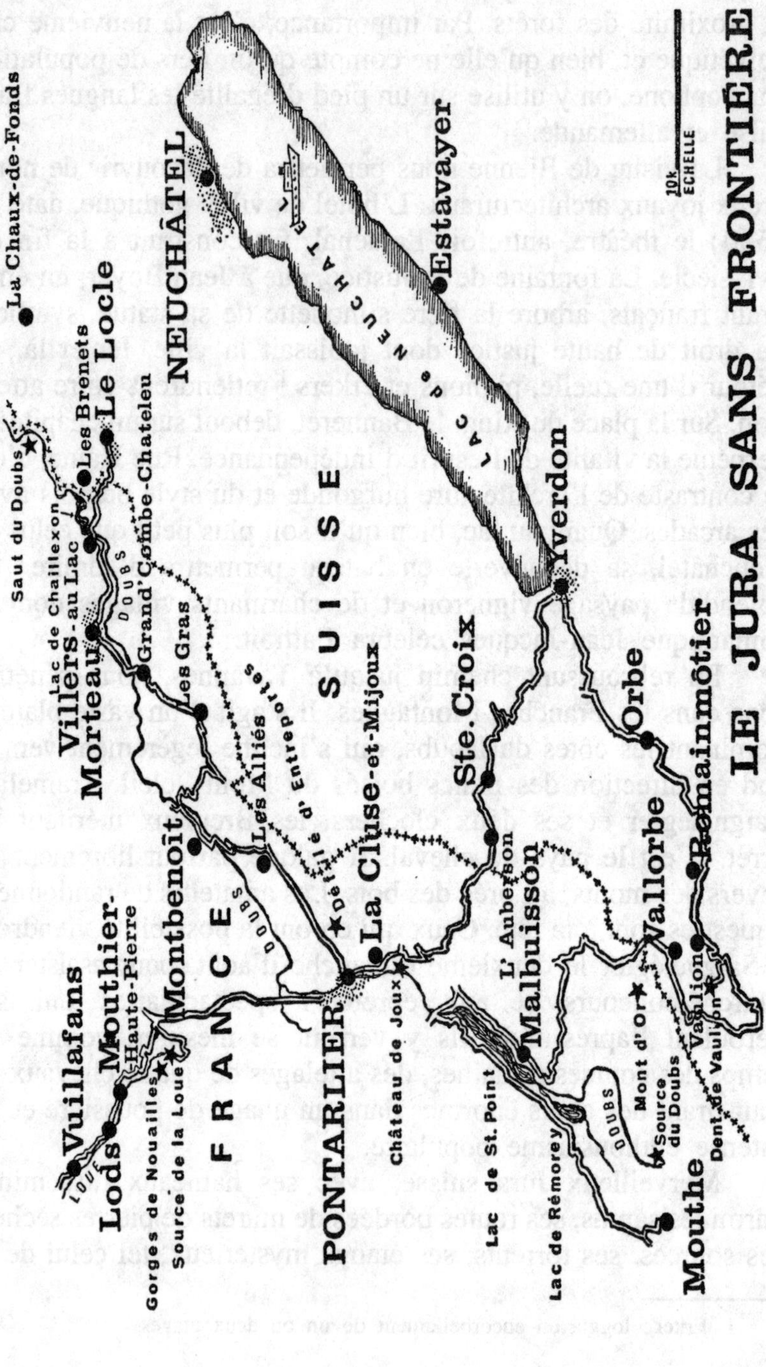

LE JURA SANS FRONTIÈRE

Gruère où il fait si bon se reposer à l'ombre des frondaisons de la rive.

Tout au bout de la vallée des Franches-Montagnes, nous arriverons à La Chaux-de-Fonds, dans ce Jura neuchâtelois patrie de la montre et de la savante mécanique de précision. Comme les habitants de la région le disent entre eux dans leur savoureux accent semblable à celui des Francs-Comtois : « Si on allait faire un tour à la Tchaux, voir les vitrines du Pod ! » C'est donc par une libre flânerie à travers l'interminable mais prospère avenue Léopold-Robert que nous prendrons contact avec la ville. Puis, après la visite des musées, d'abord celui de « L'Homme et le Temps » et également celui des paysans-horlogers, situé dans une authentique ferme du XVIe siècle classée monument historique, nous profiterons, le soir, des hôtels confortables et accueillants de La Chaux-de-Fonds pour passer une bonne nuit avant l'étape suivante.

Le Jura sans frontière.

Le lendemain matin, nous n'aurons que quelques kilomètres à parcourir pour atteindre le Locle. Dans cette ville, qui joue un rôle économique et culturel de plus en plus important dans la région grâce à la réputation de son Technicum où la Suisse forme les électroniciens de l'an 2000, nous aurons peut être la chance de pouvoir visiter une usine d'horlogerie où nous verrons fabriquer ces montres de haute précision qui font la renommée de la production locloise à travers le monde. Il ne faudra pas manquer non plus de passer au Château-des Monts pour admirer une collection d'automates d'une valeur exceptionnelle.

Balcon de la Suisse, dominant la France voisine du haut de ses 800 mètres d'altitude, le village Les Brenets entouré de sapins, surplombe le grandiose bassin du Doubs. Comme ils peuvent le faire depuis Villers-le-Lac, de l'autre côté de la frontière liquide, les touristes ont la possibilité d'embarquer sur cette rive à bord d'un bateau pour effectuer une longue promenade sur ce plan d'eau classé parmi les plus impressionnantes curiosités naturelles d'Europe. Arrivés au débarcadère, nous emprunterons les riants sentiers tracés au flanc des falaises, pour grimper jusqu'aux deux belvédères qui dominent le Saut du Doubs dont la chute spectaculaire est inoubliable.

Une fois débarqués sur la rive française, les courageux pourront se rendre au pied des légendaires Echelles de la Mort et, histoire de se donner des émotions fortes, referont le chemin qu'empruntaient autrefois les contrebandiers. Ce site impressionnant est jalonné de lieuxdits aux noms fort explicites qui imposent à tous la plus grande prudence : « Val de la Mort », « Moulin de la Mort », « Orgues de la Mort ».

A Morteau, que les invasions successives, les incendies, ont ravagé au cours des siècles, on retrouve peu de vestiges artistiques du passé. On profitera pourtant d'un passage dans cette région pour aller visiter dans les villages voisins ces extraordinaires « fermes à Tués » dont le cœur est constitué par de gigantesques cheminées pyramidales entièrement en bois, d'une douzaine de mètres de hauteur, où l'on fait fumer à l'ancienne toutes les salaisons, en particulier les saucisses dont la qualité est aujourd'hui protégée heureusement par un label.

A la sortie sud-ouest de Morteau, nous prendrons la charmante petite route forestière qui, par Grand-Combe-Châteleu et Les Gras, longe la frontière franco-suisse. Puis nous rejoindrons Montbenoît afin de visiter l'abbaye. Après cet arrêt en pays Saugeais, nous nous dirigerons vers les Alliés et suivrons la D 47 pour traverser le Défilé d'Entreportes et atteindre Pontarlier. La visite de cette jolie ville de passage nous permettra d'admirer l'église Sainte-Bénigne et son clocher bulbeux, le porche de l'ancien couvent des Annonciades à l'intérieur duquel se tient chaque été au mois d'août un salon de peintres franc-comtois très fréquenté par les amateurs de bonne peinture, et la fort belle porte Saint-Pierre en forme d'arc de triomphe. On ne quittera pas cette cité sans emporter quelques reproductions du photographe Stainacre qui depuis cinquante ans n'a pas cessé de prendre de merveilleux instantanés du Haut-Doubs.

Tournant le dos à la frontière, nous ferons ensuite une brève escalade pour aller admirer, plus au nord, les gorges de Nouailles et voir jaillir la Loue de son écrin vert. Dans cette vallée d'une grande beauté, nous pourrons déjeuner dans l'une des nombreuses auberges de Mouthier-Haute-Pierre, Lods ou Vuillafans, et déguster ces truites fameuses que l'on sortira tout spécialement pour nous de la rivière aux eaux limpides.

Pontarlier

De retour à Pontarlier, à la sortie sud de la ville, nous grimperons sur le rocher d'où le château de Joux surveille depuis des siècles le défilé de la Cluse-Mijoux. En le visitant, nous retrouverons d'émouvants souvenirs de quelques prisonniers célèbres qui y séjournèrent contre leur gré pour avoir déplu aux princes de leur époque : Mirabeau, Toussaint-Louverture, le cardinal Calvachini ou le poète allemand Henri von Kleist.

La Suisse étant à deux pas, nous y ferons une nouvelle incursion pour visiter le Jura vaudois. D'abord l'Auberson et son musée des automates, puis Sainte-Croix et Yverdon d'où nous pourrons, le cas échéant, effectuer en bateau le tour du lac de Neuchâtel jusqu'à cette ville riche en souvenirs historiques et qui est devenue l'un des plus importants centres de rayonnement culturel d'Helvétie.

De retour sur la terre ferme, nous nous dirigeons vers Orbe dont les vestiges romains attestent qu'elle fut autrefois une très grande cité surveillant les principaux passages de la chaîne jurassienne. A une dizaine de kilomètres de là se trouve le

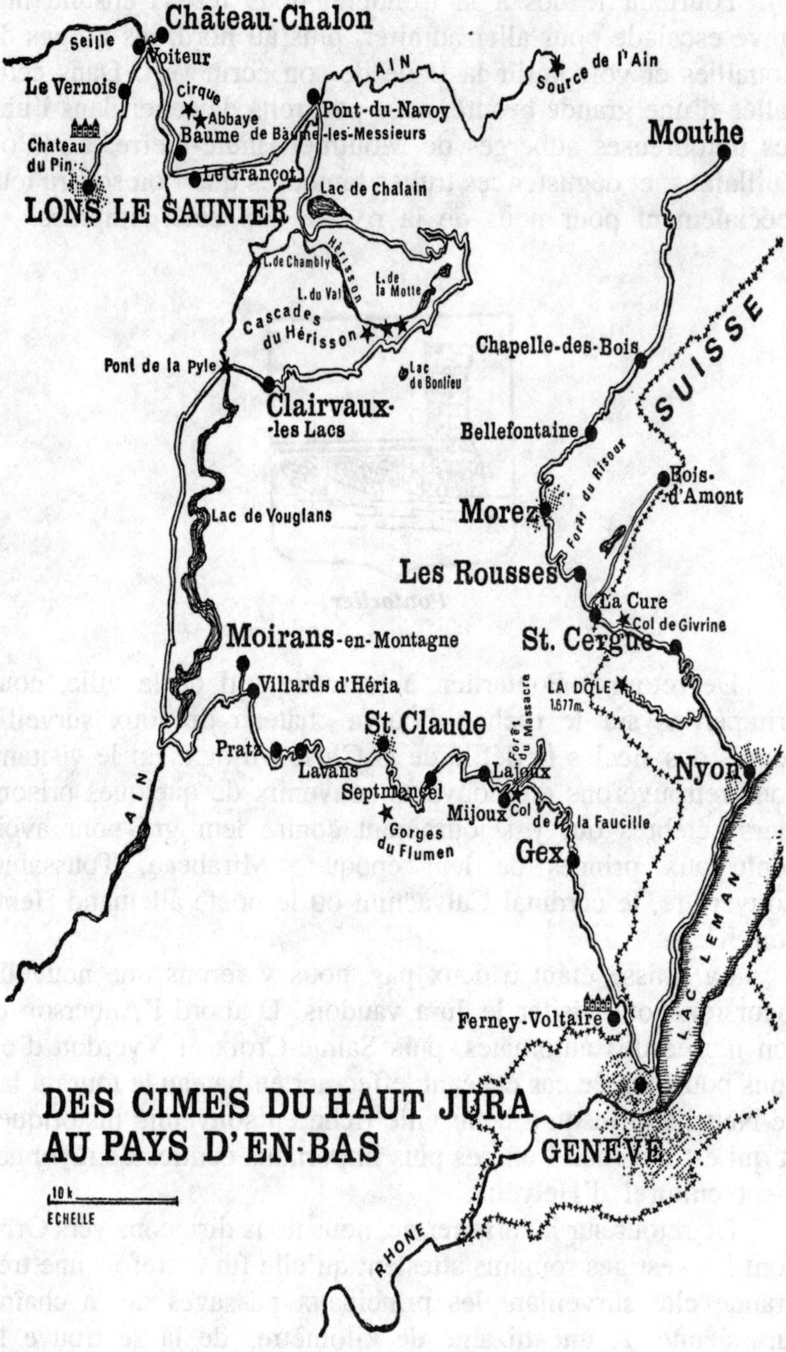
Château-Chalon
Seille
Voiteur
Le Vernois
Cirque
Abbaye
Baume
de Baume-les-Messieurs
Chateau du Pin
Le Grançot
LONS LE SAUNIER
AIN
Source de l'Ain
Pont-du-Navoy
Mouthe
Lac de Chalain
L. de Chambly
Hérisson
L. du Val
L. de la Motte
Cascades du Hérisson
Pont de la Pyle
Lac de Bonlieu
Clairvaux-les Lacs
Chapelle-des-Bois
SUISSE
Bellefontaine
Forêt du Risoux
Bois-d'Amont
Morez
Lac de Vouglans
Les Rousses
La Cure
Col de Givrine
St. Cergue
Moirans-en-Montagne
Villards d'Héria
LA DOLE
1.677m.
Forêt du Massacre
St. Claude
Pratz
Lavans
Septmoncel
Lajoux
Mijoux
Col de la Faucille
Nyon
Gorges du Flumen
Gex
AIN
LAC LEMAN
Ferney-Voltaire
DES CIMES DU HAUT JURA
AU PAYS D'EN-BAS
GENEVE
10 k
ECHELLE
RHONE

monastère de Romainmôtier qui joua un rôle si important dans la pénétration du massif par la civilisation chrétienne. La visite de ce haut-lieu sis dans la paisible vallée du Nozon marque toujours profondément les voyageurs.

En poursuivant la route sinueuse au creux du défilé, nous atteindrons Vaulion et, par temps clair, la montée vers le sommet de la « Dent », qui culmine à 1 483 mètres nous permettra d'admirer un panorama inoubliable à la fois sur les lacs, les montagnes, les forêts et les plaines.

Par Vallorbe, nous reviendrons en France et, après un arrêt au Mont-d'Or pour y découvrir un autre aspect du Jura et acheter une boîte du fromage fameux qui porte ce nom, nous irons prendre un petit bain bien rafraîchissant dans le lac de Saint-Point. Tout autour de ce plan d'eau sur lequel les amateurs de voile s'en donnent à cœur joie, la région est jalonnée de sources, de cascades, de grottes et de sites forestiers qu'il faut découvrir à pied pour en apprécier le charme.

Après une courte halte sur les bords du petit lac sauvage de Remoray, la route nous conduira à la source du Doubs puis jusqu'au gros village de Mouthe où, grâce à l'air vivifiant du plateau, nous pourrons passer une nuit paisible soit à l'hôtel, soit dans un gîte rural, sous le toit protecteur et accueillant d'une grosse ferme jurassienne.

Des cimes du Haut-Jura au pays d'En Bas.

Des le début de l'étape suivante, nous ferons une promenade matinale à travers la mystérieuse forêt du Risoux, puis, par Chapelle-des-Bois et Bellefontaine, nous arriverons à Morez-du-Jura. Au passage, on ne manquera pas d'admirer la hardiesse incroyable avec laquelle, à la fin du siècle dernier, on fit construire, à flanc de montagne, ce que l'on appelle encore « la ligne des hirondelles », une suite de viaducs, de ponts, de tunnels qui permit de relier, par une voie ferrée, la ville au reste du monde.

Dans la petite cité devenue la « capitale mondiale de la lunette » vous pourrez visiter l'un de ses nombreux ateliers et faire l'acquisition, à un prix intéressant, d'une paire de lunettes de soleil.

Par la route en lacets, vous accédez à la station des Rousses, à présent aussi animée l'été que l'hiver et qui fut le berceau du ski de randonnée. Un village tout proche, Bois d'Amont, possède un musée du bois où l'on admirera avec quel art, quelle ingéniosité, nos paysans-artisans du Haut-Pays travaillent cette matière vivante.

Par le poste de douane de La Cure, nous franchirons une dernière fois la frontière afin d'aller visiter l'autre versant du Jura. Depuis le col de la Givrine, nous pourrons accéder à la Dole à 1 677 mètres d'altitude et découvrir un très beau panorama sur le lac Léman et les sommets enneigés des Alpes. Après un arrêt à Saint-Cergues, riante localité vaudoise, nous nous laisserons glisser jusqu'à Nyon qui pourra, le cas échéant, servir de base de départ à une promenade en bateau sur le vaste lac, à moins que nous préférions suivre sa rive fleurie usqu'à Genève.

Genève

La visite de la cité de Calvin n'étant pas prévue dans notre itinéraire jurassien, nous quitterons définitivement la Suisse pour gagner Ferney-Voltaire où s'impose un arrêt dans le château construit par l'auteur de *Candide*. Après une étape restauration à Gex, nous entreprendrons de gravir la rude côte menant au col de La Faucille. De là, par Mijoux et Lajoux, nous accéderons à la forêt du Massacre renommée par la qualité de sa flore alpestre.

Jalonnée de curiosités naturelles : « Roche Percée », « Chapeau de Gendarme », « Queue de Cheval », la route de Lamoura à Saint-Claude, par Septmoncel et les gorges du Flumen vous arrachera, à chacun de ses lacets, bien des cris admiratifs. L'arrivée dans la cité de la pipe et du diamant est aussi un spectacle impressionnant avec l'immense pont qui enjambe le ravin profond et la cathédrale Saint-Pierre fortifiée comme un château fort. Dans cette ville, chaque hiver, on célèbre encore une curieuse fête, celle des « Soufflaculs ». Revêtus de camisoles et de cagoules blanches, les jeunes gens de Saint-Claude parcourent les rues en portant à la main un antique soufflet qu'ils introduisent sous les jupes des femmes pour en chasser l'esprit malin. C'est dire si le caractère des Sanclaudiens n'engendre pas la morosité et si leur réputation de joyeux drilles est amplement méritée. Cela n'enlève rien à leurs qualités de travailleurs ingénieux et habiles, c'est pourquoi, après avoir visité le très intéressant musée de la pipe, vous pourrez emporter en souvenir une de ces fameuses bouffardes en racine de bruyère artistement sculptées, qui font le renom de la ville depuis la découverte de l'herbe à Nicot.

A quelques kilomètres de Saint-Claude, par Lavans et Pratz où les ancêtres de Lamartine possédaient de belles forêts, nous arriverons à Villards-d'Héria. Ici existent les vestiges d'une mystérieuse ville gallo-romaine au bord du petit lac d'Antre. Un viaduc moderne permet aujourd'hui de franchir sans mal le ravin et de rejoindre Moirans-en-Montagne, gros bourg forestier où l'on fabrique de merveilleux jouets en bois et en matière plastique et où se visite un très intéressant musée du jouet.

Nous allons ensuite suivre la rive du lac artificiel de Vouglans, le magnifique plan d'eau qui est devenu, après avoir englouti les villages de la vallée, un des hauts-lieux du tourisme jurassien. En admirant au passage le site impressionnant que l'on découvre depuis le pont de la Pyle, nous atteindrons Clairvaux-les-Lacs, lieu de vacances remarquablement situé au cœur du Jura et réputé pour son accueil. A quinze kilomètres sur la droite, les cascades du Hérisson, les lacs de Bonlieu, d'Ilay, du Val et de Chambly préparent le voyageur au choc qu'il ressentira en découvrant Chalain, ce pur joyau turquoise enchâssé dans un écrin de verdure. Tout au fond de la combe, le domaine immense avec ses installations multiples et son camping quatre étoiles, est à présent le royaume des touristes hollandais et danois qui trouvent ici ce qu'ils désirent : l'eau, la montagne, la forêt et aussi le calme.

Rejoignant la N 471 à Pont-du-Navoy, nous prendrons la direction de Lons-le-Saunier en nous arrêtant à Crançot pour découvrir, depuis les belvédères, l'impressionnante reculée du cirque de Baume. Puis nous descendrons prudemment au creux de la cluse sauvage pour y visiter cette merveilleuse abbaye de Baume-les-Messieurs, avec la flèche de pierre de son clocher roman, son cloître, ses maisons habilement restaurées qui en font l'un des plus harmonieux ensembles architecturaux de toute la Franche-Comté.

La haute vallée de la Seille avec ses immenses falaises, ses grottes, ses villages aux toits de pierres grises, ses vignes escarpées est un lieu béni des dieux, miraculeusement préservé de toute pollution « bétonnière ». La visite de Château-Chalon vous laissera un souvenir inoubliable. Peut-être pourrez-vous y assister à l'un des spectacles « Son et Lumière » racontant l'histoire fabuleuse de la petite cité et qui réunit, dans un louable effort de promotion touristique, tous les habitants du pays. Vous ne quitterez pas Château-Chalon sans emporter quelques flacons de son fameux vin jaune et, si votre bourse le permet, un cruchon de ce moelleux vin de paille dont les vertus tonifiantes sont reconnues par la Faculté.

Par Voiteur, Le Vernois, vous rallierez Lons-le-Saunier non sans avoir visité au passage l'imposant château du Pin. Vous ne resterez pas insensible au charme du chef-lieu du département du Jura, fort belle ville entourée de monts verdoyants, dotée d'un établissement thermal au milieu d'un grand parc, de rues pittoresques sous leurs arcades et de monuments intéressants : l'église Saint-Désiré, la tour de l'Horloge, l'hôtel de ville, l'hôpital, l'église des Cordeliers où se trouve le tom-

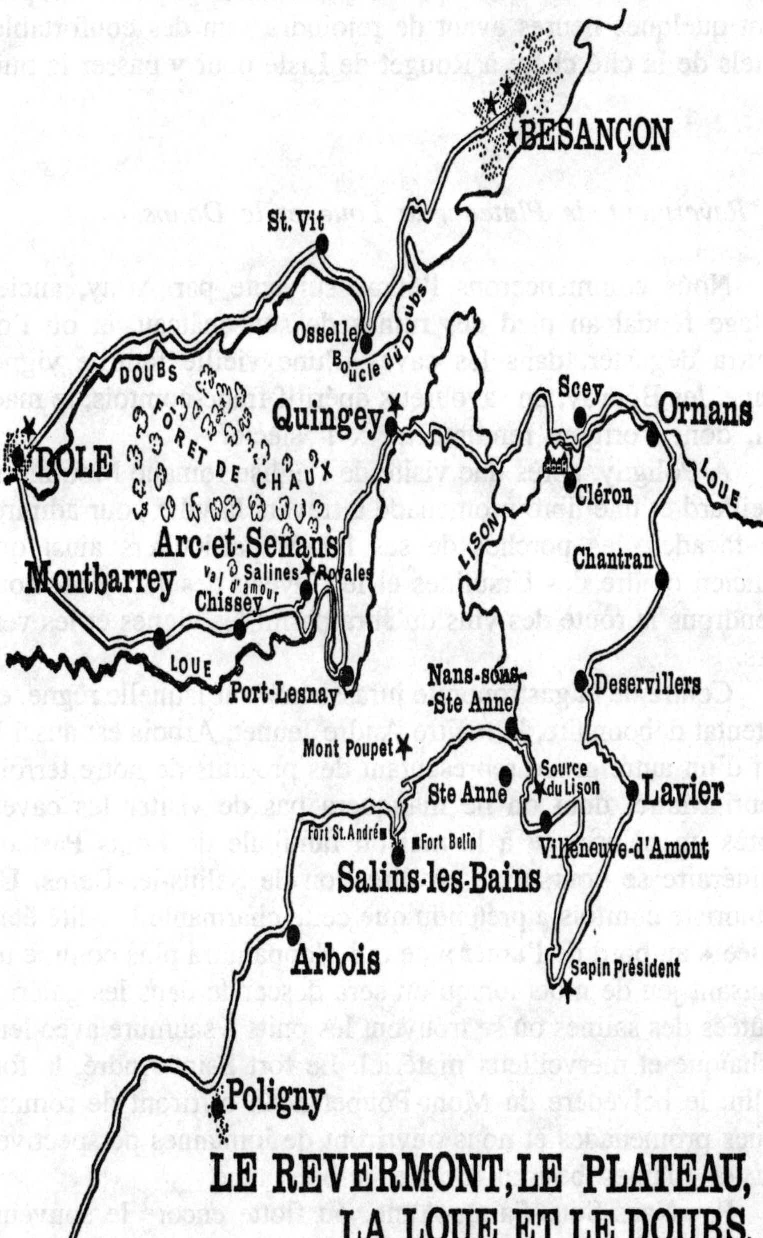
BESANÇON
St. Vit
Osselle
Boucle du Doubs
DOUBS
FORET DE CHAUX
Quingey
Scey
Ornans
LOUE
DOLE
Cléron
LISON
Arc-et-Senans
Salines Royales
Val d'amour
Montbarrey
Chissey
Chantran
LOUE
Port-Lesnay
Nans-sous-Ste Anne
Deservillers
Mont Poupet
Source du Lison
Ste Anne
Lavier
Fort St. André
Fort Belin
Villeneuve-d'Amont
Salins-les-Bains
Arbois
Sapin Président
Poligny
LE REVERMONT, LE PLATEAU,
LA LOUE ET LE DOUBS.
Arlay
10k
ECHELLE

beau de Philibert de Chalon... De quoi flâner agréablement pendant quelques heures avant de rejoindre l'un des confortables hôtels de la cité chère à Rouget de Lisle pour y passer la nuit.

Le Revermont, le Plateau, la Loue et le Doubs.

Nous commencerons l'étape suivante par Arlay, ancien village féodal au pied des ruines de son château, et où l'on pourra déguster, dans les caves d'une vieille famille vigneronne, les Bourdy, un savoureux apéritif franc-comtois, le macvin, dont l'origine remonte au XVIe siècle.

A Poligny, après une visite de l'église romane Mouthiers-Vieillard et une libre promenade à travers la ville pour admirer les façades, les porches de ses hôtels particuliers ainsi que l'ancien cloître des Ursulines et le Caveau des Jacobins, nous prendrons la route des vins du Jura parmi les vignes et les vergers.

Centre de la gastronomie jurassienne sur laquelle règne, en potentat débonnaire, le maître André Jeunet, Arbois est aussi le fief d'un autre grand représentant des produits de notre terroir, Henri Maire, dont on ne manquera pas de visiter les caves. Après un pèlerinage à la maison familiale de Louis Pasteur, l'itinéraire se poursuivra en direction de Salins-les-Bains. Un humoriste comtois a prétendu que cette charmante localité était située « au bord de l'amer » ce qui n'apparaîtra plus comme un amusant jeu de mots lorsqu'on sera descendu dans les galeries voûtées des salines où se trouvent les puits à saumure avec leur archaïque et merveilleux matériel. Le fort Saint-André, le fort Belin, le belvédère du Mont-Poupet nous offriront de romantiques promenades et nous ouvriront de lointaines perspectives sur les plaines bourguignonne et bressanne.

Par Nans-Sous-Sainte-Anne, où flotte encore le souvenir exalté de Mirabeau, après une escapade pédestre à la Grotte Sarrazine et à la source du Lison, nous rejoindrons, à Villeneuve d'Amont, la route de Levier. Nous serons alors dans le royaume des sapins. C'est dans ce massif forestier, l'un des plus riches de France, que se trouvent les fameux « Présidents », ces arbres gigantesques de 50 à 60 mètres de hauteur que les bûcherons élisent et célèbrent au cours de grandes fêtes populaires. Remarquablement balisée par les techniciens de l'O.N.F. la « Route des Sapins » avec ses zones de silence, où l'accès n'est permis qu'aux randonneurs pédestres et aux cavaliers, vous permettra de reprendre contact, sur des dizaines et des dizaines de kilomètres, avec l'atmosphère tonique et vivifiante de la forêt.

De Levier, par Déservillers et Chantrans, nous nous dirigeons sur Ornans. En traversant l'un des petits villages du plateau, nous nous arrêterons dans une « fruitière » pour voir fabriquer ce fromage de Comté au goût de noisette, production renommée de la région.

Coquette cité qui mire ses maisons dans l'eau et que l'on surnomme la « Venise comtoise », Ornans doit sa célébrité mondiale à Gustave Courbet dont la maison natale, devenue un musée, attire chaque année des touristes amateurs d'art de tous les continents.

En nous laissant glisser au gré des méandres de la petite route suivant le cours capricieux de la Loue, belle rivière aux eaux limpides et poissonneuses, nous admirerons tour à tour Le Miroir de Scey, étonnant plan d'eau reflétant la lumière du ciel, puis les tours du château de Cléron avant d'atteindre Quingey, vieux bourg féodal, et Port-Lesney où l'on pourra déjeuner dans une auberge au bord de l'eau.

Adossées à l'immense forêt de Chaux, les Salines Royales d'Arc-et-Senans sont l'une de ces créations humaines que l'on n'oublie plus jamais après les avoir visitées. Construites par l'architecte visionnaire Ledoux au XVIIIe siècle et restaurées avec soin il y a une dizaine d'années, elles sont devenues un centre de futurologie où des expositions permanentes permettent aux visiteurs d'apprendre ce que sera la vie des habitants du prochain millénaire.

La traversée du Val d'Amour, nom bucolique de la basse

vallée de la Loue, vous donnera l'occasion d'admirer la curieuse église de Chissey avec sa galerie de masques grimaçants appelés « babouins ». Ensuite, depuis Montbarrey, vous traverserez la forêt de Chaux peuplée de hardes de cerfs, de chevreuils et de sangliers, que vous pourrez filmer dans les clairières.

Dole, ville natale de Pasteur où l'on visite son émouvant musée, est une des cités comtoises où l'architecture des XVIe et XVIIe siècles est des plus riches. Le secteur sauvegardé est composé de très beaux immeubles avec des demeures à échauguettes, des ferronneries et des grilles à l'espagnole. Les remparts de l'ingénieur génois Précipiano, la haute et massive basilique Notre-Dame sont des monuments remarquables.

Vous quitterez Dole à regret par la RN 73 nord, jusqu'à Saint-Vit où vous emprunterez, sur la droite, une route de campagne qui vous conduira jusqu'au village d'Osselle. Ici, dans une boucle du Doubs, se trouvent des grottes profondes qui sont parmi les plus pittoresques de toutes celles que l'on rencontre un peu partout dans le Jura.

C'est à Besançon, capitale de la Région de Franche-Comté, ville où les souvenirs d'un passé prestigieux se mêlent à l'essor de la civilisation industrielle, que s'achèvera cette randonnée buissonnière à travers les sites, les monuments d'un pays dont les habitants hospitaliers ont su préserver leur âme et leur identité. Un pays où, comme l'écrivait le Belfortain Léon Deubel :

Rien ne s'efface, tout survit,
Hier à demain vient se coudre;
Le chemin garde dans sa poudre
Les pas de ceux qui l'ont suivi.

TABLE DES MATIÈRES

Cet ouvrage a été réalisé par la
SOCIÉTÉ NOUVELLE FIRMIN-DIDOT
Mesnil-sur-l'Estrée
pour le compte des Éditions France-Empire
en mars 1999

Imprimé en France
Dépôt légal : mars 1999
N° d'impression : 46029